清代档案

一六四四至一九一〇

民国及同时期革命历史档案

一九一三至一九四九

新中国档案

一九四九至一九八四

朝阳市档案馆 编

Chaoyang Municipal Archives

朝阳珍贵档案精粹

Selected Treasures from the Archives of Chaoyang

一

Liaoning Fine Arts Publishing House

辽宁美术出版社

图书在版编目（CIP）数据

朝阳珍贵档案精粹 / 朝阳市档案馆编. —沈阳：辽宁美术出版社，2024.7

ISBN 978-7-5314-9767-7

Ⅰ.①朝… Ⅱ.①朝… Ⅲ.①朝阳—地方史—档案资料—汇编 Ⅳ.①K293.13

中国国家版本馆CIP数据核字（2024）第099876号

出 品 人：彭伟哲
出版发行：辽宁美术出版社
地　　址：沈阳市和平区民族北街29号　邮编：110001
印　　刷：沈阳丰泽彩色包装印刷有限公司
开　　本：889mm×1194mm　1/16
版　　次：2024年7月第1版　2024年7月第1次印刷
印　　张：15
字　　数：150千字
责任编辑：张　畅
责任校对：郝　刚
书　　号：ISBN 978-7-5314-9767-7
定　　价：280.00元

如发现印装质量问题，请与我社出版部联系调换。
出版部电话：024-23835227

《朝阳珍贵档案精粹》编委会

主　任：蒋　涛

副主任：段红兵　王　帅

编　审：郎景成　周树怀

主　编：张孝光

副主编：孟庆丰　张　勇　韩秀娟

编　委：（以姓氏笔画为序）

孙中民　杜福新　李　辉　李　路

吴彦东　张　娜　张　新　赵静思

贾春伟　薛美瑛

编　务：（以姓氏笔画为序）

邓宝艳　白云飞　任　刚　刘亚飞

杨丽娜　陈玉玲　金　峰

序

蒋涛

在喜迎中华人民共和国成立75周年之际，在奋力实现全面振兴新突破的关键节点，《朝阳珍贵档案精粹》正式付梓出版。这是2023年国家重点档案保护与开发项目，是朝阳档案工作者们认真考证、精心编写、热忱奉献给广大读者的历史档案精品集，对进一步传承和弘扬优秀历史文化，激发和凝聚朝阳人民新时代奋斗精神具有重要意义，可喜可贺。

《朝阳珍贵档案精粹》一书充分运用珍贵的馆藏资源，选择清初到1984年300多年间，朝阳各个历史时期的重要事件，以档案的独特视角反映政治、经济、文化、军事等各领域的变迁和发展轨迹。书中图文并茂，以翔实的资料和丰富的图片，以小见大、深入浅出、定格历史，为朝阳发展变化提供了最具说服力的史料见证，具有很高的历史价值、文物价值，既是我市历史文化遗产的重要部分，也是宣传朝阳文化、研究朝阳历史的又一重要成果，更是一部爱国主义和市情教育的生动教材。

本书编纂出版的目的不仅是让人们更好地了解朝阳的历史，更重要的是推动习近平总书记关于做好新时代档案工作的重要指示精神落地生根、开花结果，紧紧围绕存史资政育人这一根本任务，使沉寂的档案真品重新彰显风采，让厚重的历史文化焕发青春，特别是切实把蕴含党的初心使命的红色档案保管好、利用好，把新时代党领导人民以中国式现代化全面推进强国建设、民族复兴伟业的奋斗历史记录好、留存好，更好地服务党和国家工作大局、服务人民群众，进一步激发全市人民爱党爱国热情，增强推动朝阳高质量发展的责任感使命感紧迫感。

以史为鉴、察往知来。历史是最好的教科书，一切向前走，都不能忘记走过的路；走得再远、走到再光辉的未来，也不能忘记走过的过去。今天，我们踏着来自历史的河流，受着一方百姓的期许，理应负起使命，至诚奉献。前路纵有千辛万苦，我们也要昂首阔步、砥砺前行，不为任何风险所惧，不为任何困难所阻。让我们更加紧密地团结在以习近平同志为核心的党中央周围，永葆初心、牢记使命，不畏艰险、锐意进取，进一步激发朝阳人民的无穷智慧和伟大创造能力，以全面振兴新突破的实际成效，续写出无愧于党、无愧于人民、无愧于时代的崭新篇章！

2024年7月

编辑说明

朝阳历史悠久，文化灿烂。这些让朝阳人引以为傲的历史文化许多都在档案中有所体现，是这些档案让远去的历史更直观、更形象、更生动。把这些反映朝阳历史文化的珍贵档案荟萃一堂，编辑成书，作为朝阳人对自己历史文化的回忆和追念，并使之成为爱祖国、爱家乡教育的好教材，是几代朝阳档案工作者的夙愿。《朝阳珍贵档案精粹》由此应运而生。

《朝阳珍贵档案精粹》收录的档案主要来自三个方面：一是朝阳市、县两级综合档案馆的馆藏；二是国内各级档案馆、博物馆、图书馆、纪念馆和其他机构收藏的与朝阳有关的档案资料；三是民间收藏的与朝阳有关的档案资料。本书中，来自朝阳市、县两级综合档案馆的馆藏均未标注收藏单位；来自中央档案馆、中国第一历史档案馆、中国第二历史档案馆、河北省档案馆、黑龙江省档案馆、辽宁省档案馆、锦州市档案馆的馆藏皆有标注。

《朝阳珍贵档案精粹》由“清代档案”“民国及同时期革命历史档案”“新中国档案”三部分组成，收录文字档案149件，照片档案39张，实物档案照片7张；档案资料形成时间上起清初，下迄1984年，时间跨度超过300年。之所以把本书的时间跨度限定在清初至1984年，主要是考虑到已经掌握的档案资料最早的即为清初，而1984年是朝阳恢复地级市的年份。

《朝阳珍贵档案精粹》的时间标注，清代、民国、日本国档案采取年号加公元纪年方式；新中国成立前的革命历史档案均标注民国年号和公元纪年；新中国档案均以公元纪年标注。档案标注时间一般精确到月日。档案本身未注明形成时间，但经考证可以给出准确时间的，在说明文字里适当说明。档案中的文字有明显错漏的，以括号在后面标出正字或漏字。

为叙述方便，本书所言“朝阳地区”一般指现今朝阳市的辖境范围。但由于历史上朝阳地区行政区划变化较多，“朝阳地区”的范围在新中国成立前后时有变化，限于本书的篇幅，恕不一一详述。

目录

第一部分　清代档案

一六四四至一九一〇

第二部分　民国及同时期革命历史档案

一九一三至一九四九

第三部分　新中国档案
一九四九至一九八四

第一部分 清代档案

一六四四至一九一〇

清朝初期，朝阳地区为蒙古族游牧地，限制汉人进入；在行政区划上属卓索图盟管辖，设有喀喇沁左旗（辖区包括今天的凌源、建昌、喀左三县）、土默特右旗（辖区包括今天的北票、朝阳两县）、喀喇沁右旗（今天的建平县为其辖境的一部分）等。康熙、乾隆年间，山东、直隶人口迅速增长，人口和土地的矛盾日益尖锐，清政府对包括朝阳在内的东北地区的封控逐渐弱化，关内的大批汉人迁入朝阳地区，使朝阳地区发生重大社会变迁。

乾隆三年（1738），清政府在朝阳地区设立塔子沟厅，治所在今凌源城区，隶属承德府，管理朝阳地区的汉人（民人）。朝阳地区原有的蒙民仍由盟、旗自行管理，实行蒙汉分治。随着汉族人口的迅速增多，乾隆三十九年（1774），清政府又在朝阳地区增设三座塔厅，治所在今朝阳城区。乾隆四十三年（1778），撤销塔子沟厅和三座塔厅，改塔子沟厅为建昌县，辖境包括今天的凌源县、建昌县和喀左县南部；改三座塔厅为朝阳县，辖境包括今天的北票市、朝阳县和双塔区、龙城区。建昌、朝阳两县仍归承德府管辖。光绪三十年（1904），升朝阳县为朝阳府，同时增设建平县。朝阳府辖朝阳、建平、建昌、阜新、绥东等县。

本部分收录的档案主要包括家谱、《大藏经》、圣旨、奏折、奏片、上谕、皇帝实录及其他官方公文等。

01

国家档案局
中央档案馆

档函〔2003〕127号

国家档案局中央档案馆关于入选《中国档案文献遗产名录》的通知

喀左县档案馆：

国家档案局中央档案馆于2003年10月10日组织召开了"中国档案文献遗产工程"国家咨询委员会评审会，按照"中国档案文献遗产"入选标准对首批申报的档案文献进行了认真的审定，你们申报的《图琳固英族谱》文献已通过评定，第二批入选《中国档案文献遗产名录》。

国家档案局　中央档案馆

二〇〇三年十月二十三日

主题词：中国档案文献遗产　通知

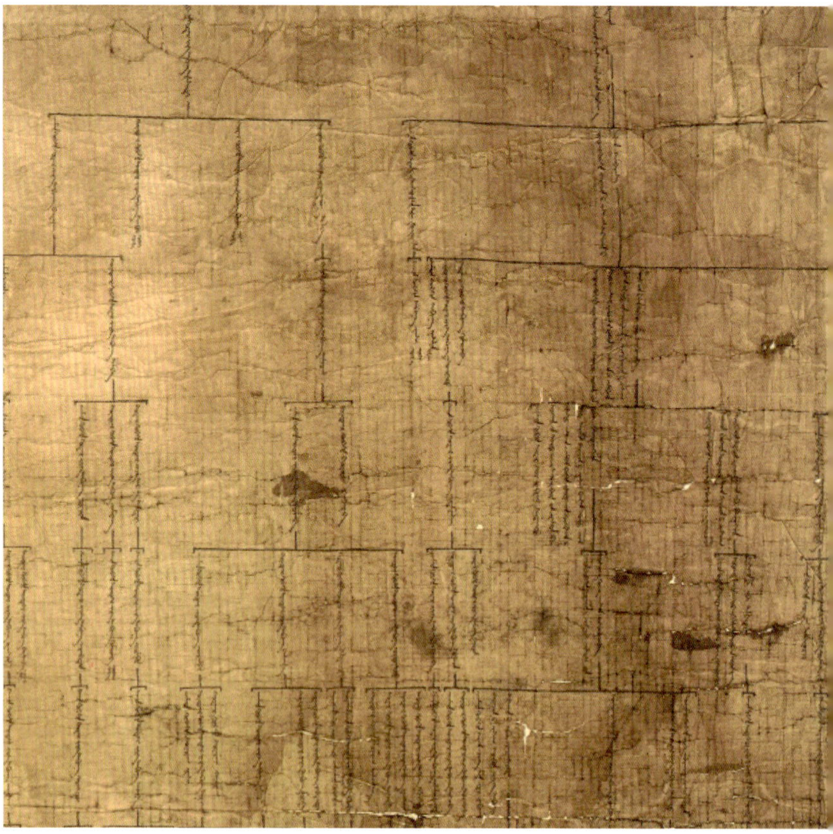

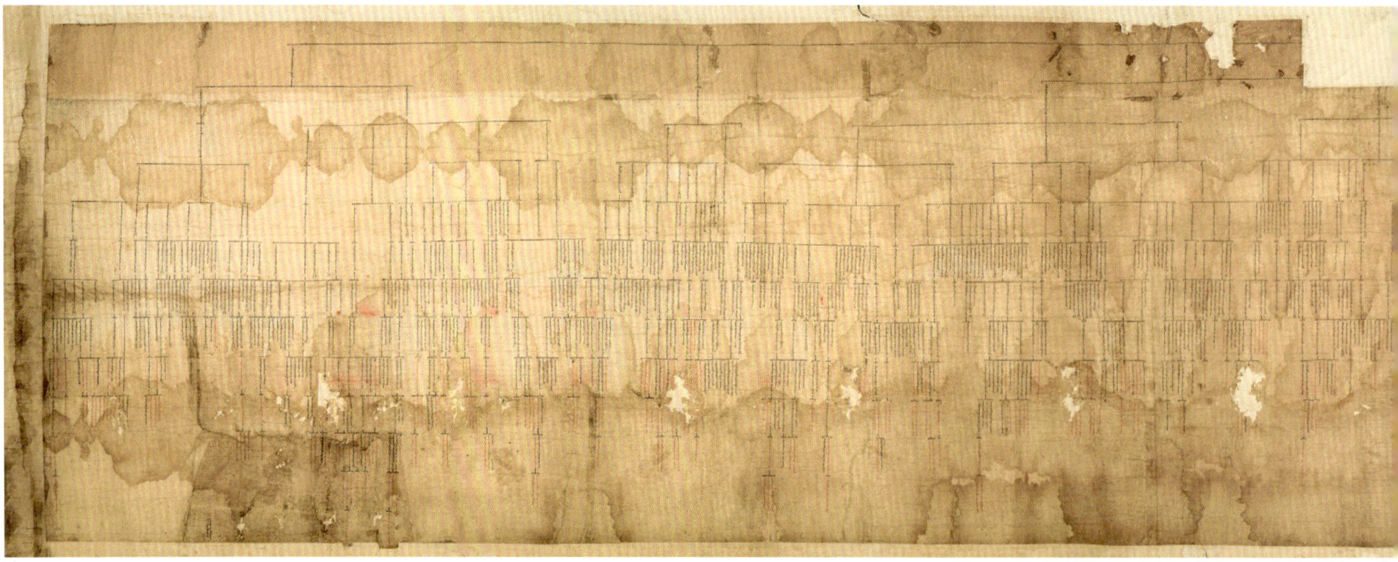

《乌梁海氏家谱》

顺治—道光年间

一六四四年—一八五〇年

《乌梁海氏家谱》是成吉思汗黄金家族末代驸马图琳固英家族的谱单，也称《图琳固英族谱》，最后承继者为喀喇沁左翼旗第二十任札萨克默尔庚额。默尔庚额，汉名乌振清，为蒙古帝国开国元勋、成吉思汗『四獒』之一者勒篾的二十三代族孙，在清代被封为一等塔布囊。《乌梁海氏家谱》长8米，宽1.8米，用蒙文以塔式结构记录了后金天聪九年（1635）至清道光十一年（1831）十四代1920名族人的基本情况。在这1920人当中，有塔布囊1049人，札萨克13人，郡王1人，贝勒3人，贝子2人，镇国公4人，卓索图盟盟长4人，内务府大臣1人，理藩院大臣8人。

20世纪50年代中期，默尔庚额五夫人刘凤芷将《乌梁海氏家谱》和喀喇沁左旗札萨克印捐献给旗人民政府。

《乌梁海氏家谱》（当时称《图琳固英族谱》）2003年入选第二批《中国档案文献遗产名录》。

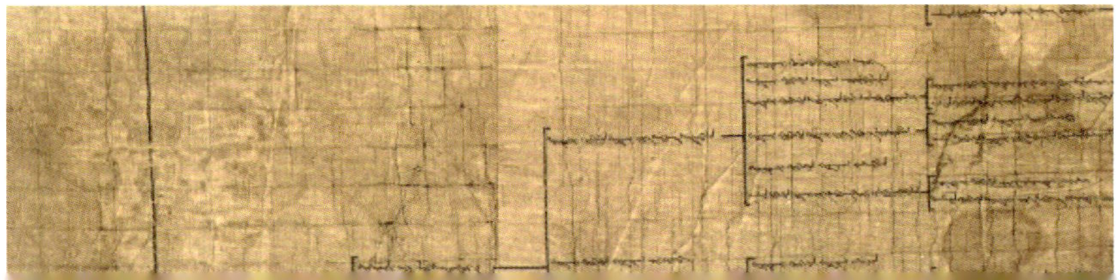

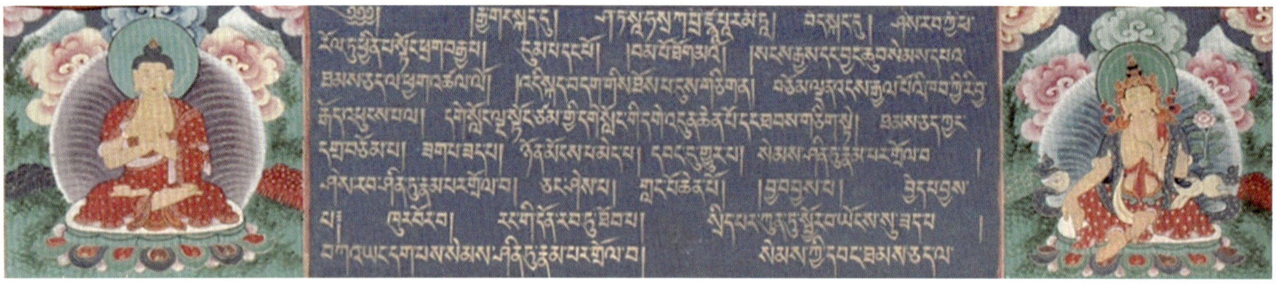

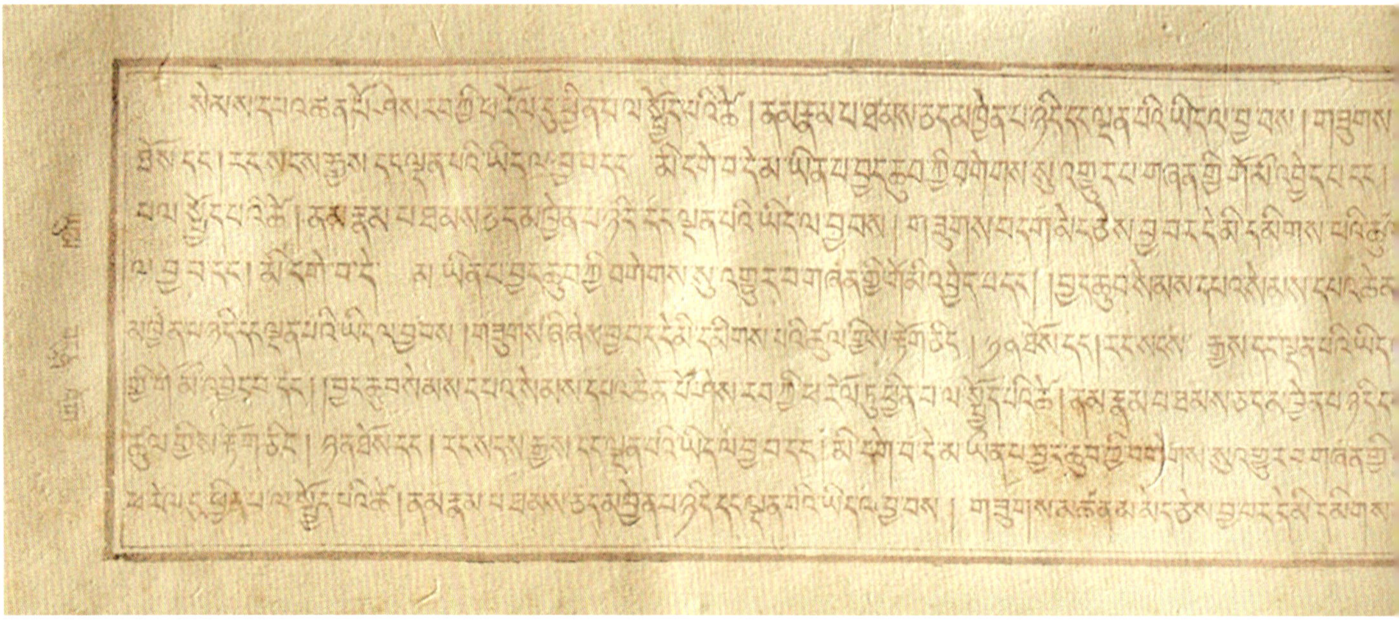

朝阳县经海寺藏文《大藏经》

康熙二十二年

一六八三年

该部《大藏经》现藏于朝阳县胜利镇五家子村经海寺，相传为陈姓御医从清宫带回，经考证为嵩祝寺版（又称康熙版、北京版），且为早期赤字版。该版《大藏经》因系清宫官本，所以刻制精良、装帧华美，版型较一般藏文经大；每夹均有上下两块彩色护经板，皆为当时藏族画家手绘。

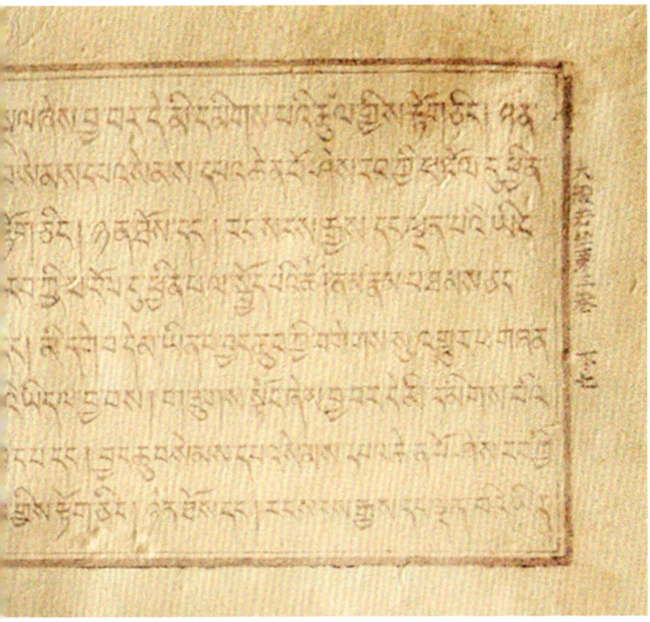

印章及印文

喀喇沁左旗札萨克印

「喀喇沁左旗札萨克」印文

「喀喇沁左旗参领」印文

「堂官札兰」印文

喀喇沁左旗札萨克印

康熙二十五年

一六八六年

喀喇沁左旗札萨克印、喀喇沁左旗堂官参领印和堂官札兰印均为康熙二十五年（1686）吏部颁发。其中，喀喇沁左旗札萨克印为银、铜合铸，喀喇沁左旗堂官参领印和堂官札兰印为铜质。三枚印章底部刻有满、蒙两种文字。

后金天聪九年（1635），图琳固英第六子色楞被任命为喀喇沁左旗首任札萨克，旗治在今喀左县官大海。康熙二年（1663），旗治迁至公营子（今属喀左）。

记载设置三座塔通判的《大清高宗纯皇帝实录》

乾隆三十九年五月十六日

一七七四年六月二十四日

《实录》中记载：『直隶总督周元理疏称，塔子沟通判、八沟同知二处，幅员辽阔，案牍繁多，必须添官分理。请将蓟运河通判改为三座塔通判，分理土默特两旗、喀尔喀、库伦两旗、奈曼一旗事务。』

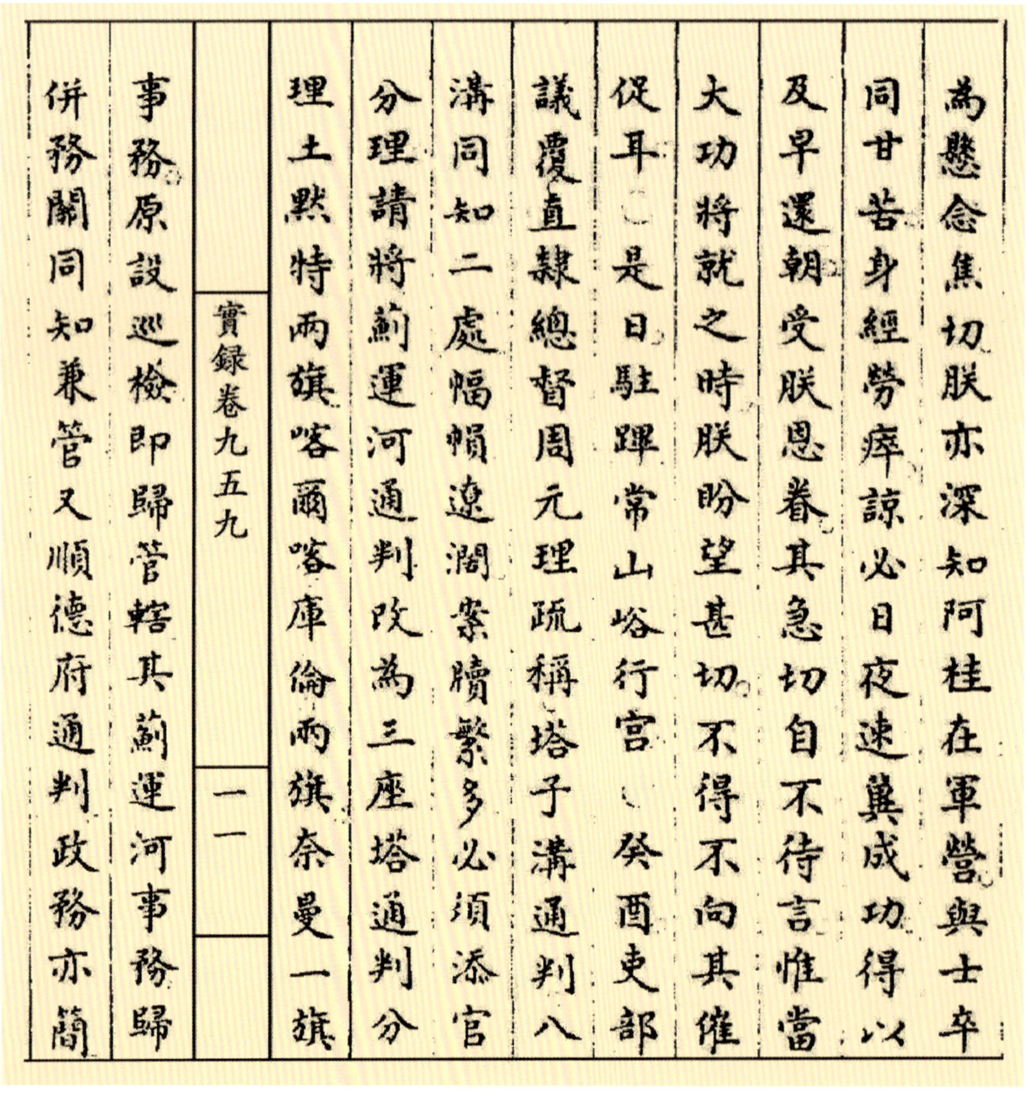

為懸念焦切朕亦深知阿桂在軍營與士卒同甘苦身經勞瘁諒必日夜速蕆成功得以及早還朝受朕恩眷其急切自不待言惟當大功將就之時朕盼望甚切不得不向其催促耳 ○是日駐蹕常山峪行宮 、癸酉吏部議覆直隸總督周元理疏稱塔子溝通判八溝同知二處幅幀遼闊案牘繁多必須添官分理請將薊運河通判改為三座塔通判分理土默特兩旗喀爾喀庫倫兩旗奈曼一旗

實録卷九五九 一一

事務原設巡檢即歸管轄其薊運河事務歸併務關同知兼管又順德府通判政務亦簡

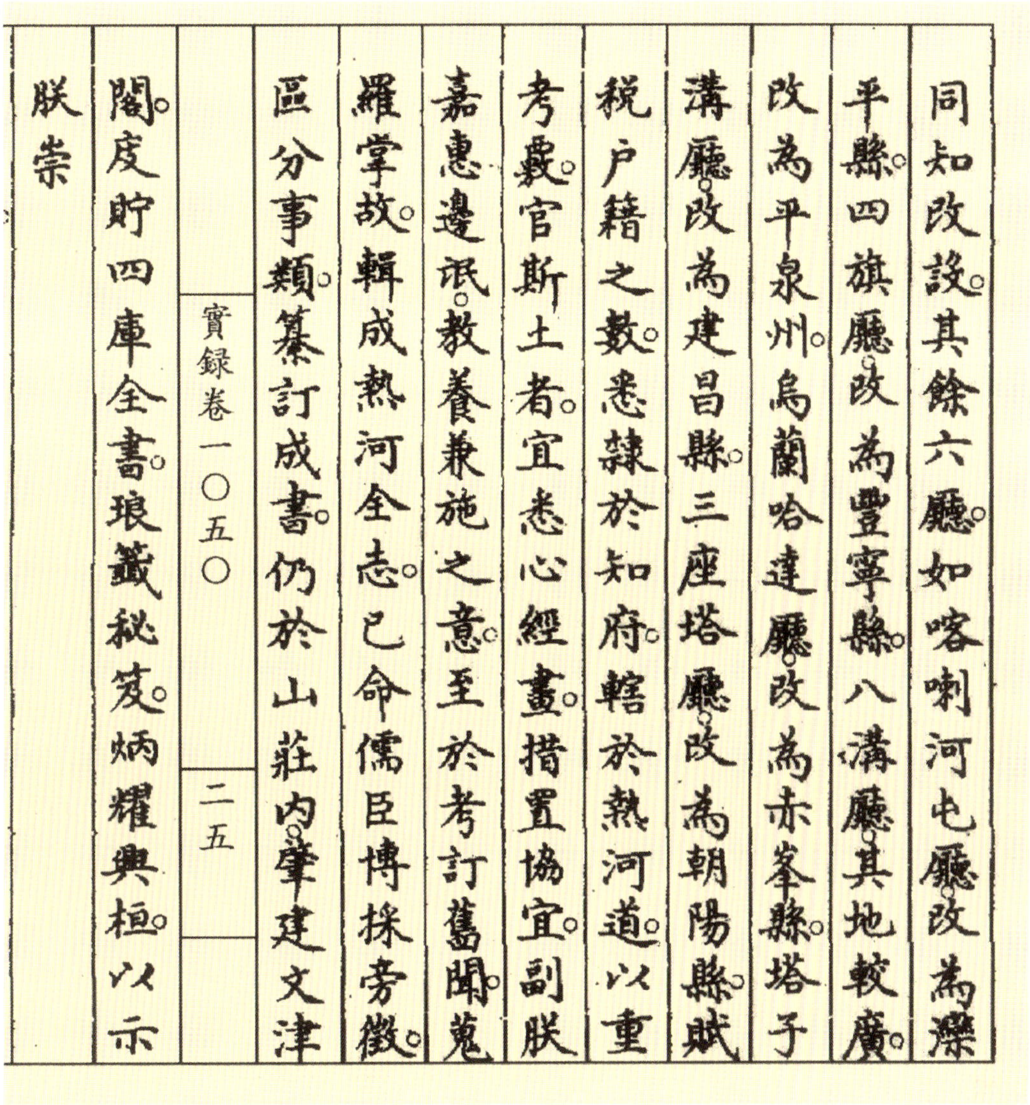

同知改設其餘六廳如喀喇河屯廳改為灤平縣四旗廳改為豐寧縣八溝廳其地較廣改為平泉州烏蘭哈達廳改為赤峯縣塔子溝廳改為建昌縣三座塔廳改為朝陽縣賦稅戶籍之數悉隸於知府轄於熱河道以重考覈官斯土者宜悉心經畫措置協宜副朕嘉惠邊氓教養兼施之意至於考訂舊聞蒐羅掌故輯成熱河全志已命儒臣博採旁徵區分事類纂訂成書仍於山莊內肇建文津

實録卷一〇五〇　二五

閣度貯四庫全書琅籤秘笈炳耀與桓以示朕崇

记载将塔子沟厅改为建昌县、三座塔厅改为朝阳县的《大清高宗纯皇帝实录》

乾隆四十三年二月一日

一七七八年二月二十七日

《实录》中记载：『塔子沟厅改为建昌县，三座塔厅改为朝阳县。赋税户籍之数，悉隶于知府，辖于热河道。』

範示型母儀著徽惠風肆好既比
德於珩璜餘慶綿延自邀恩於

嘉庆帝诰封邹凤翔父母、叔祖父母圣旨

嘉庆元年一月一日

一七九六年二月九日

该圣旨的颁发对象为邹凤翔，诰封其叔祖父邹子和为『宣武都尉』、父邹瓒为『昭武都尉』；诰封其叔祖母、母为『恭人』。

邹凤翔原籍山东永城，乾隆年间闯关东至喀左羊角沟十八奋村落脚；乾隆五十一年（1786）中顺天府武榜解元；翌年在殿试中被钦点为二甲第一名，授汉三等侍卫加一级，录乾清门侍卫；后曾出任陕西榆林府黄土岗都司。

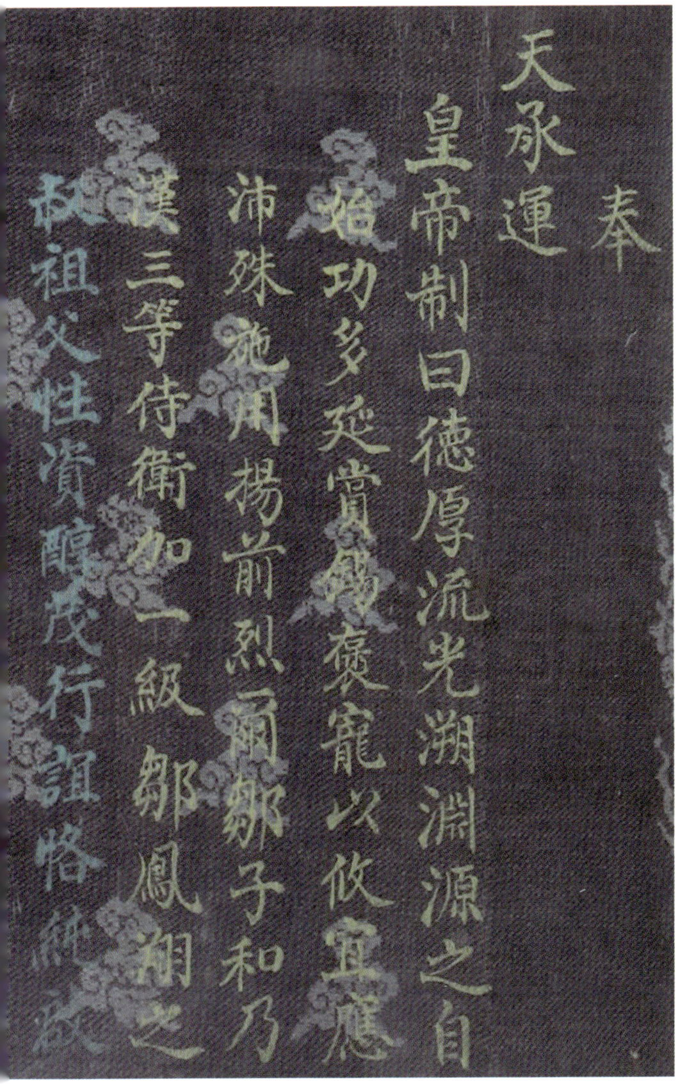
奉
天承運
皇帝制曰德厚流光溯淵源之自
始功多延賞錫褒寵以攸宜應
沛殊施用揚前烈爾鄒子和乃
漢三等侍衛加一級鄒鳳翔之
叔祖父性資醇茂行誼恪

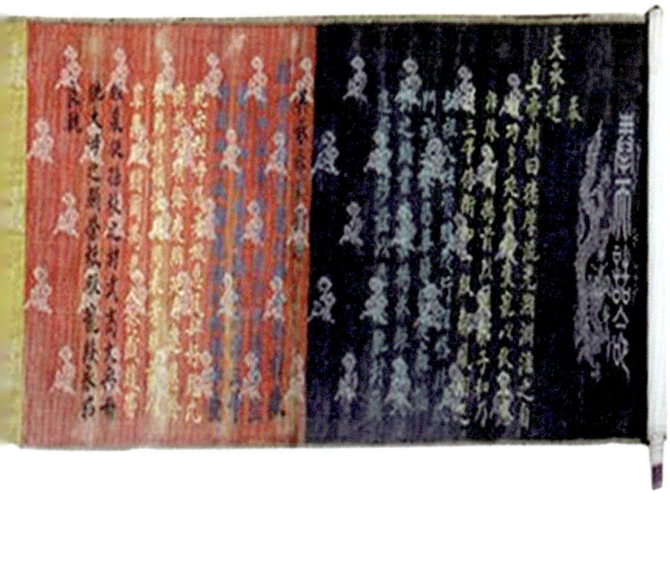

京察一等記名以理事同知
七年間署理平泉州印務
間由張家口理事同知調
頗為熟悉茲察看該員年
之調補朝陽縣知縣洵屬
調補之例相符由熱河道
奏前來合無仰懇
天恩俯念員缺緊要准以常謙
於口外要缺有裨如蒙
俞允該員以現任知縣調補知

頗為熟悉茲察看該員年富才優精明練達以
之調補朝陽縣知縣洵屬人地相宜且與原奏
調補之例相符由熱河道詳請具
奏前來合無仰懇
天恩俯念員缺緊要准以常謙調補朝陽縣知縣實
於口外要缺有裨如蒙
俞允該員以現任知縣調補知縣銜缺相當毋庸送
部引
見所遺灤平縣一缺事務稍簡應由直隸總督揀員
調補所有調補要缺知縣緣由理合恭摺具奏
伏乞
皇上聖鑒訓示謹
奏

另有旨

道光十年七月　二十　日

热河都统裕恩举荐常谦为朝阳县知县的朱批奏折

道光十年七月二十日

一八三〇年九月六日

奏折中说：『朝阳县……与奉天接壤，幅员辽阔，管理土默特等五旗，时有蒙民交涉事件，讼狱繁多，非初由内地调补之员所能胜任。卷查前任都统成格因平泉、赤峰、建昌、朝阳四州县政务殷繁，奏请嗣后该四处州县出缺由口外丰宁、滦平二县内遴员调补。……兹查有理事同知管滦平事常谦，年四十三岁，正红旗满洲监生……本年四月间由张家口理事同知调补滦平，于口外情形颇为熟悉……该员年富才优。精明练达，以之调补朝阳县知县，洵属人地相宜，且与原奏调补之例相符……』

收藏单位：中国第一历史档案馆

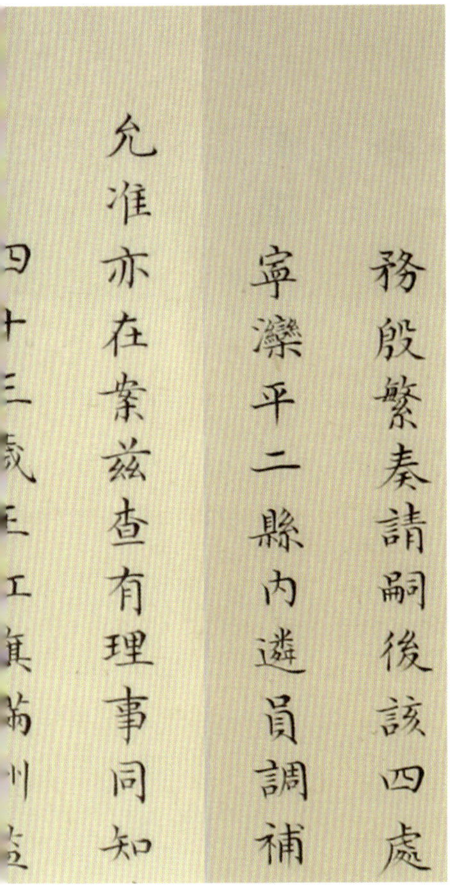

務殷繁奏請嗣後該四處
寧灤平二縣內遴員調補
允准亦在案茲查有理事同知
四十三歲正紅旗滿洲監

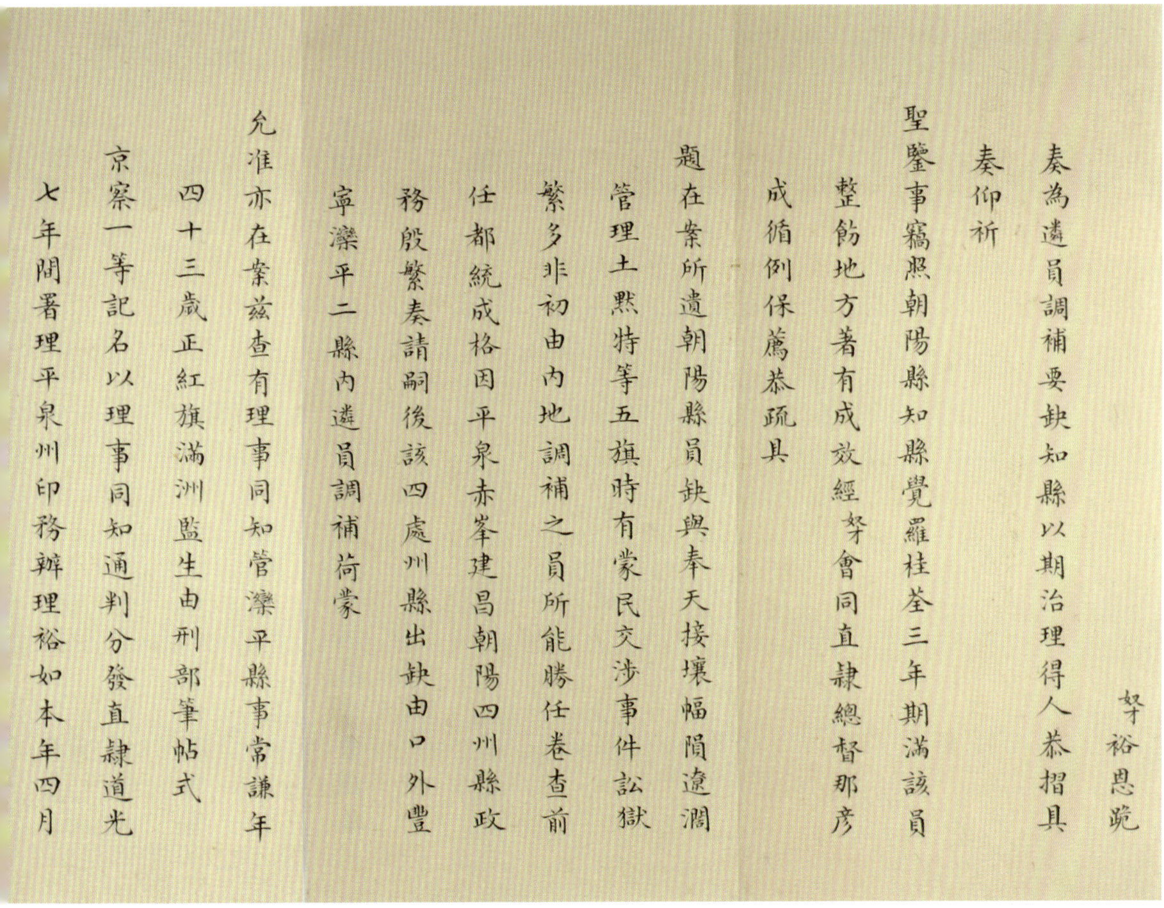

奴才裕恩跪
奏為遴員調補要缺知縣以期治理得人恭摺具
奏仰祈
聖鑒事竊照朝陽縣知縣覺羅桂荃三年期滿該員
整飭地方著有成效經奴才會同直隸總督那彥
成循例保薦恭疏具
題在案所遺朝陽縣員缺與奉天接壤幅員遼濶
管理土默特等五旗時有蒙民交涉事件訟獄
繁多非初由內地調補之員所能勝任卷查前
任都統成格因平泉赤峰建昌朝陽四州縣政
務殷繁奏請嗣後該四處州縣出缺由口外豐
寧灤平二縣內遴員調補荷蒙
允准亦在案茲查有理事同知管灤平縣事常謙年
四十三歲正紅旗滿洲監生由刑部筆帖式
京察一等記名以理事同知通判分發直隸道光
七年間署理平泉州印務辦理裕如本年四月

縣知縣其所遺灤平縣知縣應由直隸
總督會同熱河都統另揀合例人
員調補等因具
奏同治元年二月初六日奉
旨依議欽此相應知照可也須至咨者
右　咨
內　務　府
同治元年貳月　拾壹　日
主事宗室福錕

練達辦事奮勉以之調補朝陽縣知
縣寔堪勝任等語核與調補之例相符
相應奏明請
旨熱河灤平縣知縣穆翰准其調補朝陽
縣知縣其所遺灤平縣知縣應由直隸
總督會同熱河都統另揀合例人
員調補等因具
奏同治元年二月初六日奉
旨依議欽此相應知照可也須至咨者
右　咨
內　務　府
同治元年貳月　拾壹　日
主事宗室福錕

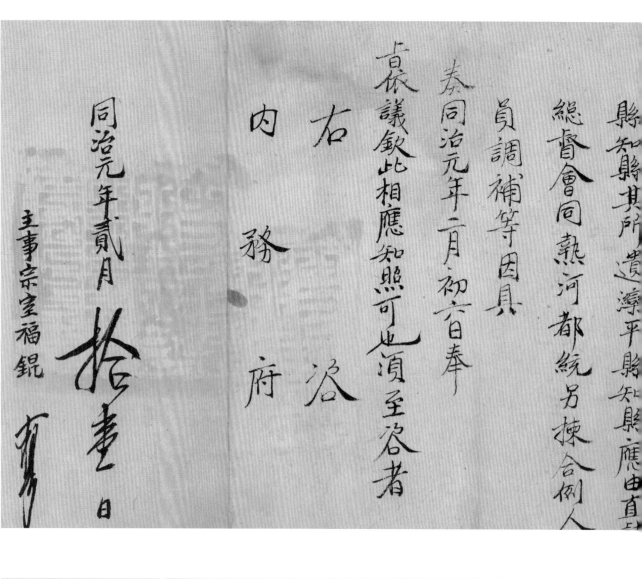

内务府关于调补滦平县知县穆翰为朝阳县知县的咨文

同治元年二月十一日

一八六二年三月二十日

咨文中说：『穆翰（为）内务府厢（镶）黄旗满洲官学生，由甘肃凉庄理事通判带往热河，差委总办矿务出力，留于热河，遇有州县缺出，酌量补用。嗣因矿厂聚众滋事，降二级调用。旋经留办矿厂，愧奋出力，开复留省另补。咸丰十年十一月题补滦平县知县。……奏请以滦平县知县穆翰调补朝阳县知县……饬令该员赶紧办理桥梁道路，俟事竣再行奏请调补……该员老成练达，办事奋勉，以之调补朝阳县知县实堪胜任。』

收藏单位：中国第一历史档案馆

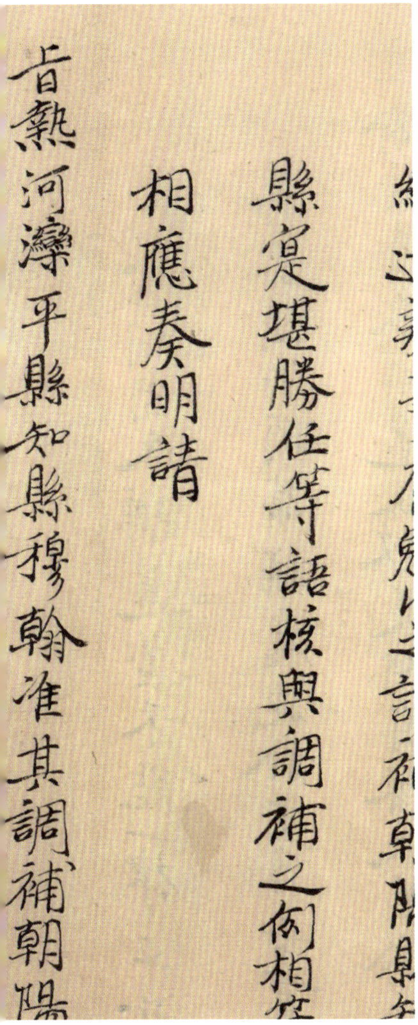
縣寔堪勝任等語核與調補之例相符
相應奏明請
旨熱河灤平縣知縣穆翰准其調補朝陽

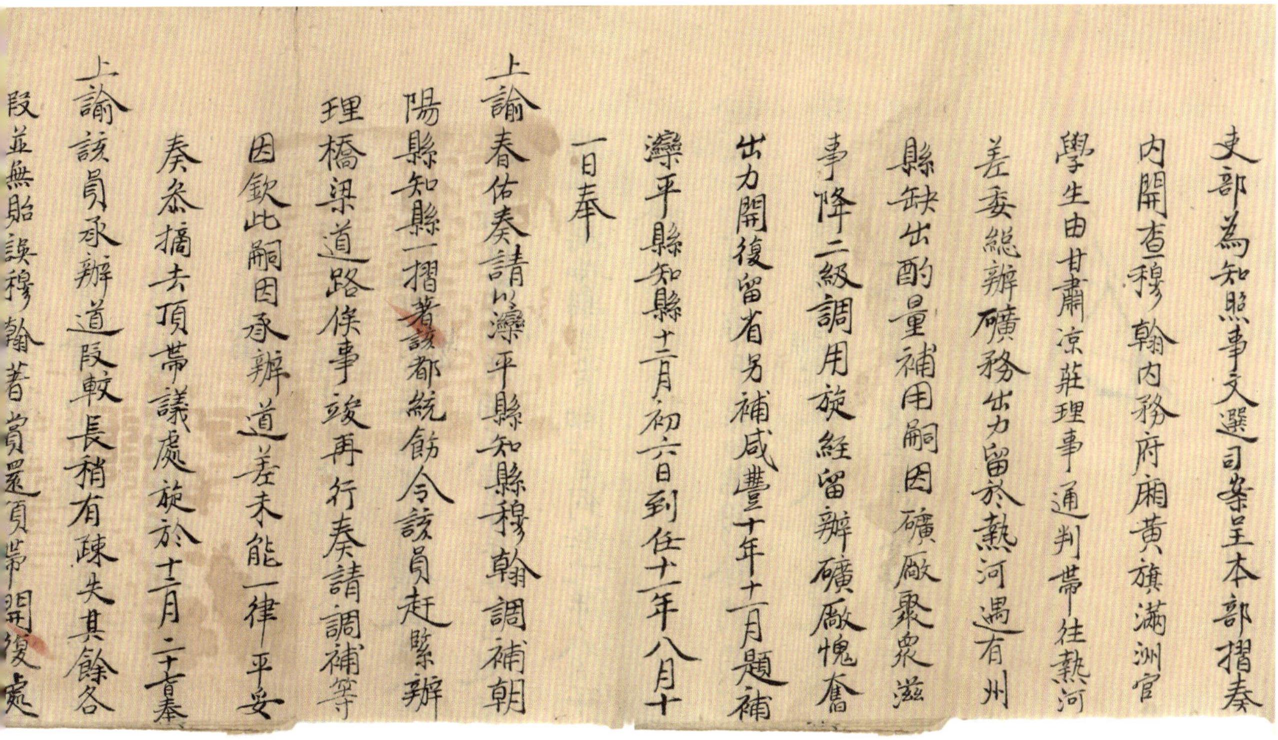
吏部為知照事文選司案呈本部摺奏
內開查穆翰內務府廂黃旗滿洲官
學生由甘肅涼莊理事通判帶往熱河
差委總辦礦務出力留於熱河遇有州
縣缺出酌量補用嗣因礦廠聚衆滋
事降二級調用旋經留辦礦廠愧奮
出力開復留省另補咸豐十年十一月題補
灤平縣知縣十二月初六日到任十一年八月十
一日奉
上諭春佑奏請以灤平縣知縣穆翰調補朝
陽縣知縣一摺著該都統飭令該員赶緊辦
理橋梁道路俟事竣再行奏請調補等
因欽此嗣因承辦道差未能一律平安
奏參摘去頂帶議處旋於十一月二十一日奉
上諭該員承辦道段較長稍有疎失其餘各
段並無貽誤穆翰著賞還頂帶開復處

札稱[illegible]其[illegible]請咨至部先行咨明

吏部暨

內務府查照等情到本閣部堂據此除先行咨明並咨吏部外

相應給咨為此合咨

貴府煩請查照希即查取該員到衙日期就近咨部見覆

施行須至咨者

計咨送　親供一張

右　咨

內　務　府

直隶布政使卢定勋关于前任朝阳县官员戴维恩丁忧守制的咨文

同治八年六月二日

一八六九年七月十日

咨文中说：『本司查得前任朝阳县三座塔巡检撤回另补从九品戴维恩于同治八年三月二十八日接到家信，知亲母罗氏于同治八年三月二十六日在京病故。该员系属亲，于例应丁忧，（且）并无经手未完事件。』

收藏单位：中国第一历史档案馆

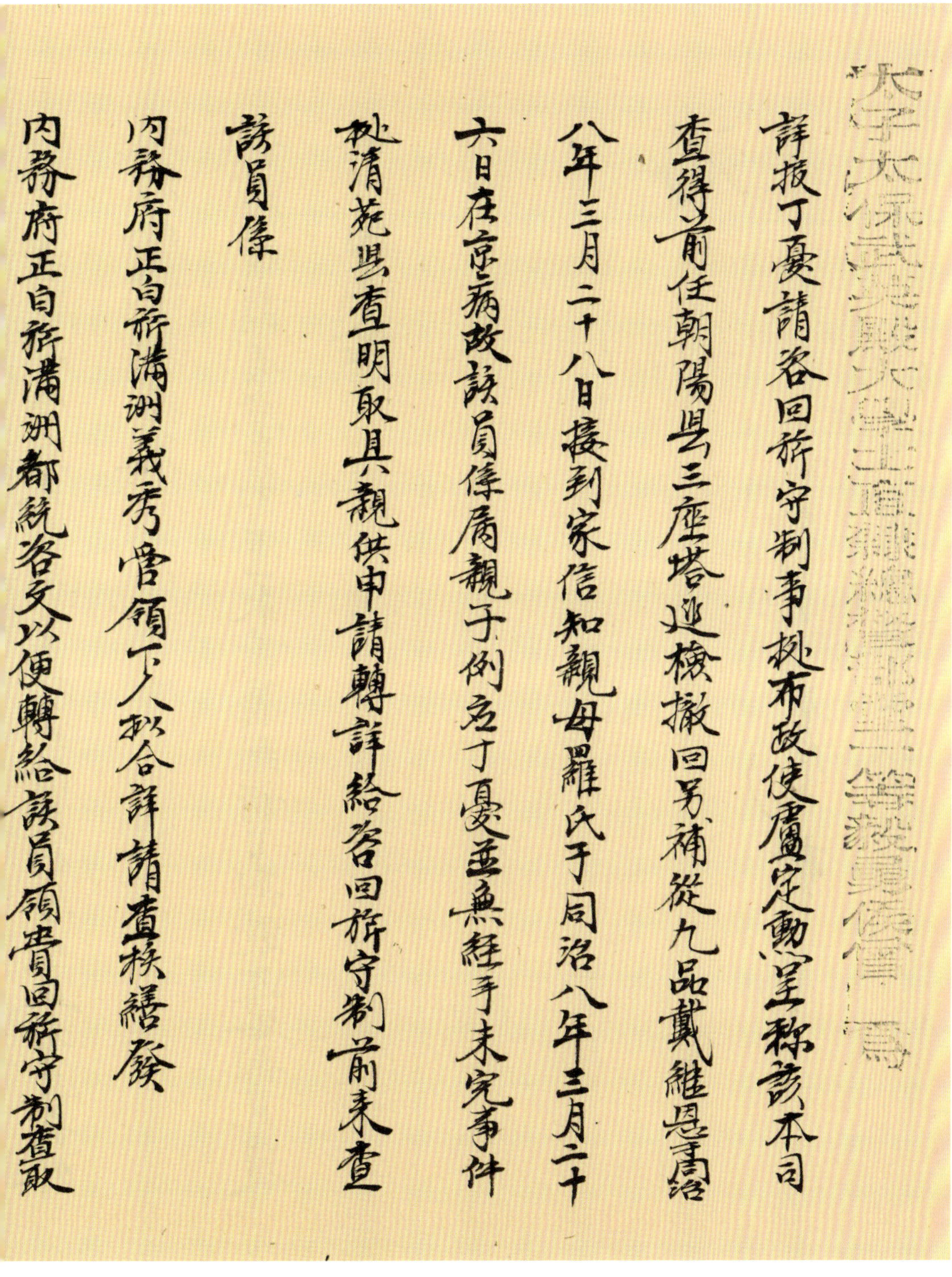
太子太保武英殿大學士直隸總督部堂一等毅勇侯曾 爲
詳報丁憂請咨回旗守制事據布政使盧定勳呈稱該本司
查得前任朝陽縣三座塔巡檢撤回另補從九品戴維恩於同治
八年三月二十八日接到家信知親母羅氏于同治八年三月二十
六日在京病故該員係屬親子例應丁憂並無經手未完事件
據清苑縣查明取具親供申請轉詳給咨回旗守制前來查
該員係
內務府正白旗滿洲義秀管領下人擬合詳請查核繕發
內務府正白旗滿洲都統咨文以便轉給該員領賫回旗守制查取

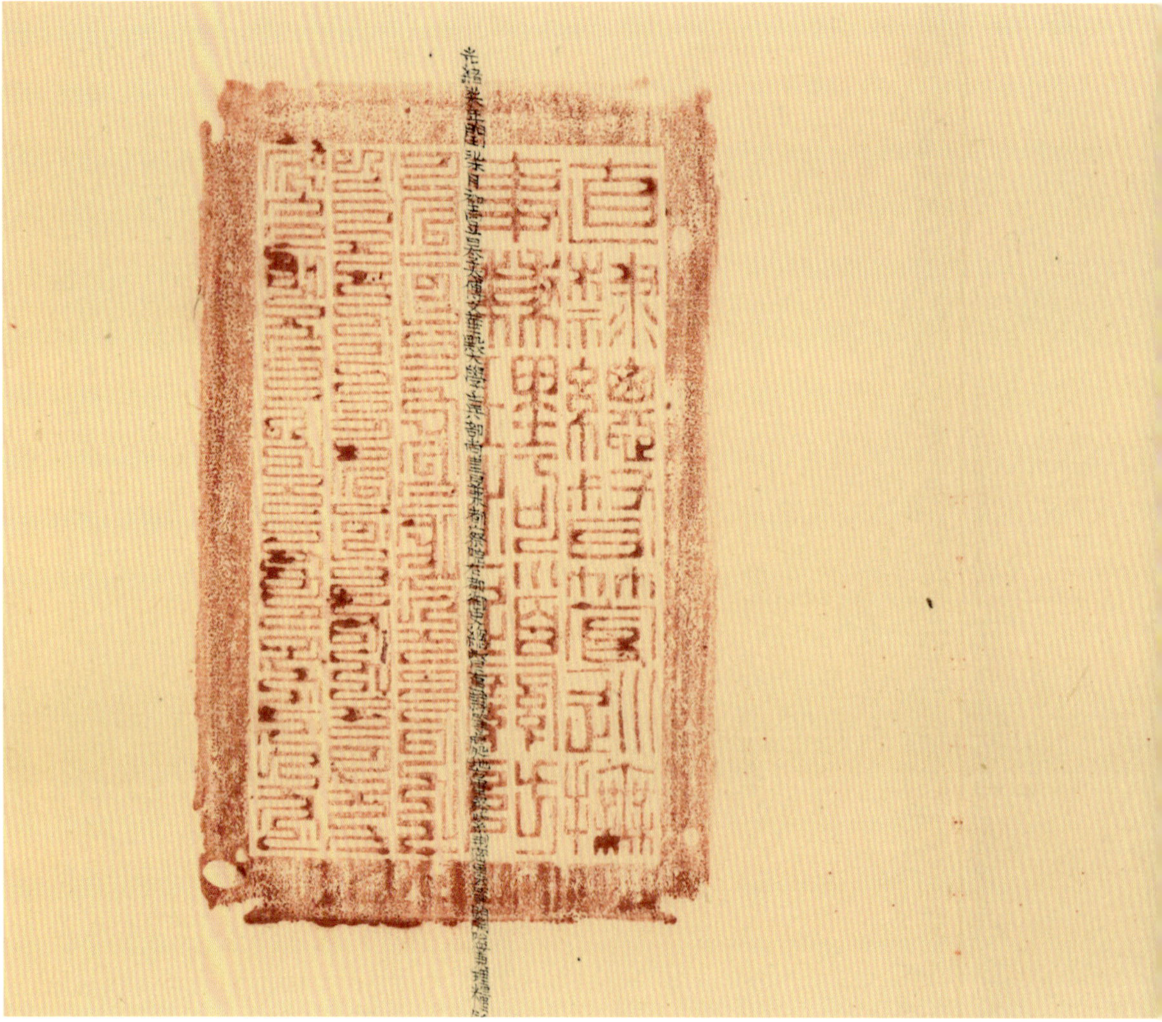

生未習弓馬情願承襲應試取具宗室印結轉
報前來復臣駐津委派按察使方大湜代驗得
該員年壯力強應請照例准以文生承襲雲
騎尉世職給予全俸仍以文生應試俟其發標
學習除將宗圖冊結咨移部科外理合具
題伏乞
皇太后
皇上聖鑒勅部核覆施行謹
題請
旨

直隶总督李鸿章关于朝阳县文生员林兰芳兼袭世职的题本

光绪七年闰七月一日

一八八一年八月二十五日

题本中说：『朝阳县生员林墨翰前于同治肆年拾壹月在籍，充当练总，御贼阵亡，经部议给云骑尉世职……查得林墨翰嫡长子林兰芳，年叁拾肆岁，例应承袭云骑尉世职，并无残疾病废。惟林兰芳系文生员，未习弓马，情愿兼袭应试……查得定例……承袭人员有情愿考试，本系文武生员兼袭者，给予全俸各等语……该员年壮力强，应请照例准以文生员兼袭云骑尉世职，给予全俸，仍以文生员应试，免其发标学习……』

收藏单位：中国第一历史档案馆

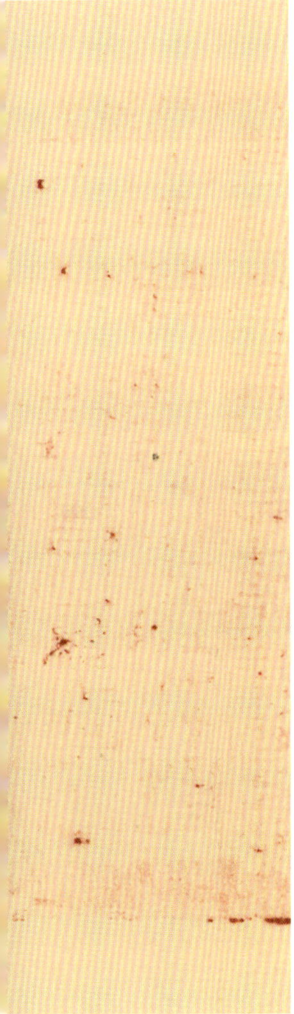

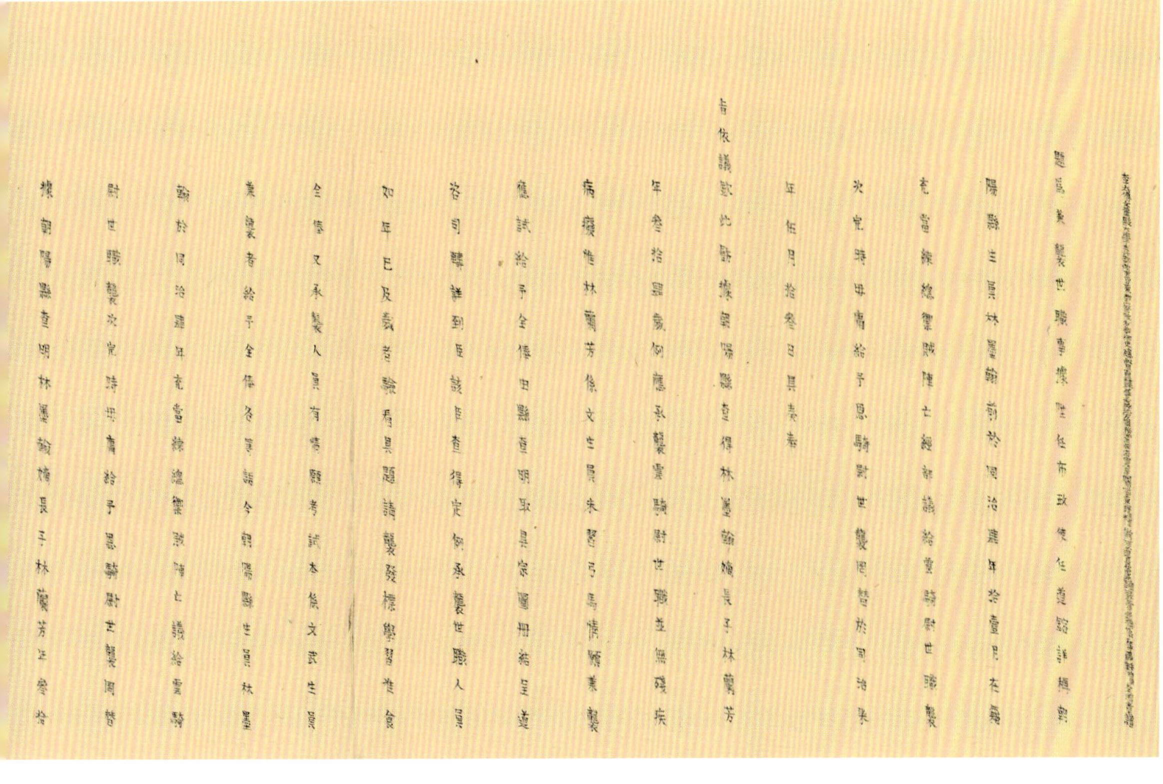

題爲兼襲世職事據陞任布政使任道鎔詳稱朝
陽縣生員林墨翰前於同治肆年拾壹月在籍
充當練總禦賊陣亡經部議給雲騎尉世職襲
次完時毋庸給予恩騎尉世襲罔替於同治柒
年伍月拾叁日具奏奉
旨依議欽此飭據朝陽縣查得林墨翰嫡長子林蘭芳
年叁拾肆歲例應承襲雲騎尉世職並無殘疾
病廢惟林蘭芳係文生員未習弓馬情願兼襲
應試給予全俸由縣查明取具宗圖冊結呈道
咨司轉詳到臣該臣查得定例承襲世職人員
如年已及歲者驗看具題請襲發標學習准食
全俸又承襲人員有情願考試本係文武生員
兼襲者給予全俸各等語今朝陽縣生員林墨
翰於同治肆年充當練總禦賊陣亡議給雲騎
尉世職襲次完時毋庸給予恩騎尉世襲罔替
據朝陽縣查明林墨翰嫡長子林蘭芳年叁拾

屬被災較廣前蒙籌款煮粥賑濟該處貧民咸
慶更生現在就食者日衆體查情形來春仍須
煮賑且口外地氣較寒每屆季春凍未融化耕
作難施貧民仍乏生計勢難遣散如果天氣早
融地上堪以工作再行隨時稟請停撤以節經
費至本年應需款項前蒙籌撥道庫銀三千兩
曁捐銀一千兩並朝陽縣知縣富賚捐助小米
二百石連紳商湊捐米石約計年前足敷煮放
至來年春賑已蒙直隸總督飭由籌賑局匀撥
濟賑銀三千兩如人數不再加增捐款集有成
數即可足資賑濟但人數增減不定捐款多寡
難知惟有隨時體查情形稟請核辦等情據此
並據籌賑司員陳慶萱亦以前情面稟前來奴
查朝陽縣幅員遼闊災黎衆多該縣委各員均

難知惟有隨時體查情形稟請核辦等情據此
並據籌賑司員陳慶萱亦以前情面稟前來奴
查朝陽縣幅員遼闊災黎衆多該縣委各員均
能同心拯救涓滴歸公經奴才籌撥曁捐助共銀
四千兩連該縣知縣富賚等捐集米石已敷本
年煮粥之需貧民全活甚衆至來年春賑經直隸
匀撥銀三千兩原擬作為春賑之用儻屆時就
食人數不再加增捐款稍有成數即可毋庸再
籌接濟惟口外春融較晚貧民食賑方長且人
數增減不定捐數多寡難知惟有隨時酌度情
形奏明辦理總期實惠及民不令一夫失所以
仰副
朝廷體恤災黎之至意所有查明朝陽縣賑務情
形未敢預請來春接濟緣由理合恭摺據實覆
陳伏乞
皇太后
皇上聖鑒謹
奏
軍機大臣奉
旨知道了欽此
光緒十一年十二月二十四日

热河都统谦禧关于朝阳县赈务情形的朱批奏折

光绪十一年十二月二十四日

一八八六年一月二十八日

奏折中说：『据朝阳县知县富赉、委员候补知州李枫林会禀，查得本年朝属被灾较广。前蒙筹款煮粥赈济，该处贫民咸庆更生。现在就食者日众，体查（察）情形，来春仍须煮赈。且口外地气较寒，每届季春冻未融化，耕作难施，贫民仍乏生计，势难遣散。』

『如果天气早融，地上堪以工作，再行随时禀请停撤，以节经费。至本年应需款项，前蒙筹拨道库银三千两，暨捐银一千两，并朝阳县知县富赉捐助小米二百石，连绅商凑捐米石约计，年前足敷煮放。至来年春赈，已蒙直隶总督饬由筹赈局匀拨济赈银三千两，如人数不再加增，捐款集有成数，即可足资赈济。』

收藏单位：中国第一历史档案馆

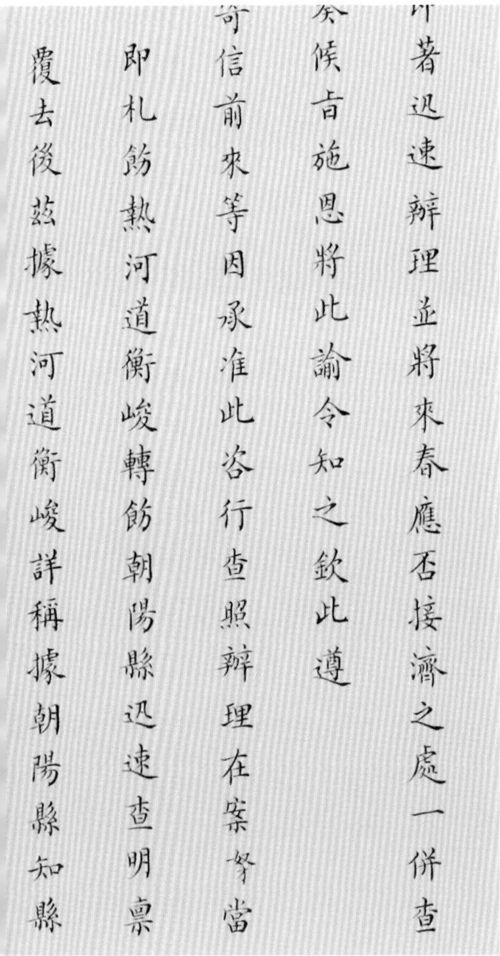
著迅速辦理並將來春應否接濟之處一併查
奏候旨施恩將此諭令知之欽此遵
旨寄信前來等因承准此咨行查照辦理在案奴才當
即札飭熱河道衡峻轉飭朝陽縣迅速查明稟
覆去後茲據熱河道衡峻詳稱據朝陽縣知縣

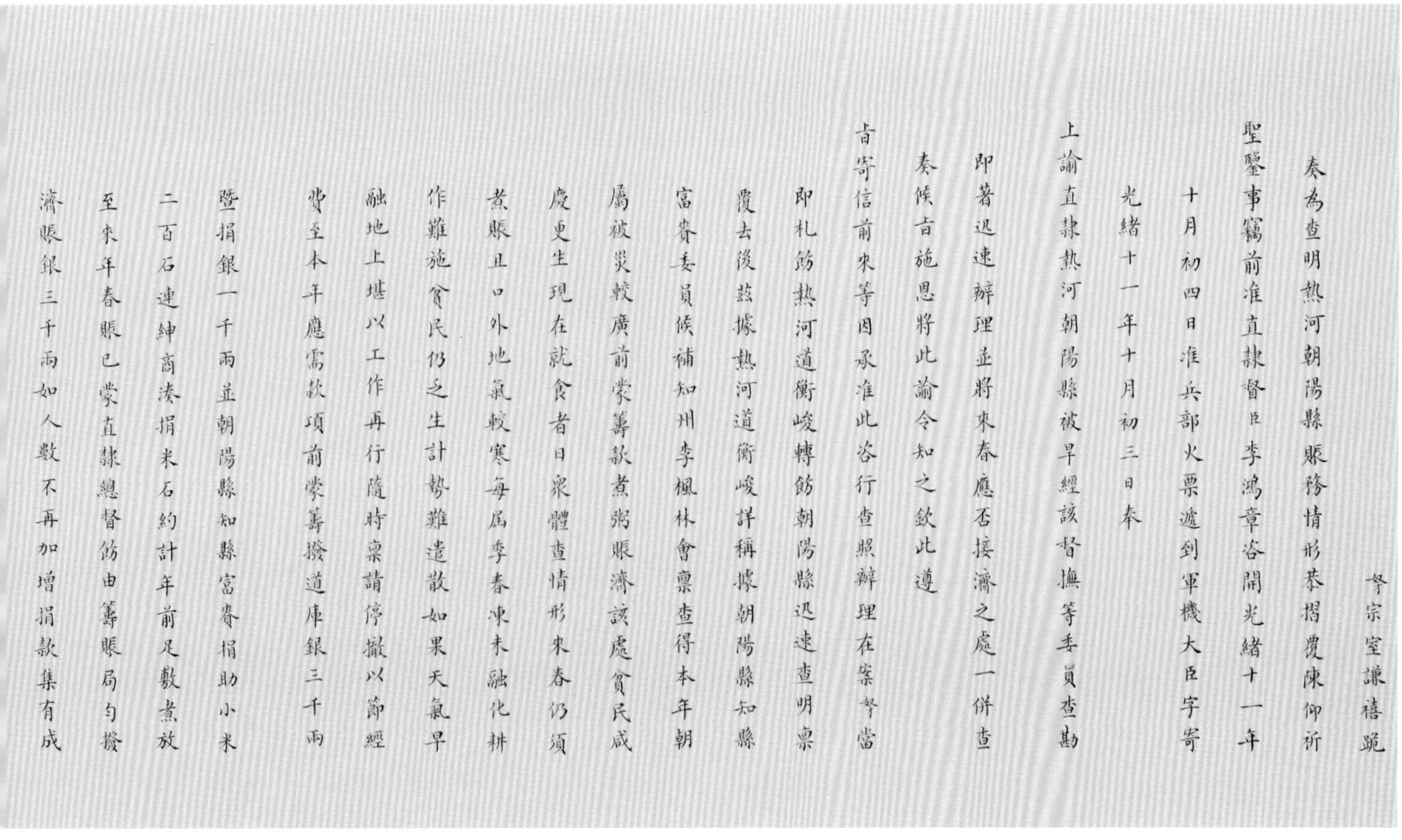
奴才宗室謙禧跪
奏為查明熱河朝陽縣賑務情形恭摺覆陳仰祈
聖鑒事竊前准直隸督臣李鴻章咨開光緒十一年
十月初四日准兵部火票遞到軍機大臣字寄
光緒十一年十月初三日奉
上諭直隸熱河朝陽縣被旱經該督撫等委員查勘
即著迅速辦理並將來春應否接濟之處一併查
奏候旨施恩將此諭令知之欽此遵
旨寄信前來等因承准此咨行查照辦理在案奴才當
即札飭熱河道衡峻轉飭朝陽縣迅速查明稟
覆去後茲據熱河道衡峻詳稱據朝陽縣知縣
富賚委員候補知州李楓林會稟查得本年朝
屬被災較廣前蒙籌款煮粥賑濟該處貧民咸
慶更生現在就食者日衆體查情形來春仍須
煮賑且口外地氣較寒每屆季春凍未融化耕
作難施貧民仍乏生計勢難遣散如果天氣早
融地上堪以工作再行隨時稟請停撤以節經
費至本年應需款項前蒙籌撥道庫銀三千兩
暨捐銀一千兩並朝陽縣知縣富賚捐助小米
二百石連紳商湊捐米石約計年前足敷煮放
至來年春賑已蒙直隸總督飭由籌賑局勻撥
濟賑銀三千兩如人數不再加增捐款集有成

縣雜職無多移撥應請另添典史一員圍場添
設之縣擬在圍場廳治迤南一百三十里承德
府所轄距府治一百八十里之張三營子地方
建為縣治名曰隆化縣亦以該處舊有巡檢管
典史事惟是規模粗定區畫尚須求詳所有各
缺之如何陞補廉俸工食等項之如何支給衙
署倉庫監獄之如何創建村鄉集鎮之如何劃
隸統俟遴員試辦時考查精確再行詳晰繪圖
貼說奏咨聽候部核所有現擬度地設官情形
理合附片陳明伏乞
聖鑒訓示謹
奏

該部知道

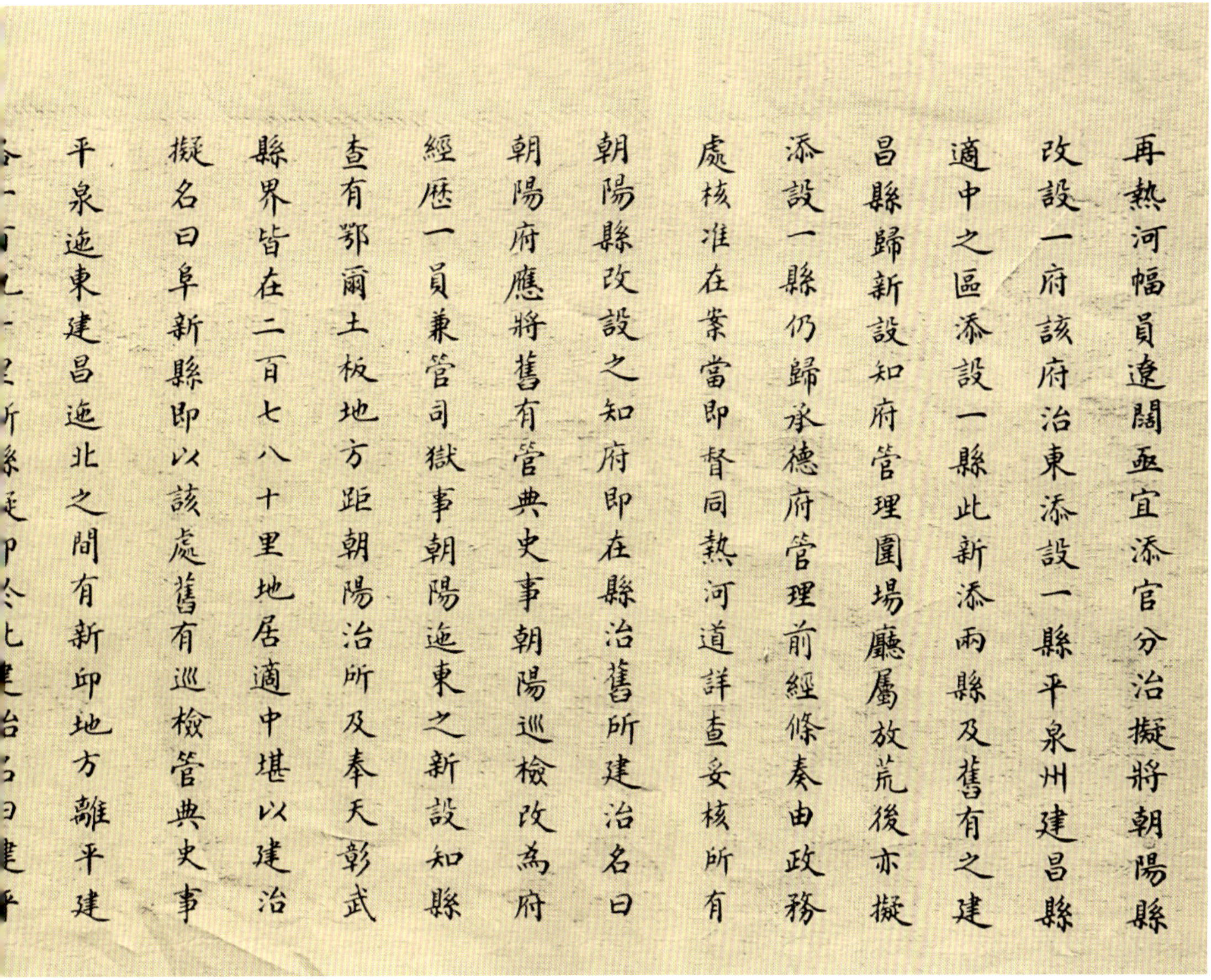
再熱河幅員遼闊亟宜添官分治擬將朝陽縣
改設一府該府治東添設一縣平泉州建昌縣
適中之區添設一縣此新添兩縣及舊有之建
昌縣歸新設知府管理圍場廳屬放荒後亦擬
添設一縣仍歸承德府管理前經條奏由政務
處核准在案當即督同熱河道詳查妥核所有
朝陽縣改設之知府即在縣治舊所建治名曰
朝陽府應將舊有管典史事朝陽巡檢改為府
經歷一員兼管司獄事朝陽迤東之新設知縣
查有鄂爾土板地方距朝陽治所及奉天彰武
縣界皆在二百七八十里地居適中堪以建治
擬名曰阜新縣即以該處舊有巡檢管典史事
平泉迤東建昌迤北之間有新邱地方離平建

热河都统锡良关于改朝阳县为朝阳府、添设建平县的奏片

光绪二十九年四月四日

一九〇三年四月三十日

奏片中说『再热河幅员辽阔，亟宜添官分治。拟将朝阳县改设一府，该府治东添设一县，平泉州、建昌县适中之区添设一县。此新添两县及旧有之建昌县归新设知府管理。……朝阳县改设之知府即在县治旧所建治，名曰朝阳府。应将旧有管典史事朝阳巡检改为府经历一员，兼管司狱事。朝阳迤东之新设知县，查有鄂尔土板地方，距朝阳治所及奉天、彰武县界皆在二百七八十里，地居适中，堪以建治，拟名曰阜新县。……平泉迤东，建昌迤北之间有新邱地方，离平、建各一百九十里，新县拟于此建治，名曰建平。』

记载朝阳县知县缪桂荣被参袒护拳匪头目喇嘛潘成的《大清德宗景皇帝实录》

光绪二十九年七月一日

一九〇三年八月二十三日

《实录》中记载：『有人奏，热河赤峰县知县现署朝阳县知县缪桂荣，袒护拳匪头目喇嘛潘成，抢劫商民，伤毙教民，并在赤峰县任内，得贿释放马贼等语。著松寿按照所参各节，确切查明，据实复奏，毋稍徇隐……惟佑顺寺喇嘛潘成，另有被控之案，应俟审讯明确，另行核办。』

这段记载中提到了佑顺寺。这是《清实录》中两处提到佑顺寺的一处，另一处提到佑顺寺也与潘成案有关。

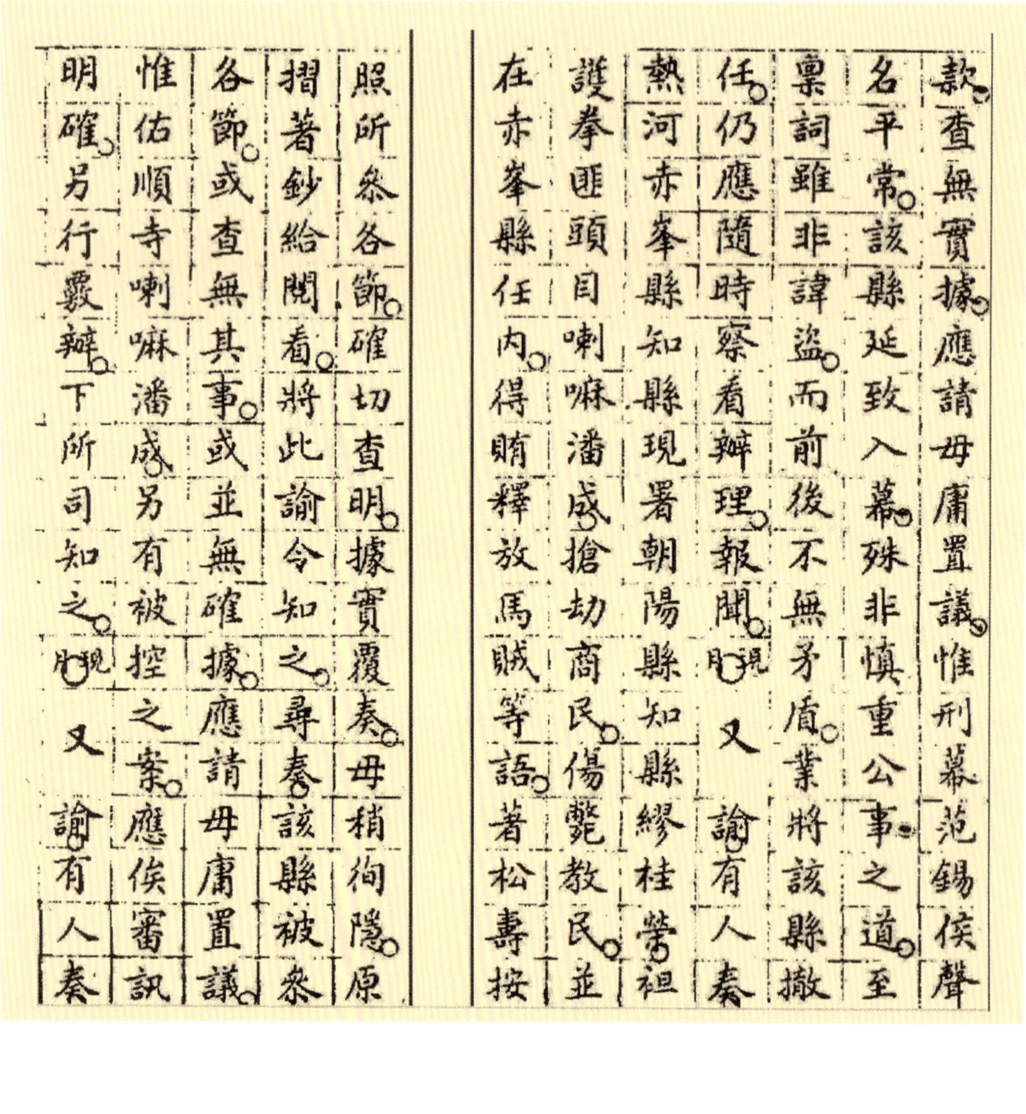

款。查無實據。應請毋庸置議。惟刑幕范錫侯聲
名平常。該縣延致入幕。殊非慎重公事之道。至
稟詞雖非諱盜。而前後不無矛盾。業將該縣撤
任。仍應隨時察看辦理。報聞。現月 又諭。有人奏
熱河赤峯縣知縣現署朝陽縣知縣繆桂榮袒
護拳匪頭目喇嘛潘成。搶劫商民。傷斃教民。並
在赤峯縣任內。得賄釋放馬賊等語。著松壽按
照所參各節。確切查明。據實覆奏。毋稍徇隱。原
摺著鈔給閱看。將此諭令知之。尋奏。該縣被參
各節。或查無其事。或並無確據。應請毋庸置議。
惟佑順寺喇嘛潘成。另有被控之案。應俟審訊
明確。另行覈辦。下所司知之。現月 又諭。有人奏

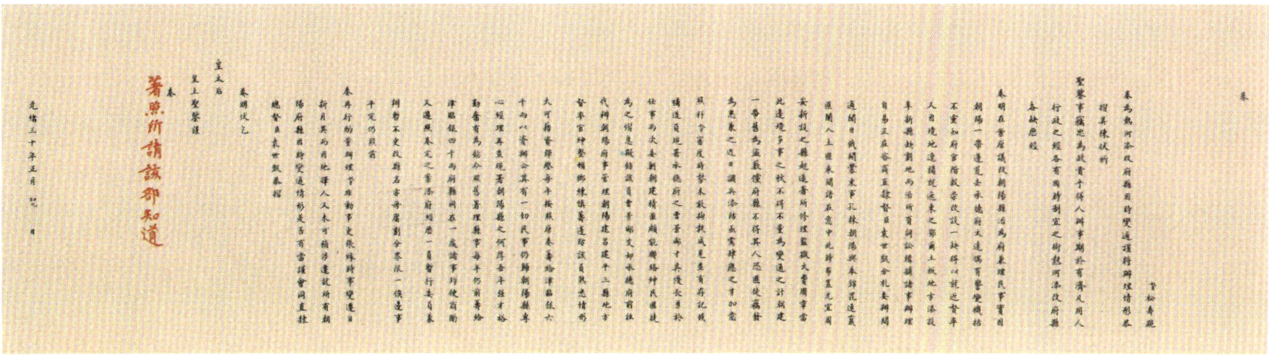
著照所請該部知道

光緒三十年正月 日

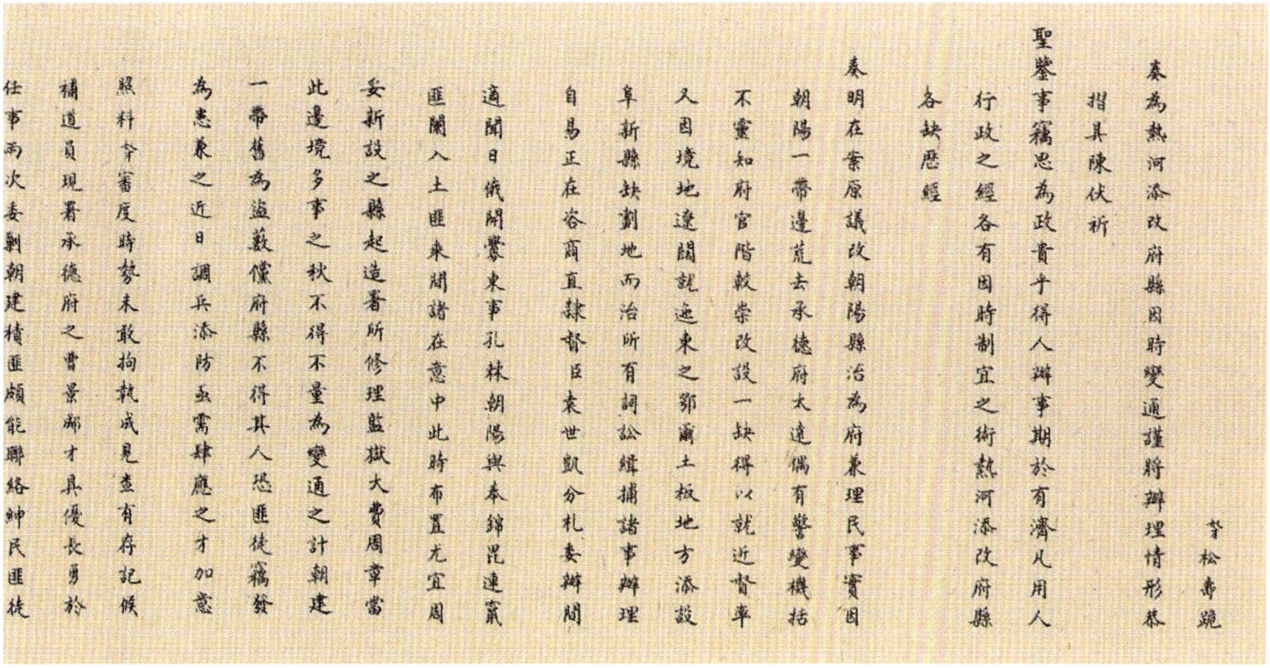
奴才松壽跪

奏為熱河添改府縣因時變通謹將辦理情形恭

摺具陳伏祈

聖鑒事竊思為政貴乎得人辦事期於有濟凡用人

行政之經各有因時制宜之術熱河添改府縣

各缺歷經

奏明在案原議改朝陽縣治為府兼理民事實因

朝陽一帶邊荒去承德府太遠偶有警變機括

不靈知府官階較崇改設一缺得以就近督率

又因境地遼闊就近東之鄂爾土板地方添設

阜新縣缺劃地而治所有詞訟緝捕諸事辦理

自易正在咨商直隸督臣袁世凱分札委辦間

適聞日俄開釁東事孔棘朝陽與奉錦毘連竄

匪闌入土匪乘間諸在意中此時布置尤宜周

妥新設之縣起造署所修理監獄大費周章當

此邊境多事之秋不得不量為變通之計朝建

一帶舊為盜藪儻府縣不得其人恐匪徒竊發

為患兼之近日調兵添防亟需肆應之才加意

照料奴才審度時勢未敢拘執成見查有存記候

補道員現署承德府之曹景郕才具優長勇於

任事兩次委剿朝建積匪頗能聯絡紳民匪徒

热河都统松寿关于添设官员管理朝阳府的朱批奏折

光绪三十年一月九日

一九〇四年二月二十四日

奏折中说：『朝阳一带边荒，去承德府太远，偶有警变，机括不灵……当此边境多事之秋，不得不量为变通之计……现署承德府之曹景郕，才具优长，勇于任事，两次委剿朝建积匪，颇能联络绅民，匪徒为之慑息，拟饬该员曹景郕交卸承德府，前往代办朝阳府事，管理朝阳、建昌、建平三县地方。』

热河都统松寿关于建平县人事安排的奏片

光绪三十年一月九日

一九〇四年二月二十四日

奏片中说：『建平县归新设朝阳府管辖。该处为盗匪出没之区，亟应先行添设，以资治理……已委试用知县郑焯前往试办，并兼理事通判事。每年按照原奏筹给津贴银六千两，以资办公……另设典史一员，专司监狱及缉捕事宜。』

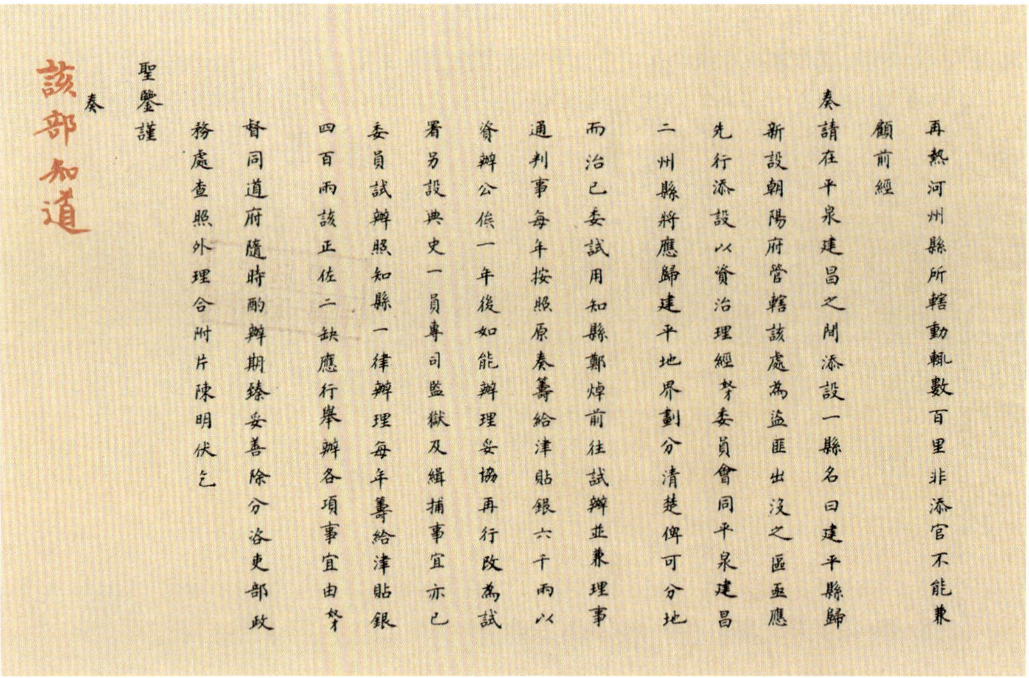

再熱河州縣所轄動輒數百里非添官不能兼
顧前經
奏請在平泉建昌之間添設一縣名曰建平縣歸
新設朝陽府管轄該處為盜匪出沒之區亟應
先行添設以資治理經奴才委員會同平泉建昌
二州縣將應歸建平地界劃分清楚俾可分地
而治已委試用知縣鄭焯前往試辦並兼理事
通判事每年按照原奏籌給津貼銀六千兩以
資辦公俟一年後如能辦理妥協再行改為試
署另設典史一員專司監獄及緝捕事宜亦已
委員試辦照知縣一律辦理每年籌給津貼銀
四百兩該正佐二缺應行舉辦各項事宜由奴才
督同道府隨時酌辦期臻妥善除分咨吏部政
務處查照外理合附片陳明伏乞
聖鑒謹
奏
該部知道

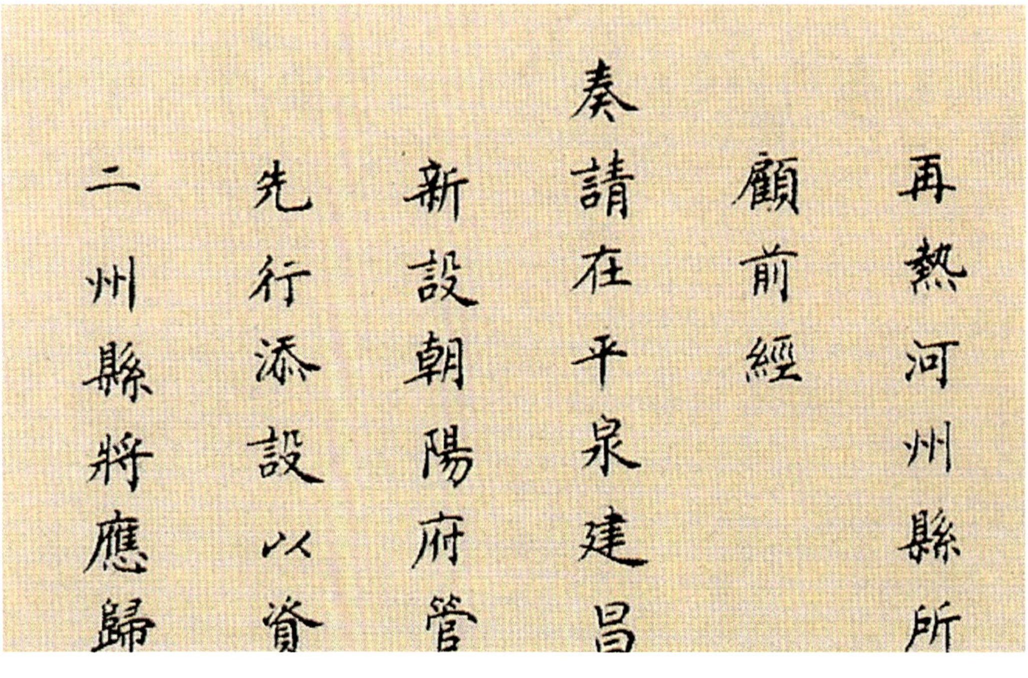

再熱河州縣所
顧前經
奏請在平泉建昌
新設朝陽府管
先行添設以資
二州縣將應歸

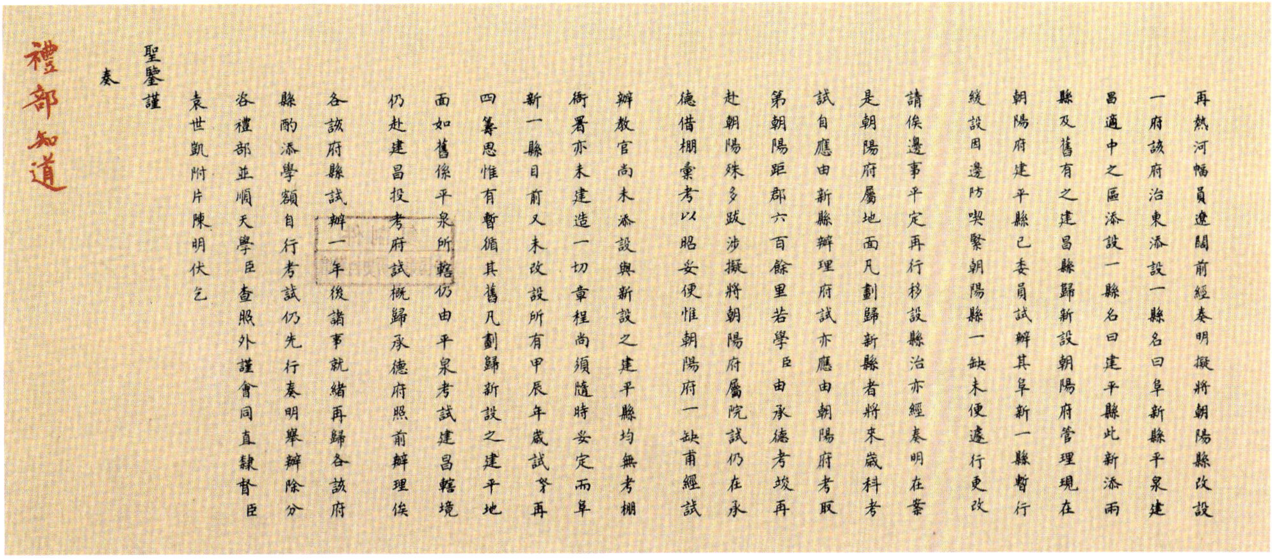

再熱河幅員遼闊前經奏明擬將朝陽縣改設
一府該府治東添設一縣名曰阜新縣平泉建
昌適中之區添設一縣名曰建平縣此新添兩
縣及舊有之建昌縣歸新設朝陽府管理現在
朝陽府建平縣已委員試辦其阜新一縣暫行
緩設因邊防喫緊朝陽縣一缺未便遽行更改
請俟邊事平定再行移設縣治亦經奏明在案
是朝陽府屬地面凡劃歸新縣者將來歲科考
試自應由新縣辦理府試亦應由朝陽府考取
第朝陽距郡六百餘里若學臣由承德考竣再
赴朝陽殊多跋涉擬將朝陽府屬院試仍在承
德借棚彙考以昭安便惟朝陽府一缺甫經試
辦教官尚未添設與新設之建平縣均無考棚
銜署亦未建造一切章程尚須隨時妥定而阜
新一縣目前又未改設所有甲辰年歲試(?)再
四籌思惟有暫循其舊凡劃歸新設之建平地
面如舊係平泉所轄仍由平泉考試建昌轄境
仍赴建昌投考府試概歸承德府照前辦理俟
各該府縣試辦一年後諸事就緒再歸各該府
縣酌添學額自行考試仍先行奏明舉辦除分
咨禮部並順天學臣查照外謹會同直隸督臣
袁世凱附片陳明伏乞
聖鑒謹
奏
禮部知道

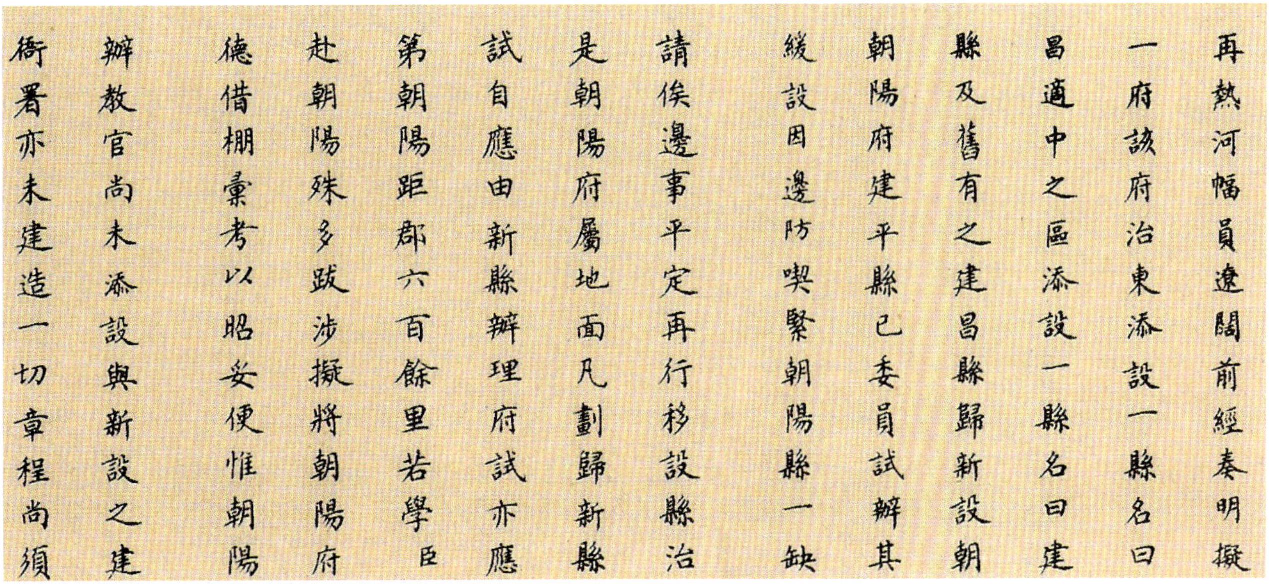

再熱河幅員遼闊前經奏明擬
一府該府治東添設一縣名曰
昌適中之區添設一縣名曰建
縣及舊有之建昌縣歸新設朝
朝陽府建平縣已委員試辦其
綏設因邊防喫緊朝陽縣一缺
請俟邊事平定再行移設縣治
是朝陽府屬地面凡劃歸新縣
試自應由新縣辦理府試亦應
第朝陽距郡六百餘里若學臣
赴朝陽殊多跋涉擬將朝陽府
德借棚彙考以昭安便惟朝陽
辦教官尚未添設與新設之建
銜署亦未建造一切章程尚須

热河都统松寿关于朝阳府科举考试安排的奏片

光绪三十年二月二十九日

一九〇四年四月十四日

奏片中说：『朝阳距郡六百余里，若学臣由承德考竣再赴朝阳，殊多跋涉。拟将朝阳府属院试仍在承德借棚汇考。』

明大義嘉惠士林所捐銀兩核與建坊定例相
符合無仰懇
天恩俯准該孀婦康錢氏在原籍自行建坊給與樂
善好施字樣以資觀感除咨部查照外理合附
片具陳伏乞
聖鑒訓示謹
奏
著照所請禮部知道

热河都统松寿奏请为朝阳县捐资助学孀妇竖立牌坊的附片

光绪三十年七月四日

一九〇四年八月十四日

附片中说：『再据署朝阳县知县何厚吾详称，该县孀妇康钱氏守节多年。近值筹办学堂，公款支绌，该氏倡捐库平银一千两，发商生息作为学堂经费。查士民遇地方善举捐银至千两者，例得建坊，请照例给奖……』

收藏单位：中国第一历史档案馆

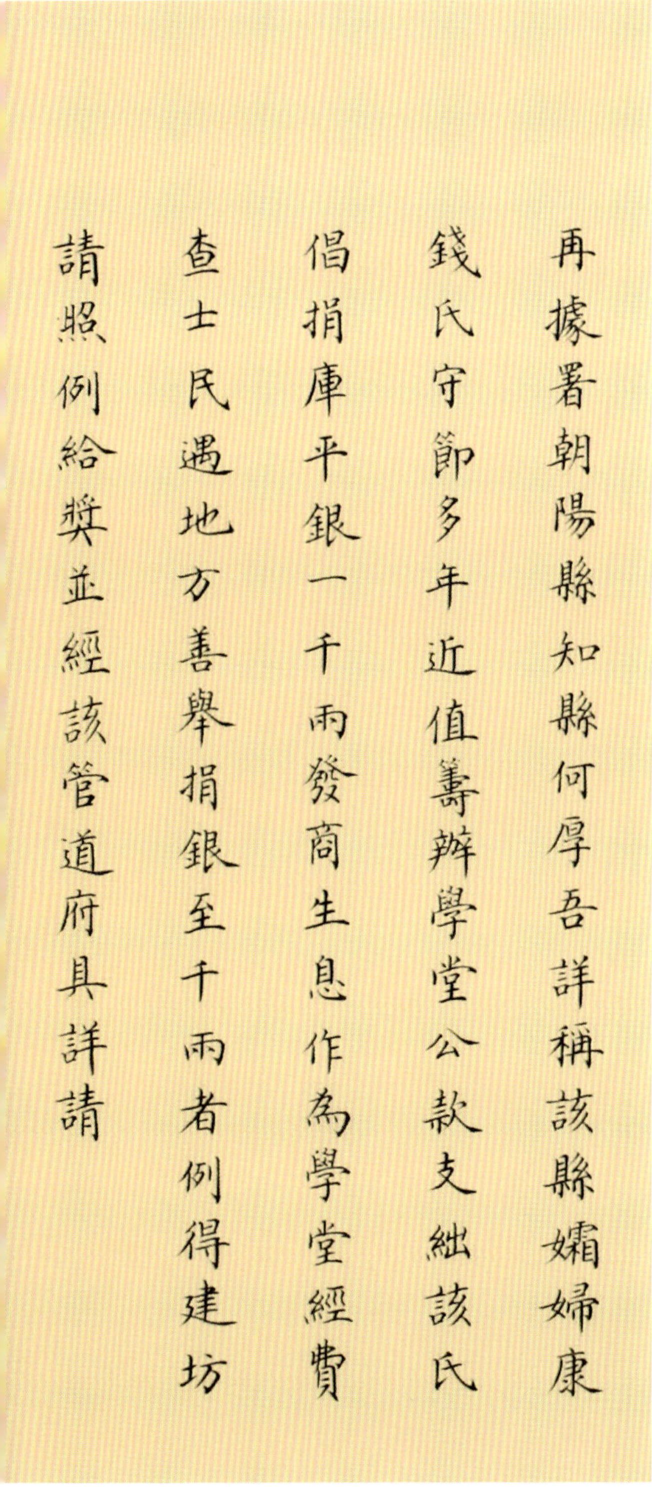

再據署朝陽縣知縣何厚吾詳稱該縣孀婦康
錢氏守節多年近值籌辦學堂公款支絀該氏
倡捐庫平銀一千兩發商生息作為學堂經費
查士民遇地方善舉捐銀至千兩者例得建坊
請照例給獎並經該管道府具詳請

旨着照例用欽此六月初七日到省繳照十三日回
熱十二月經努札委試辦新設建平縣事三十
年正月初四日到任查該員自光緒二十九年
六月十三回熱之日起扣至本年六月十三日一
年期滿例應甄別加考據熱河道恩霖具詳請
奏前來努查該員鄭焯年力正強才具明敏堪以
照例留熱補用理合附片陳明伏乞
聖鑒敕部查照施行謹
奏
吏部知道

热河都统松寿关于建平试用知县郑焯甄别加考的奏片

光绪三十年九月十九日

一九〇四年十月二十七日

奏片中说：『查试用知县郑焯现年三十六岁，系江西抚州府金溪县人，由监生报捐巡检复加捐县丞，指分直隶试用……札委试办新设建平县事……一年期满，例应甄别加考……查该员郑焯年力正强，才具明敏，堪以照例留热补用。』

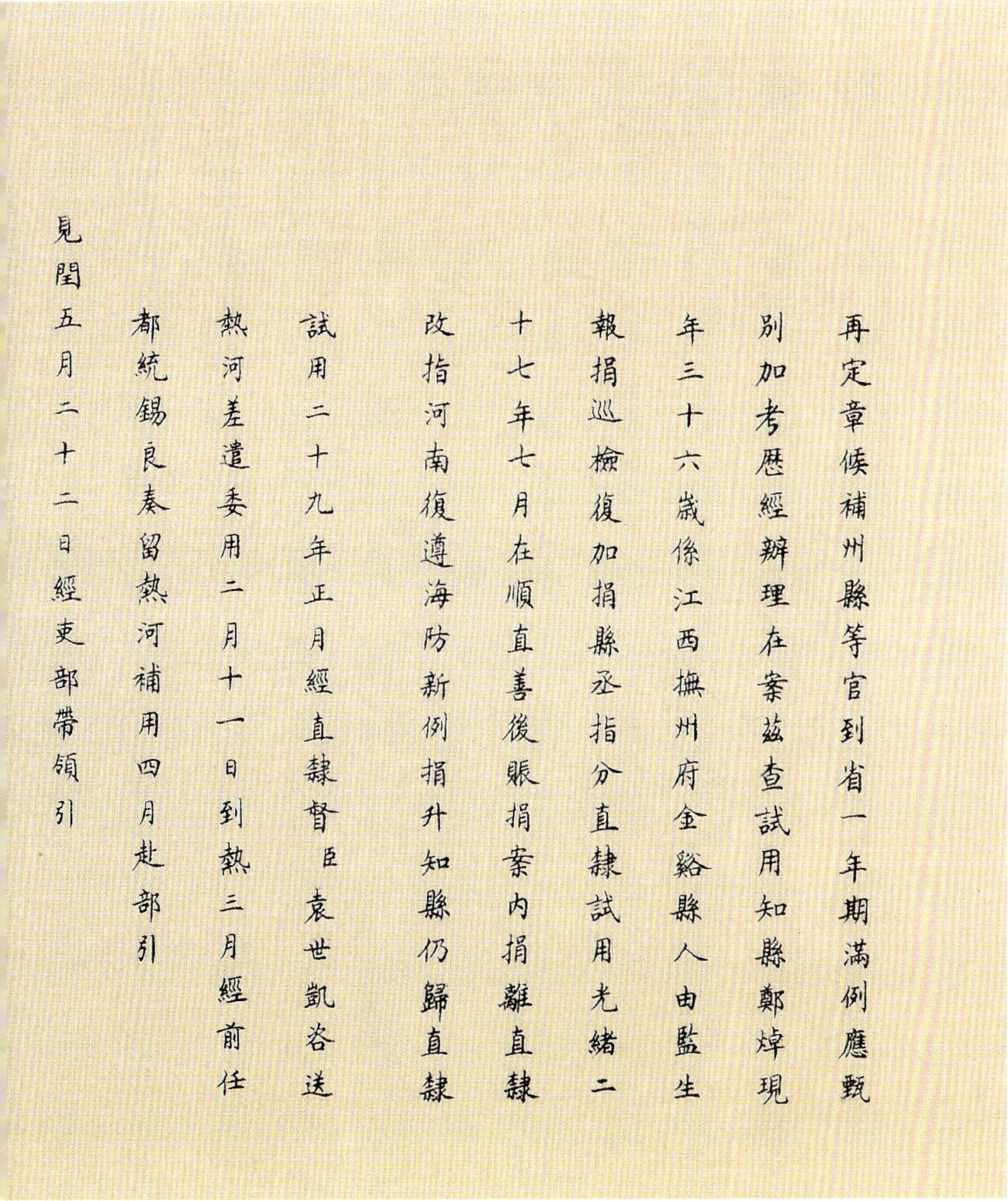

再定章候補州縣等官到省一年期滿例應甄
別加考歷經辦理在案茲查試用知縣鄭焯現
年三十六歲係江西撫州府金谿縣人由監生
報捐巡檢復加捐縣丞指分直隸試用光緒二
十七年七月在順直善後賑捐案内捐離直隸
改指河南復遵海防新例捐升知縣仍歸直隸
試用二十九年正月經直隸督臣袁世凱咨送
熱河差遣委用二月十一日到熱三月經前任
都統錫良奏留熱河補用四月赴部引
見閏五月二十二日經吏部帶領引

热河都统松寿奏请为朝阳铸造印信的附片

光绪三十一年十二月十三日

一九〇六年一月七日

附片中说：『朝阳县改设府治，委员代办，曾经刊给木质关防，现已办理就绪。经奴才会同直隶督臣袁世凯请以现署朝阳府知府吴焘补授斯缺……旨敕部铸造朝阳府印信一颗，颁发给领，以昭信守。前颁木质关防檄饬缴销。』

收藏单位：中国第一历史档案馆

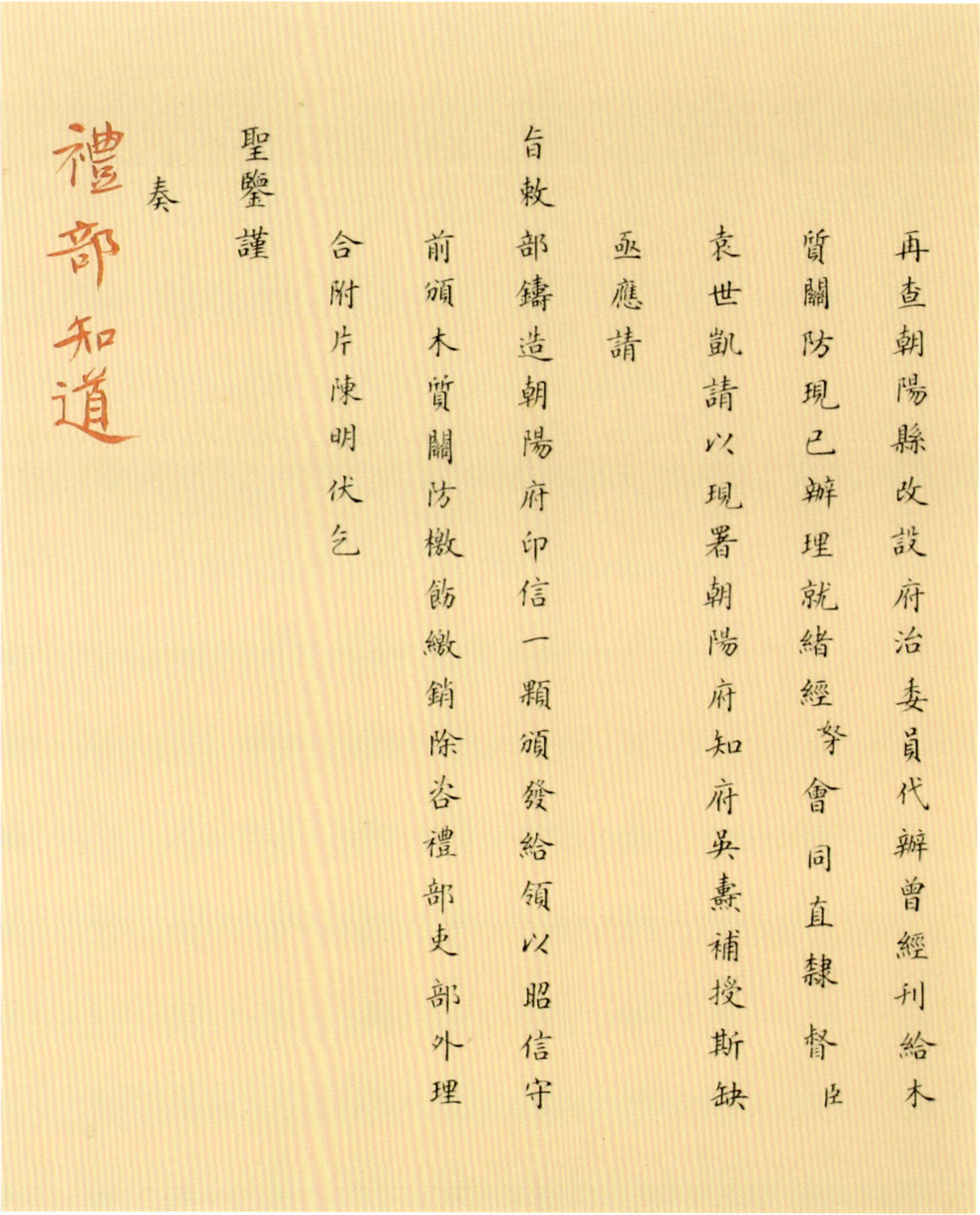
再查朝陽縣改設府治委員代辦曾經刊給木
質關防現已辦理就緒經奴才會同直隸督臣
袁世凱請以現署朝陽府知府吳燾補授斯缺
亟應請
旨敕部鑄造朝陽府印信一顆頒發給領以昭信守
前頒木質關防檄飭繳銷除咨禮部吏部外理
合附片陳明伏乞
聖鑒謹
奏
禮部知道

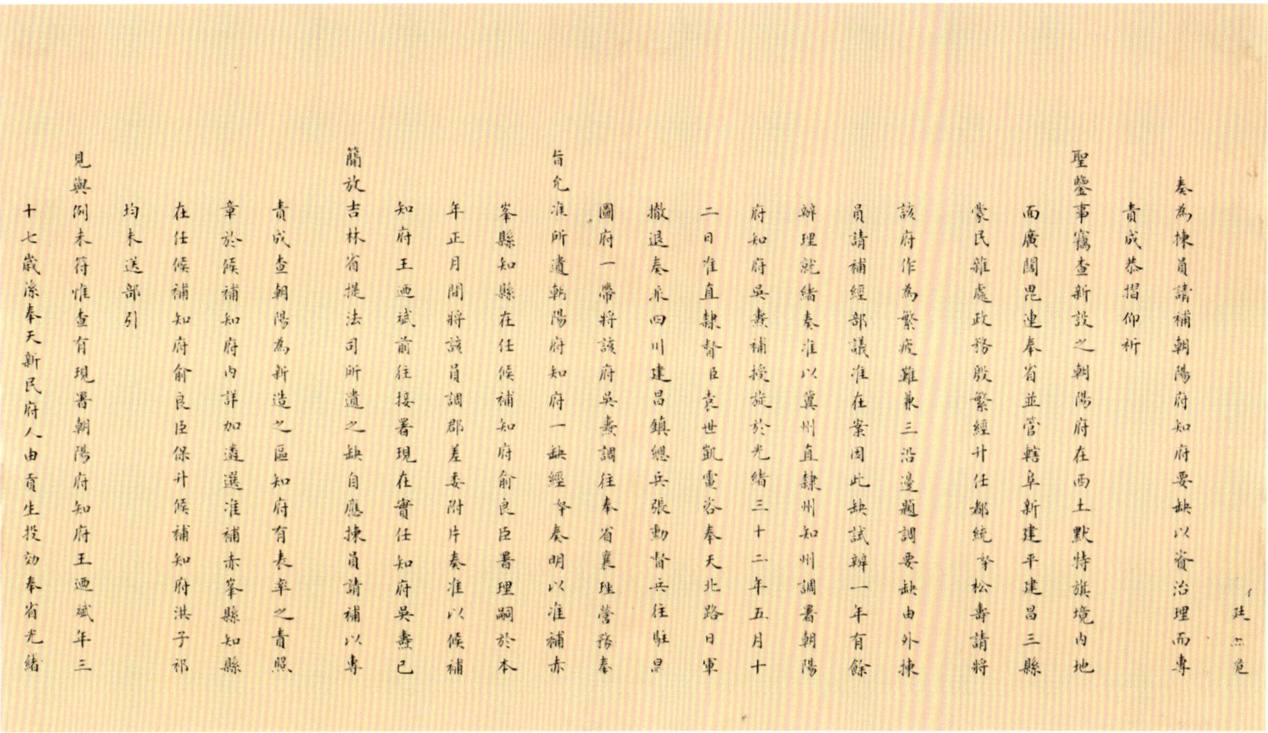
廷杰跪
奏為揀員請補朝陽府知府要缺以資治理而專
責成恭摺仰祈
聖鑒事竊查新設之朝陽府在西土默特旗境內地
面廣闊毘連奉省並管轄阜新建平建昌三縣
蒙民雜處政務殷繁經升任都統岑松壽請將
該府作為繁疲難兼三沿邊題調要缺由外揀
員請補經部議准在案因此缺試辦一年有餘
辦理就緒奏准以冀州直隸州知州調署朝陽
府知府吳燾補授旋於光緒三十二年五月十
二日准直隸督臣袁世凱電咨奉天北路日軍
撤退奏派四川建昌鎮總兵張勳督兵往駐昌
圖府一帶將該府吳燾調往奉省襄理營務奉
旨允准所遺朝陽府知府一缺經奴才奏明以准補赤
峯縣知縣在任候補知府俞良臣署理嗣於本
年正月間將該員調郡差委附片奏准以候補
知府王迺斌前往接署現在實任知府吳燾已
簡放吉林省提法司所遺之缺自應揀員請補以專
責成查朝陽為新造之區知府有表率之責照
章於候補知府內詳加遴選准補赤峯縣知縣
在任候補知府俞良臣保升候補知府洪子祁
均未送部引
見與例未符惟查有現署朝陽府知府王迺斌年三
十七歲係奉天新民府人由貢生投効奉省光緒

热河都统廷杰关于朝阳府官员调用补缺的奏折

光绪三十二年一月二十六日

一九〇六年二月十九日

奏折中说：『奉天北路日军撤退。奏派四川建昌镇总兵张勋督兵往驻昌图府一带。将该府（朝阳府）吴焘调往奉省襄理营务，奉旨允准。所遗朝阳府知府一缺经奴才奏明，以准补赤峰县知县在任候补知府俞良臣署理。』

收藏单位：中国第一历史档案馆

热河都统廷杰奏请奖励捐资助学朝阳县人宋国治的附片

光绪三十四年十一月十日

一九〇八年十二月三日

附片中说：『办理学校巡警首需经费，际兹财政困难，全赖地方绅富踊跃输将，乃能逐渐推广……朝阳府广富营子民人宋国治捐银一千两作为该府中学巡警两堂经费。经朝阳府请移奖其子宋鸿宾由府经历职衔加奖同知衔，并取具宋鸿宾履历详由热河道转请核奖。』

收藏单位：中国第一历史档案馆

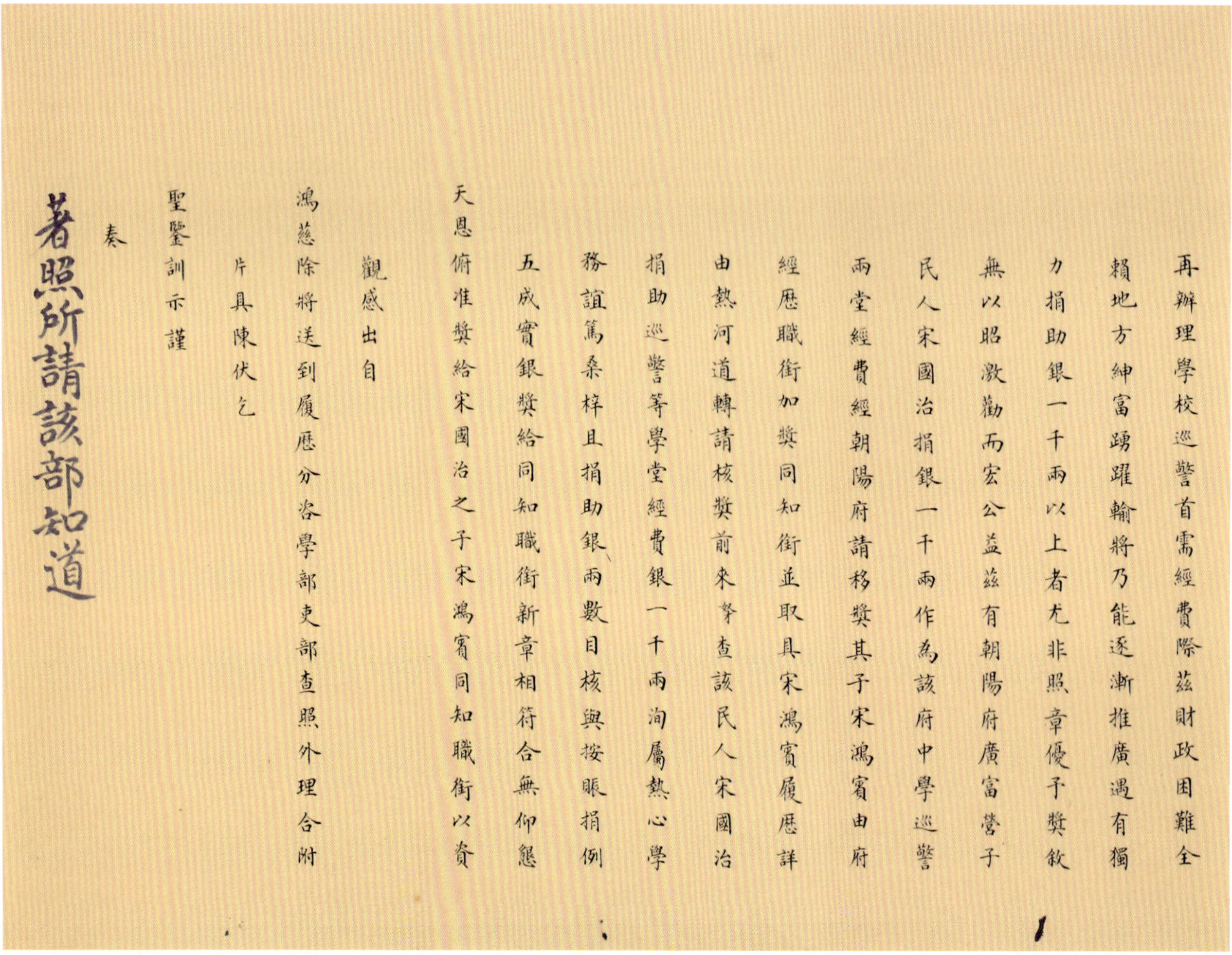
再辦理學校巡警首需經費際茲財政困難全
賴地方紳富踴躍輸將乃能逐漸推廣遇有獨
力捐助銀一千兩以上者尤非照章優予獎敘
無以昭激勸而宏公益茲有朝陽府廣富營子
民人宋國治捐銀一千兩作為該府中學巡警
兩堂經費經朝陽府請移獎其子宋鴻賓由府
經歷職銜加獎同知銜並取具宋鴻賓履歷詳
由熱河道轉請核獎前來奴才查該民人宋國治
捐助巡警等學堂經費銀一千兩洵屬熱心學
務誼篤桑梓且捐助銀兩數目核與按賬捐例
五成實銀獎給同知職銜新章相符合無仰懇
天恩俯准獎給宋國治之子宋鴻賓同知職銜以資
觀感出自
鴻慈除將送到履歷分咨學部吏部查照外理合附
片具陳伏乞
聖鑒訓示謹
奏
著照所請該部知道

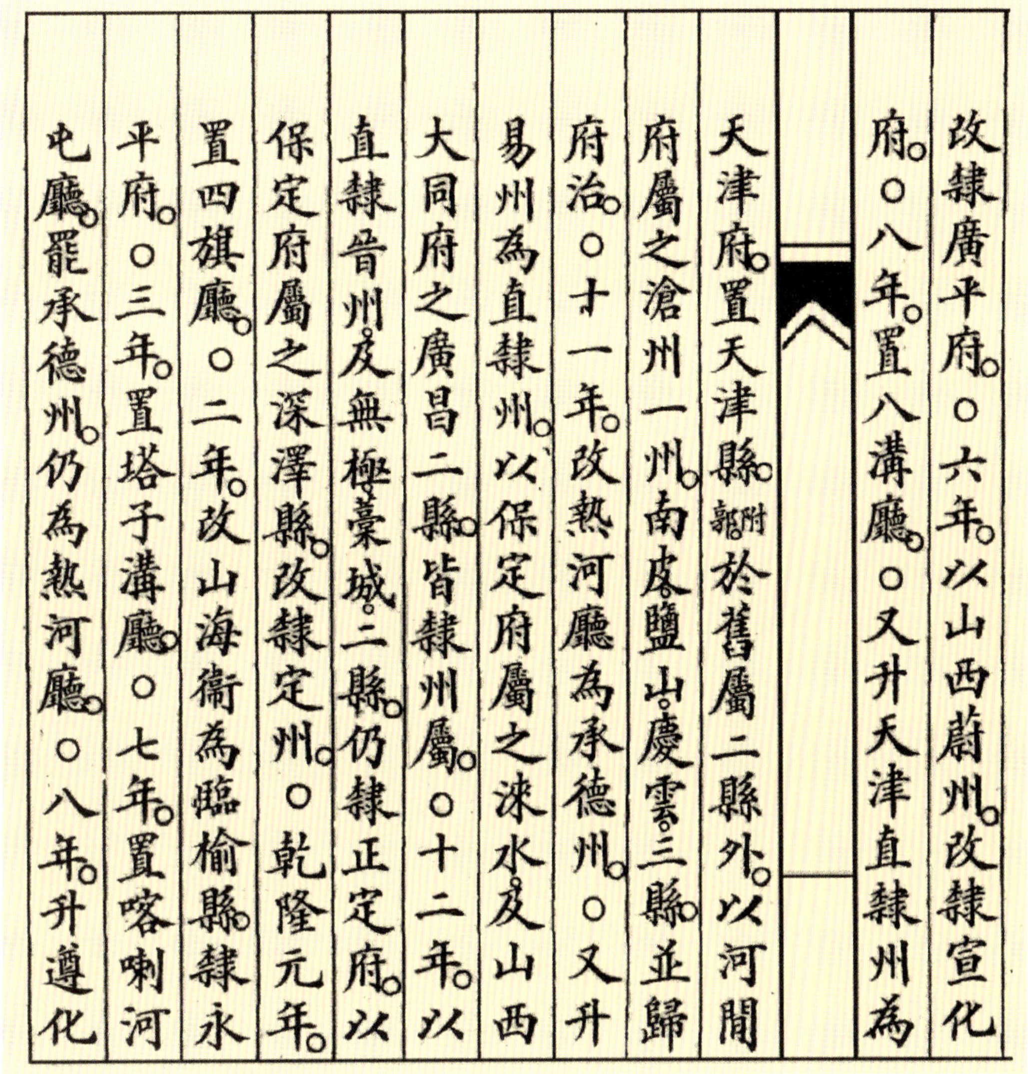
改隸廣平府。○六年。以山西蔚州。改隸宣化
府。○八年。置八溝廳。○又升天津直隸州為
天津府。置天津縣。附郭於舊屬二縣外。以河間
府屬之滄州一州。南皮鹽山慶雲三縣並歸
府治。○十一年。改熱河廳為承德州。○又升
易州為直隸州。以保定府屬之淶水及山西
大同府之廣昌二縣。皆隸州屬。○十二年。以
直隸晉州及無極藁城二縣。仍隸正定府。以
保定府屬之深澤縣。改隸定州。○乾隆元年。
置四旗廳。○二年。改山海衛為臨榆縣。隸永
平府。○三年。置塔子溝廳。○七年。置喀喇河
屯廳。罷承德州。仍為熱河廳。○八年。升遵化

记载设置塔子沟厅的《钦定大清会典》

光绪朝修

《会典》中记载：『（乾隆）三年，置塔子沟厅。』

1738年设立的塔子沟厅，与之前设立的喀喇沁左旗厅署旗署并存，前者负责民人（汉人）的税赋征收、地方治安、民事诉讼等行政事务，后者负责蒙民事务。

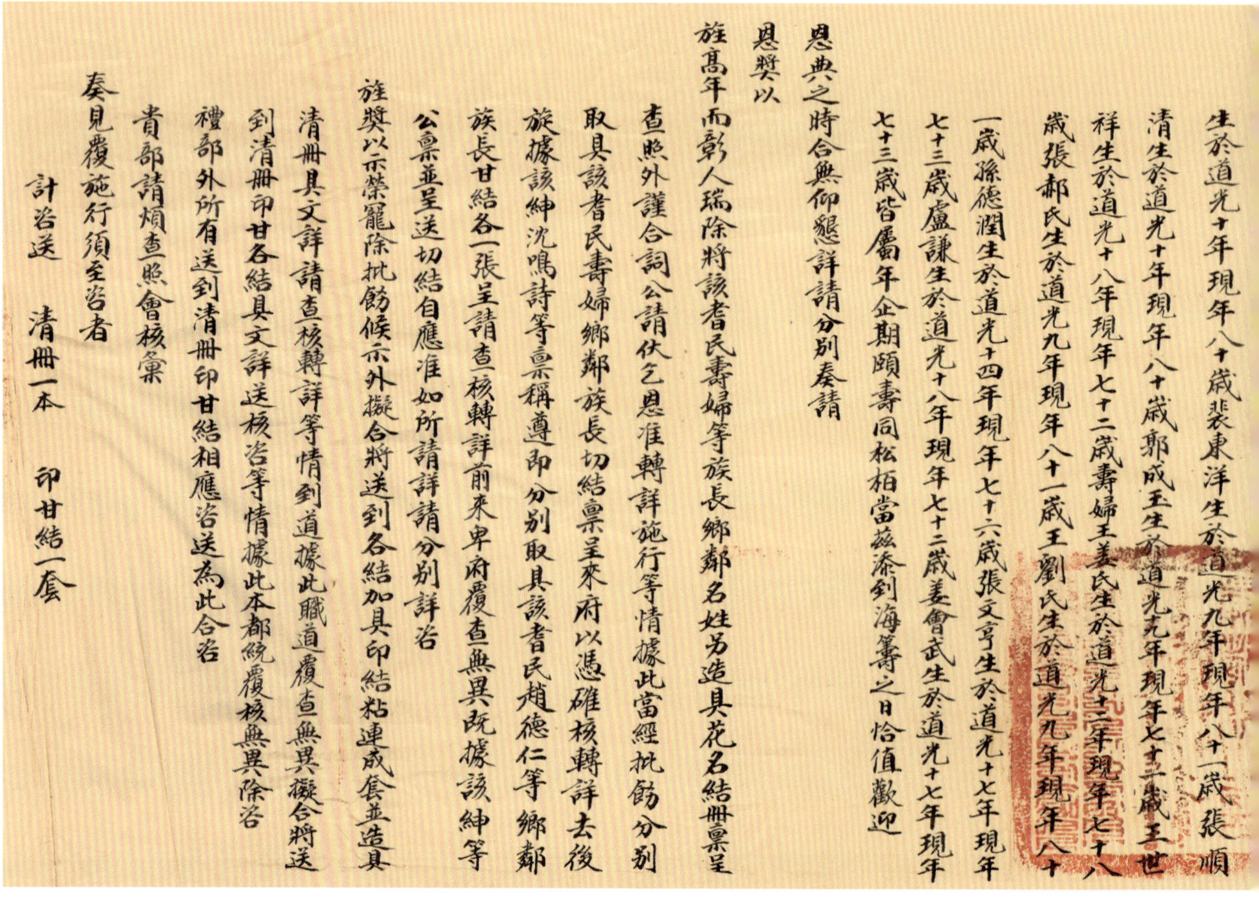

生於道光十年現年八十歲裴東洋生於道光九年現年八十一歲張順
清生於道光十年現年八十歲郭成玉生於道光九年現年七十二歲王世
祥生於道光十八年現年七十二歲壽婦王姜氏生於道光十二年現年七十八
歲張郝氏生於道光九年現年八十一歲王劉氏生於道光九年現年八十
一歲孫德潤生於道光十四年現年七十六歲張文亨生於道光十七年現年
七十三歲盧謙生於道光十八年現年七十二歲姜會武生於道光十七年現年
七十三歲皆屬年企期頤壽同松栢當茲添剳海籌之日恰值歡迎
恩典之時合無仰懇詳請分别奏請
恩獎以
旌高年而彰人瑞除將該耆民壽婦等族長鄉鄰名姓另造具花名結冊稟呈
查照外謹合詞公請伏乞恩准轉詳施行等情據此當經批飭分别
取具該耆民壽婦鄉鄰族長切結稟呈來府以憑確核轉詳去後
旋據該紳沈鳴詩等稟稱遵即分别取具該耆民趙德仁等鄉鄰
族長甘結各一張呈請查核轉詳前來卑府覆查無異既據該紳等
公稟並呈送切結自應准如所請詳請分别詳咨
旌獎以示榮寵除批飭候示外擬合將送到各結加具印結粘連成套並造具
清冊具文詳請查核轉詳等情到道據此職道覆查無異擬合將送
到清冊印甘各結具文詳送核咨等情據此本都統覆核無異除咨
禮部外所有送到清冊印甘結相應咨送為此合咨
貴部請煩查照會核彙
奏見覆施行須至咨者
計咨送　清冊一本　印甘結一套

热河都统诚勋关于朝阳县公举耆民寿妇的咨文

宣统二年六月七日

一九一〇年七月十三日

咨文中说：『据同知衔拣选知县举人沈鸣诗、拣选知县举人赵俊儒、王玉树……禀称，为遵例公举耆民寿妇，仰恳转详奏请，恩奖以彰人瑞……恩诏寿民寿妇年七十八岁以上者分品秩赏给顶戴……赵德仁……现年九十九岁……赵德全……现年九十一岁；张振生……现年八十二岁；王章……现年八十一岁……』

收藏单位：中国第一历史档案馆

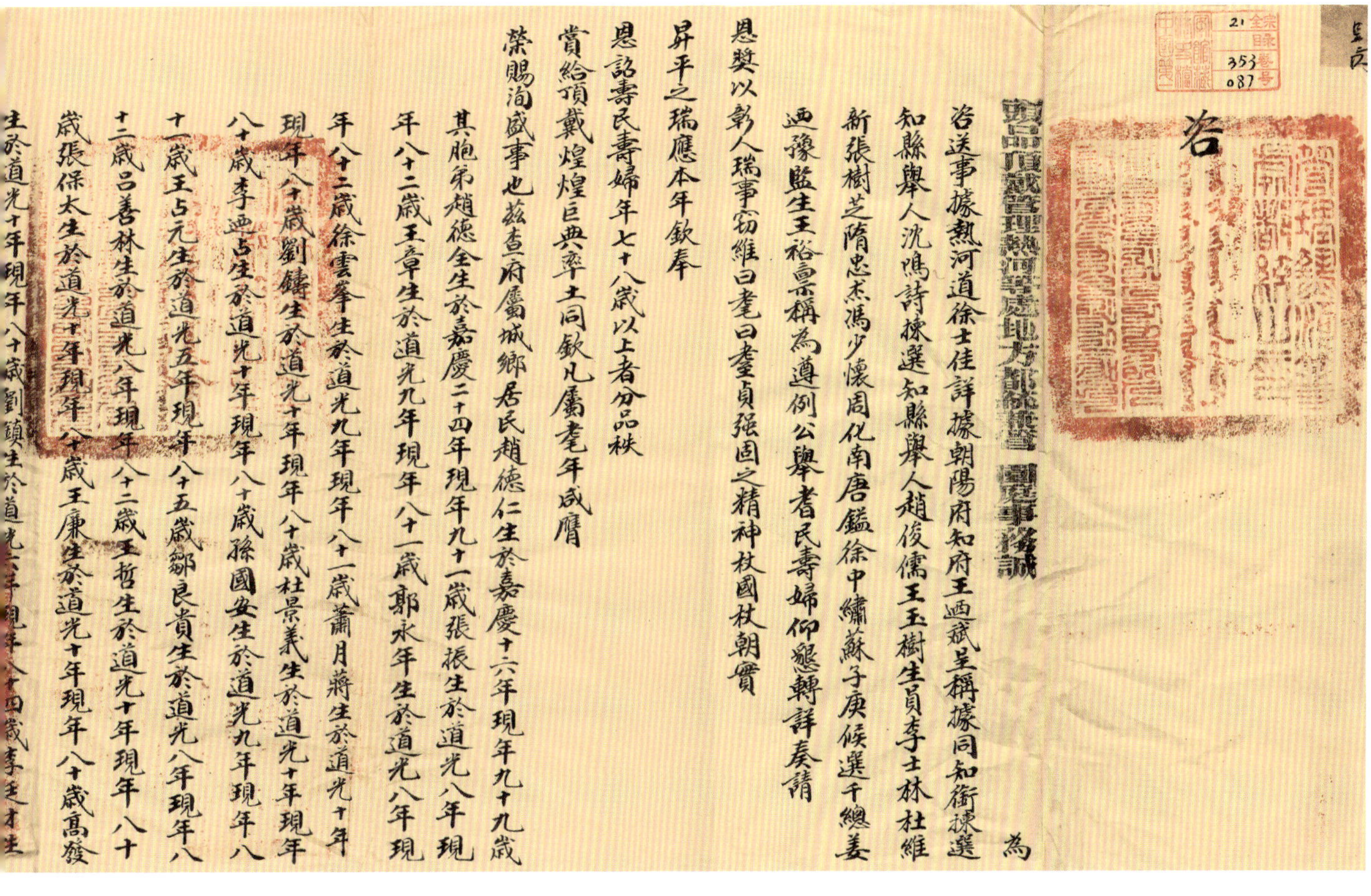

頭品頂戴管理熱河等處地方都統[illegible]事務誠 為

咨

咨送事據熱河道徐士佳詳據朝陽府知府王廼斌呈稱據同知銜揀選
知縣舉人沈鳴詩揀選知縣舉人趙俊儒王玉樹生員李士林杜維
新張樹芝隋忠杰馮少懷周化南唐鑑徐中纁蘇子庚候選千總姜
廼豫監生王裕禀稱為遵例公舉耆民壽婦仰懇轉詳奏請
恩獎以彰人瑞事竊維曰耄曰耋貞强固之精神杖國杖朝實
昇平之瑞應本年欽奉
恩詔壽民壽婦年七十八歲以上者分品秩
賞給頂戴煌煌巨典率土同欽凡屬耄年咸膺
榮賜洵盛事也茲查府屬城鄉居民趙德仁生於嘉慶十六年現年九十九歲
其胞弟趙德全生於嘉慶二十四年現年九十一歲張振生於道光八年現
年八十二歲王章生於道光九年現年八十一歲郭永年生於道光八年現
年八十二歲徐雲峯生於道光九年現年八十一歲蕭月蔣生於道光十年
現年八十歲劉鑄生於道光十年現年八十歲杜景義生於道光十年現年
八十歲李廼占生於道光十年現年八十歲孫國安生於道光九年現年八
十一歲王占元生於道光五年現年八十五歲鄒良貴生於道光八年現年八
十二歲呂善林生於道光八年現年八十二歲王哲生於道光十年現年八十
歲張保太生於道光十年現年八十歲王廉生於道光十年現年八十歲高發
生於道光十年現年八十歲劉鎮生於道光[illegible]年現年八十四歲李廷才生

第二部分　民国及同时期革命历史档案

一九一三至一九四九

1911年10月10日，辛亥革命爆发；次年1月1日，中华民国建立。1914年，民国政府实行“撤府改县”，朝阳府撤销，其原辖朝阳、建平、建昌、阜新、绥东五县统属热河特别行政区管辖。同年春，建昌县改称塔沟县；8月，再改称凌源县。1923年，建平籍进步青年陈镜湖加入中国共产党，成为东北地区最早的共产党员之一。1925年，另一位朝阳籍进步青年赵尚志在哈尔滨加入中国共产党。

1928年4月，中共建平、朝阳两个支部建立，分别在建平榆树林子、烧锅营子和朝阳寺（今北票上园）一带活动。同年12月29日，张学良宣布东北易帜，民国政府将热河特别行政区改为热河省，朝阳地区的凌源、建平、朝阳三县为热河省辖县。1931年2月，以朝阳县、凌源县析置凌南县。

1931年日本发动九一八事变，东三省迅速沦陷，地处热河东部的朝阳地区开始成为抗日的最前线，涌现出一大批抗日英雄。1933年3月1日，日本当局在朝阳设立“六县指挥署”，辖朝阳、建平、凌南、凌源、阜新、宁城六县。1934年12月，伪满洲国确定行政区划，朝阳县为锦州省辖县；建平、凌南、凌源三县为热河省辖县。1937年3月，凌源、凌南两县合并，复名建昌县。1940年1月1日，朝阳县改为土默特右旗，其东北部6区辟为土默特中旗。1942年上半年，中共领导的抗日武装和政权组织陆续重返热辽地区。1945年8月，日本投降后，冀热辽八路军分三路挺进东北，朝阳各地人民民主政权迅速建立。

从1945年12月到1947年底朝阳全境彻底解放，国共两党军队在东北地区多番激战，朝阳地区的主要城镇几经战火，斗争残酷激烈。为适应斗争需要，朝阳地区的中共组织和政权机构、人民武装多次做出调整。

本部分收录的档案主要包括民国时期民国政府、中共组织、伪满洲国、革命政权、武装，以及北票煤矿形成的公文、电报、新闻报道和历史照片等。

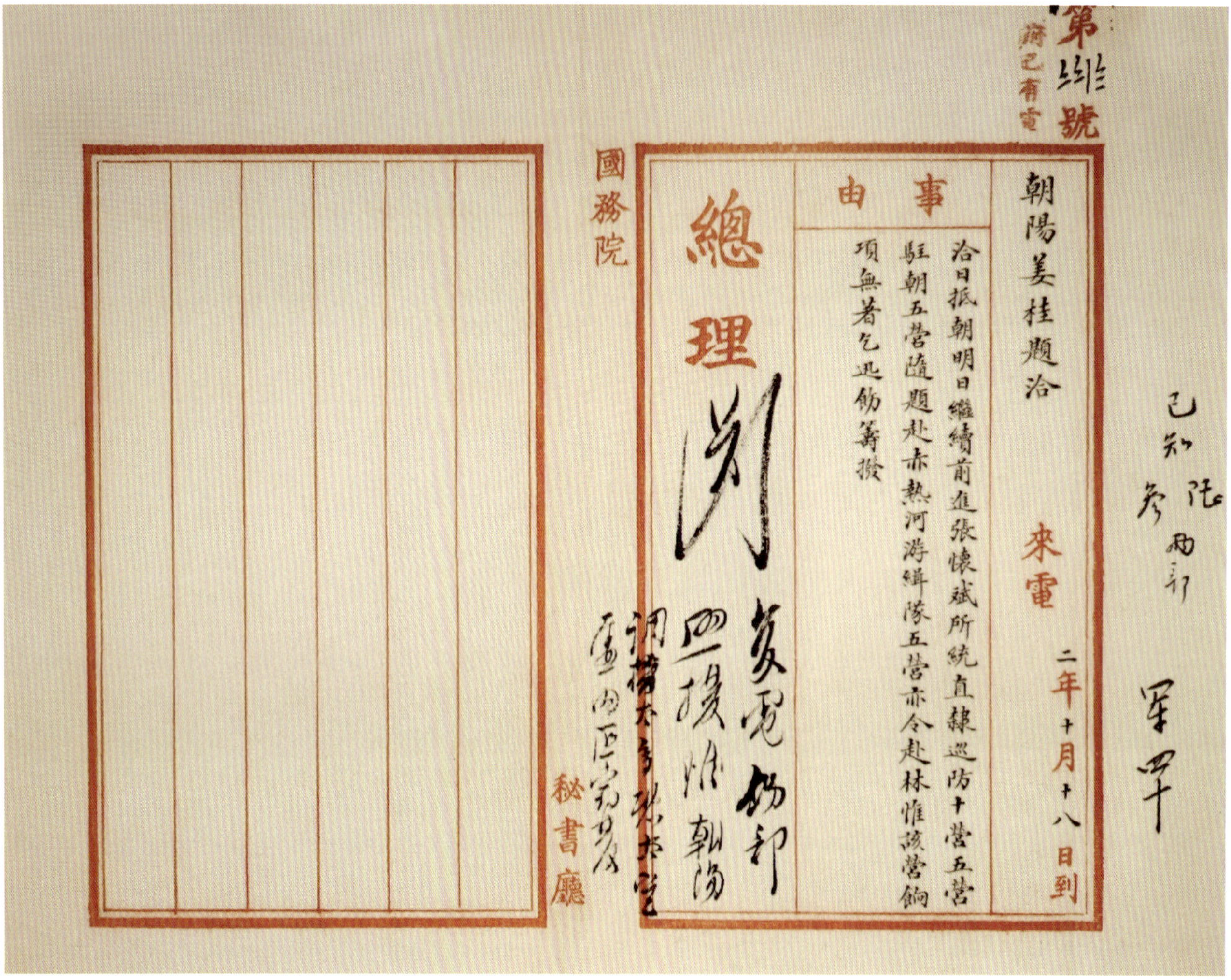
朝陽姜桂題洽
來電
二年十月十八日到
事由
洽日抵朝明日繼續前進張懷斌所統直隸巡防十營五營駐朝五營隨題赴赤熱河游緝隊五營亦令赴林惟該營餉項無著乞迅飭籌撥
總理
國務院
秘書廳

热河都统、毅军军统姜桂题给北洋政府国务院的电报

民国二年

一九一三年十月十八日

电报中说：『洽日（17日）抵朝，托庇平顺，明日继续前进。张怀斌所统直隶巡防十营，拟以五营驻朝，以五营随题赴赤。热河游缉队五营亦令驰赴林西，以厚兵力。惟热河款项奇绌，该营饷项无著，拟恳迅饬筹拨，以济急需……』

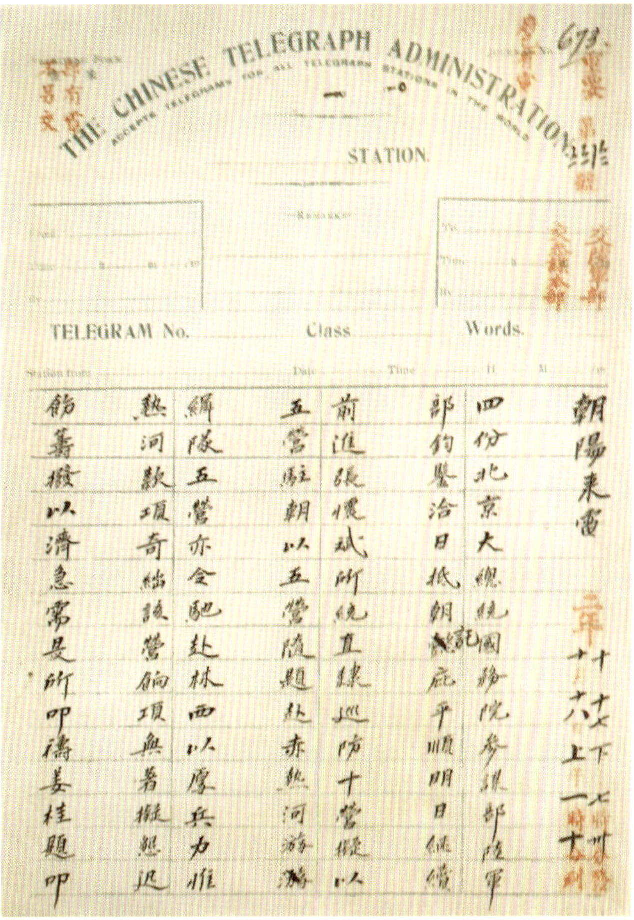
THE CHINESE TELEGRAPH ADMINISTRATION
ACCEPTS TELEGRAMS FOR ALL TELEGRAPH STATIONS IN THE WORLD
STATION.
REMARKS
TELEGRAM No. Class Words.

朝陽來電

四份北京大總統國務院參謀部陸軍部鈞鑒洽日抵朝記庇平順明日繼續前進張懷斌所統直隸巡防十營擬以五營駐朝以五營隨題赴赤熱河游緝隊五營亦全馳赴林西以厚兵力惟熱河款項奇絀該營餉項無著擬懇迅飭籌撥以濟急需是所叩禱姜桂題叩

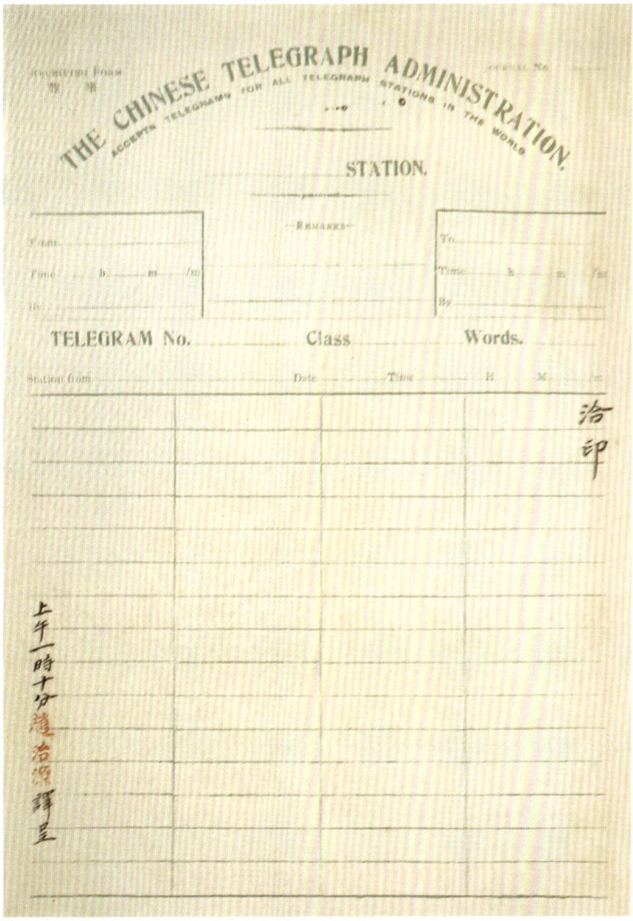
THE CHINESE TELEGRAPH ADMINISTRATION
ACCEPTS TELEGRAMS FOR ALL TELEGRAPH STATIONS IN THE WORLD
STATION.
REMARKS
TELEGRAM No. Class Words.

洽印

上午一時十分達治濤譯呈

已登

熱河都署來往電報

民國四年十一月廿八日 時 刻

摘由：為霞拟烏雲龍罪案是否可行請示遵詳由

都統

交審判處擬復

元

內 乙 件

建平高知事僉電

民國四年十一月叁拾

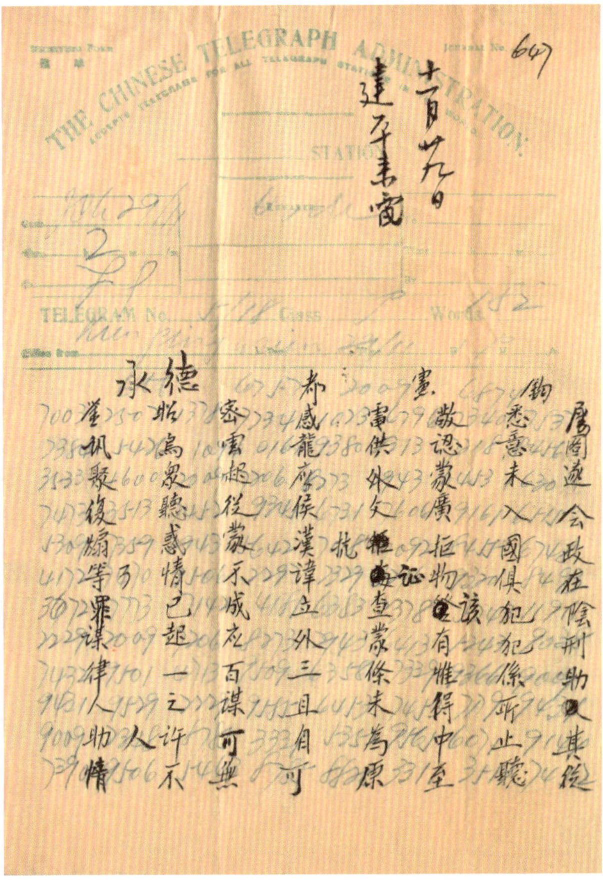

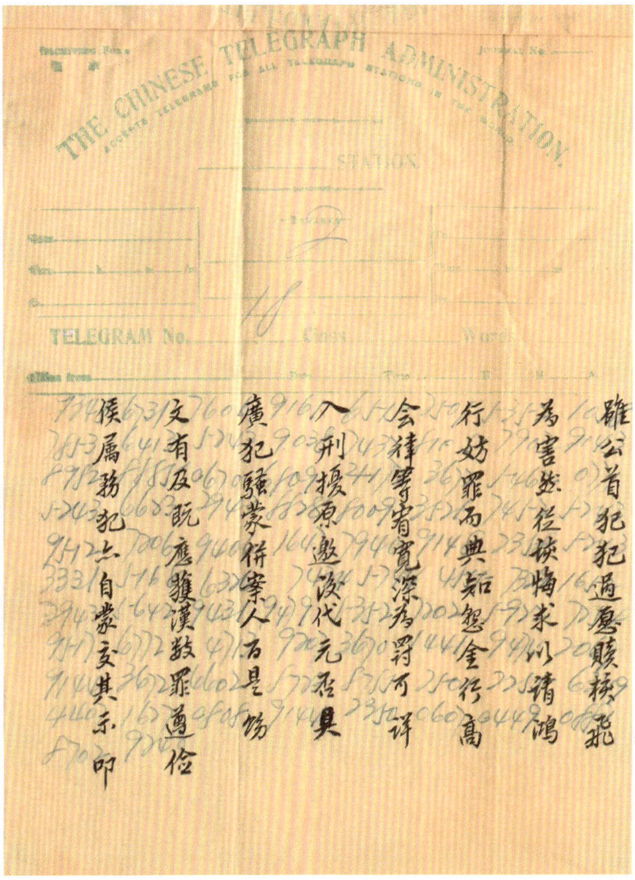

建平县知事高鸿飞就乌云龙案给热河都统的电报

民国四年

一九一五年十一月二十八日

电报中说：『乌云龙供认，意图聚众起应外蒙未遂，复听从侯文广入会煽惑蒙汉抗拒国政等情不讳，证物俱在，罪已成立。查该犯阴谋起应外蒙有犯刑律一百三条，惟系助人之谋，……其情不无可原。至听从侯文广入会行为，虽属有犯刑律，妨害公务及骚扰等罪，然首犯既蒙原宥，而从犯亦应并邀宽典。』

收藏单位：辽宁省档案馆

奉天省公署要求朝阳周边各县『严密查访』声援五四爱国运动的快邮代电

民国八年

一九一九年六月二十五日

快邮代电中说：『热境朝阳地方商学两界于本月十三日开联合大会，遍布激烈文字，加入抵制等语。』快邮代电同时要求与朝阳接壤的锦县、锦西、绥中、兴城和彰武等县『严密查防，俾（避）免传播……』

收藏单位：辽宁省档案馆

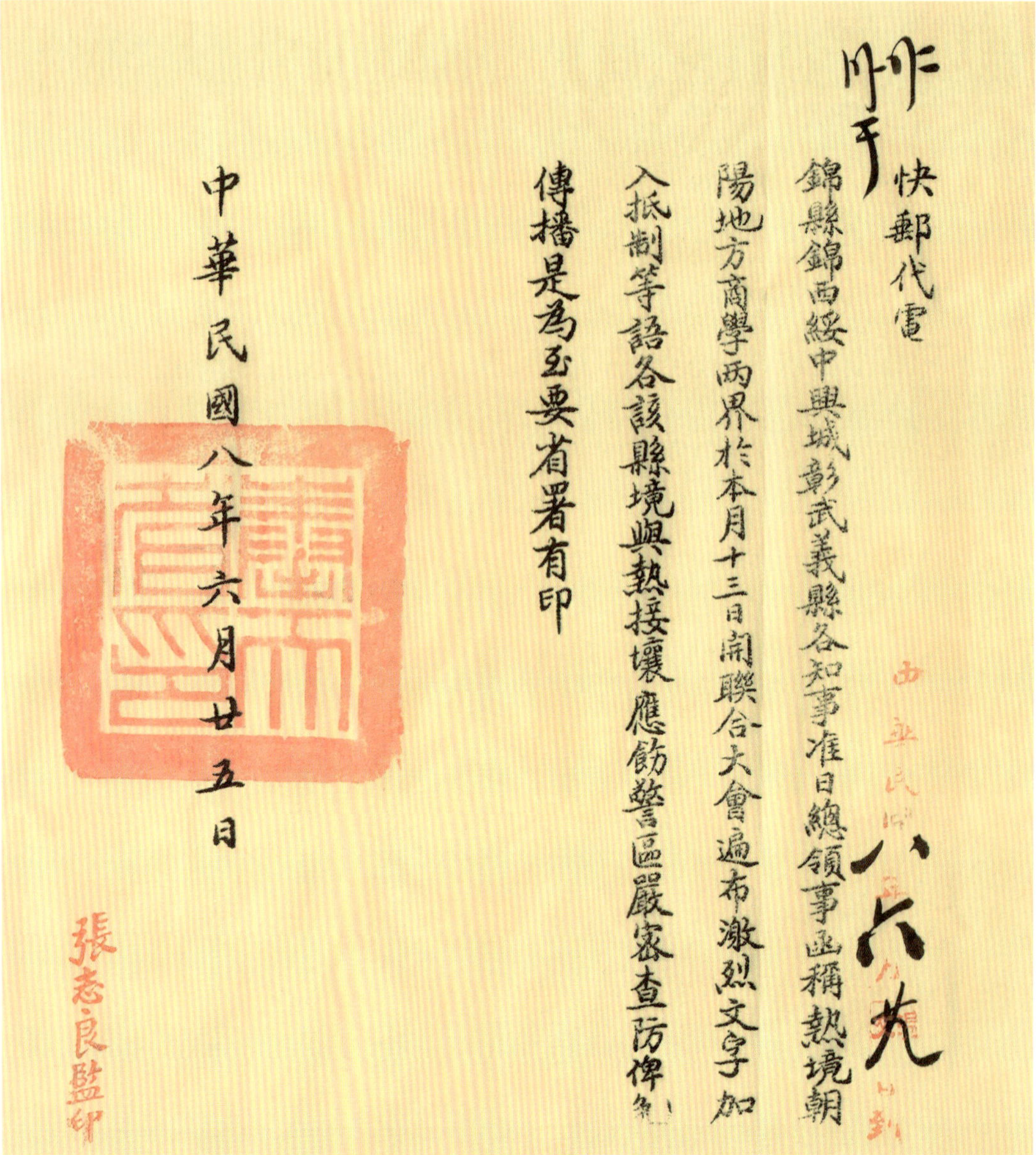
快郵代電
錦縣錦西綏中興城彰武義縣各知事准日總領事函稱熱境朝陽地方商學兩界於本月十三日開聯合大會遍布激烈文字加入抵制等語各該縣境與熱接壤應飭警區嚴密查防俾免傳播是為至要省署有印
中華民國八年六月廿五日
張志良監印

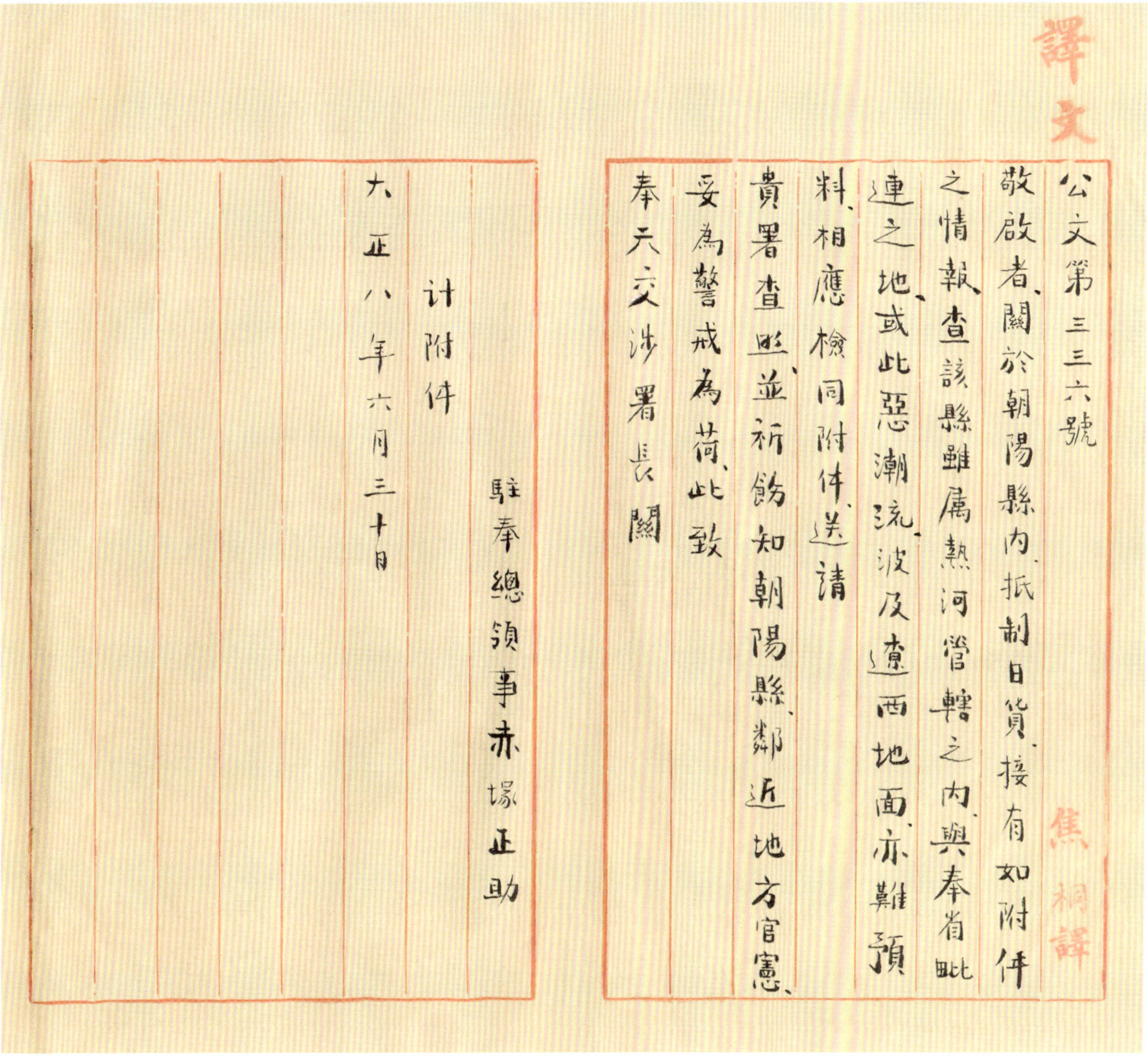
譯文

公文第三三六號

敬啟者、關於朝陽縣內、抵制日貨、接有如附件之情報、查該縣雖屬熱河管轄之內、與奉省毗連之地、或此惡潮流波及遼西地面、亦難預料、相應檢同附件、送請

貴署查照、並祈飭知朝陽縣、鄰近地方官憲、妥為警戒為荷、此致

奉天交涉署長閣

焦桐譯

駐奉總領事赤塚正助

計附件

大正八年六月三十日

日本国驻奉天总领事赤家正助给奉天交涉署的照会

大正八年

一九一九年六月三十日

照会中说：『关于朝阳县内抵制日货，接有如附件之情报。查该县虽属热河管辖之内，与奉省毗连之地，或此恶潮流波及辽西地面，亦难预料。相应检同附件送请贵署查照，并祈饬知朝阳县邻近地方官宪妥为警戒为荷。』

收藏单位：辽宁省档案馆

上海《申报》关于朝阳地区五四爱国活动的报道

民国八年

一九一九年七月二日

这篇题为《学生潮中之奉天》的报道中说：『独奉省居于特殊地位，京电传来经当局严加取缔，并添派军警监视各校学生行动，不得自由；又密电道尹县知事，责成各校长对于学生不妨以严法相绳……迄今，无浪无风，确系当道镇压之功。日本特任之关东厅长林权助氏以当道维持地面，能防患未然……向张使面谢。日前，日总领事赤冢氏又以朝阳地方学校与商会合议抵制日货，遍发传单事，热河与奉境毗连，深恐传入境内，动摇商业，请求严加防范。』

◎學生潮中之奉天

京師學生於五四發生風潮後津滬相繼響應一時全國風靡罷課罷工幾致不可收拾獨奉省居於特殊地位京電傳來經當局嚴加取締并添派軍警監視各校學生行動不得自由又密電道尹縣知事責成各校長對於學生不妨以嚴法相繩而省垣各學生秘密開會亦經軍警干涉而止迄今無浪無風確係當道鎮壓之功日本特任之關東廳長林權助氏以當道維持地面能防患未然曾發電陳述謝忱囑由駐奉日總領事向張使面謝日前日總領事赤塚氏又以朝陽地方學校與商會合議抵制日貨遍發傳單事熱河與奉境毗連深恐傳入境內動搖商業請求嚴加防範張使聞之又行密電西路各縣知事遵照前令切實辦理戒其毋得視爲具文詎蓋平縣城各校生徒不畏壓力近竟有會議罷課之舉經縣知事親向勸導事爲張使所聞電縣將校長斥革以爲管理不嚴者戒並令將爲首生徒擇尤懲辦經縣宣佈電文各生始行上課不料蓋平一波甫經安定而錦縣又發現印刷品其中文字不外勸人不用日貨此單附有民國四年日本初次提出之二十一條條文赤塚領事已抄錄傳單函請張使核辦猶憶本月初旬駐營口日領酒勾氏面謁遼瀋道尹榮厚氏告以錦縣有學生罷課情事電經該縣王知事文藻覆稱學生安心嚮學實無是項舉動此後自當加意查禁云云今又有此等消息是否確有其事尚難懸測聞省公署已電令詳查矣

陈镜湖与同学杜景澍照片

民国十一年

一九二二年八月二十日

陈镜湖（左）为热河省建平县（今属辽宁）人，1918年考入天津直隶省立一中；1919年积极投身五四爱国运动，并与同学于方舟、韩麟符等加入李大钊组织领导的『新生社』，创办《向明》半月刊；1922年8月考入南开大学。

杜景澍（右），又名杜真生，亦为热河建平县人，与陈镜湖同年考入南开大学。

从照片旁边的文字中可以知道，该照片为『在直一中学最后一日及南开大学最头一日』时所照。

韩麟符为热河省赤峰（今属内蒙古自治区）人，又名韩致祥，曾在叶柏寿（今建平县政府所在地）读高小。

总统府军事处关于刘富有、龚汉治的任命及授权文书

民国十二年

一九二三年十月十三日

文书中说：『以刘旅长富有奉委为朝阜边防司令，进驻朝阳。现当防务紧急之时，设或听其调遣。地方防守责归谁负等情，兹拟以龚（汉治）镇守使兼任朝阜边防副司令，以明权限……』

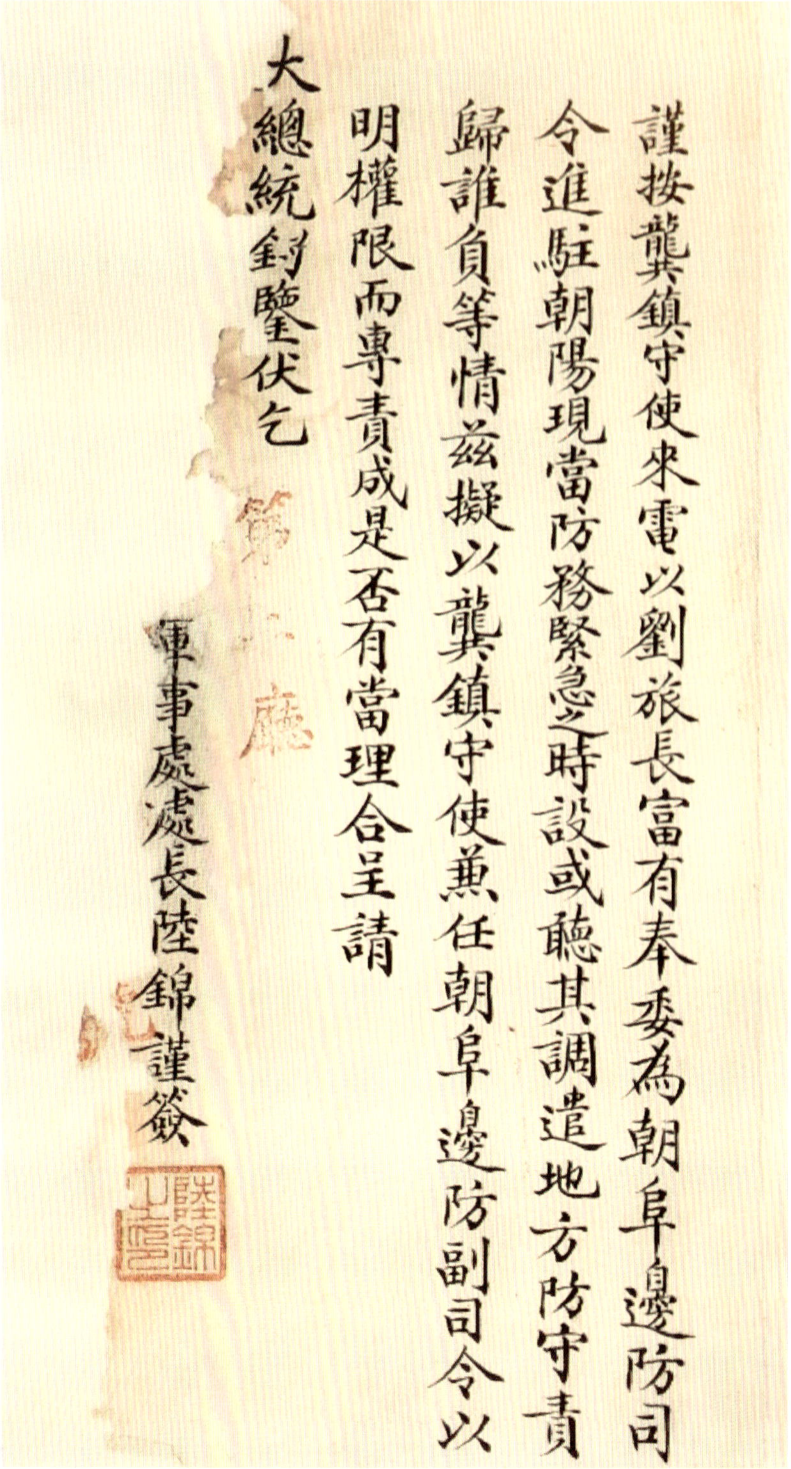
謹按龔鎮守使來電以劉旅長富有奉委為朝阜邊防司令進駐朝陽現當防務緊急之時設或聽其調遣地方防守責歸誰負等情茲擬以龔鎮守使兼任朝阜邊防副司令以明權限而專責成是否有當理合呈請

大總統鈞鑒伏乞

軍事處處長陸錦謹簽

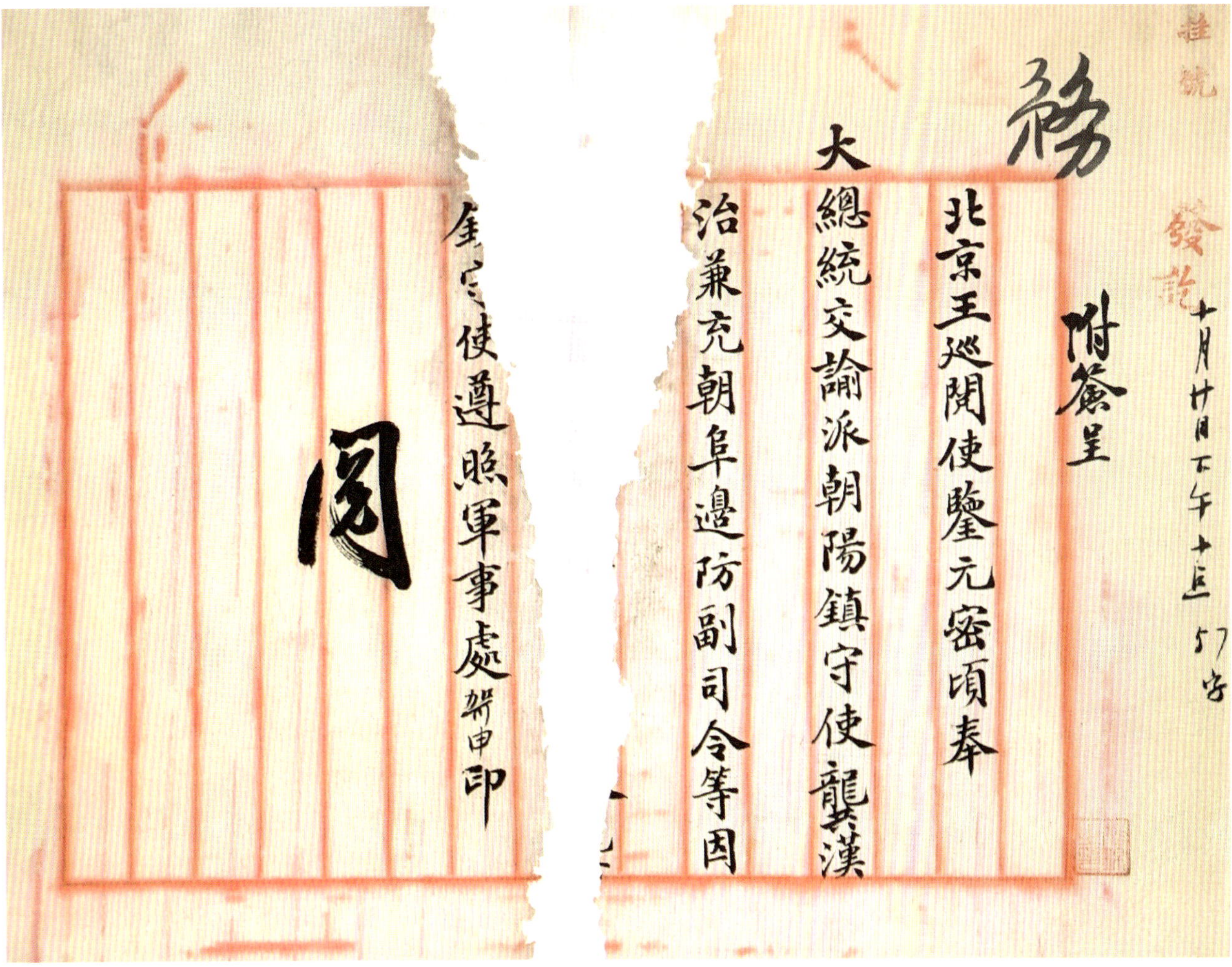

務

附簽呈

十月廿日下午十点　57字

北京王巡閱使鑒元密頃奉

大總統交諭派朝陽鎮守使龔漢

治兼充朝阜邊防副司令等因

鈞使遵照軍事處[illegible]申印

閱

总统府军事处就龚汉治兼任朝阜边防副司令给王怀庆的信函

民国十一年

一九二二年八月二十日

信函中说：『大总统交谕，派朝阳镇守使龚汉治兼充朝阜边防副司令……』

王怀庆时任热察绥巡阅使、热河都统、十三师师长。

中国国民党第一次全国代表大会代表名单（部分）

民国十三年

一九二四年一月

在这份中国国民党第一次全国代表大会代表名单（部分）中，有3位来自直隶的代表，其中就包括陈镜湖和韩麟符，而在这份名单（部分）中，还有好几个非常熟悉的名字：毛泽东、王尽美、于兰渚（于方舟）、程潜、于右任、戴季陶。

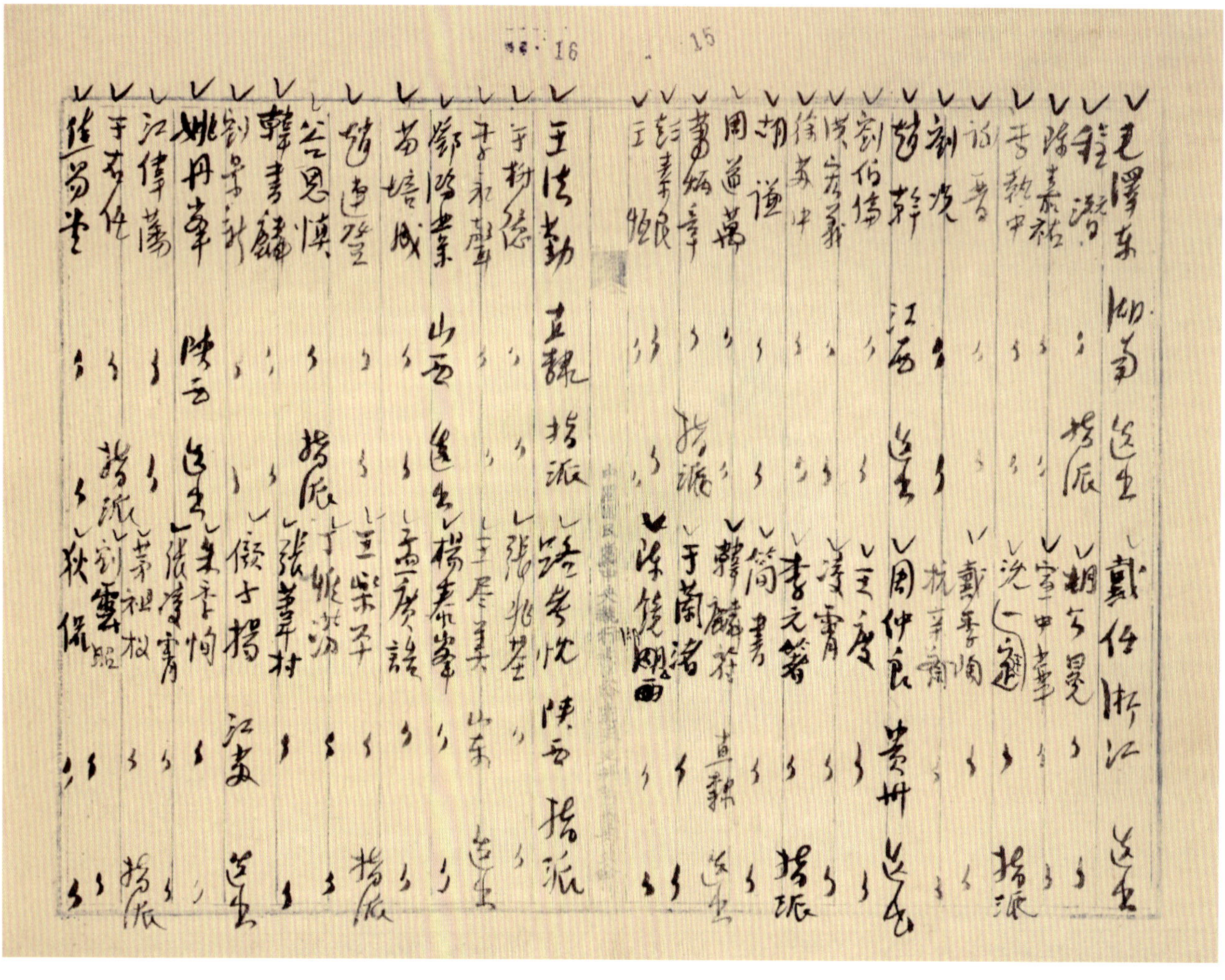

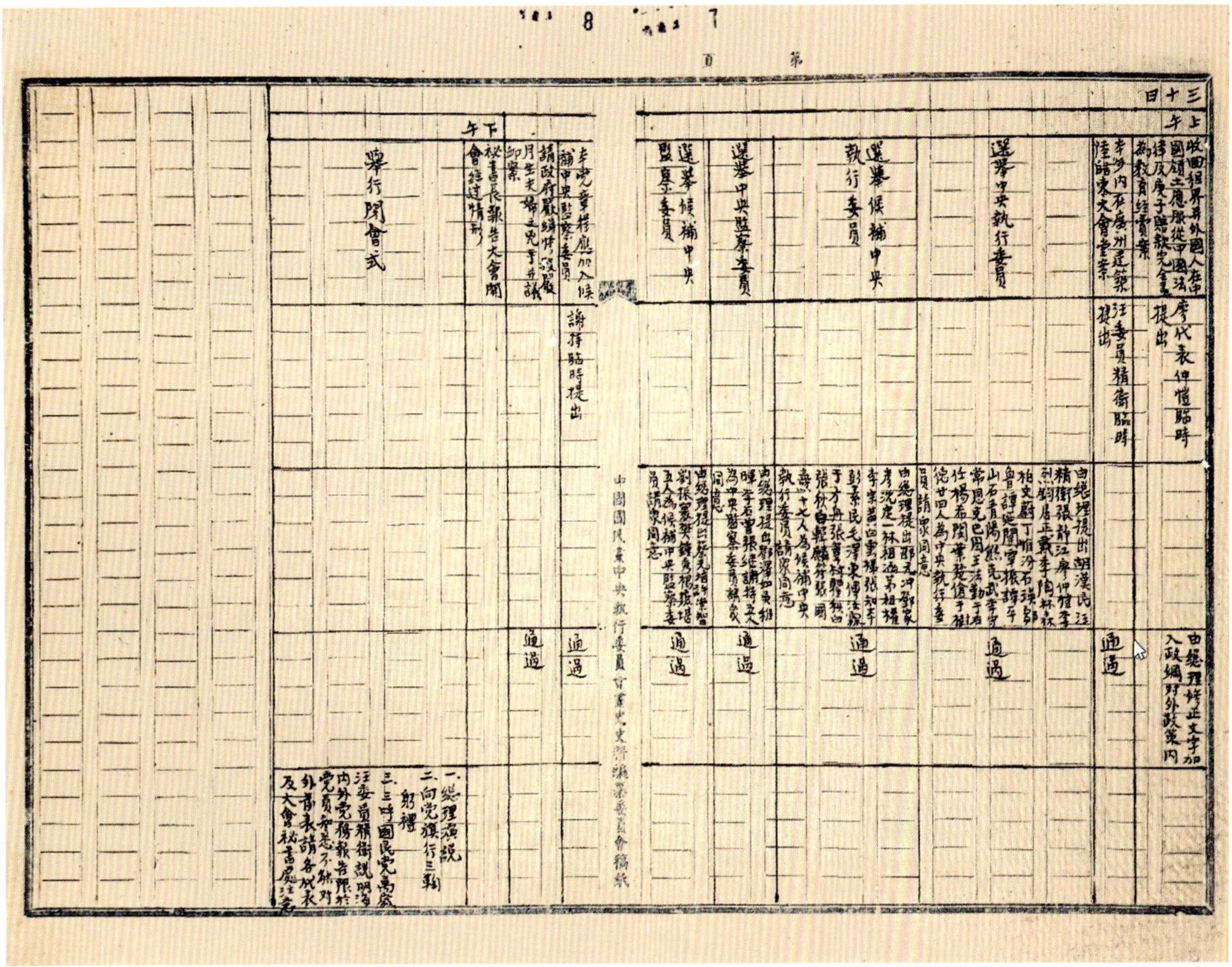

孙中山提议的国民党中央执行委员和候补中央执行委员名单

民国十三年

一九二四年一月

在中国国民党第一次全国代表大会选举之前，孙中山亲自拟写了中央执行委员和候补中央执行委员两个名单，韩麟符出现在候补中央执行委员名单中，与韩麟符同时当选候补中央执行委员的还有毛泽东、林祖涵（林伯渠）、瞿秋白、张国焘、于方舟等16人。

陈镜湖在《向导》周报上发表的文章《洛吴对内蒙之新政策》

民国十三年

一九二四年七月二十三日

文章中说：『今年春，北京伪政府下令召集内蒙古六盟王公及各旗代表会议。召集内蒙会议的起源是：军阀洛吴（指吴佩孚）藉着宪法成立，欲扩充地盘并巩固势力在内蒙地域。……这一群王公亦想藉军阀的威力，维持自己的地位，保守「塔不郎」的权利。……内蒙民族分贵族、奴民两种，奴民占大多数，受的待遇，实在与未解放以前的黑奴相同。但此次内蒙会议，他们决不想以人类平等的原则，取消奴民不平等的待遇。』

洛吳對內蒙之新政策

今年春北京僞政府下令召集內蒙古六盟王公及各旗代表會議。召集內蒙會議的起源是：軍閥洛吳藉着憲法成立，欲擴充地盤並鞏固勢力在內蒙地域。 會議中重要議案卽是將未分縣的蒙地，此後全分爲縣。又準內蒙每旗召兵一千名，編爲陸軍。同時這一羣王公亦想藉軍閥的威力，維持自已的地位，保守『塔不郎』的權利。 所以張文竟然主張所分縣的各縣縣長，由各旗王公兼任。 此時不明眞像的蒙人，已預備一切，將着手施行。

內蒙民族分貴族奴民兩種，奴民占大多數，受的待遇，實在與未解放以前的黑奴相同。 但此次內蒙會議，他們決不想以人類平等的原則，取消奴民不平等的待遇。純是軍閥利用內蒙，欲以四十九旗的兵，制服外蒙並包圍奉張，爲他們殺敵。 王公亦利用軍閥，壓制奴民。 這正所謂狼狽爲奸，一班奴民作了他們的犧牲品。 望內蒙同胞，從速覺悟，不要忍受非人類的生活，當快與軍閥及王公奮鬥，奪回自己應有的權利。

鏡湖

內蒙古及熱察綏三區近狀

此處所謂內蒙，卽就熱察綏三區中含有蒙古民族質素之地帶而言。二百年來，內蒙民族已大半爲漢族所同化，熱何，察哈爾，綏遠三區最著，其概況如次：

(a)帝國主義者之侵略——內蒙礦山林牧久爲外人所垂涎，此時日本人置產聚居，有成村落者。洋貨亦展轉輸入，洋布一尺價値大洋一元，餘可類推。內蒙當游牧時代，與漢族手工業競爭之結果，已成困憊不堪，現在洋貨輸入時代，其生活艱苦可知。

(b)北洋軍閥之蹂躪——北洋軍閥雖乏經略蒙古之實力，而無時不加以零碎的襲擊：凡軍隊駐在地，牛羊婦女均不能保全，因此，蒙人對中國軍隊至爲仇視。

(c)王公之壓迫——歷來北京政府對蒙政策，爲覊縻蒙古王公以制馭其平民，故王公向爲其統治階級，對於平民，嚴刑苛稅，無所不爲。

熱何，察哈爾，綏遠三區，其政治經濟教育及其他各種情形，都大致和直魯晉相類，今述如左：

(a)經濟狀況——歷年洋貨由直晉間接輸入，價格高出內地一倍鴉片稅之徵收，每年約四五百萬元。官紳合辦的興業銀行，卽區區十數元亦不能向外匯兌。

(b)政治狀況——直奉戰後，三區已在直系半統治之下，因爲三區行政長官均尙非直系嫡裔。奉系唯一目的，卽是收回三區統治權。當直奉戰時，熱何人民苦奉暴政，卽而助直驅奉，奉之一師數旅，多被鄉團繳械，全歸無多。此時三區人民深恐奉軍前來復仇，又因苦於直軍之苛索，漸漸覺悟自治之必要。

(c)民間實力——內蒙三區，本爲多年憑陵中國之蒙古民族和二百年來，各省之新殖民混合而成，其反抗之精神與實力，可於其鄉團徵之。此時三區鄉團所有槍支：熱河約有四萬，察哈爾約有二萬，綏遠亦約有四萬。此種鄉團，全屬農民，勇悍善戰；三區警全由農民更替充任。綏遠之哥老會，爲農民商人及手工業工人（毛毯匠木匠鐵匠）回民等協同禦侮之結合，全數七八萬人，有武器者十分之一；馬福祥亦知之，而無如之何，只極力籠絡其首領，使之暫時馴帖而已。

(d)軍隊狀況——內蒙直無所謂駐扎軍隊，三區軍隊，統共不過四萬，而其派別有數十系之多，不但不能統一作戰，而且時時互相排擠。

麟符

韩麟符在《向导》周报上发表的文章《内蒙古及热察绥三区近状》

民国十三年

一九二四年七月二十三日

文章中说：『此处所谓内蒙，即就热察绥三区中含有蒙古民族质素之地带而言。二百年来，内蒙民族已大半为汉族所同化，热河、察哈尔、绥远三区最著……』韩麟符将对上述地区产生不良影响的原因归结为三个方面，即帝国主义者之侵略、北洋军阀之蹂躏和王公之压迫。韩麟符还从经济状况、政治状况、民间实力和军队状况四个方面分析了热察绥三区的社会现实。

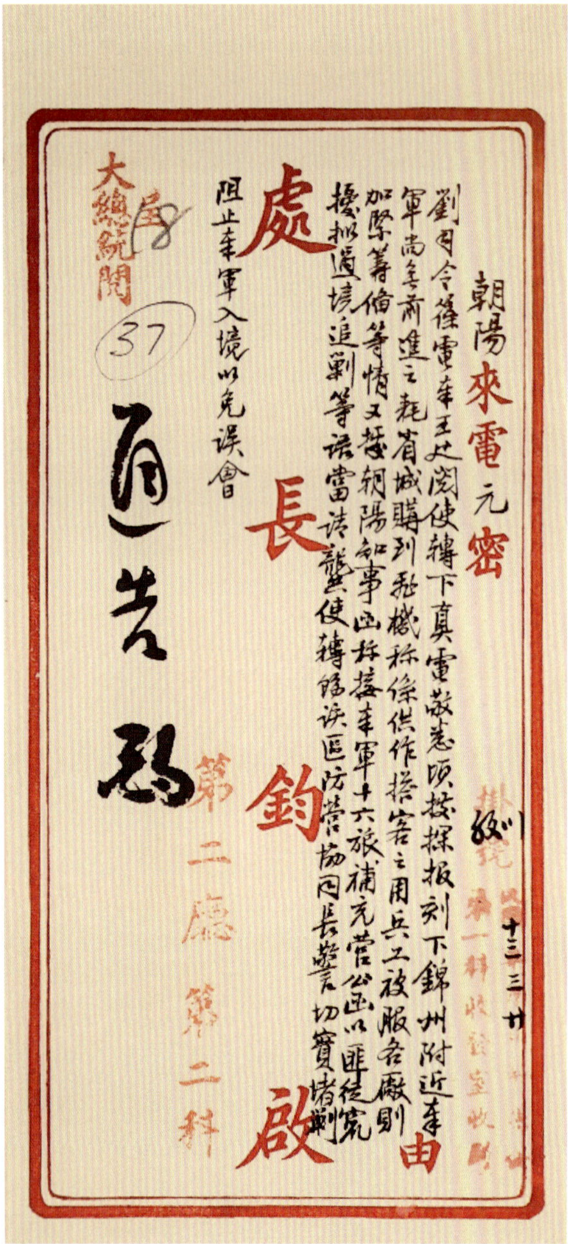

大總統閱

朝陽來電 元 密

劉司令維奮電奉王史閣使轉下真電敬悉頃接探報刻下錦州附近奉
軍尚無前進之耗省城購到飛機拾餘係供作搭客之用兵工被服各廠則
加緊籌備等情又據朝陽知事函稱奉軍十六旅補充營公函以匪徒竄
擾擬過境追剿等語當請龔使轉飭該區防營協同長警切實堵剿
阻止奉軍入境以免误會

十三 三 廿

處長鈞啟

由

第二廳第二科

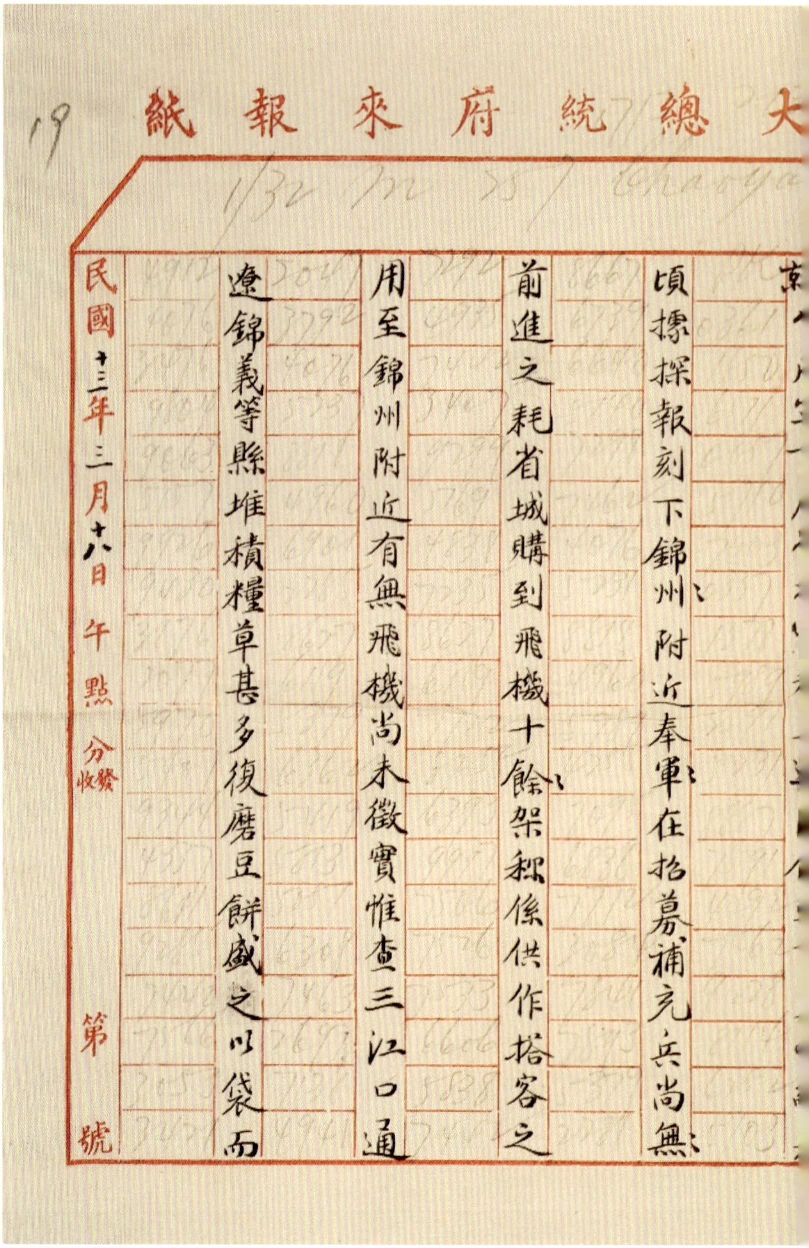

大總統府來報紙

民國十三年三月十八日 午 點 分 收發

第 號

頃據探報刻下錦州附近奉軍在招募補充兵尚無
前進之耗省城購到飛機十餘架概係供作搭客之
用至錦州附近有無飛機尚未徵實惟查三江口通
遼錦義等縣堆積糧草甚多復磨豆餅盛之以袋而

朝阳镇守使龚汉治给总统府军事处的电报

民国十三年

一九二四年三月十八日

电报中说：『顷据探报，刻下，锦州附近奉军在招募补充兵，尚无前进之耗。省城购到飞机十余架，称系供作搭客之用。至锦州附近有无飞机，尚未证实。惟查三江口、通辽、锦义等县堆积粮草甚多，复磨豆饼，盛之以袋，而省城兵工、被服各厂则制造加紧筹备……』

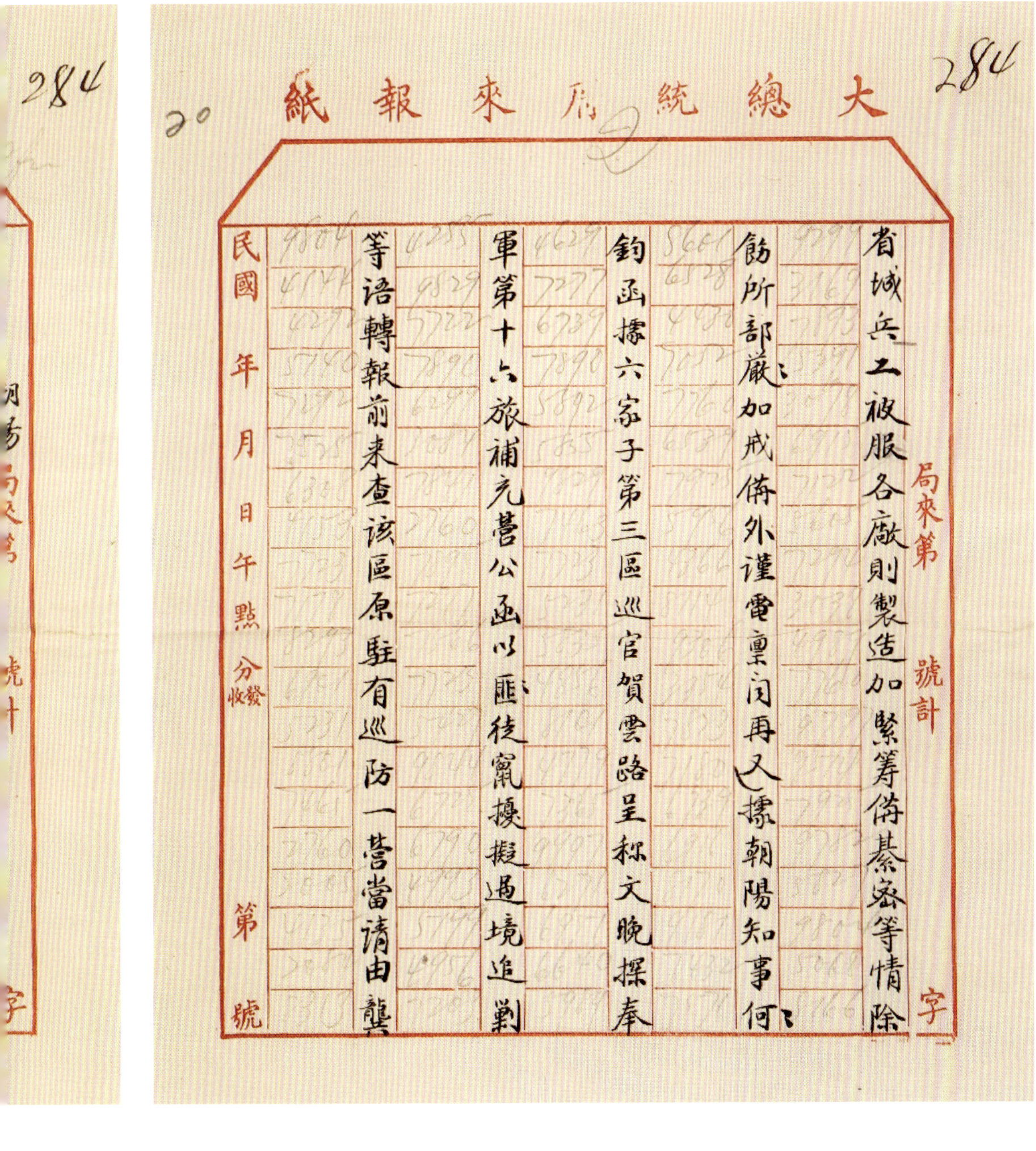

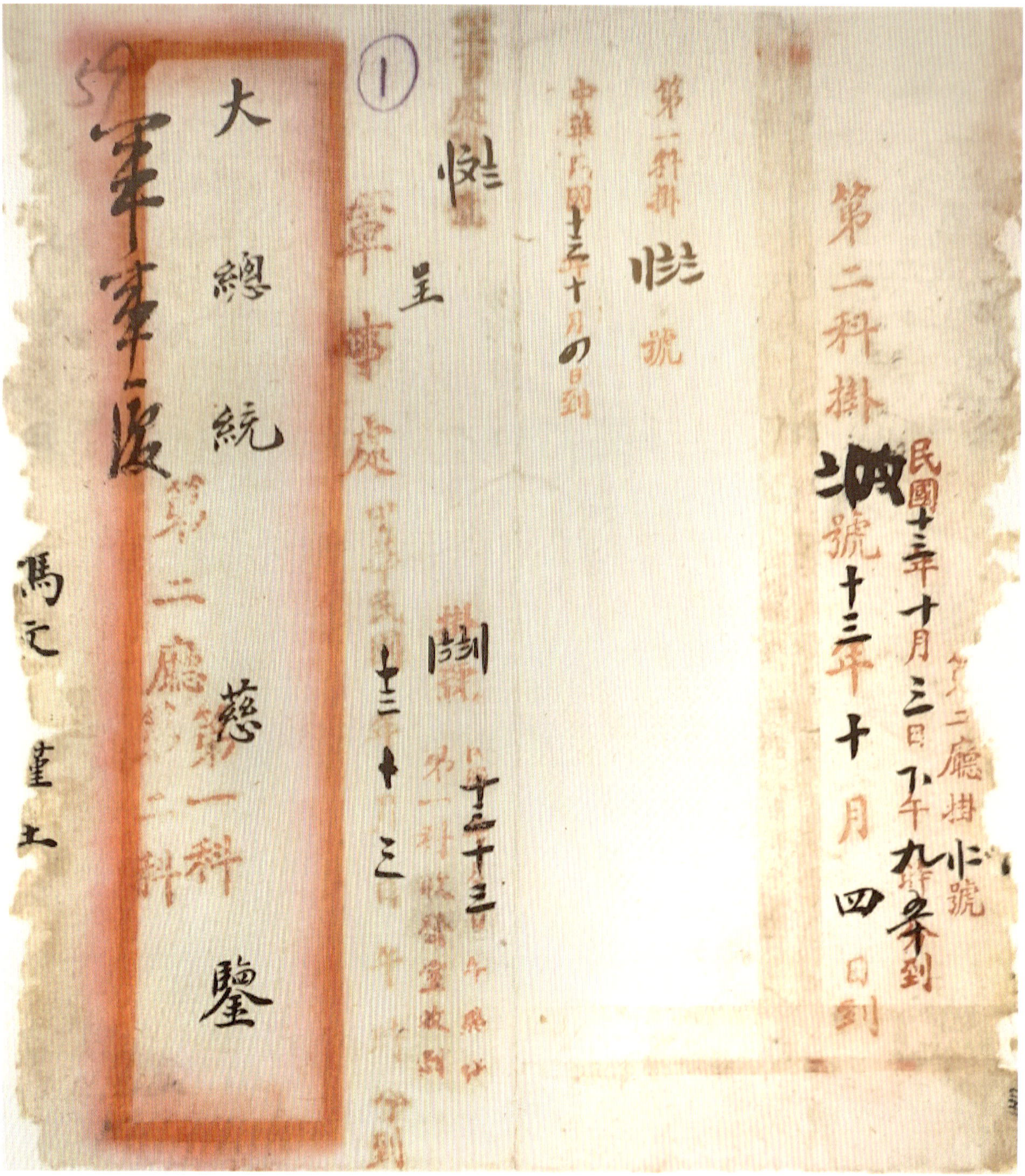
大總統 慈鑒
軍事處
馮文 謹上
呈
第一科掛 號
中華民國十三年十月四日到
第二科掛 號
民國十三年十月三日下午九時到
十三年十月四日到
第二廳掛 號

直军将领冯文煜给总统府军事处的电报

民国十三年

一九二四年十月二日

电报中说：『逆军进攻甚急，于二十八日夜间七点，国军被逆军包围在叶柏寿。国军退凌城不久时，又退至瓦房店。凌城秩序紊乱。闻本县长惊惶隐迷（匿）。彼时，敌军离城六七里路，职等退驻北炉。适当五十团奉令回防，三十家子、北炉、松岭一带为二军火线。职等复又至叨尔登……』

该电报的历史背景为第二次直奉战争。第二次直奉战争期间，建平县政府档案毁于战火。1924年9月30日，凌源城被奉军张宗昌部攻占，县知事林汝琼携印出逃。

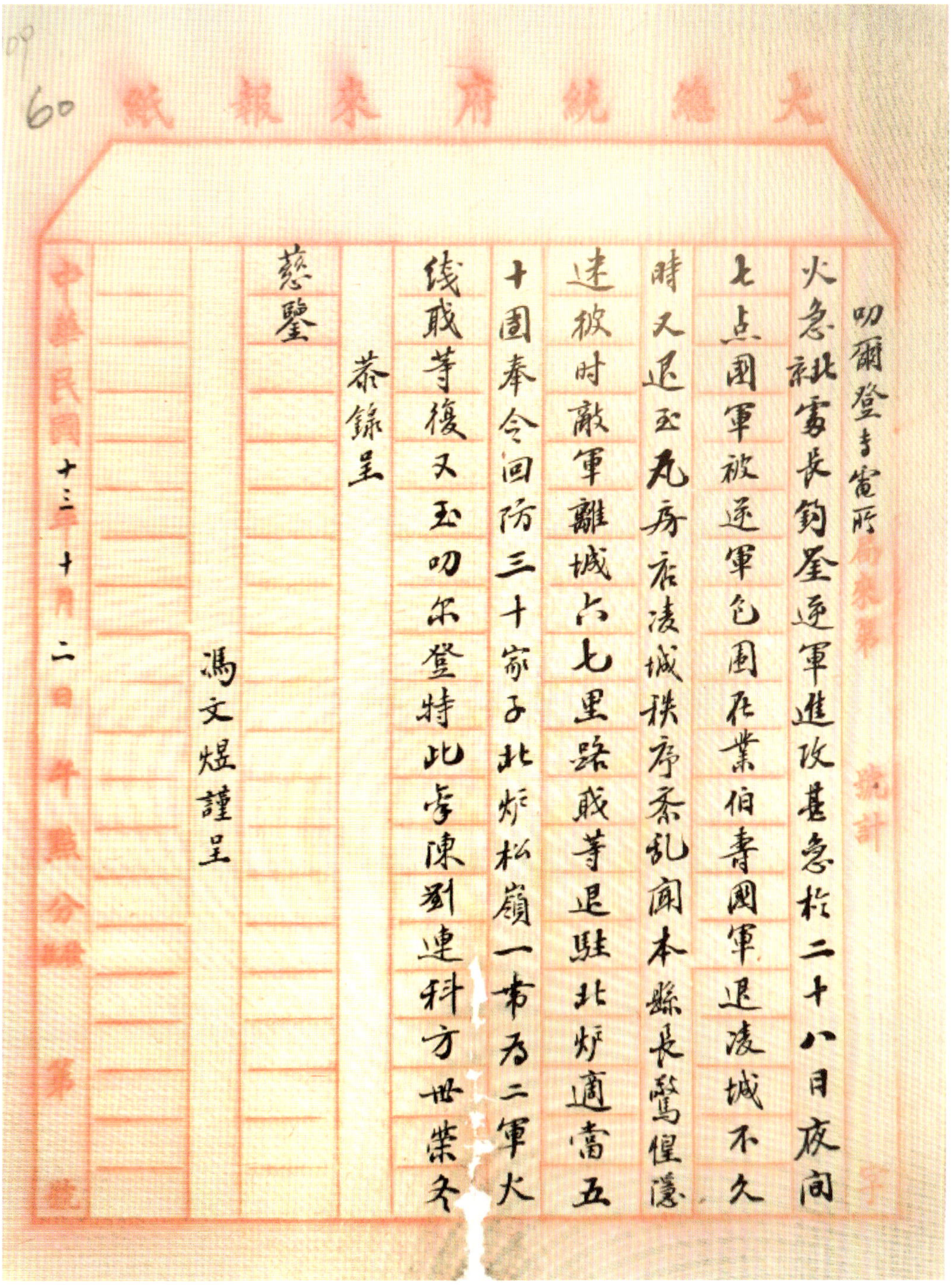
大總統府來報紙

叨爾登寺當府 局來第 號計 字

火急北祕書長鈞鑒逆軍進攻甚急於二十八日夜間七點國軍被逆軍包圍在葉伯壽國軍退淩城不久時又退至瓦房店淩城秩序紊亂聞本縣長驚惶隱迷彼時敵軍離城六七里路職等退駐北炉適當五十團奉令回防三十家子北炉松嶺一帶為二軍火線職等復又至叨爾登特此密陳劉連科方世榮冬

恭錄呈

慈鑒

馮文煜謹呈

中華民國十三年十月二日 午 點 分鐘 第 號

謹將許公紀念儲材學校學生出校姓名開列恭請
鑒核

計開

中一級
趙尚志 張道謙 劉天澤 盧世昌 李序珂 郭俊峰
中二級
羅顯尚 王之炳 趙泰威 白家聯
補習班
牛鳳泰 王士偉 李鴻鈞 楊宇堦 崔毓璟 宋國峰
何榮義 何榮知 韓忠祥

東省特別區行政長官公署

抄件用紙

外理合將查得各情具文呈請鑒核施行計呈出校學生名單一紙等情據此
查赤化宣傳爲禍甚烈若不預爲防範深恐轉相煽引滋蔓難圖除呈報並指
令市教局仍應派員分赴各校慎密偵察隨時具報以便設法防制外相應抄附
名單咨請
查照辦理爲荷此咨
督辦東省鐵路公司事宜公所
附抄出校學生名單一紙

行政長官 （簽名）

中華民國十五年四月　日

監印辛岳臣
校對姚炳第

东省特别区行政长官公署关于许公学校有学生加入共产党的咨文

民国十五年

一九二六年四月六日

咨文中说：『许公纪念储材学校有学生十数人潜往广东投效共产党……据闻该校学生出校者计有十九名之多……该校熊校长声称，就中赵尚志一名闻有入共产党情事……』

在咨文后面所附的许公纪念储材学校学生出校姓名中，赵尚志的名字位列第一位。

收藏单位：黑龙江省档案馆

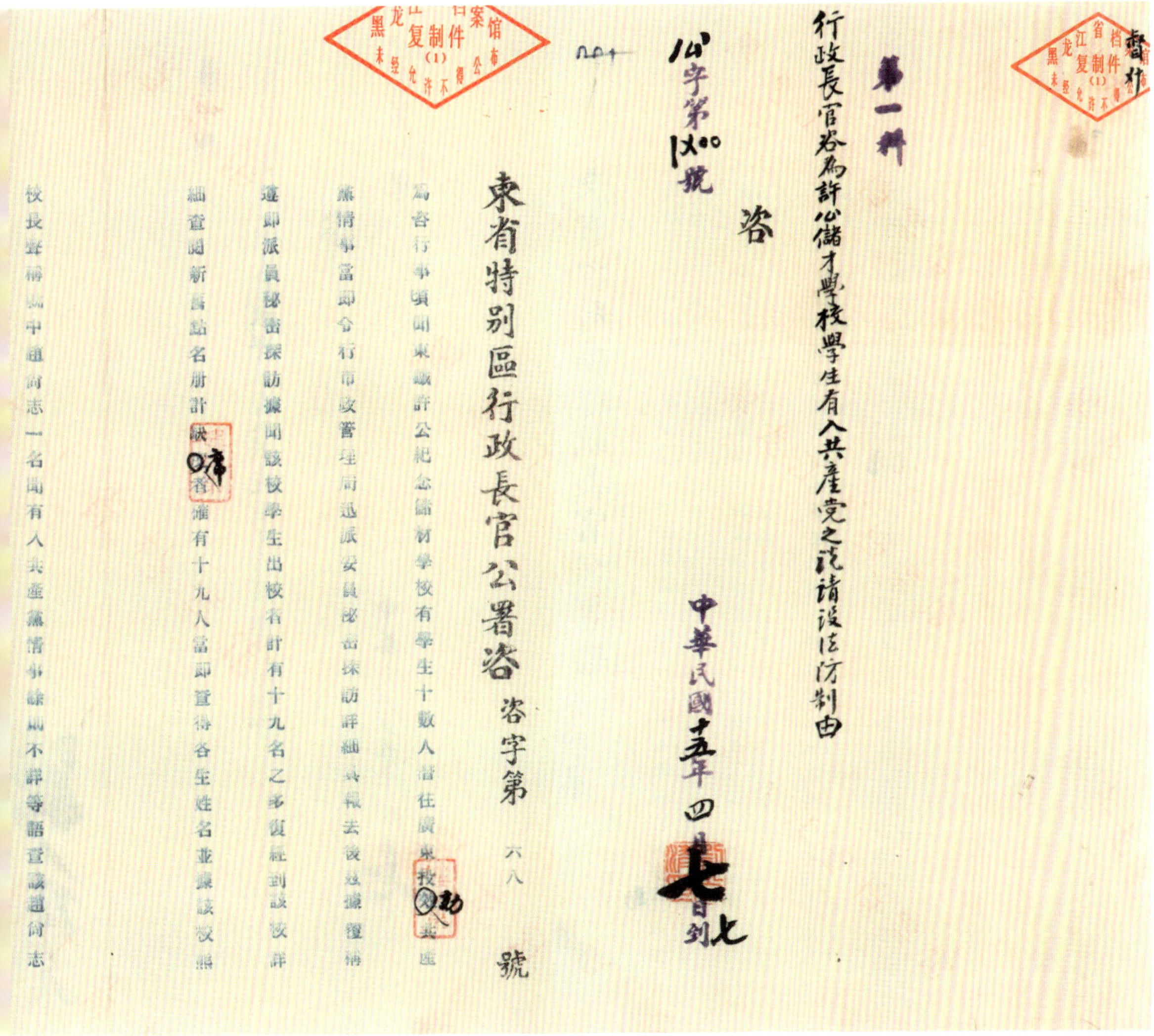

行政長官咨為許公儲才學校學生有入共產党之說請設法防制由

第一件

公字第1400號

咨

中華民國十五年四月七日

東省特別區行政長官公署咨 咨字第六八號

為咨行事頃聞東省許公紀念儲材學校有學生十數人潛往廣東投效共產黨情事當即令行市政管理局迅派妥員秘密探訪詳細具報去後茲據覆稱遵即派員秘密探訪據聞該校學生出校者計有十九名之多復經到該校詳細查閱新舊點名冊計缺席者確有十九人當即查得各生姓名並據該校熊校長聲稱此中趙尚志一名聞有入共產黨情事餘則不詳等語查該趙尚志

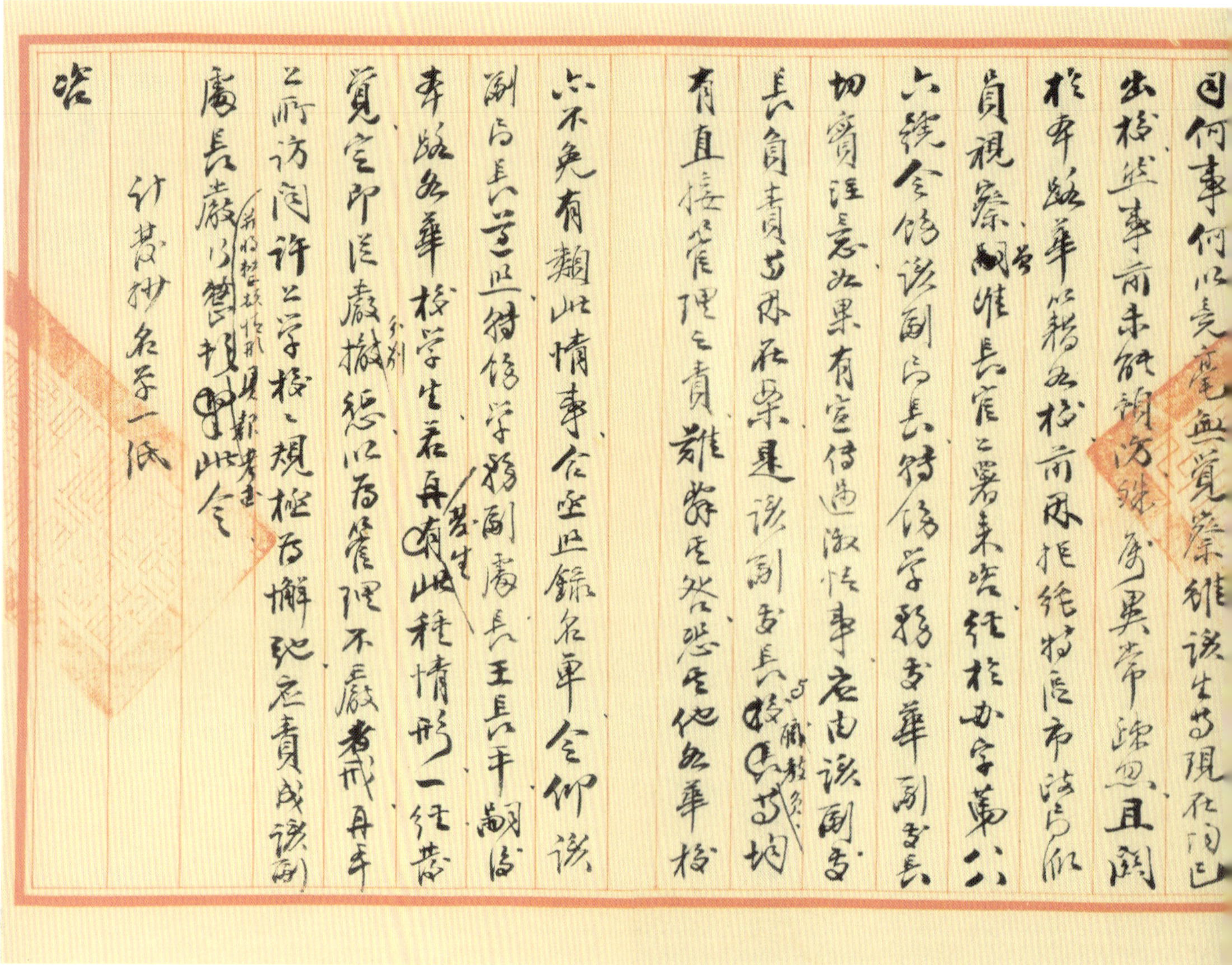

东铁督办刘尚清给东铁管理局副局长郭崇熙的训令

民国十五年

一九二六年四月九日

训令中称：『查许公学校学生赵尚志等潜入共产党竟有十九名之多，该学务副处长暨校长等所司何事，何以竟毫无觉察？虽该生等现在均已出校，然事前未能预防，殊属异常疏忽。』

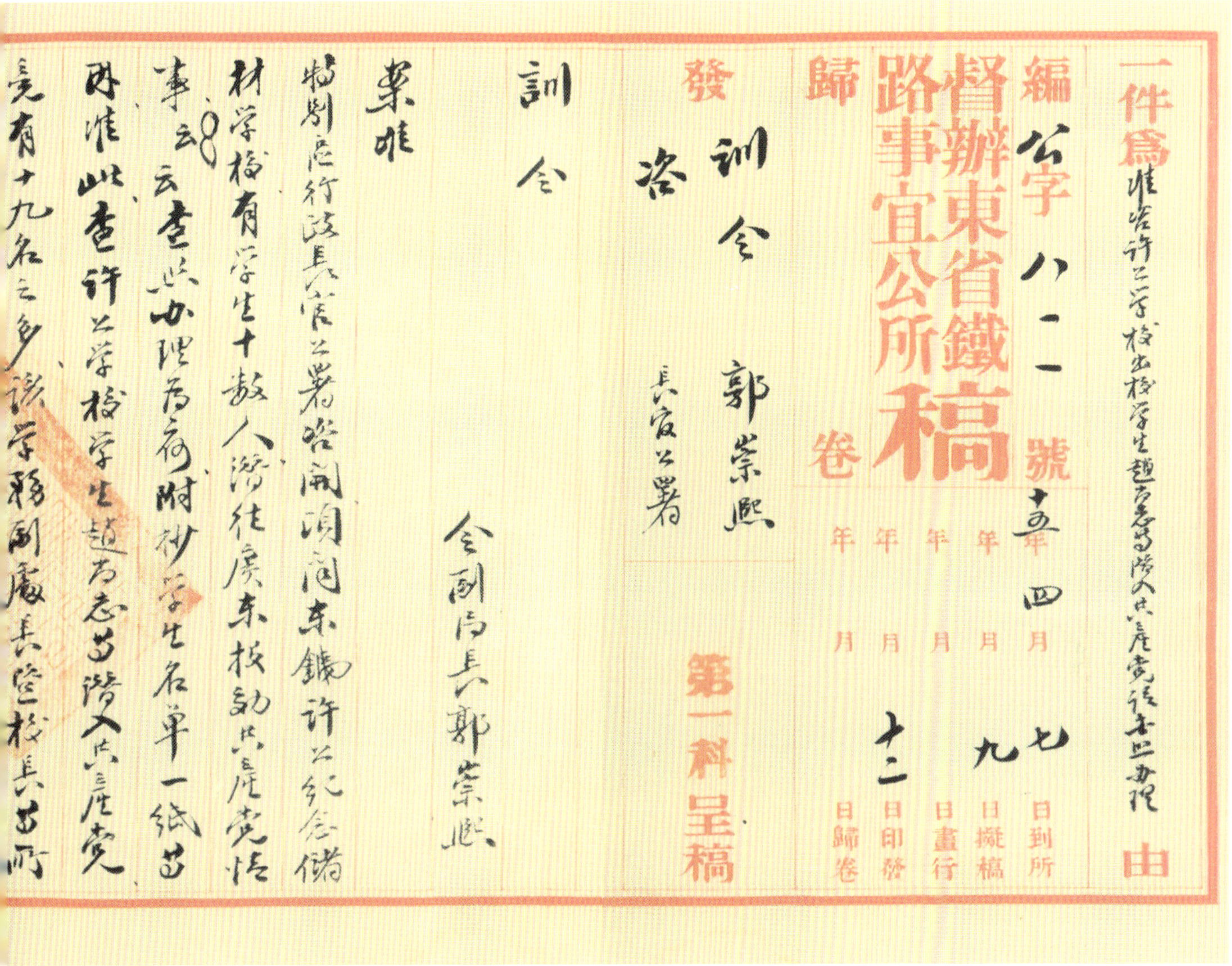

一件為准咨許公學校出校學生趙尚志等潛入共產黨請查照辦理由

編 公字八二號

督辦東省鐵路事宜公所稿

歸 卷

十五年四月七日到所
年月九日擬稿
年月日畫行
年月十二日印發
年月日歸卷

發 訓令 郭宗熙
咨 長官公署

第一科呈稿

訓令

令副處長郭宗熙

案准

特別區行政長官公署咨開：須閱東鐵許公紀念儲材學校有學生十數人潛往廣東投效共產黨情事云云；云云。查此案辦理為荷。附抄學生名單一紙等因。准此，查許公學校學生趙尚志等潛入共產黨竟有十九名之多，該學務副處長兼校長等所

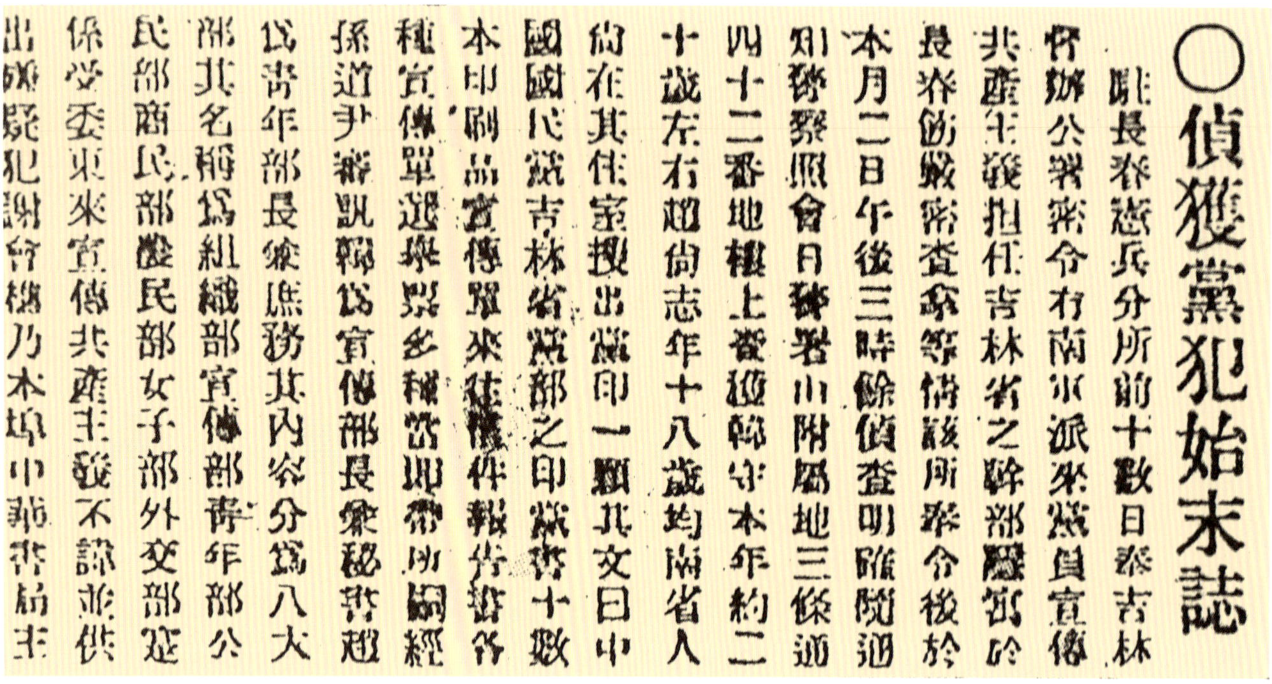
○偵獲黨犯始末誌

駐長春憲兵分所前十數日奉吉林督辦公署密令有南軍派來黨員宣傳共產主義担任吉林省之幹部隱寓於長春飭嚴密查察等情該所奉令後於本月二日午後三時餘偵查明確隨通知警察照會日警署小附屬地三條通四十二番地樓上查獲韓守本年約二十歲左右趙尚志年十八歲均南省人尚在其住室搜出黨印一顆其文曰中國國民黨吉林省黨部之印黨籍十數本印刷品宣傳單來往信件報告各種宣傳單選舉票多種當即帶所鞫經孫道尹審訊韓為宣傳部長兼秘書趙為青年部長兼庶務其內容分為八大部其名稱為組織部宣傳部青年部公民部商民部農民部女子部外交部並係受委東來宣傳共產主義不諱並供出嫌疑犯謝符機乃本埠中華書局主

《盛京时报》关于赵尚志等人被捕情况的报道

民国十六年

一九二七年三月八日

《侦获党犯始末志》一文报道说：『驻长春宪兵分所前十数日奉吉林督办公署密令，有南军派来党员宣传共产主义……隐寓于长春……本月二日午后三时余，……由附属地三条通四十二番地楼上，查获韩守本，年约二十岁左右；赵尚志，年十八岁。』

热河全省经界委员会白话布告

民国十八年

一九二九年十月七日

中华民国之前的官府布告一般均为文言，读者需要具有较高的文化水平才可以读懂。中华民国建立后，在全国提倡白话文的社会背景下，各级官府也开始尝试以白话文草拟布告，以求让更多的人及时了解政府的各项政策。这份白话布告是在热河全省经界委员会成立后发布的，用近似口语的文字向公众阐明了成立经界委员会的目的、经界委员会的职能、民众在清理地亩问题上的义务等内容。

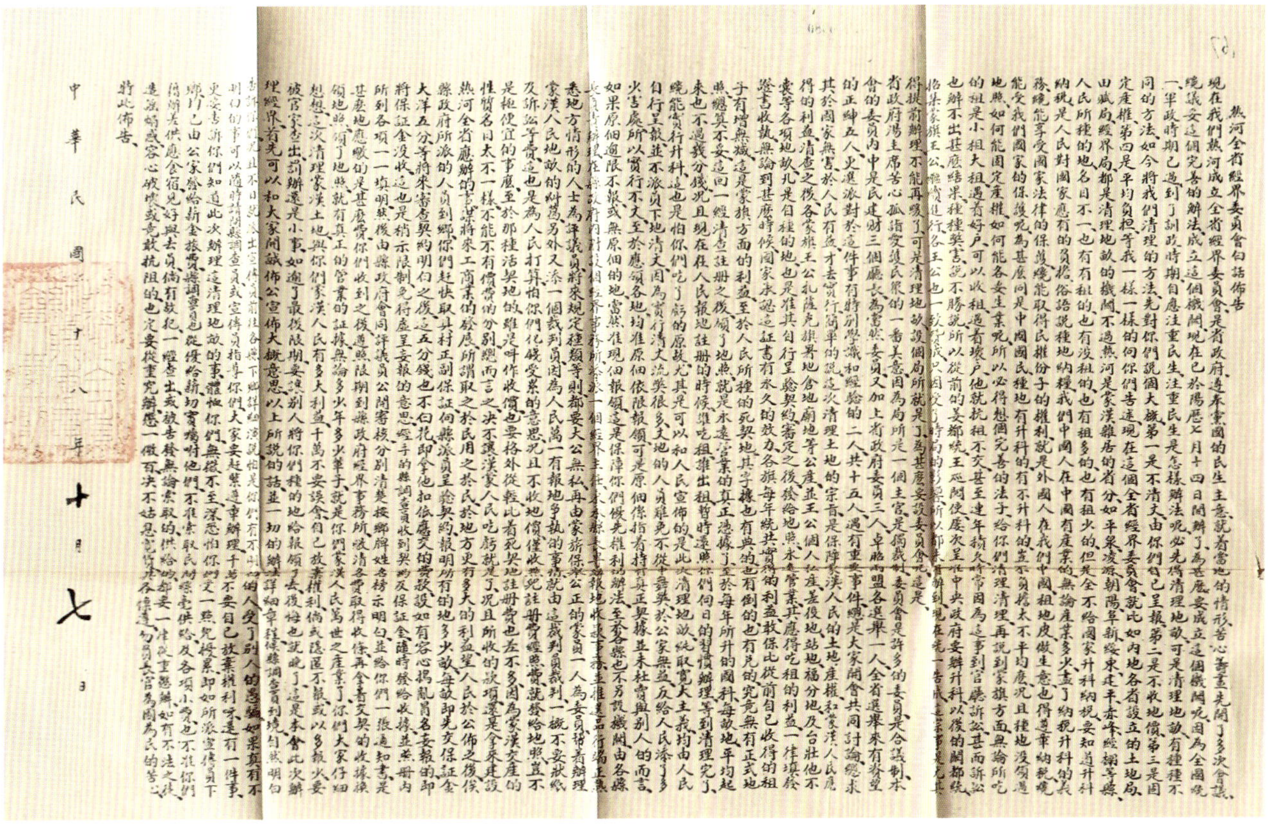
热河全省經界委員會白話佈告

中華民國十八年十月七日

盼之至等因准此除分別咨令外合亟令仰該處長
遵照密飭所屬一體嚴密防範以遏亂萌仍將
辦理情形具報切切此令

中華民國十六年十一月十四日

監印胡賓亭
校對夏全貴

热河省政府公安管理处通缉韩麟符、郑丕烈等共产党人的密令

民国十八年

一九二九年十一月十四日

密令中说：『顷得平津高等密探报称，前跨党分子韩麟符、郑丕烈、张良翰及纯共产分子傅懋功等刻在津热间大活动。韩、郑、张等三人均系热籍，即所谓第三党之北方首领，其在北方之最高干部密设天津租界。据报，热河承德、赤峰、建平各县皆有其密（秘）秘（密）组织，其在热工作目标侧重军事，其方式不外收买土匪、联络民团，并利用承德某当商为其传递密件。如能详密检查津承间关于当商方面之邮件，按图索骥，或可发现反动派之骇人阴谋。』

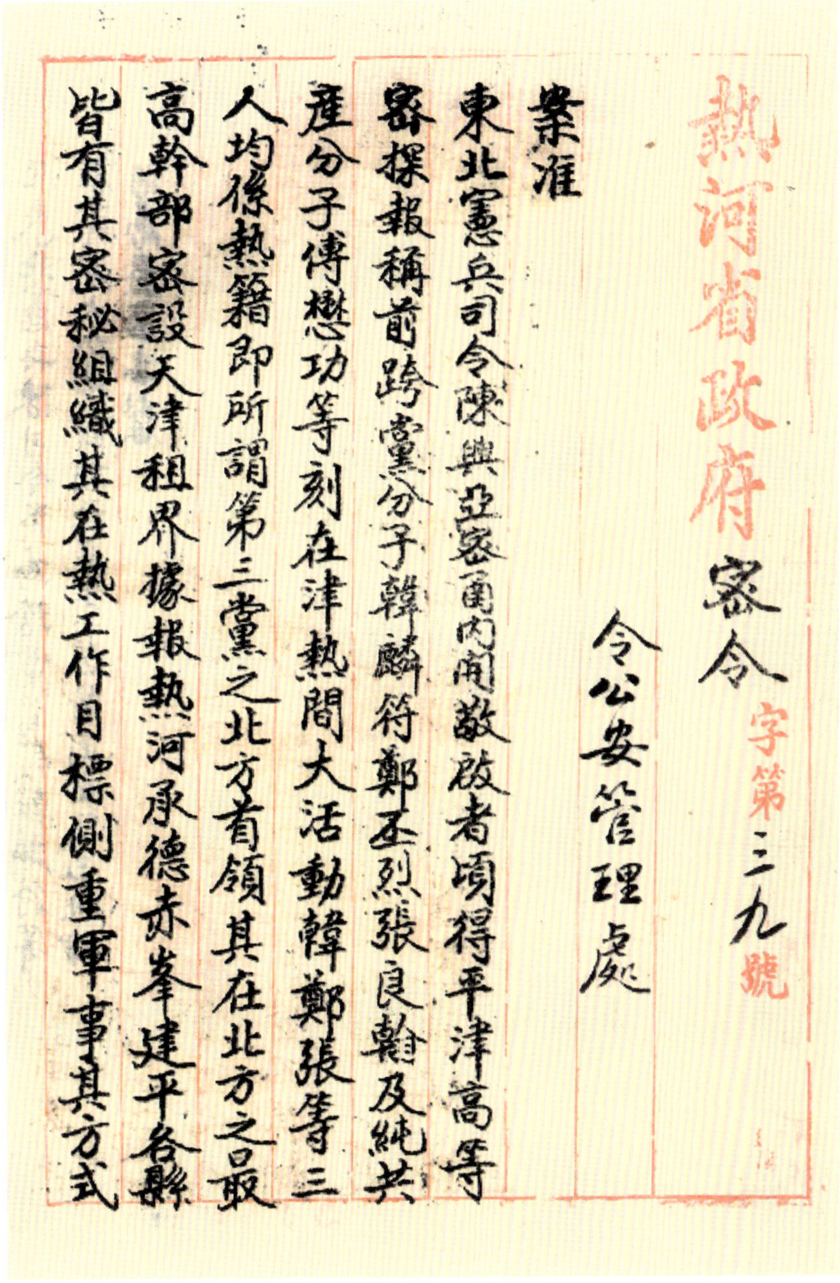
熱河省政府密令 字第三九號
令公安管理處
案准
東北憲兵司令陳興亞密函內開敬啟者頃得平津高等
密探報稱前跨黨分子韓麟符鄭丕烈張良翰及純共
產分子傅懋功等刻在津熱間大活動韓鄭張等三
人均係熱籍即所謂第三黨之北方首領其在北方之最
高幹部密設天津租界據報熱河承德赤峰建平各縣
皆有其密秘組織其在熱工作目標側重軍事其方式

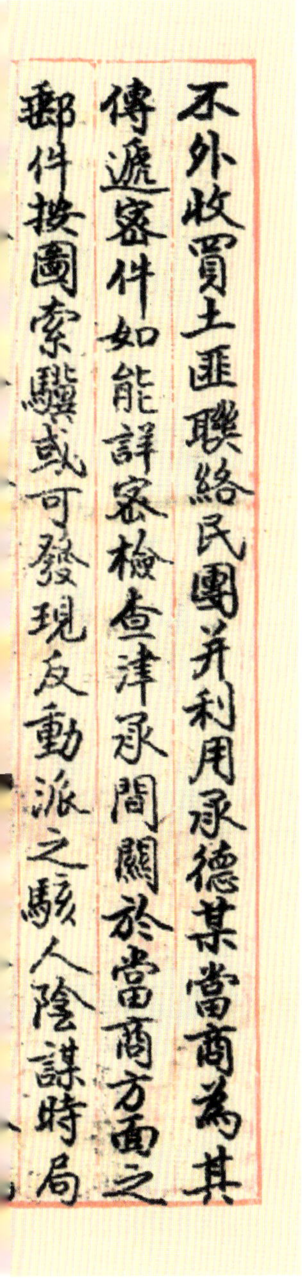
不外收買土匪聯絡民團并利用承德某當商為其
傳遞密件如能詳密檢查津承間關於當商方面之
郵件按圖索驥或可發現反動派之駭人陰謀時局

第三区　羊山鎮　六家子　二十家子　七道嶺子　黑牛營子
缸窯嶺等處各站一張
第四区　東大板　七道嶺子　長皋　朝陽寺
杜牛營子等處各站一張
第五区　板橙營子　老二色　新二色　黑城子
十八里臺等處各站一張
第六区　北票鎮　桃花園　西官營子　哈爾腦
金廠溝梁等處各站一張

中華民國十九年十二月　拾三　日

朝陽縣印

朝阳县政府张贴布告地点清单

民国十九年

一九三〇年三月十二日

从这份张贴布告清单中可以知道，当时朝阳城区的主要街道仅限于大什字街、小什字街、北大街、南大街、西大街和东大街。从这份清单中还可以知道，今天的北票城区、桃花图（吐）、西官营子、哈尔脑和内蒙古自治区敖汉旗的金厂勾（沟）梁当时都属于朝阳县的第六区。

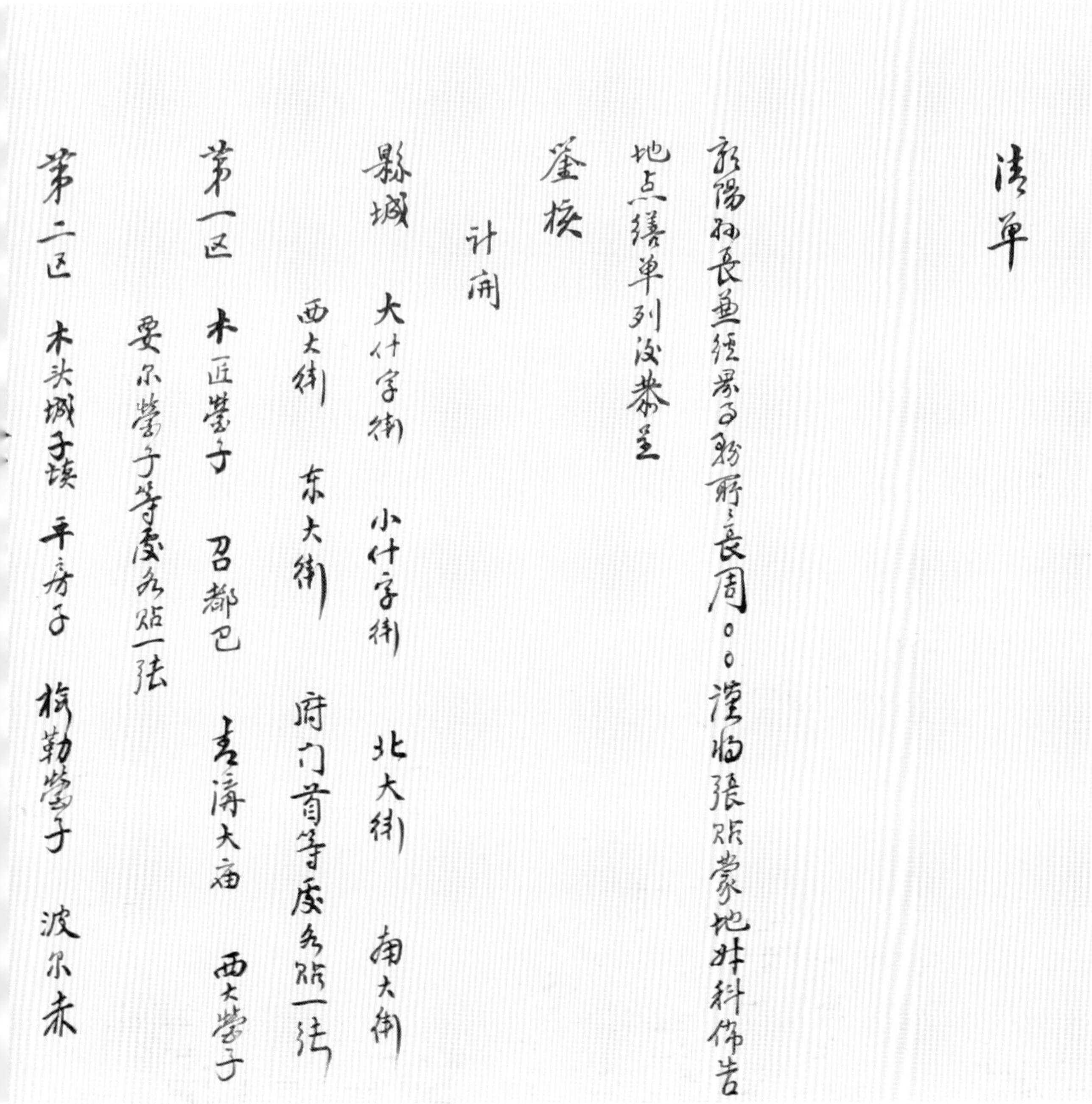

清单

朝阳县长兼经界局局长周〇〇谨将张贴蒙地升科布告

地点缮单列后恭呈

鉴核

计开

县城　大什字街　小什字街　北大街　南大街

西大街　东大街　府门首等处各贴一张

第一区　木匠营子　召都巴　喜渖大庙　西大营子

要尔营子等处各贴一张

第二区　木头城子埃　平房子　梅勒营子　波尔赤

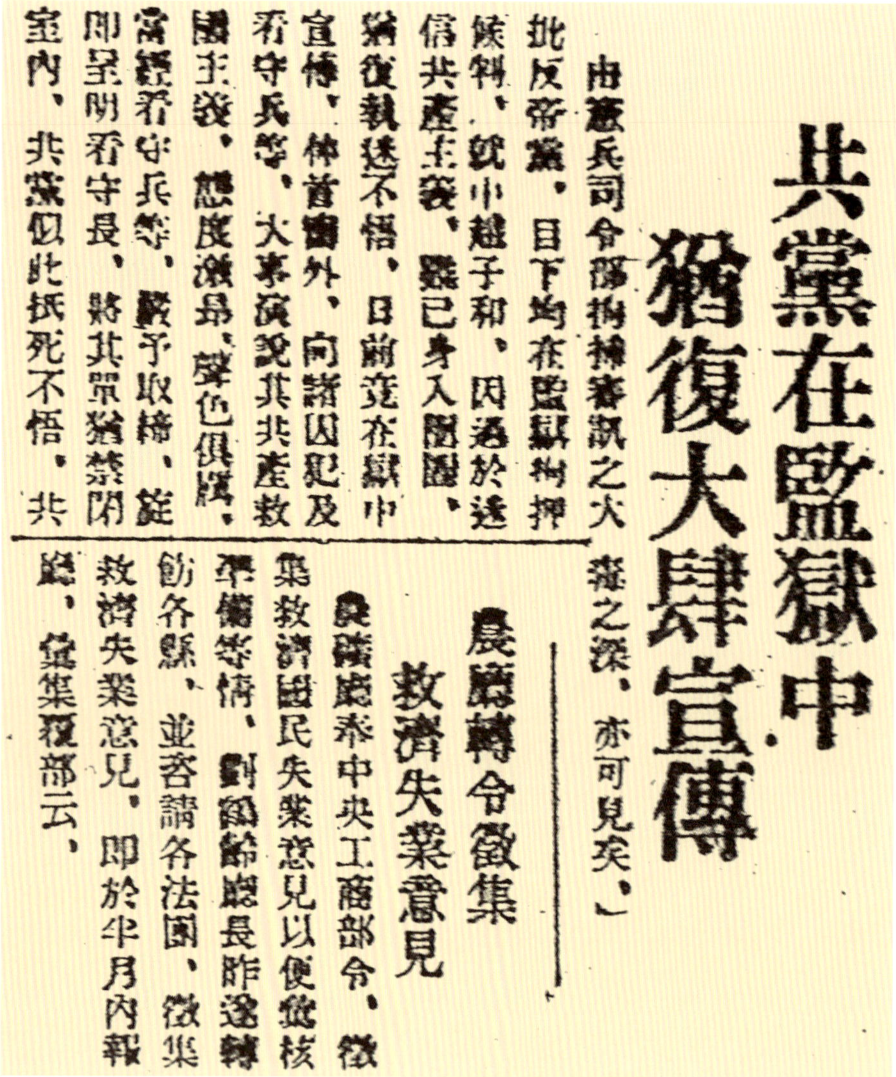

共黨在監獄中猶復大肆宣傳

由憲兵司令部拘捕審訊之大批反帝黨、目下均在監獄拘押候判、就中趙子和、因過於迷信共產主義、雖已身入囹圄、猶復執迷不悟、日前竟在獄中宣傳、伸首窗外、向諸囚犯及看守兵等、大事演說共共產救國主義、態度激昂、聲色俱厲、當經看守兵等、嚴予取締、旋即呈明看守長、將其禁閉室內、共黨似此抵死不悟、共毒之深、亦可見矣、」

農礦轉令徵集救濟失業意見

農礦廳奉中央工商部令、徵集救濟國民失業意見以便從核準備等情、劉鶴齡廳長昨遂轉飭各縣、並咨請各法團、徵集救濟失業意見、即於半月內報廳、彙集覆部云、

《盛京时报》关于赵尚志在狱中仍进行革命宣传的报道

民国十九年

一九三〇年六月二十七日

这篇题为《共党在监狱中犹复大肆宣传》的报道中说：『由宪兵司令部拘捕审讯之大批反帝党，目下均在监狱拘押候判。就中赵子和（赵尚志化名），因过于迷信共产主义，虽已身入囹圄，犹复执迷不悟。日前竟在狱中宣传，伸首窗外，向诸囚犯及看守兵等，大事（肆）演说其共产救国主义，态度激昂，声色俱厉。』

1930年4月12日，赵尚志因在沈阳外交协会会场夺取讲坛而被捕，关押在沈阳第一监狱。

誊清本《建平县志》

民国二十年

一九三一年

1927年，建平县知事解殿臣奉热河道尹通令，筹集银元2000元，聘请卢文炳组建修志局编修第一部县志。至1928年，因经费困难，编纂工作被迫中止。1929年10月，新任县长杨承采筹集到银元4000余元，重启县志编纂工作，但仍未能完成。1930年春，县长田万生到任伊始，即着手县志的续编事宜，至1931年冬，首部县志编纂完成，誊清稿约18万字。因受战乱影响，未及付印，誊清稿流失。1987年，流失半个多世纪的誊清稿《建平县志》被建平籍保存者张廷选捐献给建平县档案馆。据张廷选介绍，他曾在伪满洲国热河省政府任职，偶然在热河省图书馆发现了这部线装手抄本《建平县志》。为不使这部孤本县志在战乱中被毁，他设法从图书馆中拿走并将其藏匿起来。这一藏就是40多年。

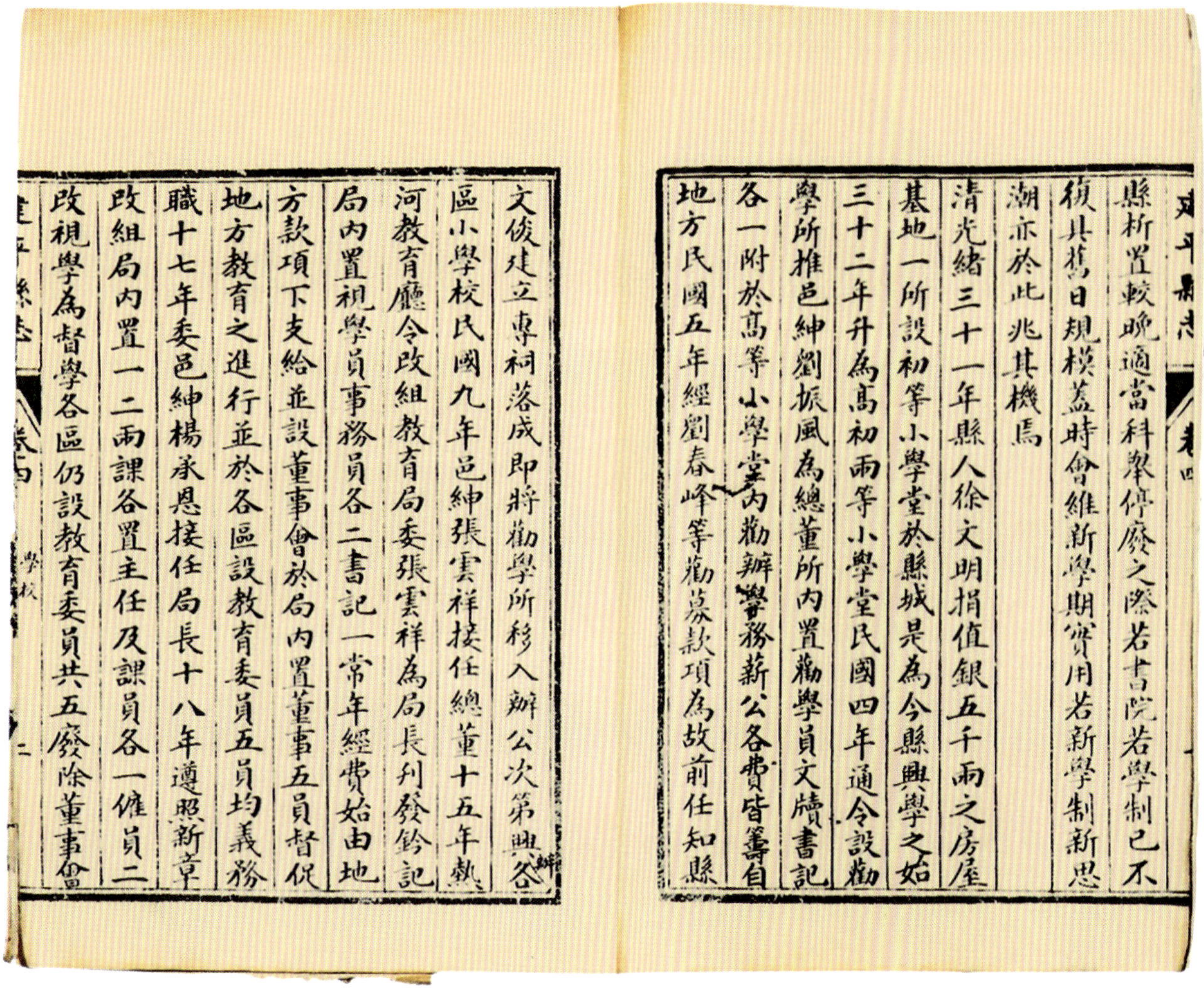
縣析置較晚適當科舉停廢之際若書院若學制已不復其舊日規模蓋時會維新學期實用若新學制新思潮亦於此兆其機焉

清光緒三十一年縣人徐文明捐值銀五千兩之房屋基地一所設初等小學堂於縣城是為今縣興學之始三十二年升為高初兩等小學堂民國四年通令設勸學所推邑紳劉振風為總董所内置勸學員文牘書記各一附於高等小學堂内勸辦學務薪公各費皆籌自地方民國五年經劉春峰等勸募款項為故前任知縣文俊建立專祠落成即將勸學所移入辦公次第興各區小學校民國九年邑紳張雲祥接任總董十五年熱河教育廳令改組教育局委張雲祥為局長刋發鈐記局内置視學員事務員各二書記一常年經費始由地方款項下支給並設董事會於局内置董事五員督促地方教育之進行並於各區設教育委員五員均義務職十七年委邑紳楊承恩接任局長十八年遵照新章政組局内置一二兩課各置主任及課員各一僱員二政視學為督學各區仍設教育委員共五廢除董事會

《东北国民救国军指挥总监部组织大纲》

民国二十一年

一九三二年

在大纲的开篇部分即强调该军的宗旨为：（一）抵抗暴日；（二）否认伪国；（三）保卫地方；（四）扶植民治。在组织架构上，东北国民救国军指挥总监部的最高领导为指挥总监，『负主持本军军事上、政治上一切职责』。指挥总监部内设参谋、副官、经理、医务、秘书、军法、交通、宣传和政务等9个处。指挥总监部在军事上直接统辖各路军，再由路统辖支队、别动队、保安队。

该组织大纲上没有时间信息，但从组织大纲上提到『伪国』，也就是伪满洲国（1932年3月1日成立），而总监部主要领导人朱霁青在1932年6月曾返回关内的情况看，该文件应诞生于1932年3月至6月间。

东北国民救国军指挥总监部一度设在朝阳县羊山肖家店玉清宫内。

東北國民救國軍指揮總監部組織大綱
一、本軍宗旨分四大綱
（一）抵抗暴日（二）否認偽國（三）保衛地方（四）扶植民治
一、本軍設指揮總監一人負主持本軍軍事上政治上一切職責
一、指揮總監部內設參謀副官經理醫務秘書軍法交通
宣傳政務九處處各設主任一人承總監之指揮分辦各該
管事務
一、指揮總監部及各路指揮部均設軍事政治財政保安等
委員會為設計及諮詢機關
一、指揮總監部在軍事上直接統轄各路軍再由路統轄
支隊別動隊保安隊支隊統轄[illegible]
一、指揮總監部在行政上有[illegible]
各民眾團體之責
[illegible]
事機關之相互關係規定如下
甲、軍事機關對行政機關自治會暨民眾團體有[illegible]
責務無命令之權限
乙、行政機關之一切設施均須依據民意機關（自治會）之決議
丙、自治會對同級行政機關主管人員有選舉罷免之權
但其在政治上一切設施凡非道背自治會之決議者不得
妄加干涉
丁、縣區村保安隊在平時就行政機關之調遣在戰時則受
該管區域路總指揮之指揮
一、本大綱有未盡事宜由指揮總監隨時增刪修改之

《盛京时报》关于日军列车被赵尚志部队袭击出轨的报道

民国二十一年

一九三二年四月十四日

报道中说：『多门中将麾下日军兵车，由方正凯旋哈尔滨途中，十二日午后十时五十分许，驶至离哈东方十七公里之地点，被人设计颠覆，致有死者十一人，受伤者九十三人。』死者中包括一名日军大尉浅妻义行。这次袭击行动，是赵尚志与哈尔滨商船学校学生、共产党员范廷桂在一些铁路工人的帮助下完成的。

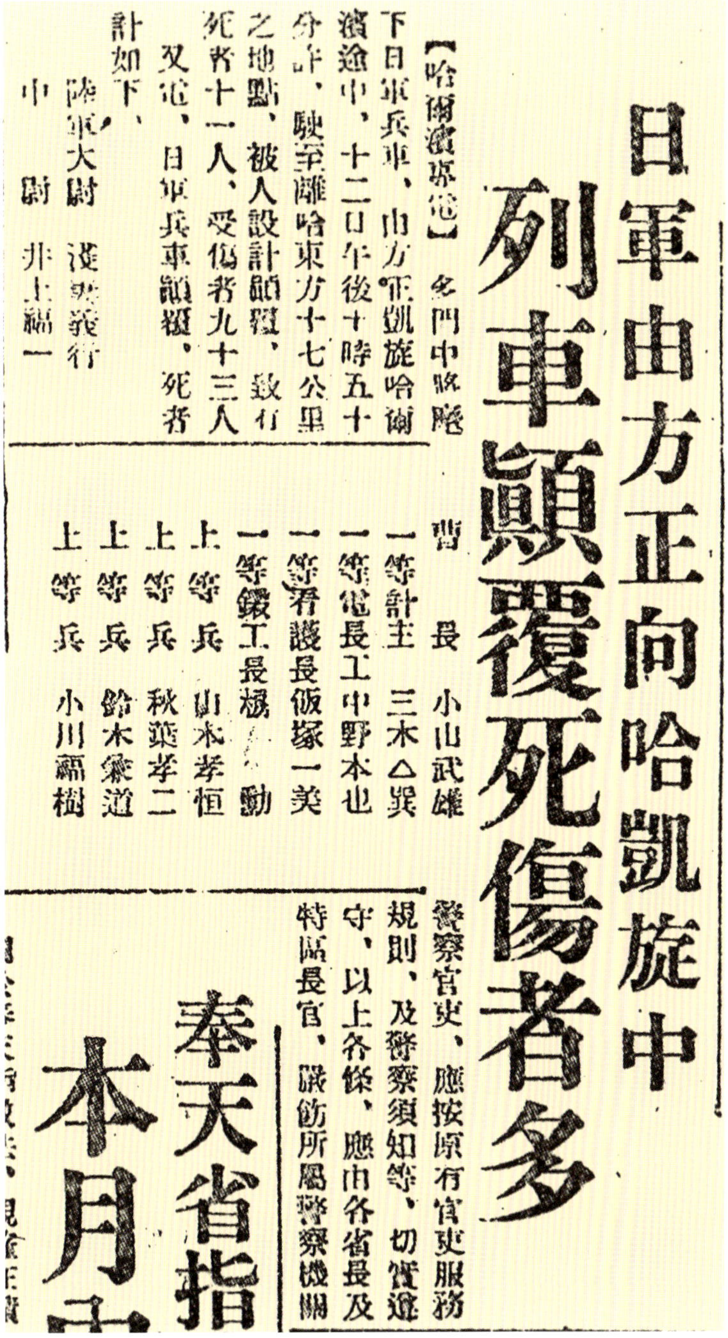

日軍由方正向哈凱旋中

列車顚覆死傷者多

【哈爾濱來電】多門中將麾下日軍兵車、由方正凱旋哈爾濱途中、十二日午後十時五十分許、駛至離哈東方十七公里之地點、被人設計顚覆、致有死者十一人、受傷者九十三人、

又訊、日軍兵車顚覆、死者計如下、

陸軍大尉 淺妻義行

中尉 井上福一

曹長 小山武雄

一等計主 三木△巽

一等電長工 中野本也

一等看護長 飯塚一美

一等鐵工長 樋[illegible]勳

上等兵 山本孝恒

上等兵 秋葉孝二

上等兵 鈴木豪道

上等兵 小川福樹

警察官吏、應按原有官吏服務規則、及警察須知等、切實遵守、以上各條、應由各省長及特區長官、議飭所屬警察機關

奉天省指

本月

盧鴻賓等曾受張總指揮委為七道嶺巴圖營子兩段鄉團總長維持地方治安大約團勇不過數十名矣
姜允相王廷等現均在家閑居併無不軌行為倘伊等如有收編情事職必先期報告且藏在此方地充差伊等如
有進行即究無能知何況數有名之家豈有不知之理併且刻下李寶璉因招募無人收編無效已奉隨
員往、寶營子一帶招募矣至劉振東尚在七道嶺鄉團盧鴻賓在大大營子鄉團照常維持地方
併無他種情形等情查該派所長顧德模係委局長新委之人又係多年故舊所報情形當無錯誤除仍
飭探查該李寶璉之行動隨時具報外理合據情備報等情據此查此案前准陸軍步兵第二百十四團函囑飭公
安局派巡官偵查即經轉飭分局於夜派一分局巡長帶隊赴牤牛營子一帶偵探去據西股由局函覆到縣業將
該巡長沿途偵詢大大概情形於巧卯代電呈報並據公安局送來在途檢得日本傳單一紙亦即照錄於
於巧代電一併附呈次日復准陸軍步兵二百十四團部函囑電叙
主席復將探得大略於皓日馬電
主席各在案而函致公安局飭屬一體嚴密防範並令詳細偵查務得確情具復去後茲據續報前情知關廑念
合再電聞除仍發飭該局隨時加意嚴密偵防外局長李振鈞叩馬印

朝阳县政府就李宝琏在朝阳地区招募义勇军事给热河省清乡总局的报告

民国二十一年

一九三二年六月一日

报告中说：『查该招募员李宝琏系由北平受张绥靖主任命令，持函亲谒汤主席，复蒙授函董旅长饬为保护，始来巴图营子招募，并持有一百零七旅司令部护照。该招募名称为东北国民军第四路总指挥某团、营等字样。该李宝琏即任该路总指挥所委。』报告中还说：『李宝琏因招募无人，收编无效，已率随员往三宝营子一带招募。』

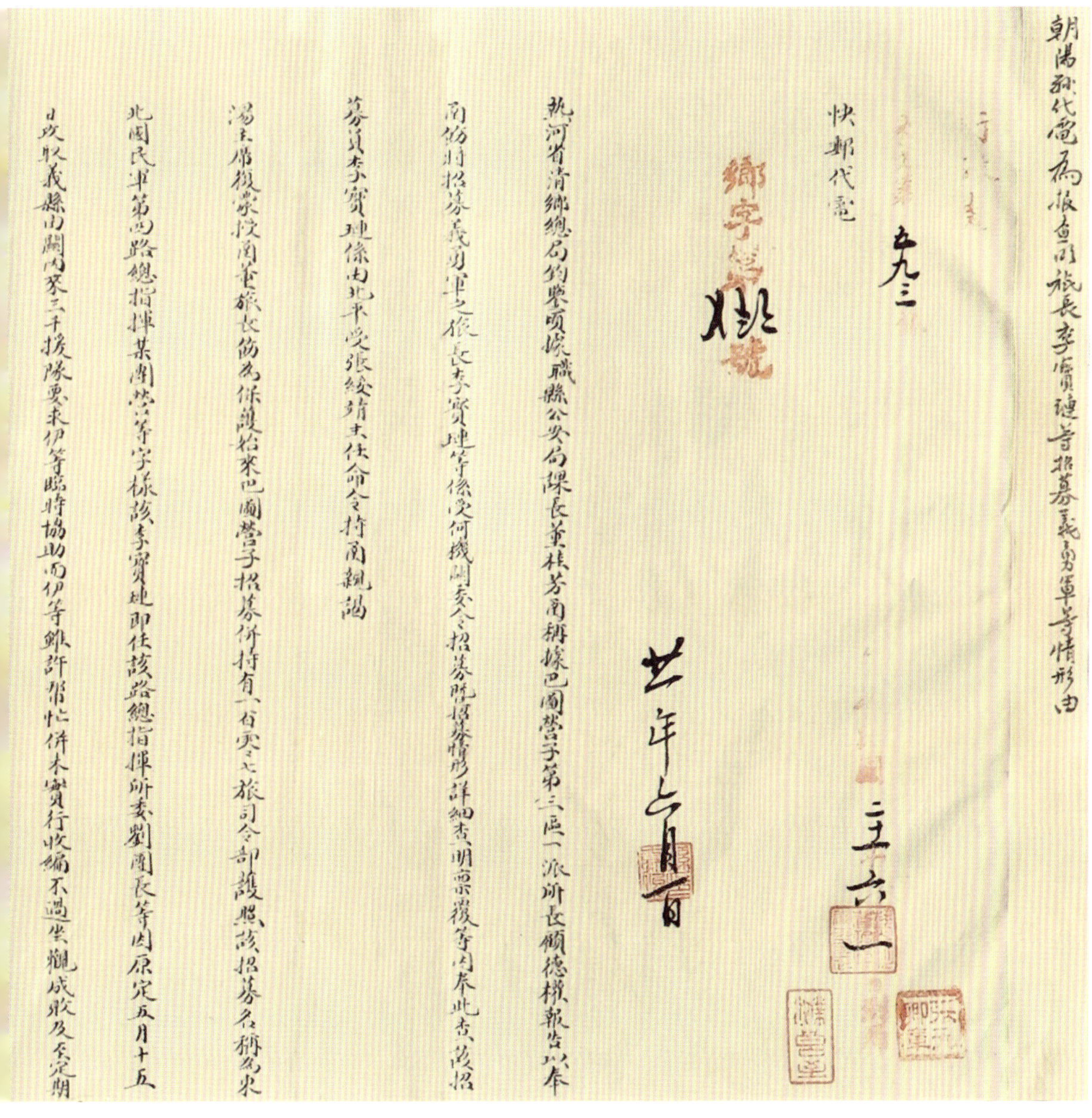
朝陽縣代電爲報查明旅長李寶璉等招募義勇軍等情形由
快郵代電
鄉字第九三號
熱河省清鄉總局鈞鑒頃據職縣公安局課長董林芬面稱據巴圖營子第三區一派所長顧德楨報告以奉
面飭將招募義勇軍之旅長李寶璉等係受何機關委令招募所招募情形詳細查明稟覆等因奉此查該招
募員李寶璉係由北平受張綏靖主任命令持函親謁
湯主席復蒙授函董旅長飭為保護始來巴圖營子招募並持有一百零七旅司令部護照該招募名稱為東
北國民軍第四路總指揮某團營等字樣該李寶璉即任該路總指揮所委劉團長等因原定五月十五
日攻取義縣內關內家三千撥隊要求伊等臨時協助而伊等雖許幫忙併未實行收編不過坐觀成敗及至定期
廿一年六月一日

被李海峰抗日义军擒获的日本间谍石本权四郎照片

民国二十一年

一九三二年七月十七日

1932年1月，日军陆续占领锦西、义县、兴城后，热东朝阳地区成为抗日的最前线。从1932年4月起，日本间谍石本权四郎多次潜入朝阳地区刺探情报，对中国驻军进行『策反』，为日军下一步进攻热河预做准备。同年7月17日，再次潜入的石本权四郎在北票南岭车站附近被抗日义军李海峰部抓获。同年12月12日，石本权四郎在朝阳十家子河被处决。该事件史称『石本事件』。

赵尚志与巴彦游击队主要领导照片

民国二十一年

一九三二年八月三十日

该照片拍摄于巴彦游击队攻陷巴彦县城期间。前排居中者为赵尚志，后排居中者为张甲洲。1932年6月，赵尚志受中共满洲省委派遣赴巴彦游击队工作，任参谋长、政委。同年8月30日，在赵尚志和巴彦游击队总指挥张甲洲指挥下，巴彦游击队联合义勇军『才团』、山林队『绿林好』攻陷巴彦县城。

查報告當日炸斃居民男女百數上下炸毀房屋二百餘間焚
燒柴草糧石財物等項價額難以數計其三寶營子村遭禍
至烈而四週距離村民悉已逃避不歸又朝陽寺地點早經日人
佔踞該處四週距離村民先行棄家他往聞此兇耗畏日自由
行動飛禍橫加尤為驚鴻遠逸該兩處警察分派所轄境居
民逃避已空應納公款等項自難入手催歛報解所有日軍侵
害情形及地方危殆萬急除分呈外理合備文呈報
鑒核施行謹呈
熱河全省警務處處長張

朝陽縣公安局長姜振國
姜振國印

朝阳县公安局就日军侵害三宝营子事给热河省警务处的呈文

民国二十一年

一九三二年十月十四日

呈文中说：『本月九日拂晓，日军五百余名驰抵三宝营子村，三面包围攻打该村义勇军，互相接触。日军方面上有飞机抛掷炸弹，下有大炮小枪轰射排击；义勇军抵抗不支，纷纷退避。日军攻进该村，焚烧抢掠；该村居民苦遭暴日残害，不克（可）名状。据调查报告，当日炸毙居民男女百数上下，炸毁房屋一百余间，焚烧柴草、粮石（谷）、财物等项价额难以数计。』

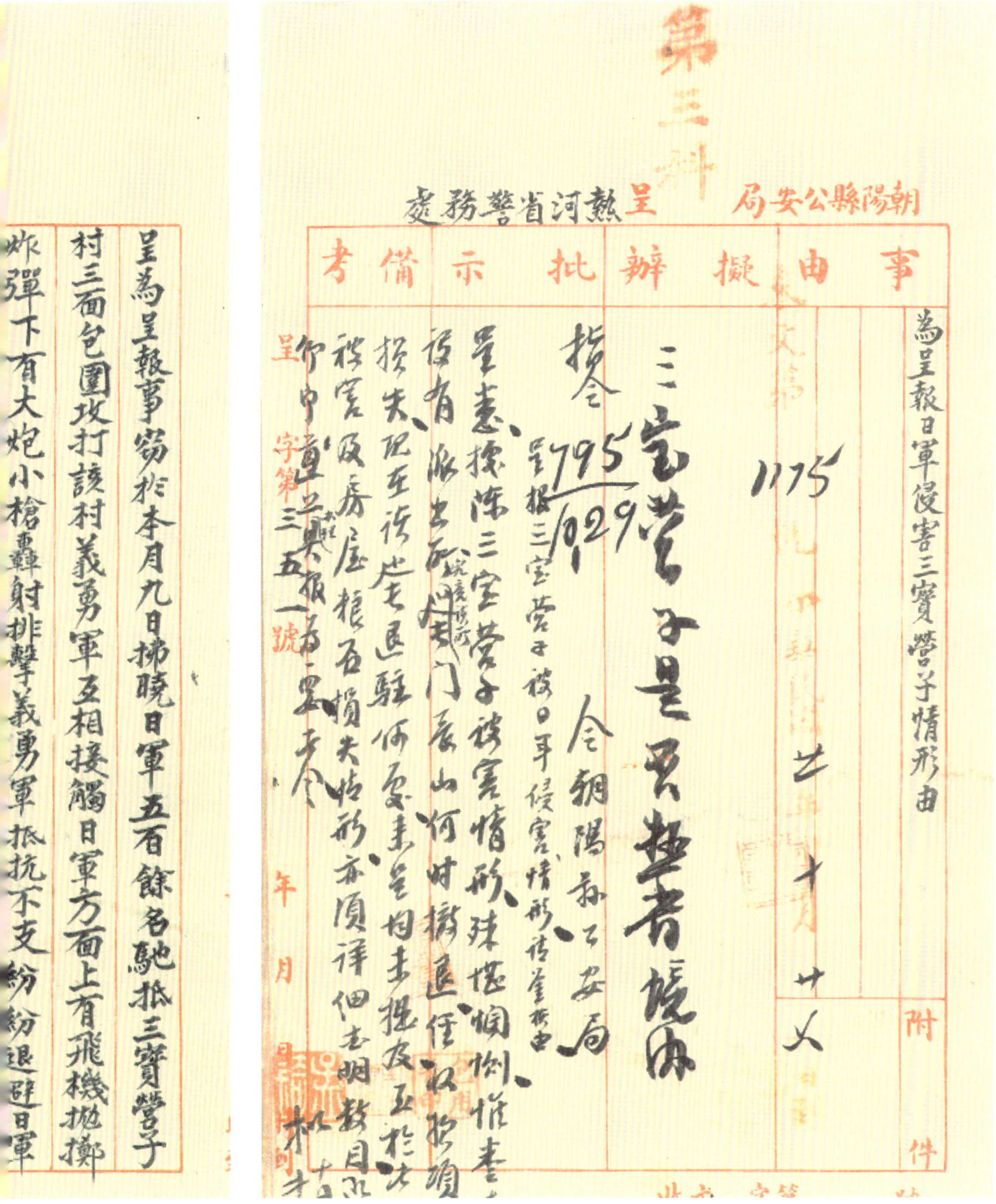
朝陽縣公安局 呈 熱河省警務處

事由	擬辦	批示	備考
為呈報日軍侵害三寶營子情形由			

呈為呈報事竊於本月九日拂曉日軍五百餘名馳抵三寶營子村三面包圍攻打該村義勇軍互相接觸日軍方面上有飛機拋擲炸彈下有大炮小槍轟射排擊義勇軍抵抗不支紛紛退避日軍

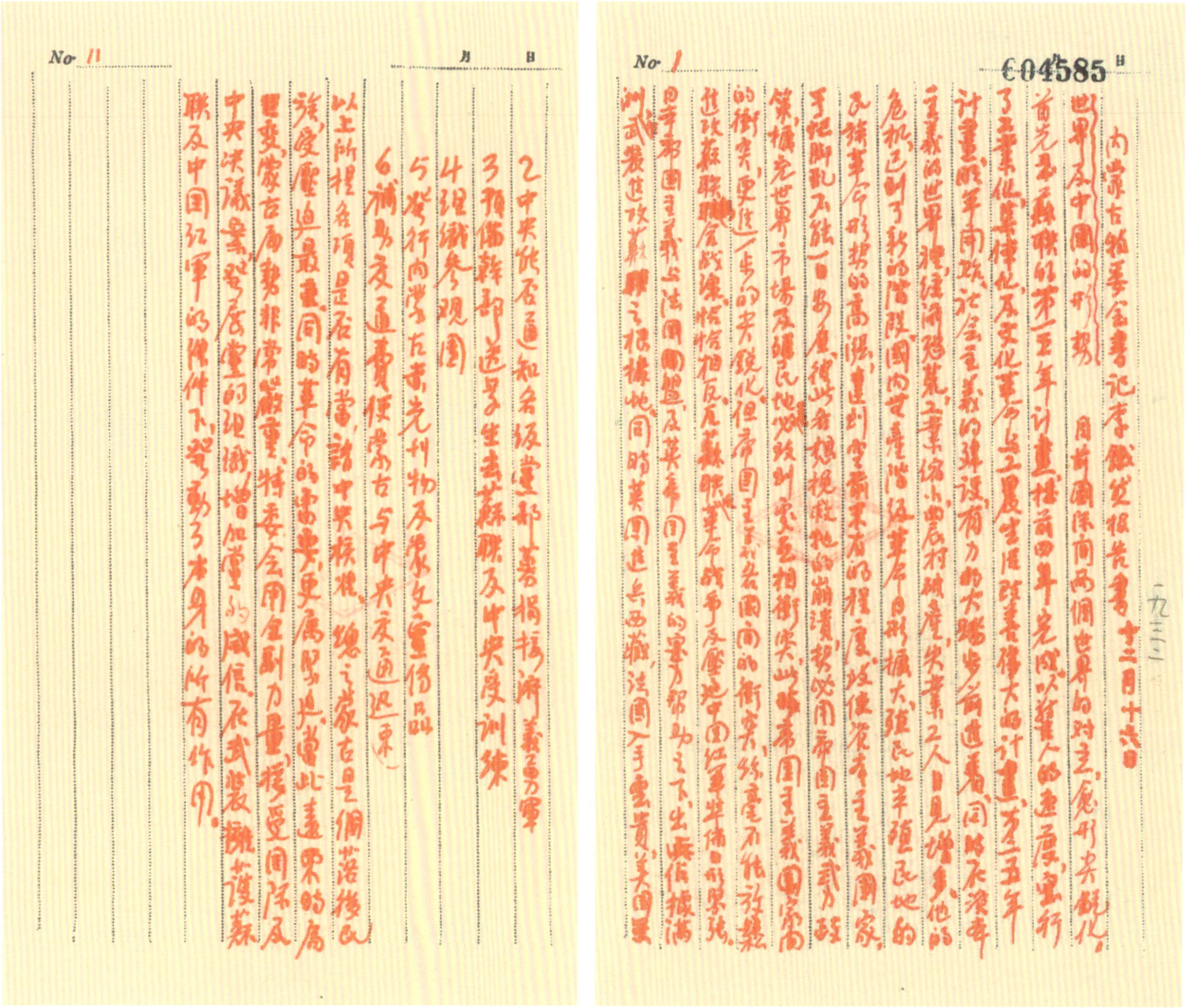

《内蒙古特委会书记李铁然报告书》

民国二十一年

一九三二年十二月十六日

报告共分世界及中国形势、内蒙古的形势、群众斗争、工作计划、内蒙古党的现状、内蒙古党的难点和内蒙古党的需要等七个部分。其中，在谈到内蒙古党的现状时说，量的方面，党员有八十余，青年团员有二十九人。成分，工农占十分之六，学生兵士及牧民占十分之四。……工作中心，因日本进兵，特委现将朝建与赤开（赤峰、开鲁）作工作中心，朝建方面有我党所领导的义勇军，即十五混成团，该团内有士兵支部及训练班，将此部预备为游击队的基础。在最后一部分内蒙古党的需要中，陈镜湖向党中央提了六点要求：请求中央物质的补助；中央能否通知各级党部募捐接济义勇军；预备干部送学生去苏联及中央受训练；组织参观团；发行内蒙古赤光刊物及蒙文宣传品；补助交通费使内蒙古与中央交通迅速。

《申报》关于日军进逼凌源的报道

民国二十二年

一九三三年一月十一日

报道中说：『热边情势近更紧张，日军大本营之朝阳寺，续到日军甚众，调遣极忙，大战一触即发。伪国军第一军程国瑞部王剑西，近在热边，向各方活动，收买地痞莠民，图谋不轨。飞机日往各处散传单，诱惑义军。热方义军实力甚厚，但天寒土冰，防御工事难建筑。颇可虑。现热河重镇为凌源，该地四通八达，朝阳、平泉、赤峰、开邱均有连带关系。日军如果西犯，以上各镇必受压迫。其他及内地各处，以山险关系，一时不致危险。』

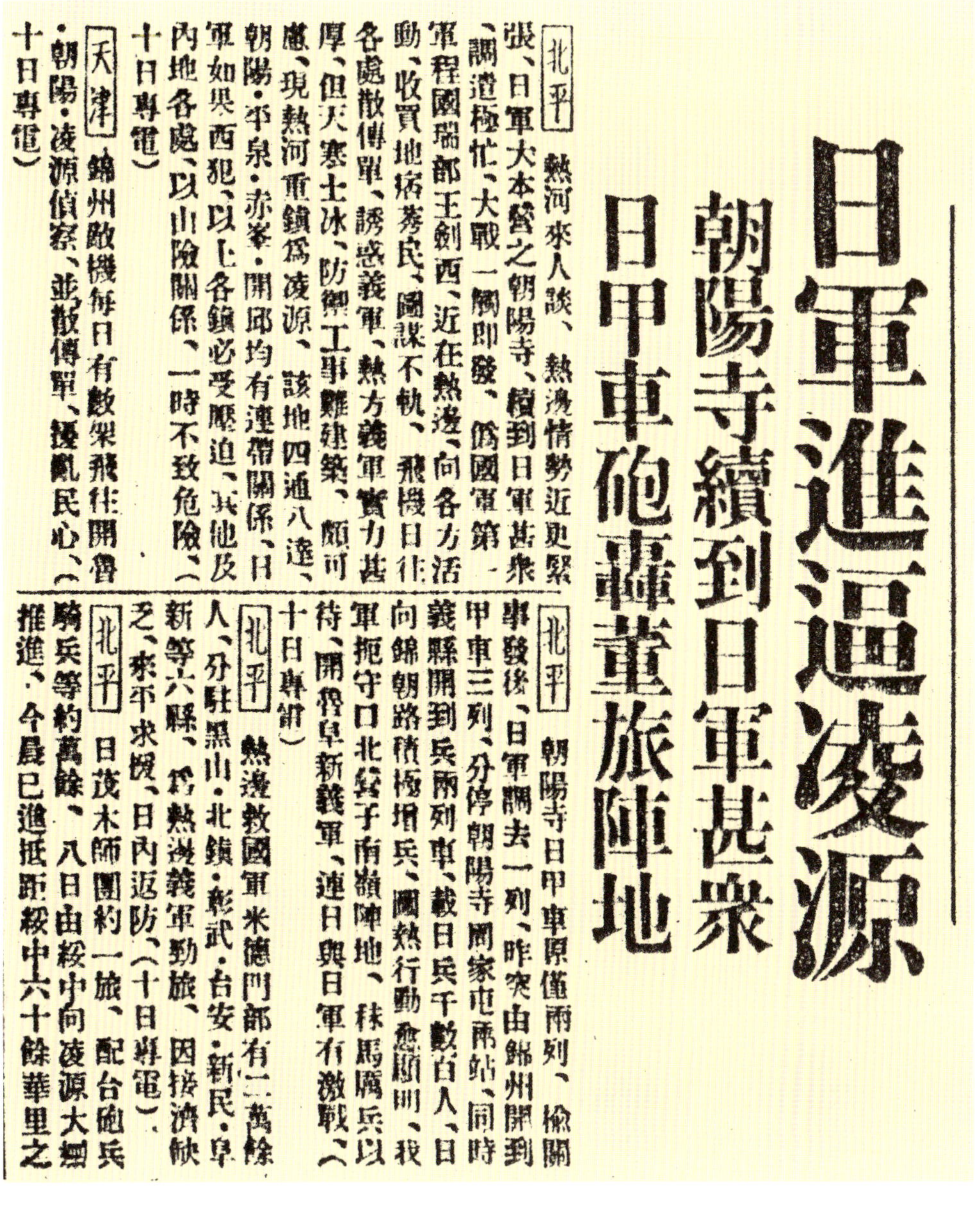

日軍進逼凌源

朝陽寺續到日軍甚衆

日甲車砲轟董旅陣地

〔北平〕熱河來人談、熱邊情勢近更緊張、日軍大本營之朝陽寺、續到日軍甚衆、調遣極忙、大戰一觸即發、偽國軍第一軍程國瑞部王劍西、近在熱邊、向各方活動、收買地痞莠民、圖謀不軌、飛機日往各處散傳單、誘惑義軍、熱方義軍實力甚厚、但天寒土冰、防禦工事難建築、頗可慮、現熱河重鎮爲凌源、該地四通八達、朝陽·平泉·赤峯·開邱均有連帶關係、日軍如果西犯、以上各鎮必受壓迫、其他及內地各處、以山險關係、一時不致危險、（十日專電）

〔天津〕錦州敵機每日有數架飛往開魯·朝陽·凌源偵察、並散傳單、擾亂民心、（十日專電）

〔北平〕朝陽寺日甲車原僅兩列、榆關事發後、日軍調去一列、昨突由錦州開到甲車三列、分停朝陽寺周家屯兩站、同時義縣開到兵兩列車、載日兵千數百人、日向錦朝路積極增兵、圖熱行動愈顯明、我軍扼守口北錄子南嶺陣地、秣馬厲兵以待、開魯阜新義軍、連日與日軍有激戰、（十日專電）

〔北平〕熱邊救國軍米德門部有二萬餘人、分駐黑山·北鎮·彰武·台安·新民·阜新等六縣、將熱邊義軍勁旅、因接濟缺乏、來平求援、日內返防、（十日專電）

〔北平〕日茂木師團約一旅、配台砲兵騎兵等約萬餘、八日由綏中向凌源大舉推進、今晨已進抵距綏中六十餘華里之

《红色中华》关于朝阳地区义勇军活动情况的报道

民国二十二年

一九三三年二月七日

报道中说：『义军与日军三坚正部，连日在金教寺一带，猛烈激战。日军又由绥中开来步兵四十九联队，约七百余人，携坦克车两辆，钢炮四门，向金教寺推进，协同三坚正部作战。朝阳县城，每日均被日机轰炸，损失极重。凌南每夜皆有日军来攻，均被义军击退。』

报道中所提『金教寺』应为『金岭寺』之误。

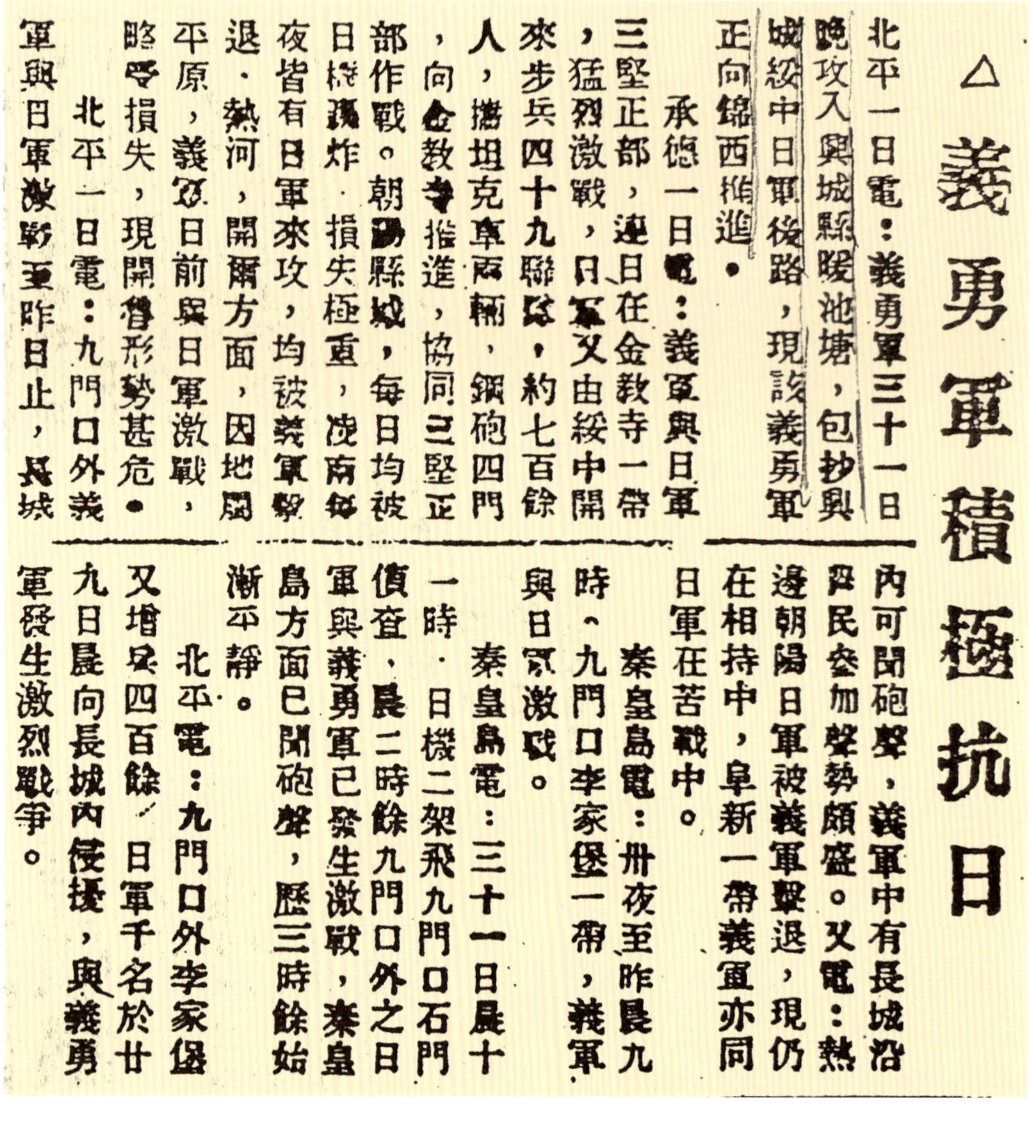

△義勇軍積極抗日

北平一日電：義勇軍三十一日晚攻入興城縣暖池塘，包抄興城綏中日軍後路，現該義勇軍正向錦西推進。

承德一日電：義軍與日軍三堅正部，連日在金教寺一帶，猛烈激戰，日軍又由綏中開來步兵四十九聯隊，約七百餘人，攜坦克車兩輛，鋼砲四門，向金教寺推進，協同三堅正部作戰。朝陽縣城，每日均被日機轟炸，損失極重，凌南每夜皆有日軍來攻，均被義軍擊退．熱河，開魯方面，因地闊平原，義軍日前與日軍激戰，略受損失，現開魯形勢甚危。

北平一日電：九門口外義軍與日軍激戰至昨日止，長城內可聞砲聲，義軍中有長城沿邊民參加，聲勢頗盛。又電：熱邊朝陽日軍被義軍擊退，現仍在相持中，阜新一帶義軍亦同日軍在苦戰中。

秦皇島電：卅夜至昨晨九時，九門口李家堡一帶，義軍與日軍激戰。

秦皇島電：三十一日晨十一時，日機二架飛九門口石門偵查，晨二時餘九門口外之日軍與義勇軍已發生激戰，秦皇島方面已聞砲聲，歷三時餘始漸平靜。

北平電：九門口外李家堡又增來四百餘，日軍千名於廿九日晨向長城內侵擾，與義勇軍發生激烈戰爭。

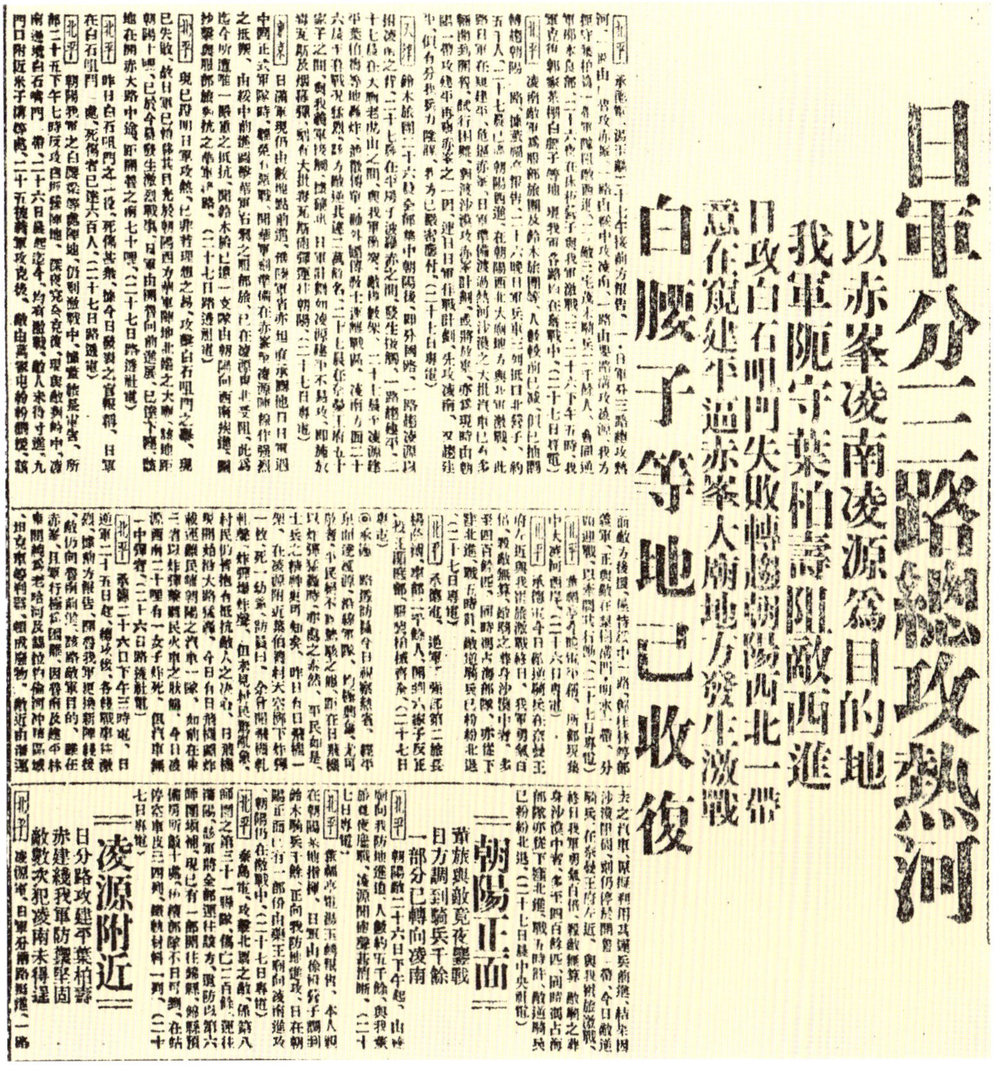

日軍分三路總攻熱河

以赤峯凌南凌源為目的地

我軍阬守葉柏壽阻敵西進

日攻白石咀門失敗轉趨朝陽西北一帶

意在窺建平逼赤峯大廟地方發生激戰

白腰子等地已收復

朝陽正面

蕭旅與敵竟夜鏖戰

日方調到騎兵千餘

一部分已轉向凌南

凌源附近

日分路攻建平葉柏壽

赤建綫我軍防禦堅固

敵數次犯凌南未得逞

《申报》关于日军总攻热河的报道

民国二十二年

一九三三年二月二十八日

报道中说：日军分三路对热河发起总攻，总兵力为四个师团十万余人，一路由开鲁攻赤峰，一路由绥中攻凌南，一路由要路沟攻凌源。热军董福亭旅及各路义勇军在多个方向抗击日军，朝阳、凌源、叶柏寿等地均有激战。

《申报》关于日军深入热河全境的报道

民国二十二年

一九三三年三月三日

报道中说：『热战紧急，日军长驱直入，已占热河二分之一之土地……除张（学良）定日内往热河亲行指挥作战外，张作相、万福麟、汤玉麟现均在最前线，指挥作战……热河我军战线，北起林东，经赤峰、建平、凌源、凌南，至平泉以东，成一弧形，均依天险设巩固防地。』

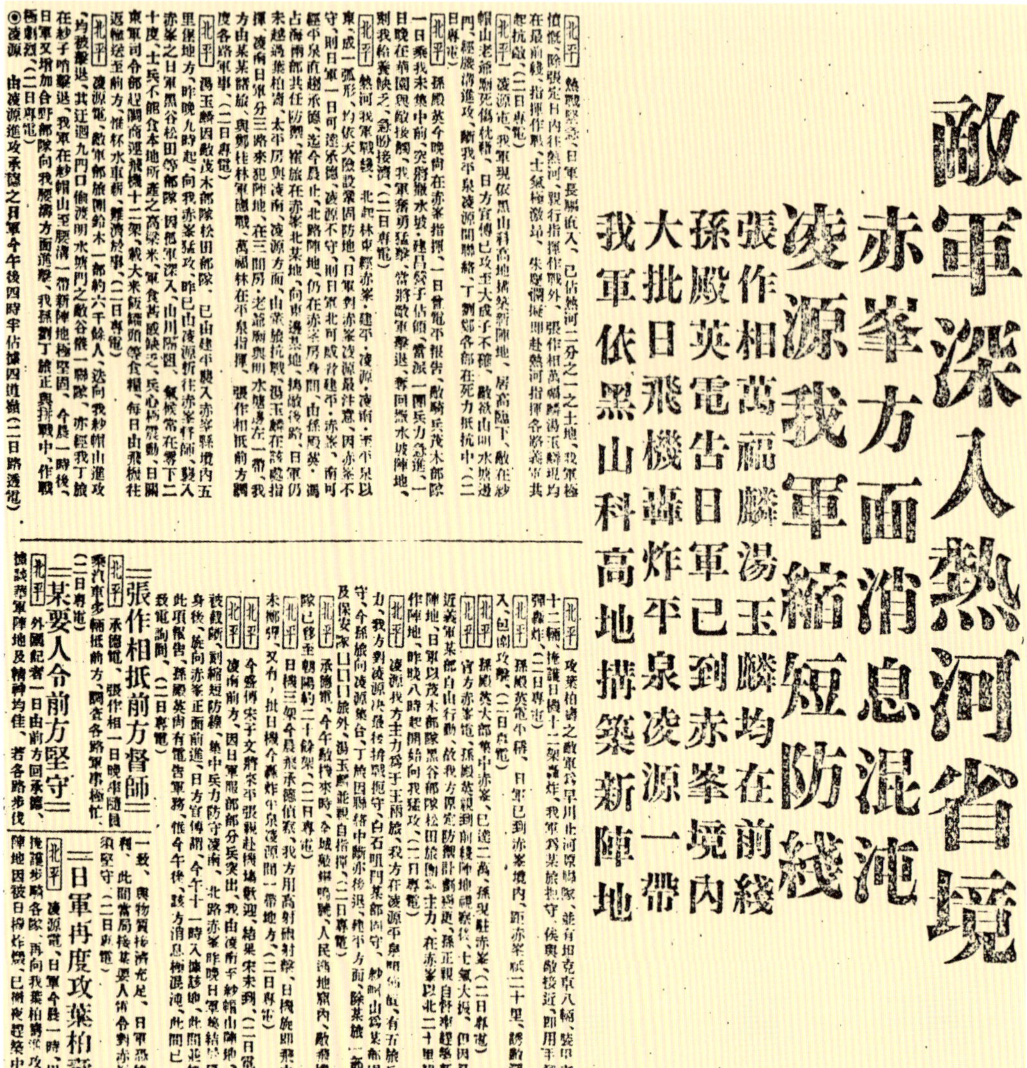

敵軍深入熱河省境
赤峯方面消息混沌
凌源我軍縮短防綫
張作相萬福麟湯玉麟均在前綫
孫殿英電告日軍已到赤峯境內
大批日飛機轟炸平泉凌源一帶
我軍依黑山科高地構築新陣地

【北平】熱戰緊急、日軍長驅直入、已佔熱河二分之一之土地、我軍極憤慨、除張定日內往熱河、親行指揮作戰外、張作相萬福麟湯玉麟現均在最前綫、指揮作戰、士氣極激昂、朱慶瀾擬即赴熱河指揮各路義軍共起抗敵、（二日專電）

【北平】凌源電、我軍現依黑山科高地構築新陣地、居高臨下、敵在紗帽山老爺廟死傷枕藉、日方宣傳已攻至大成子不確、敵欲由叫水嶺進門、經牒溝進攻、斷我平泉凌源間聯絡、丁劉鄧各部在死力抵抗中、（二日專電）

【北平】孫殿英今晚尚在赤峯指揮、一日曾電平報告、敵騎兵茂木部隊一日乘我未集中前、突將撤水坡・建昌營子佔領、當派一團兵力急進、一日晚在葫蘆興敵接觸、我軍奮勇猛擊、當將敵軍擊退、奪回撤水坡陣地、對我給養缺乏、急盼接濟、（二日專電）

【北平】熱河我軍戰綫、北起林東、經赤峯・建平・凌源・凌南・至平泉以東、成一弧形、均依天險設鞏固防地、日軍對赤峯凌源最注意、因赤峯不守、則日軍一日可達承德、凌源不守、則日軍北可威脅建平・赤峯、南可經平泉直趨承德、迄今晨止、北路陣地、仍在赤峯房身間、由孫殿英・湯占海兩部共任防禦、崔旅在赤峯北某地、向東邊某地、搗敵後路、日軍仍未越過葉柏壽、太平房與凌南、凌源方面、由萬旅抗戰、湯玉麟在該處指揮、凌南日軍分三路來犯陣地、在三間房・老爺廟與叫水嶺邊左一帶、我方由某某騎旅、與鄭桂林軍血戰、萬福林在平泉指揮、張作相抵前方調度各路軍事、（二日專電）

【北平】湯玉麟因敵茂木部隊松田部隊、已由建平襲入赤峯縣境內五里堡地方、昨晚九時起、向我赤峯猛攻、昨已由凌源折往赤峯督師、擬入赤峯之日軍黑谷松田等部隊、因惡軍深入、山川隔阻、氣候常在零下二十度、士兵不能食本地所產之高粱米、軍食甚感缺乏、兵心極震動、日關東軍司令部趕調商運飛機十二架、載大米飯罐頭等食糧、每日由飛機往返輸送至前方、惟杯水車薪、難濟於事、（二日專電）

【北平】凌源電、敵軍鄭旅團鈴木一部約六千餘人、迭向我紗帽山進攻均被擊退、其迂迴九門口偷渡明水嶺門之敵谷旅一聯隊、亦經我丁旅在紗子啃擊退、我軍在紗帽山至腰溝一帶新陣地極堅固、今晨一時後、日軍又增加合野部隊向我腰溝方面進擊、我孫劉丁旅正與搏戰中、作戰極劇烈、（二日專電）

◉凌源　由凌源進攻承德之日軍今午後四時半佔據四道嶺（二日路透電）

【北平】攻葉柏壽之敵軍為早川北河原聯隊、並有坦克車八輛、裝甲車十二輛、掩護日機十二架轟炸、我軍為某旅扼守、俟與敵接近、即用手榴彈轟炸、（二日專電）

【北平】孫殿英電平稱、日軍已到赤峯境內、距赤峯城二十里、誘敵深入、包圍攻擊、（二日專電）

【北平】孫殿英大部集中赤峯、已達二萬、孫現駐赤峯、（二日專電）

【北平】官方赤峯電、孫殿英親到前綫陣地視察後、士氣大振、但因最近義軍某部自由行動、故我方原定防禦計劃稍變更、孫正親自督率趕築新陣地、日軍以茂木部隊黑谷部隊松田旅團為主力、在赤峯以北二十里趕作陣地、昨晚八時起開始向我猛攻、（二日專電）

【北平】凌源我方主力為于王兩旅、我方在凌源平泉間佈置、有五旅兵力、我方對凌源決長持抗戰扼守、白石咀門某部固守、紗帽山為某部固守、今孫旅向凌源集合、丁旅因聯絡中斷亦移退、拋平方面、除某旅一部、及保安隊□□□旅外、湯玉麟並親自指揮、（二日專電）

【北平】承德電、今午敵機來時、全城發出警號、人民避地窖內、敵飛機隊已移至朝陽約二十餘架、（二日專電）

【北平】日機三架今晨飛承德偵察、我方用高射砲射擊、日機旋即飛去未擲彈、又有一批日機今轟炸平泉凌源間一帶地方、（二日專電）

【北平】今盛傳宋子文將來平、張親赴機場歡迎、結果宋未到、（二日電專）

【北平】凌南前方、因日軍服部部分兵突出、我由凌南至紗帽山陣地、被截斷、劉縮短防線、集中兵力防守凌南、北路赤峯昨晚日軍集結於房身後、旋向赤峯正面前進、日方宣傳謂、今午十一時入據該地、此間並無此項報告、孫殿英尚有電告軍務、惟今午後、該方消息極混沌、此間已致電詢問、（二日專電）

張作相抵前方督師

【北平】承德電、張作相一日晚率隨員乘汽車多輛抵前方、調查各路軍事極忙、（二日專電）

某要人令前方堅守

【北平】外國記者一日由前方回承德、據談我軍陣地及精神均佳、若各路步伐一致、與物質接濟充足、日軍恐終難得利、此間當局接某要人命令對赤峯凌源須堅守、（二日專電）

日軍再度攻葉柏壽

【北平】凌源電、日軍今晨一時、以重砲掩護步騎各隊、再向我葉柏壽進攻、我軍陣地因被日砲炸燬、已徹夜趕築中、今晨

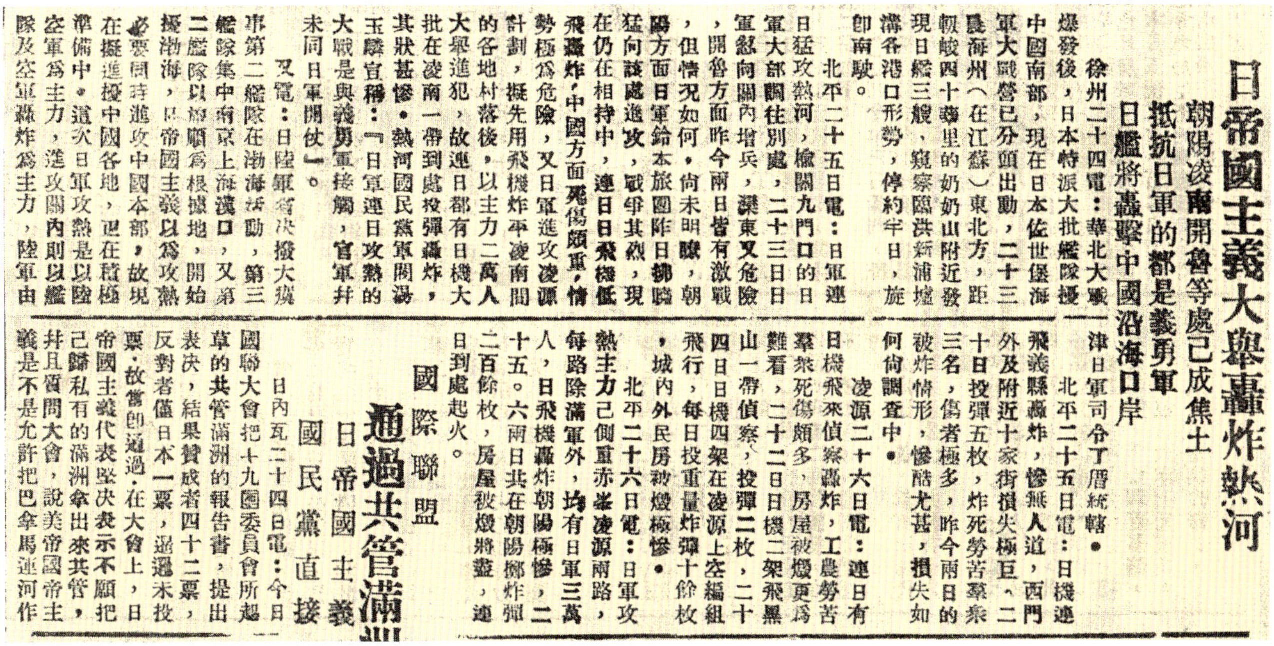

日帝國主義大舉轟炸熱河

朝陽凌南開魯等處已成焦土

抵抗日軍的都是義勇軍

日艦將轟擊中國沿海口岸

徐州二十四電：華北大戰爆發後，日本特派大批艦隊援中國南部，現在日本佐世堡海軍大戰營已分頭出動，二十三晨海州（在江蘇）東北方，距轅岐四十華里的奶奶山附近發現日艦三艘，窺察臨洪新浦墟溝各港口形勢，停約半日，旋即南駛。

北平二十五日電：日軍連日猛攻熱河，榆關九門口的日軍大部調往別處，二十三日日軍忽向關內增兵，灤東又危險，開魯方面昨今兩日皆有激戰，但情況如何，尚未明瞭，朝陽方面日軍鈴本旅團昨日拂曉猛向該處進攻，戰爭其烈，現在仍在相持中，連日日飛機低飛轟炸，中國方面死傷頗重，情勢極爲危險，又日軍進攻凌源計劃，擬先用飛機炸平凌南間的各地村落後，以主力二萬人大舉進犯，故連日都有日機大批在凌南一帶到處投彈轟炸，其狀甚慘。熱河國民黨軍閥湯玉麟宣稱：「日軍連日攻熱的大戰是與義勇軍接觸，官軍並未同日軍開仗」。

又電：日陸軍將決擬大擴事第二艦隊在渤海活動，第三艦隊集中南京上海漢口，又第二艦隊以旅順爲根據地，開始援渤海，日帝國主義以爲攻熱必要同時進攻中國本部，故現在擬進攻中國各地，迎在積極準備中。這次日軍攻熱是以陸空軍爲主力，進攻關內則以艦隊及空軍轟炸爲主力，陸軍由

—津日軍司令丁厝紱轄。

北平二十五日電：日機連飛義縣轟炸，慘無人道，西門外及附近十家街損失極巨、二十日投彈五枚，炸死勞苦羣衆三名，傷者極多，昨今兩日的被炸情形，慘酷尤甚，損失如何尚調查中。

凌源二十六日電：連日有日機飛來偵察轟炸，工農勞苦羣衆死傷頗多，房屋被燬更爲難看，二十二日日機二架飛黑山一帶偵察，投彈二枚，二十四日日機四架在凌源上空編組飛行，每日投重量炸彈十餘枚，城內外民房被燬極慘。

北平二十六日電：日軍攻熱主力已側重赤峯凌源兩路，每路除滿軍外，均有日軍三萬人，日飛機轟炸朝陽極慘，二十五。六兩日共在朝陽擲炸彈二百餘枚，房屋被燬將盡，連日到處起火。

國際聯盟
通過共管滿洲
日帝國主義
國民黨直接

日內瓦二十四日電：今日國聯大會把十九國委員會所起草的共管滿洲的報告書，提出表決，結果贊成者四十二票，反對者僅日本一票，暹邏未投票，故當即通過。在大會上，日帝國主義代表堅決表示不願把己歸私有的滿洲拿出來共管，並且質問大會，說美帝國帝主義是不是允許把巴拿馬運河作

《红色中华》关于日军大举轰炸热河的报道

民国二十二年

一九三三年三月三日

报道中说：『日军连日猛攻热河……朝阳方面日军铃本（木）旅团昨日拂晓猛向该处进攻，战争其（甚）烈，现在仍在相持中。连日日飞机低飞轰炸，中国方面死伤颇重，情势极为危险。又日军进攻凌源计划，拟先用飞机炸平凌南间的各地村落后，以主力二万人大举进犯，故连日都有日机大批在凌南一带到处投弹轰炸，其状甚惨。』

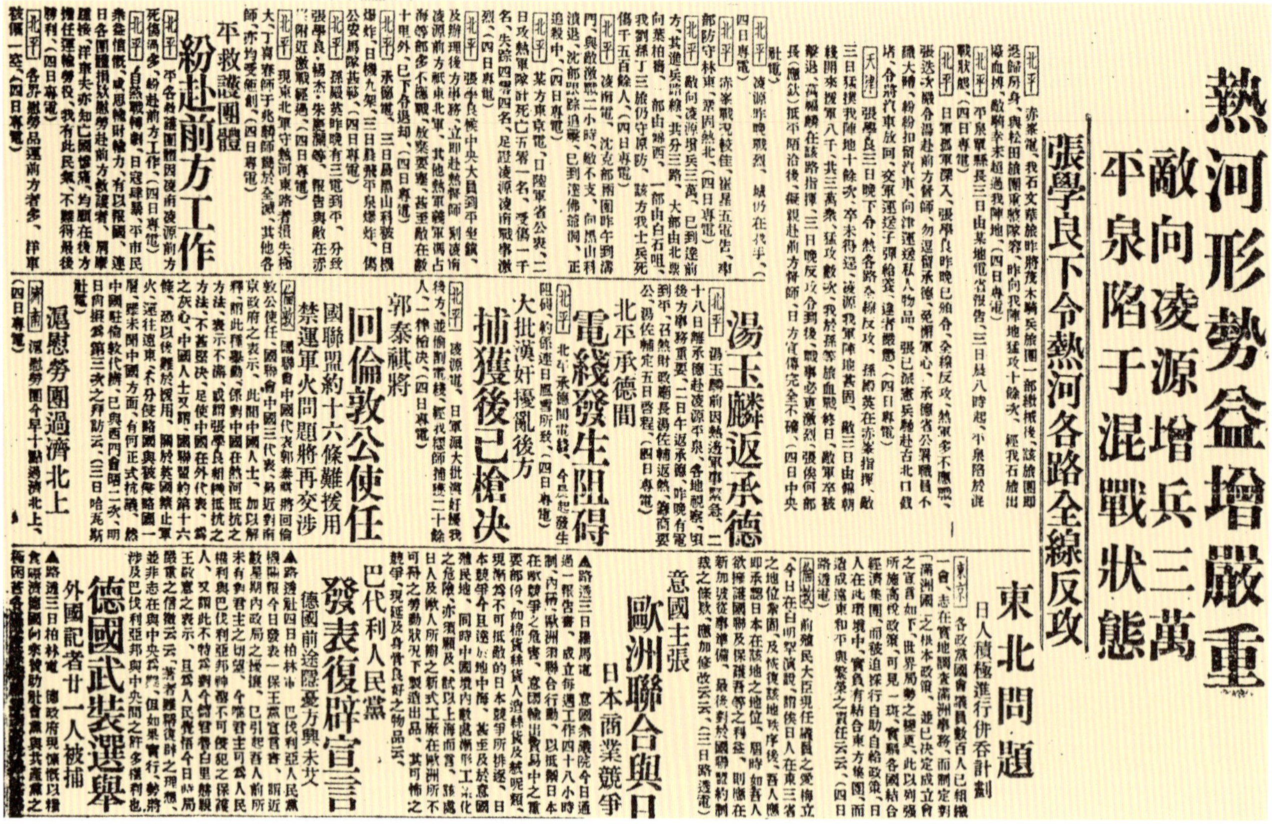
熱河形勢益增嚴重

敵向凌源增兵三萬

平泉陷于混戰狀態

張學良下令熱河各路全線反攻

東北問題

日人積極進行併吞計劃

湯玉麟返承德

北平承德間

電綫發生阻碍

大批漢奸擾亂後方

捕獲後已槍决

平救護團體

紛赴前方工作

郭泰祺將

回倫敦公使任

國聯盟約十六條難援用

禁運軍火問題將再交涉

滬慰勞團過濟北上

意國主張

歐洲聯合與日

日本商業競爭

巴代利人民黨

發表復辟宣言

外國記者廿一人被捕

德國武裝選舉

《申报》号外关于敌我双方在热河不同地区激战的报道

民国二十二年

一九三三年三月四日

报道中说：『敌向凌源增兵三万，已到达前方。其进兵路线共分三路，大部由北票向叶柏寿，一部由锦西，一部由白石咀。我刘孙丁三旅仍守原防，该方我士兵死伤千五百余人……沈克部两团昨午到沟门，与敌激战二小时，敌不支，向黑山科溃退。沈部跟踪追击，已到达佛爷洞，正追杀中……日陆军省公表，二日攻热军队计死亡五（百）零一名，受伤一千名，失踪四（百）零四名。足证凌源、凌南战事激烈。』

日本人竖立的石本权四郎『纪念碑』照片

昭和八年

一九三三年三月十八日

1933年2月25日，日军占领朝阳后，在十家子河搜寻到被处死的石本权四郎遗骸，重新埋葬后，竖立起所谓的纪念碑。碑身正面文字为『关东军嘱托陆军步兵少尉正八位勋六等功五级石本权四郎殉职之地』。

陈镜湖烈士照片

1933年5月12日，陈镜湖在赴察哈尔省张北县（今属河北省）点验抗日武装时，遭遇反动民团袭击，不幸牺牲。

陈镜湖1922年8月考入天津南开大学文科后，积极参加进步活动；1923年，加入社会主义青年团；同年，经李大钊介绍加入中国共产党；1924年1月，作为直隶代表出席中国国民党第一次代表大会；1925年冬，当选为『内蒙古农工兵大同盟』中央执行委员；1927年4月，赴广州出席中国共产党第五次全国代表大会；1931年10月，任中共内蒙古特委书记；1933年3月，受党组织派遣加入冯玉祥领导的抗日同盟军，任参议。

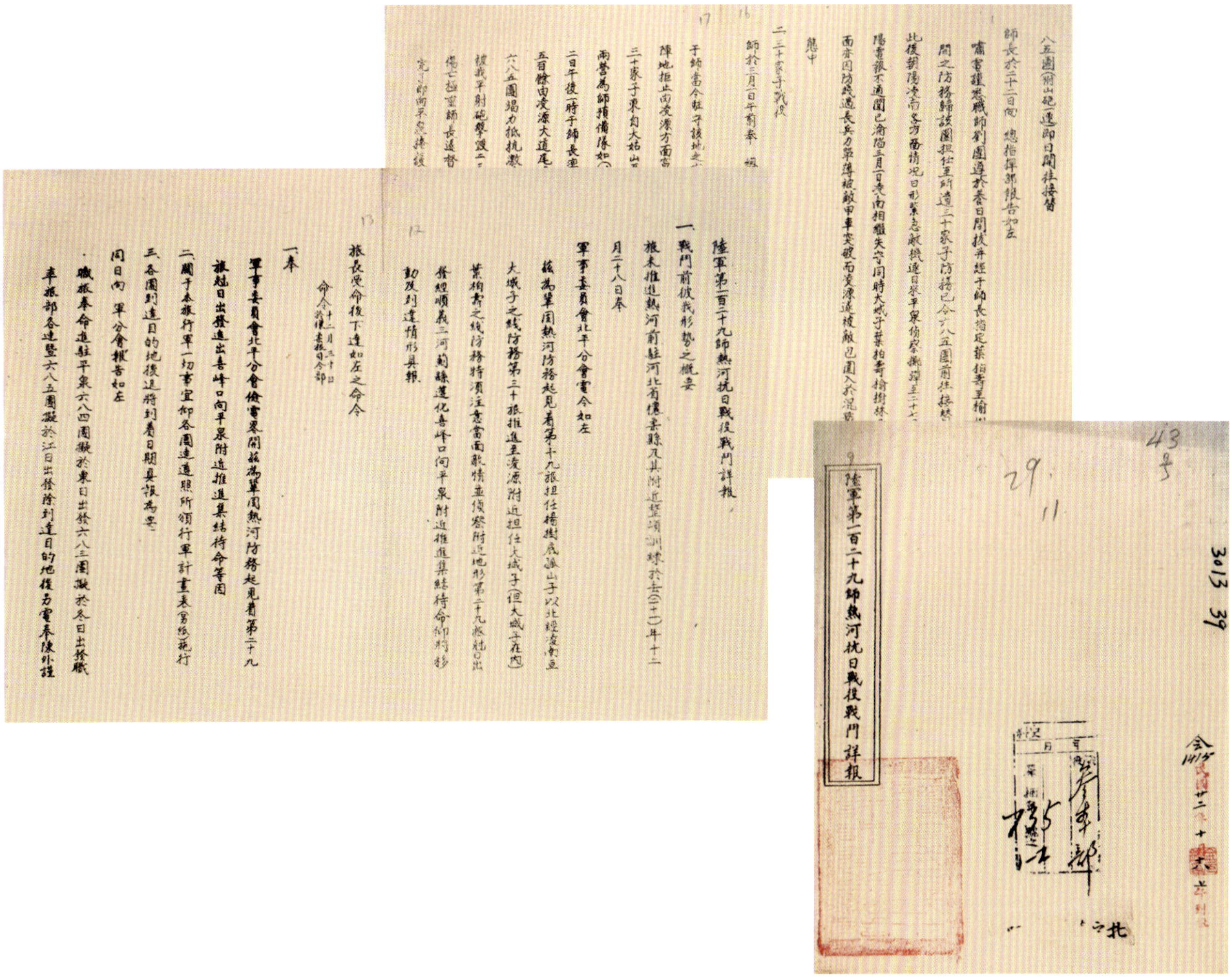

《陆军第一百二十九师热河抗日战役战斗详报》

民国二十二年

一九三三年十月十六日

详报关于凌源三十家子战役的记述：『师于三月一日午前奉总指挥部命令占领三十家子，阻止敌人前进，并收容于师。当令驻守该地之六八五团即时占领三十家子北自前楼亘榆树底间之阵地，拒止由凌源方面窜来之敌；令六八三团即时进驻东石灰窑，以一营占领三十家子东自大姑山至红石拉沟间之阵地，拒止由凌南方面窜来之敌；其余两营为师预备队。二日午后一时，于师长率领残部陆续到来。敌以甲车八九十辆，步兵千余，骑兵五百余，由凌源大道尾追至我阵地前，即行猛攻，复以飞机低空轰炸。当伤六八五团竭力抵抗。激战至晚，敌复以骑兵向我背后迂回。甲车猛扑，虽被我平射炮击毁二三辆，终以步枪火力无效，竟被突破，席卷全阵地，守兵伤亡极重。师长遂督率预备队驰往增援，坚强抵抗。怡（迨）将于师大致收容完了，即向平泉掩护撤退。』

榆關不守熱河告警東北龐雜之義勇軍如唐聚五馮庸馮占海鄧文等部不下十萬餘人相率退至熱邊各自為政互相觀望而熱河軍隊頗多有名無實械彈兩缺素質不良軍紀廢弛及聞南嶺失守敵犯北票我當軸方抽調繆孫于三師入熱工作當斯時也義勇軍受北平救國會之支配熱軍受湯氏之指揮入熱部隊則聽命於軍委分會既無戰鬥序列之規定更無統一指揮之將帥命令傳達極為遲緩迨至開魯放棄朝陽告急華北軍團始為產生然為時已晚無法補救未及旬日而熱戰起矣

乙、關於軍事政治者

湯氏主熱六載於茲政治黑暗已達極點橫徵暴斂捐稅奇重軍用糧草既已定有特捐而駐軍區域又須徵發現品且積欠軍餉竟年不發軍隊到處騷擾紙幣屢發屢荒以致民不聊生遍地匪類百姓有寧為亡國奴不為湯氏民之口號其軍民之不能合作與情感之破裂者至如斯之甚故戰端甫起萑苻遂生內有隱憂外有強敵威嚇利誘均為敵用嗚呼熱河不亡其誰信之

《陆军第一百三十师于热河凌源附近战役战斗详报》

民国二十二年

一九三三年十月十八日

详报在第七部分热河战役失败后之所见中说：『榆关不守，热河告惊。东北庞杂之义勇军，如唐聚五、冯庸、冯占海、邓文等部，不下十万余人，相率退至热边各自为政，互相观望。而热河军队类多有名无实，械弹两缺，素质不良，军纪废弛。及闻南岭失守，敌犯北票，我当轴方抽调缪孙于三师入热工作。当斯时也。义勇军受北平救国会之支配，热军受汤氏之指挥，入热部队则听命于军委分会，既无战斗序列之规定，更无统一指挥之将帅，命令传达极为迟缓。迨至开鲁放弃，朝阳告急，华北军团始为产生，然为时已晚，无法补救，未及旬日而热战起矣。』

陸軍第一百三十師於熱河凌源附近戰役戰鬥詳報

北字第七十四號

七、熱河戰役失敗後之所見

甲、關於指揮統帥者

3013 73

《盛京时报》关于孙朝阳被捕消息的报道

民国二十二年

一九三三年十月二十七日

报道中说：『前曾一度在宾县投降为大队长，经时未久，而又复叛出为匪，攻宾县，陷延寿，又窜扰延寿合同宾，率众四五千人之匪首孙朝阳氏，于月之二十四日，在市（哈尔滨）外顾乡屯车站业被游动警察队密投捕获。』

孙朝阳为热河省朝阳县（今属辽宁省）人，早年投身军旅，曾任黑龙江骑兵第二旅营长；九一八事变后，组织抗日武装，号称『朝阳队』。赵尚志一度担任『朝阳队』的参谋长。1933年10月27日，孙朝阳被特务设计逮捕，翌年4月遭杀害。

平泉四五千人匪首

孫朝陽落網

欲借道去北平會議

在顧鄉屯車站被捕

【哈爾濱】前曾一度在賓縣投降爲大隊長，經時未久，而又復叛出爲匪，攻賓縣，陷延壽，又竄擾延壽合同賓，率衆四五千人之匪首孫朝陽氏，於月之二十四日，在市外顧鄉屯車站業被游動警察隊密投捕獲，消息傳出後，人心爲之大快不止，茲將其經過，誌之如下，

原孫氏在其盤踞地同賓縣境時，曾奉北平中國當局之召喚，前往會議，同時將其部下派遣至俄境，再轉西伯利亞鐵路，而入新疆，孫個人爲避免路途之跋涉，直由北鐵滿鐵，繞道至大連，而轉入天津，再赴北平，惟事機不密，預先竟被本市之游動警察隊密探偵知，故派密探二人，於前已知孫由東路上車來哈，遂致哈總站，欲乘機逮捕之比至，候有一天，竟未見孫面，不覺大失所望，誰知孫已於該日來哈，住址頗密，外間無知者，該密探等心仍不死，於月之二十四日早八時許，又赴車站守候，詎開車鐘點已到，仍不見孫來，遂相携登車，按車檢查，亦無孫氏，在內，正失望間，忽然想孫爲避人耳目計，必由顧鄉屯

舉發

辦法

佈週知，以便商民人等、遵照辦理其辦法如下、(一)對於察報告下切事項與警察署、或軍隊者、均予以相當之賞金(二)匪人及其家族，或通謀者之潛居地址及姓名等，(二)槍械隱藏地點、及携帶、無照槍械者

《盛京时报》关于赵尚志部队攻打宾县县城的报道

民国二十三年

一九三四年五月二十日

这篇题为《未得其逞 伤亡而退》的报道中说：『赵尚志伪称总指挥带领匪徒一千余名……至九日下午二点半钟，该匪等，竟分三路蜂拥扑来……该匪等凶悍异常，愈逼愈进（近），睿（遂）将县城包围，开乐（始）猛攻，守城警团亦努力还击，杀声震地，炮火连天。』

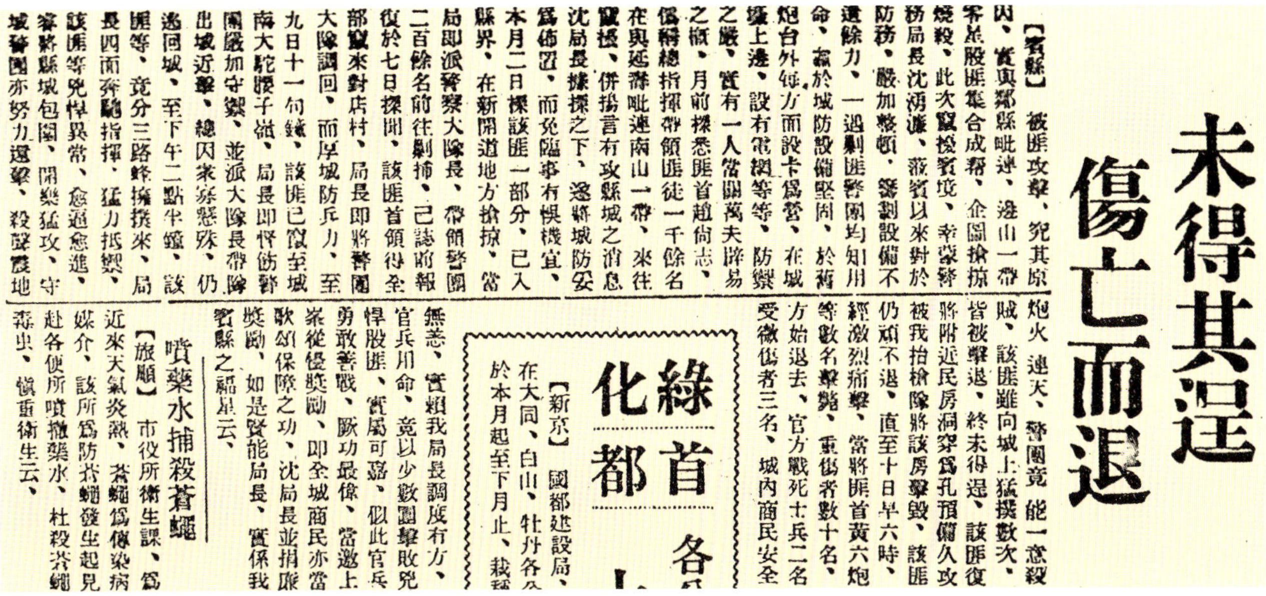

未得其逞
傷亡而退

【賓縣】被匪攻擊、究其原因、實與鄰縣毗連、逢山一帶零星股匪集合成羣、企圖搶掠燒殺、此次竄擾賓境、幸蒙警務局長沈潤滋、蒞賓以來對於防務、嚴加整頓、籌劃設備不遺餘力、一過剿匪警團均知用命、嗣於城防設備堅固、於荷炮台外每方面設卡偽營、在城壕上邊、設有電網等等、防禦之嚴、實有一人當關萬夫難易之概、月前探悉匪首趙尚志、偽稱總指揮帶領匪徒一千餘名在與延壽毗連南山一帶、來往竄擾、併揚言有攻縣城之消息沈局長據探之下、遂將城防妥為佈置、而免臨事有悞機宜、本月二日探該匪一部分、已入縣界、在新開道地方搶掠、當局即派警察大隊長、帶領警團二百餘名前往剿捕、已誌前報復於七日探聞、該匪首領得全部竄來對店村、局長即將警團大隊調回、而厚城防兵力、至九日十一句鐘、該匪已竄至城南大駝腰子嶺、局長即督飭警團嚴加守禦、並派大隊長帶隊出城迎擊、總因衆寡懸殊、仍逃回城、至下午二點半鐘、該匪等、竟分三路蜂擁撲來、局長四面奔馳指揮、猛力抵禦、該匪等兇悍異常、愈逼愈進、睿將縣城包圍、開樂猛攻、守城警團亦努力還擊、殺聲震地炮火連天、警團竟能一意殺賊、該匪雖向城上猛撲數次、皆被擊退、終未得逞、該匪復將附近民房洞穿爲孔預備久攻被我抬槍隊將該房擊毀、該匪仍頑不退、直至十日早六時、經激烈痛擊、當將匪首黃六炮等數名擊斃、重傷者數十名、方始退去、官方戰死士兵二名受微傷者三名、城內商民安全無恙、實賴我局長調度有方、官兵用命、竟以少數圖擊敗兇悍股匪、實屬可嘉、似此官兵勇敢善戰、厥功最偉、當邀上峯從優獎勵、即全城商民亦當歌頌保障之功、沈局長並捐廉獎勵、如是賢能局長、實係我賓縣之福星云、

綠化首都 各

【新京】國都建設局、在大同、白山、牡丹各
於本月起至下月止、栽種

噴藥水捕殺蒼蠅

【旅順】市役所衛生課、爲近來天氣炎熱、蒼蠅爲傳染病媒介、該所爲防蒼蠅發生起見赴各使所噴撒藥水、杜殺蒼蠅毒虫、愼重衛生云、

日伪当局悬赏缉拿赵尚志等抗日人士的布告

民国二十三年

一九三四年八月

在这份由日伪『东防卫地区治安维持会』『东南防卫地区治安维持会』『第二军管区司令部』等联合印发的布告里，对德林、周太平、吴义成、孔宪荣、赵尚志、谢文涛等抗日人士都提出了赏格：生擒一万元；首级五千元。

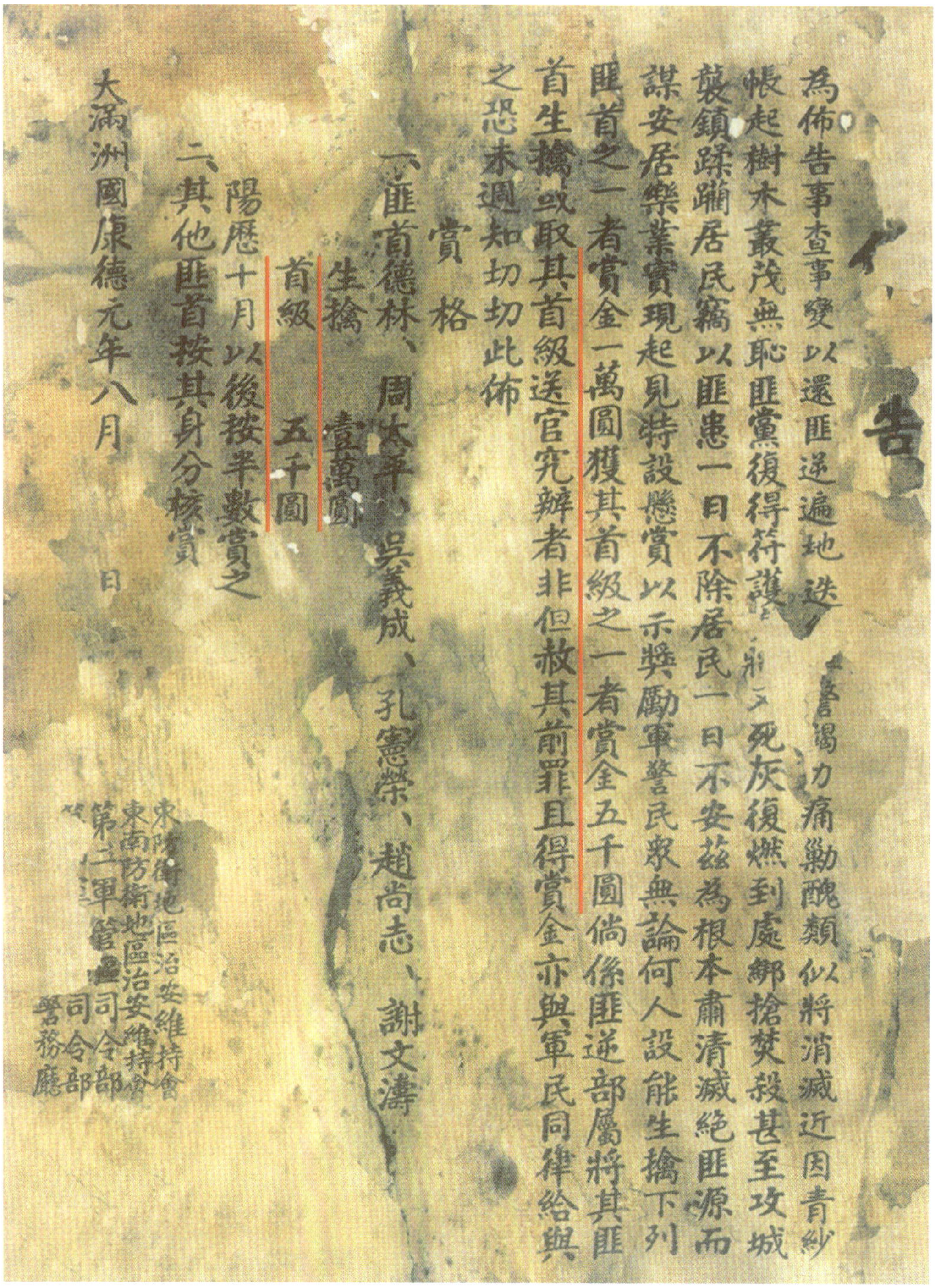
佈告

為佈告事查事變以還匪逆遍地迭[illegible]竭力痛勦醜類似將消滅近因青紗帳起樹木叢茂無恥匪黨復得符護[illegible]死灰復燃到處鄉搶焚殺甚至攻城襲鎮蹂躪居民竊以匪患一日不除居民一日不安茲為根本肅清滅絕匪源而謀安居樂業實現起見特設懸賞以示獎勵軍警民衆無論何人設能生擒下列匪首之一者賞金一萬圓獲其首級之一者賞金五千圓倘係匪逆部屬將其匪首生擒或取其首級送官究辦者非但赦其前罪且得賞金亦與軍民同律給與之恐未週知切切此佈

賞格

一、匪首德林、周太平、吳義成、孔憲榮、趙尚志、謝文濤

生擒　壹萬圓

首級　五千圓

陽曆十月以後按半數賞之

二、其他匪首按其身分核賞

大滿洲國康德元年八月　日

東防衛地區治安維持會

東南防衛地區治安維持會

第二軍管區司令部

[illegible]司令部

警務廳

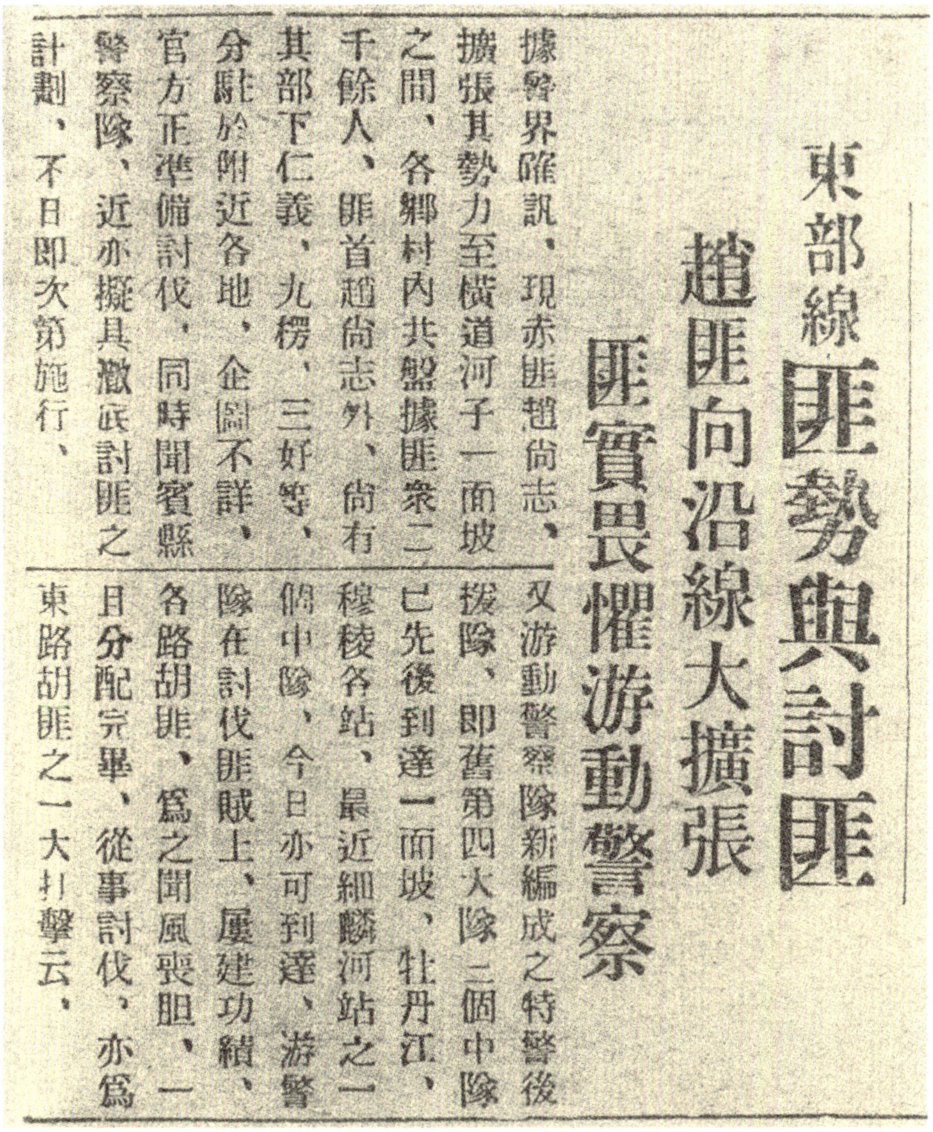
東部線匪勢與討匪
趙匪向沿線大擴張
匪實畏懼游動警察

據警界確訊、現赤匪趙尚志、擴張其勢力至橫道河子一面坡之間、各鄉村內共盤據匪衆二千餘人、匪首趙尚志外、尚有其部下仁義、九楞、三好等、分駐於附近各地、企圖不詳、官方正準備討伐、同時聞賓縣警察隊、近亦擬具徹底討匪之計劃、不日即次第施行、

又游動警察隊新編成之特警後援隊、即舊第四大隊二個中隊已先後到達一面坡、牡丹江、穆稜各站、最近細鱗河站之一個中隊、今日亦可到達、游警隊在討伐匪賊上、屢建功績、各路胡匪、爲之聞風喪胆、一日分配完畢、從事討伐、亦爲東路胡匪之一大打擊云、

《大北新报》关于赵尚志抗日武装不断壮大的报道

民国二十三年

一九三四年九月二十八日

报道中说：『现赤匪赵尚志扩张其势力至横道河子一面坡之间，各乡村内共盘踞匪众二千余人。匪首赵尚志外，尚有其部下仁义、九楞、三好等，分驻于附近各地，企图不详。』

《泰东日报》关于赵尚志部队与日伪『讨伐队』激战的报道

民国二十三年

一九三四年十二月十四日

这篇题为《赵尚志残部在珠河被包围》的报道中说：『拥部下有数千，盘踞东线之共产匪首赵尚志，现率部下蟠据（踞）于距珠河县六十里之山林中。自十一月二十二日至本月二日，于此十日期间内，先后与讨伐队激战六次。赵匪以顽强抵抗之故，臂部受伤甚重。』

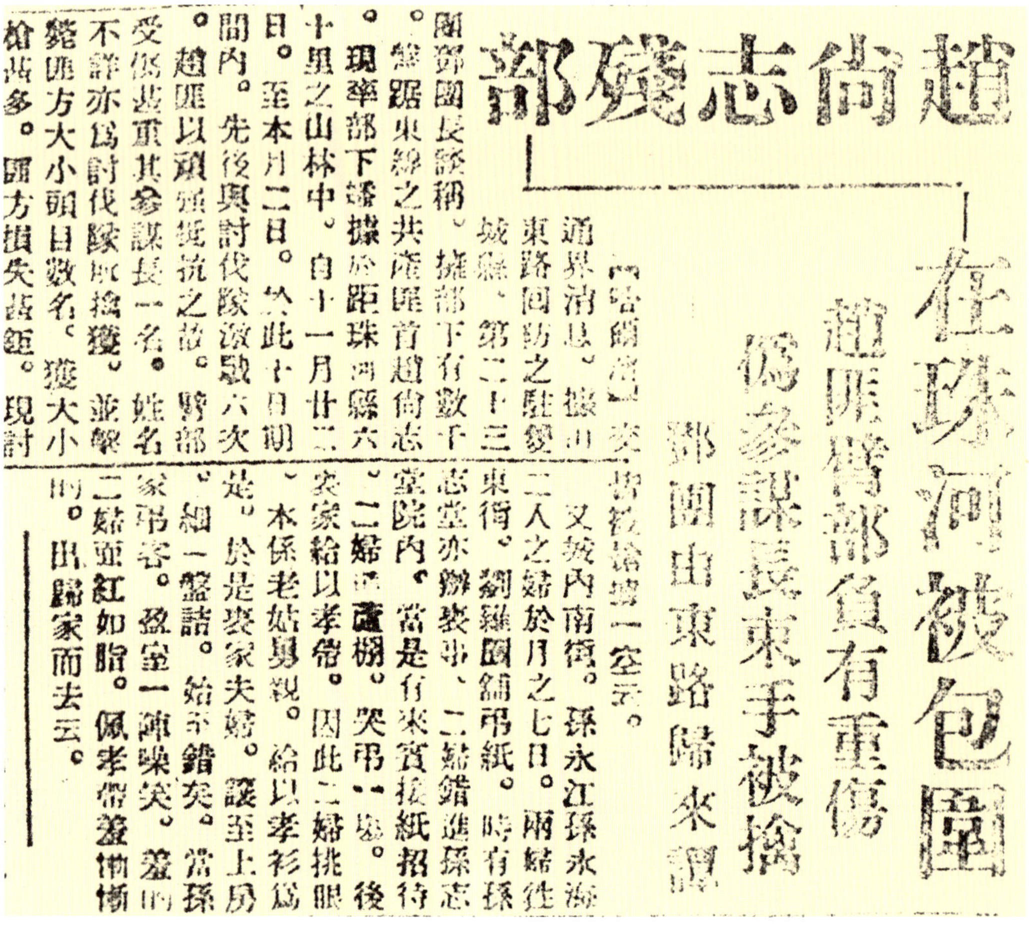

趙尚志殘部

在珠河被包圍

趙匪臂部負有重傷

偽參謀長束手被擒

部團由東路歸來談

【哈爾濱通訊】通界消息。據由東路回防之駐發城縣、第二十三團部團長談稱。擁部下有數千。盤踞東線之共產匪首趙尚志。現率部下蟠據於距珠河縣六十里之山林中。自十一月廿二日。至本月二日。於此十日期間內。先後與討伐隊激戰六次。趙匪以頑強抵抗之故。臂部受傷甚重其參謀長一名。姓名不詳亦爲討伐隊所擒獲。並擊斃匪方大小頭目數名。獲大小槍甚多。匪方損失甚鉅。現討

被搶掠一空云。

又城內南街。孫永江孫永海二人之婦於月之七日。兩婦往東街。劉繼周舖弔紙。時有孫志堂亦辦喪事、二婦錯進孫志堂院內。當是有來賓接紙招待。二婦至靈棚。哭弔一場。後喪家給以孝帶。因此二婦挑眼、本係老姑舅親。給以孝衫爲是。於是喪家夫婦。談至上房。細一盤詰。始示錯矣。當孫家弔客。盈室一陣哄笑。羞的二婦面紅如脂。佩孝帶羞怖怖的。出歸家而去云。

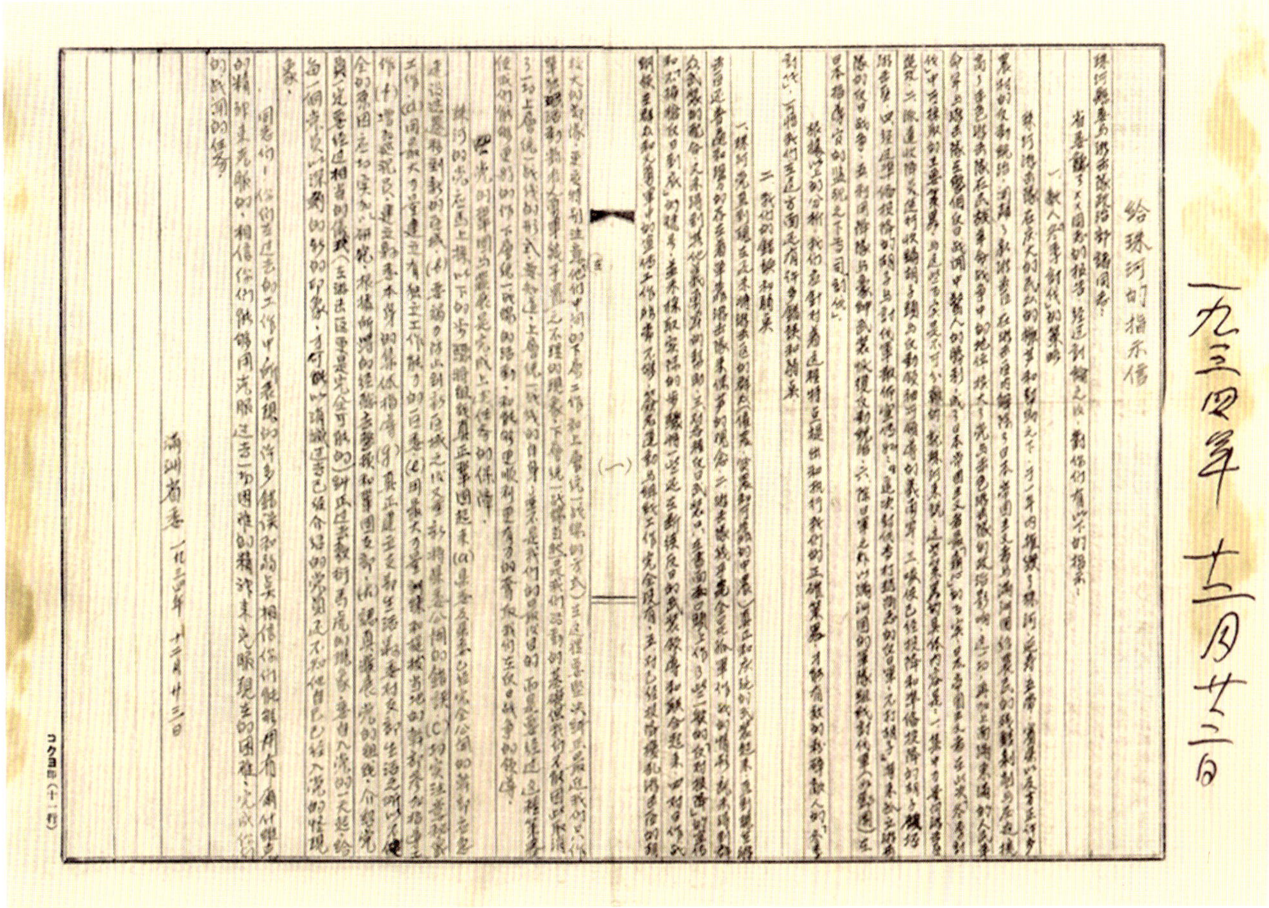

中共满洲省委给珠河县委与游击队政治部的指示信

民国二十三年

一九三四年十二月二十三日

1934年11月，中共满洲省委组织部长刘焜以省委代表身份来到珠河根据地解决赵尚志与珠河中心县委的意见分歧问题。刘焜先后召集了游击队负责同志、地方党组织、团县委会议，对赵尚志与地方党组织所争论的问题的实质进行了详细考察。经过考察，刘焜认为，在如何执行省委反对敌人冬季『大讨伐』决议问题上，赵尚志提出的要灵活执行省委决议，向方正方向发展的意见是正确的。省委决议中『不准敌人进入游击区一步』是不切实际的。

在满洲省委随后发来的这封指示信中，表示赞同赵尚志从实际出发，灵活执行反『讨伐』斗争决议的意见，并指出：『珠河与方正的游击区应在发展中打成一片，党和群众的组织工作也应向着这一方向发展。省委同意你们对于方正和珠河两处根据地的决定。』

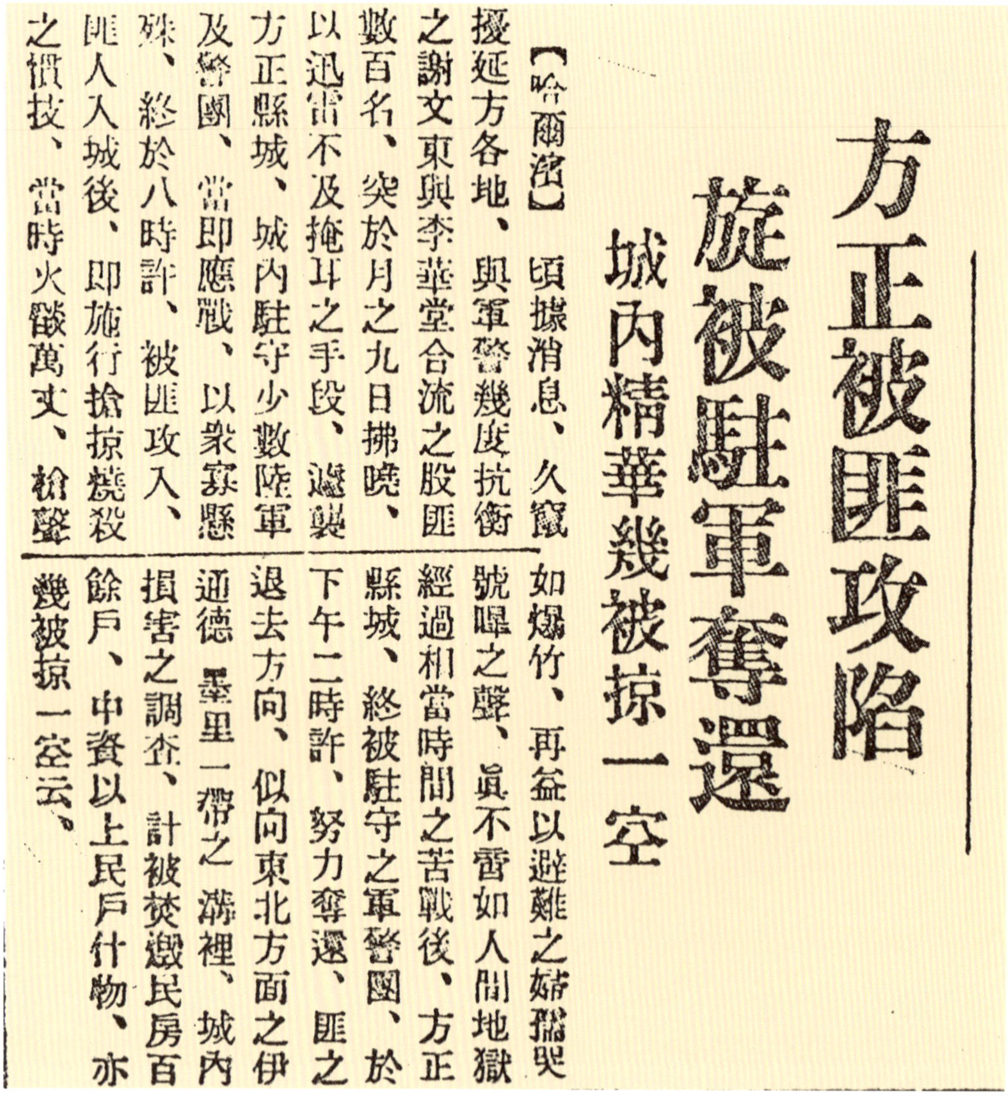

方正被匪攻陷
旋被駐軍奪還
城內精華幾被掠一空

【哈爾濱】頃據消息、久竄擾延方各地、與軍警幾度抗衡之謝文東與李華堂合流之股匪數百名、突於月之九日拂曉、以迅雷不及掩耳之手段、遽襲方正縣城、城內駐守少數陸軍及警團、當即應戰、以衆寡懸殊、終於八時許、被匪攻入、匪人入城後、即施行搶掠燒殺之慣技、當時火燄萬丈、槍聲如爆竹、再益以避難之婦孺哭號嘷之聲、眞不啻如人間地獄、經過相當時間之苦戰後、方正縣城、終被駐守之軍警團、於下午二時許、努力奪還、匪之退去方向、似向東北方面之伊通德、壘里一帶之沸裡、城內損害之調查、計被焚燬民房百餘戶、中資以上民戶什物、亦幾被掠一空云、

《盛京时报》关于方正县被抗日武装攻陷的报道

民国二十四年

一九三五年三月十六日

报道中说：『顷据消息，久窜扰延方各地，与军警几度抗衡之谢文东与李华堂合流之股匪数百名，突于月之九日拂晓，以迅雷不及掩耳之手段，遽袭方正县城。城内驻守少数陆军及警团，当即应战，以众寡悬殊，终于八时许，被匪攻入。』

据相关史料记载，1935年3月初，赵尚志与谢文东、李华堂、祁致中达成联合意向，组成东北反日联合军，并推举赵尚志为总指挥。进攻方正县城的战斗即是由赵尚志统一指挥的。

《东北人民革命军第三军司令部、东北反日联合军总指挥部布告》

民国二十四年

一九三五年三月二十五日

布告中宣布反日联合军延方、路北、路南三个指挥部分别由刘海涛、王惠同（童）、张连科任指挥，『分负一切指挥事宜』，负责领导、推动各反日区域群众的反日斗争，武装农民，实行『自己保护自己』。『凡参加联合军队宜即就近听候节制』，号召一切反日队伍联合一起，民众与武装队伍结成共同战线，分头一致进攻日伪统治区域及中心城镇兵站。

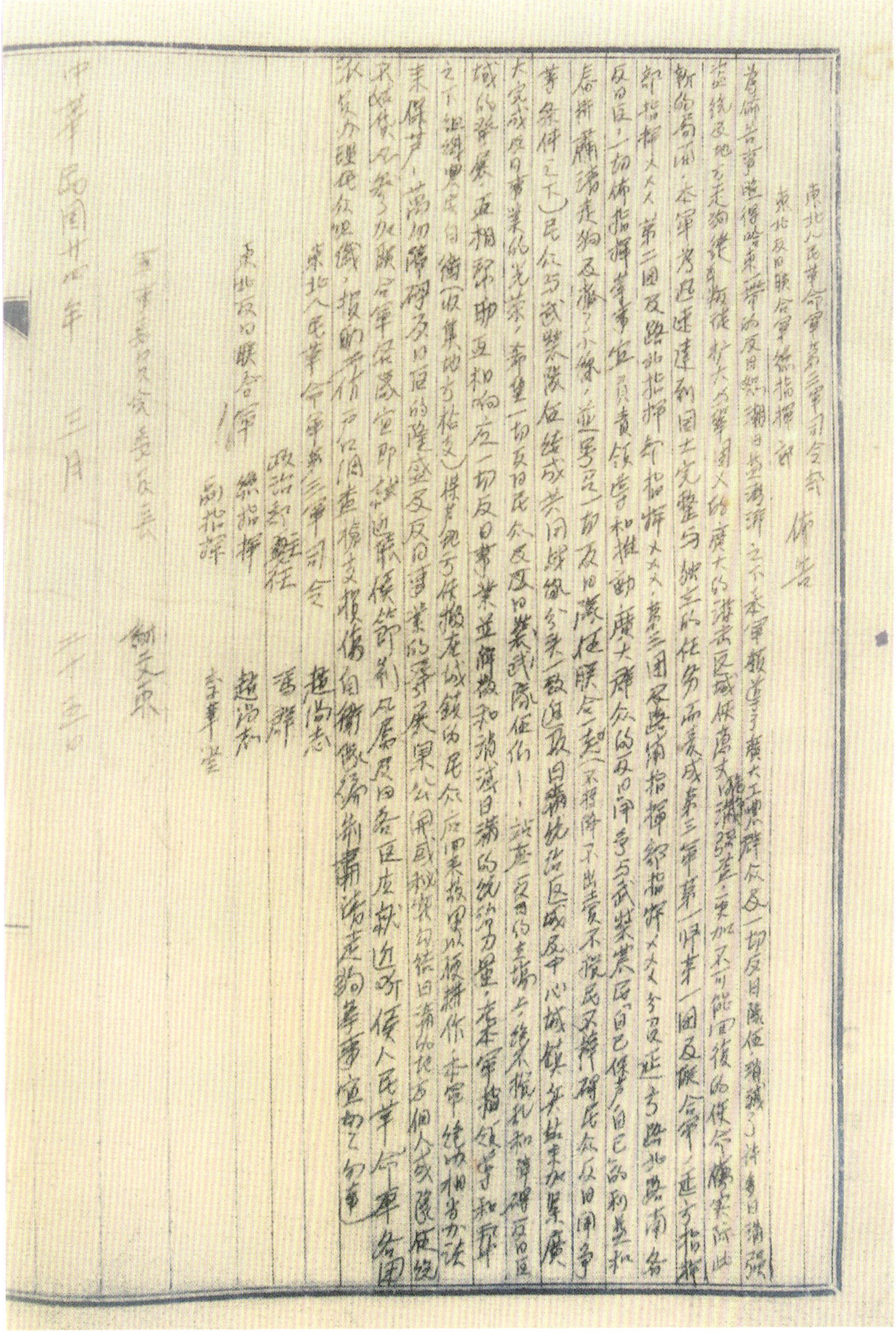

我們最近接到中國共產黨與中華蘇維埃政府今年八月一日的「爲抗日救國告全體同胞書」，提議建立全中國統一的國防政府與全中國統一的抗日聯軍，並申明中國紅軍首先願參加抗日聯軍云云。

我們代表東北四千萬同胞和各地反日隊伍，向諸公們誠懇地要求：不論蔣總司令的軍隊也好，不論其他黨派的軍隊也好，不論共產黨領導下的紅軍也好，不論過去參加抗日戰爭的軍隊或未參加過的也好，互相打過戰的或沒有打過的也好，都應該不分黨派信仰籍貫等之不同，都應不記舊仇宿怨，都應該以中華民族利益爲前提，馬上停止內戰，槍口一致對外，一致去武裝抗日，一致去爭取中華民族獨立與統一，一致去保護中華祖國領土完整。

我們代表東北四千萬同胞與各地抗日隊伍向諸公誠懇要求：馬上互派代表開始談判，共謀國防政府與全國抗日聯軍總司令部之建立，抗日聯軍之編制，抗日聯軍軍費之籌劃等等事宜。

現在着派張健東爲駐關內總代表，與各方面談判關於抗日救國各種問題，並將續派東北民衆與抗日隊伍代表向諸公請願，迅速出兵。

諸公們！同胞們！中華祖國處在危險之中！日寇得寸進尺，正在準備新的進攻。時機迫切，不容遲緩。請速行動！臨電不勝迫切待命之至。

打倒日本帝國主義！

收回東北失地！

大中華民國萬歲！

東北抗日聯軍第一軍軍長楊靖宇

東北抗日聯軍第二軍軍長王德泰

東北抗日聯軍第三軍軍長趙尚志

東北抗日聯軍第四軍軍長李延祿

東北抗日聯軍第五軍軍長周保中

副軍長柴世榮

東北抗日聯軍第六軍軍長謝文東

東北義勇軍總司令吳義成

副司令孔憲榮

湯原反日遊擊隊

海倫反日遊擊隊

東北抗日救國總會

中華民國二十四年十月十一日　印

《东北抗日联军呼吁一致抗日通电》

民国二十四年

一九三五年十月十一日

通电中说：『日寇亡我东北业已四年了，我东北四千万同胞四年来饱尝亡国痛苦。我国铁路、矿山、银行、土地、枪械，概被日寇收没了，我国工商业被排斥，房屋遭烧毁，妇女被强奸，人民被屠杀逮捕，学校被封闭，真正是说不尽的亡国痛苦。我们艰苦血战业已四年，我们天天等关内出兵抗日，但至今尚未见出一兵发一卒。日寇现在又公开在我北五省组织所谓「华北国」，同时干涉我国一切内政外交，并积极准备占领全中国！诸公们！同胞们！当此中华祖国处在危险万状之中，诸公即不救东北，难道也不自救吗？如不速即力求自救，眼看关内锦绣山河又将非我所有，而关内同胞将又像我们一样过亡国奴的生活了。』

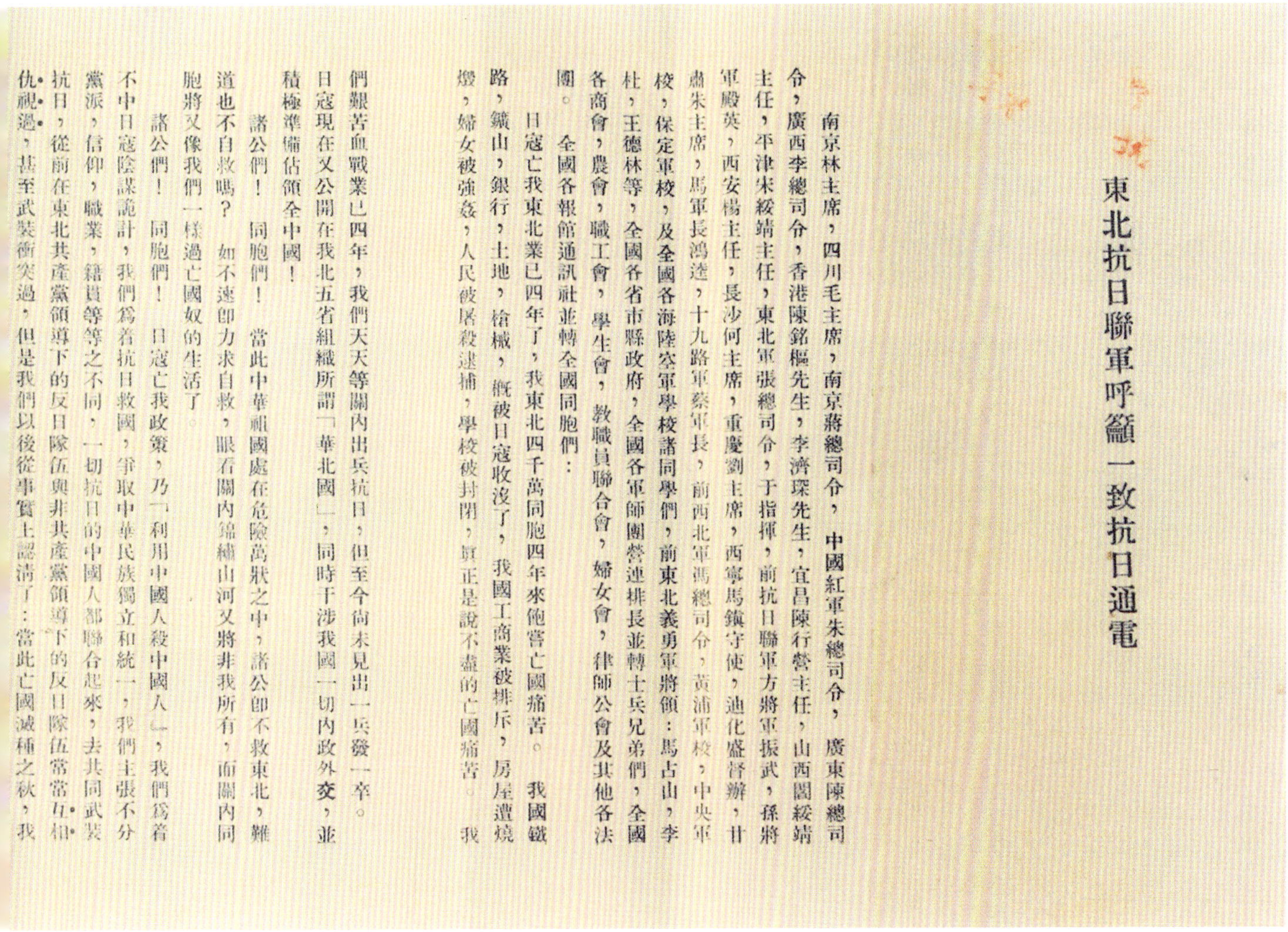

東北抗日聯軍呼籲一致抗日通電

南京林主席，四川毛主席，南京蔣總司令，中國紅軍朱總司令，廣東陳總司令，廣西李總司令，香港陳銘樞先生，李濟琛先生，宜昌陳行營主任，山西閻綏靖主任，平津宋綏靖主任，東北軍張總司令，于指揮，前抗日聯軍方將軍振武，孫將軍殿英，西安楊主任，長沙何主席，重慶劉主席，西寧馬鎮守使，迪化盛督辦，甘肅朱主席，馬軍長鴻逵，十九路軍蔡軍長，前西北軍馮總司令，黃浦軍校，中央軍校，保定軍校，及全國各海陸空軍學校諸同學們，前東北義勇軍將領：馬占山，李杜，王德林等，全國各省市縣政府，全國各軍師團營連排長並轉士兵兄弟們，全國各商會，農會，職工會，學生會，教職員聯合會，婦女會，律師公會及其他各法團。

全國各報館通訊社並轉全國同胞們：

日寇亡我東北業已四年了，我東北四千萬同胞四年來飽嘗亡國痛苦。我國鐵路，鑛山，銀行，土地，槍械，概被日寇收沒了，我國工商業被排斥，房屋遭燒燬，婦女被強姦，人民被屠殺逮捕，學校被封閉，眞正是說不盡的亡國痛苦。我們艱苦血戰業已四年，我們天天等關內出兵抗日，但至今尚未見出一兵發一卒。日寇現在又公開在我北五省組織所謂「華北國」，同時干涉我國一切內政外交，並積極準備佔領全中國！

諸公們！同胞們！當此中華祖國處在危險萬狀之中，諸公即不救東北，難道也不自救嗎？如不速即力求自救，眼看關內錦繡山河又將非我所有，而關內同胞將又像我們一樣過亡國奴的生活了。

諸公們！同胞們！日寇亡我政策，乃「利用中國人殺中國人」，我們爲着不中日寇陰謀詭計，我們爲着抗日救國，爭取中華民族獨立和統一，我們主張不分黨派，信仰，職業，籍貫等等之不同，一切抗日的中國人都聯合起來，去共同武裝抗日，從前在東北共產黨領導下的反日隊伍與非共產黨領導下的反日隊伍常常互相仇視過，甚至武裝衝突過，但是我們以後從事實上認清了：當此亡國滅種之秋，我

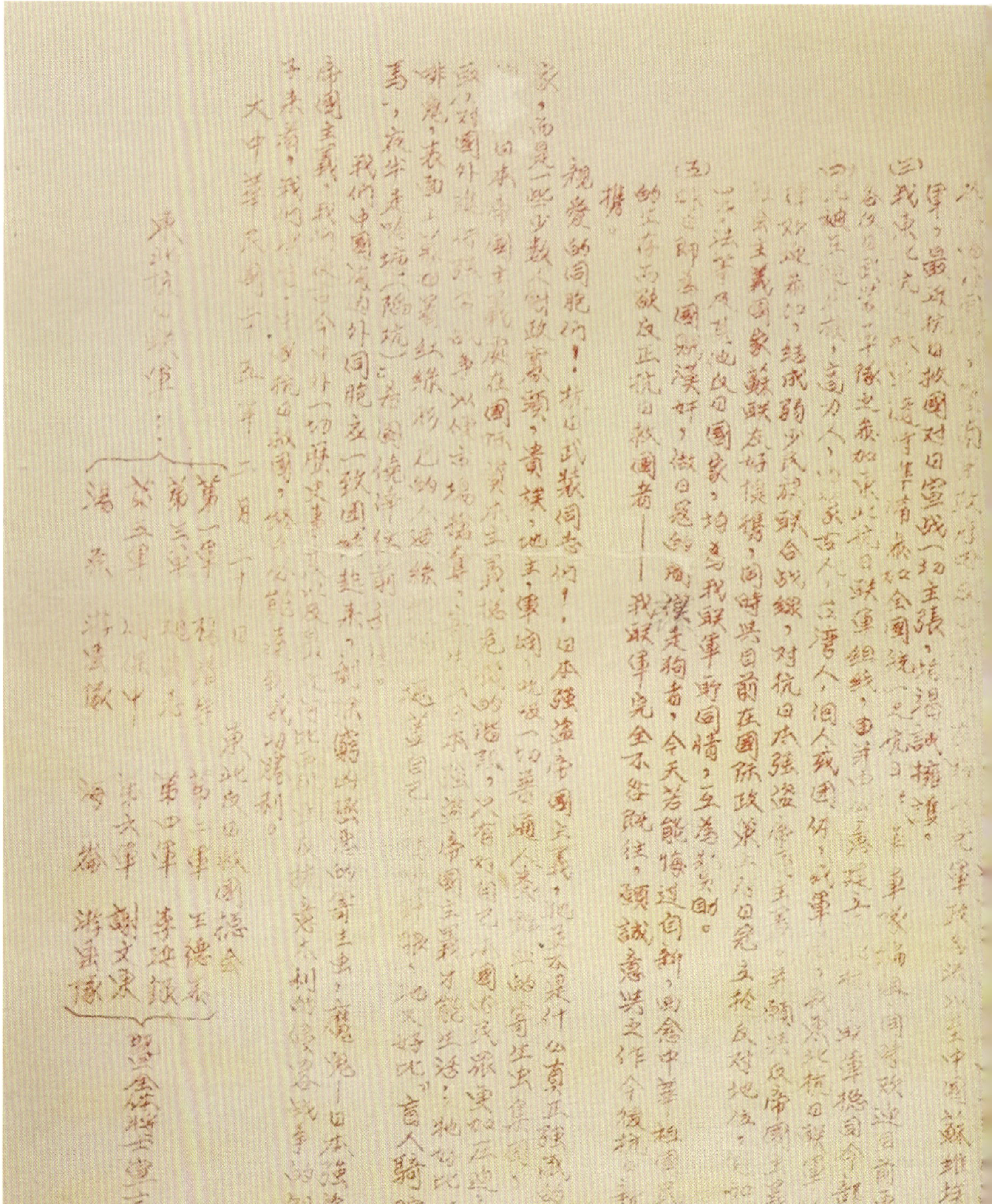
[illegible]军，最后抗日救国对日宣战（一切主张，[illegible]拥护。
（三）我东北[illegible]
[illegible]
（四）[illegible]
[illegible]结成弱少民族联合战线，对抗日本强盗[illegible]
[illegible]主义国家苏联友好提携，同时与目前在国际政策上[illegible]
[illegible]均为我联军所同情，互为[illegible]
（五）[illegible]即为国贼汉奸，做日寇的走狗者，今天若能悔过自新，共念中华[illegible]
的[illegible]而欲反正抗日救国者——我联军完全不咎既往，愿诚意与之作合[illegible]
携。
亲爱的同胞们！抗日武装同志们！日本强盗帝国主义，[illegible]
家，而是一些少数人[illegible]政客头子，贵族，地主，军阀，[illegible]
日本帝国主义现在国际[illegible]
国，对国外[illegible]
非常，表面上[illegible]
马，[illegible]
我们中国国内外同胞应一致团结起来，[illegible]
帝国主义，我们[illegible]
[illegible]我们[illegible]抗日救国，[illegible]胜利。
大中华民国二十五年二月二十日
东北抗日联军
第一军 杨靖宇　第三军 赵尚志　第五军 周保中　汤原游击队
东北反日救国总会　第二军 王德泰　第四军 李延禄　第六军 谢文东　海伦游击队
[illegible]全体将士宣言

《东北抗日联军统一军队建制宣言》

民国二十五年

一九三六年二月二十日

该宣言是中共驻共产国际代表团以东北人民革命军第一、二、三军，东北抗日同盟军第四军，东北反日联合军第五军领导人杨靖宇、王德泰、赵尚志、李延禄、周保中等名义发表的。该宣言推进了东北人民抗日武装向统一、巩固的方向发展。

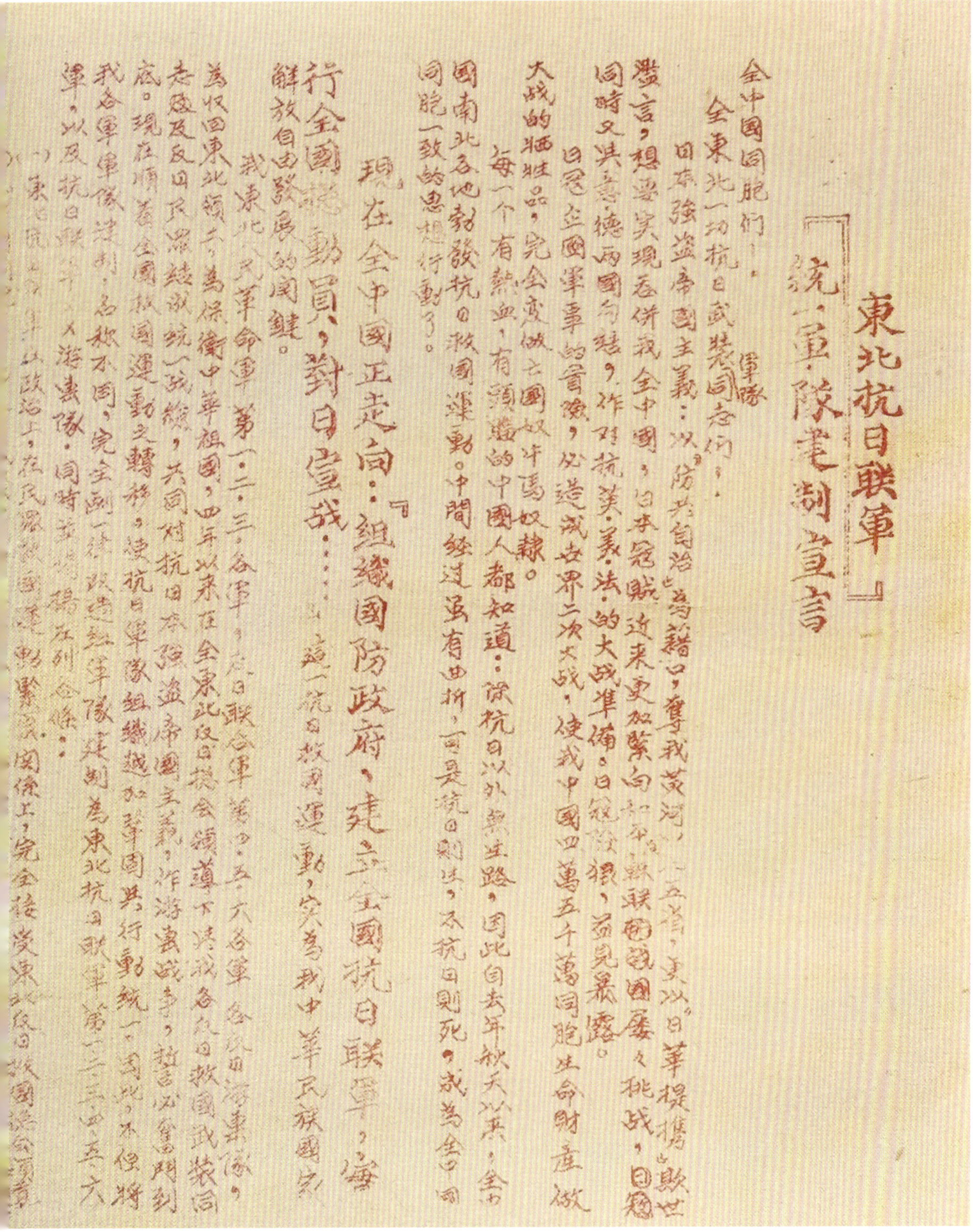
東北抗日联軍
『統一軍隊建制宣言』
全中國同胞們！
全東北一切抗日武裝軍隊同志們！
日本強盜帝國主義：以"防共自治"為藉口，奪我黃河以北五省，更以"日華提携"欺世惑言，想要實現吞併我全中國；日本寇賊近來更加緊向[illegible]蘇聯國屢次挑戰，日寇同時又與意、德兩國勾結，作對抗英、美、法的大战準備。日寇的[illegible]狼，益見暴露。
日寇正圖軍事的冒險，以造成世界二次大战，使我中國四萬五千萬同胞生命財產做大战的犧牲品，完全變做亡國奴牛馬奴隸。
每一個有熱血、有頭腦的中國人都知道：除抗日以外無生路，因此自去年秋天以來，全中國南北各地勃發抗日救國運動。中間經過雖有曲折，可是抗日則生，不抗日則死，成為全中國同胞一致的思想行動了。
現在全中國正走向："組織國防政府、建立全國抗日联軍"，每一抗日救國運動，實為我中華民族國家行全國總動員，對日宣战……解放自由發展的關鍵。
我東北人民革命軍第一、二、三各軍，抗日联合軍第四、五、六各軍，各抗日游擊隊，為收回東北領土，為保衛中華祖國，四年以來在全東北反日總会領導下，與我各抗日救國武裝同志發展反日民眾統一战線，共同對抗日本強盜帝國主義，作游擊战爭，[illegible]必須勝利到底。現在順着全國救國運動之轉移，使抗日軍隊組織越加聯合，共同行動統一，因此不但將我各軍軍隊建制，名稱不同，完全劃一，改造組軍隊，建制為東北抗日联軍第一、二、三、四、五、六軍，以及抗日联合軍、[illegible]游擊隊，同時[illegible]揭在列條：
一）東北抗日联合軍在政治上，在民眾救國運動聯繫關係上，完全接受東北反日救國總会領導

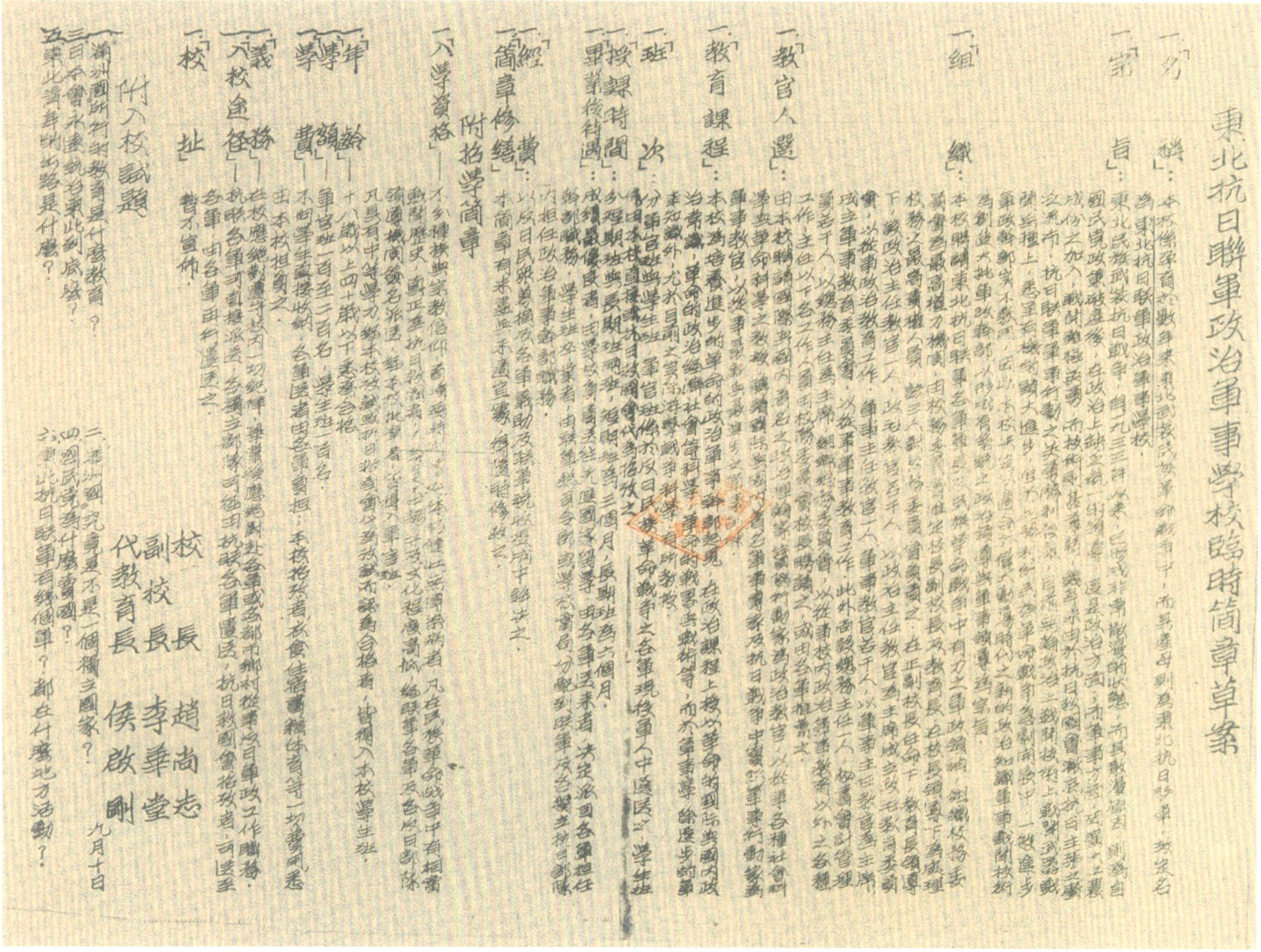
東北抗日聯軍政治軍事學校臨時簡章草案

一、「名稱」：[illegible]

一、「宗旨」：[illegible]

一、「組織」：[illegible]

一、「教官人選」：[illegible]

一、「教育課程」：[illegible]

一、「班次」：[illegible]

一、「授課時間」：[illegible]

一、「畢業後待遇」：[illegible]

一、「經費」：[illegible]

一、「簡章修改」：[illegible]

附招學簡章

一、「入學資格」——[illegible]

一、「年齡」——十八歲以上四十歲以下者爲合格

一、「學額」——軍官班一百至二百名，學生班一百名。

一、「學費」——[illegible]

一、「義務」——[illegible]

一、「入校途徑」——[illegible]

一、「校址」——暫不宣佈。

附入校試題

一、滿洲國所施教育是什麼教育？
二、滿洲國究竟是不是一個獨立國家？
三、日本會永遠統治東北到底嗎？
四、國民黨是什麼黨國？
五、東北青年的出路是什麼？
六、東北抗日聯軍有幾個軍？都在什麼地方活動？

校長 趙尚志
副校長 李華堂
代教育長 侯啟剛

九月十日

《东北抗日联军政治军事学校临时简章草案》

民国二十五年

一九三六年四月

『东北抗日联军军事政治学校』由赵尚志领导的『东北民众反日联军』第三、六军在汤原抗日根据地创建，赵尚志任校长，张寿篯（李兆麟）任教育长。该校的办学宗旨为『以适合伟大动荡时代之新的政治知识、军事战斗技术，为创造大批军政干部，以形成有系统之政治领导与军事领导』。

《东北人民革命军第三军改编为抗日联军第三军通告》

民国二十五年

一九三六年八月一日

该通告是在中共中央发布《为抗日救国告全体同胞书》（又称《八一宣言》）的大背景下公布的。通告中说：『两年来不独扩展数倍之反日行动区域，征（争）取更多同胞信仰，尤其汇合无数抗日友军，打破日寇之个个击破诡计，领导几多部队作战，致使强敌首尾自顾无暇，以固本军足以自慰者。但仰瞻抗日前途，尚须筹谋多方，尤其团结一切抗日部队为混一无间之整体，实当前急务之急。因此，本军决定于本年八月一日起，在全体指战员自动提议下，将原东北人民革命军第三军改编为东北抗日联军第三军。』

東北人民革命軍第三軍改编為抗日聯軍第三軍通告

為通告事，照得本軍自民國二十三年春季以來，即在不斷戰勝強敵下自身之擴大與千百萬反日同胞擁護中，組成東北人民革命軍第三軍。幸賴將士用命，努力殺敵，各界贊助，奮勇有力，兩年來不獨擴展數倍之反日行動區域，征取更多同胞信仰，尤其匯合無數抗日友軍，打破日寇之個個擊破詭計，領導幾多部隊作戰，致使強敵首尾自顧無暇，以固本軍足以自慰者。但仰瞻抗日前途，尚須籌謀多方，尤其團結一切抗日部隊為混一無間之整體，實當前急務之急。因此，本軍決定於本年八月一日起，在全體指戰員自動提議下，將原東北人民革命軍第三軍改編為東北抗日聯軍第三軍。收編各隊，聯絡各軍，無他，消滅以[illegible]彼界，各樹一幟、爾東我西、各行所志，以發揚光大我抗日之之旗幟，以團結與鞏固我反"滿"之武裝而已。行動在即，整頓需時，尚希我弟兄軍與各地抗日友軍、全体同胞、大展鴻猷，不吝賜教，國家幸甚！我軍幸甚！

東北抗日聯軍第三軍軍長 趙尚志

全體指揮員戰鬥員 同啟

大中華民國二十五年 月 日

《东北抗日联军总司令部通令》

民国二十五年

一九三六年九月二十三日

该通令是针对活动在依兰东部地区的抗联第三、五、六、八军及独立师之间因活动区域、给养补充产生矛盾而发出的，由总司令赵尚志签署，宣布组建联军驻依东办事处，由联军总政治部主任张寿篯任主任，负责解决各部之间的矛盾。

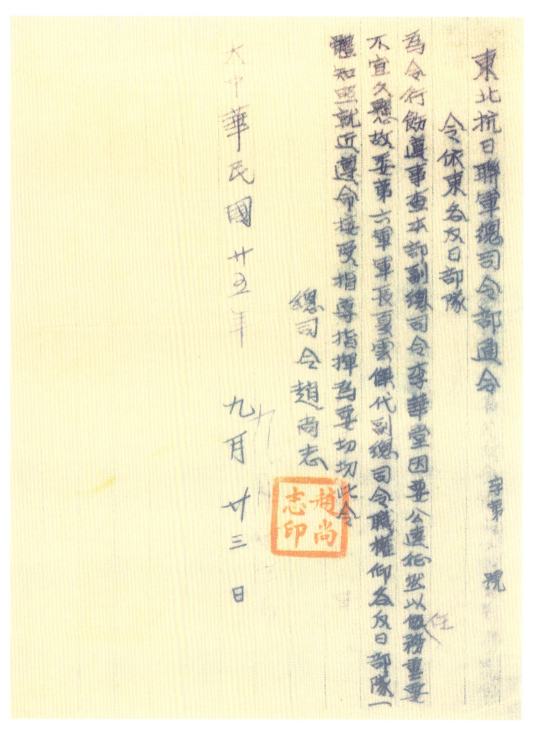

東北抗日聯軍總司令部通令　字第　號

令依東各反日部隊

為令行飭遵事查本部副總司令李華堂因要公遠出暫以任務重要

不宜久懸故委第六軍軍長夏雲傑代副總司令職權仰各反日部隊一

體知照就近遵令接受指導指揮為要切切此令

總司令　趙尚志

趙尚志印

大中華民國廿五年　九月廿三日

赵尚志给中共驻共产国际代表团的介绍信

民国二十五年

一九三六年十月二十日

介绍信中说：『兹派朱新阳同志为「珠」「汤」中心县委及三、六军会议代表，负责前往解决一切问题，并专代三军有所要求及报告。』

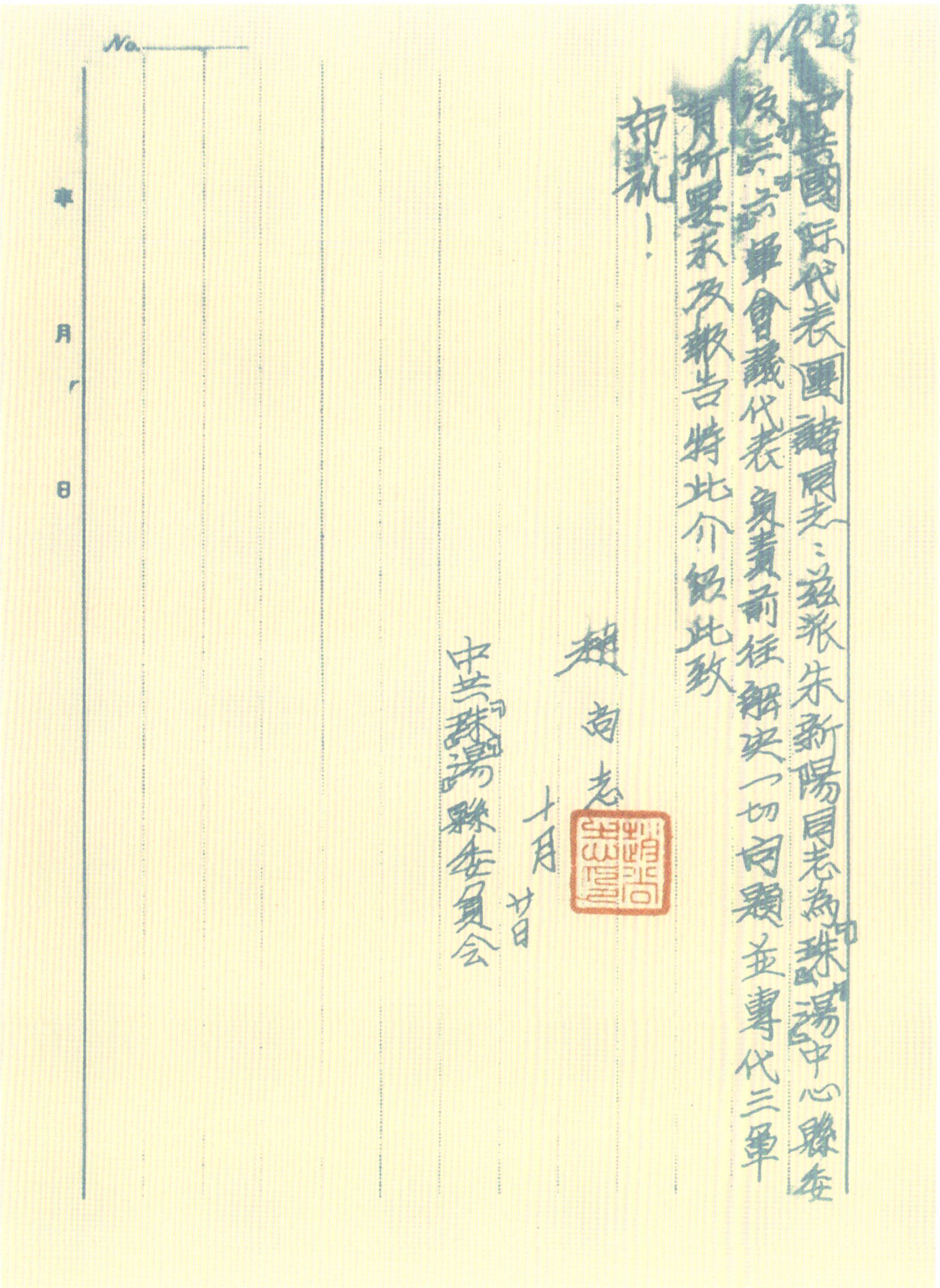
中共國際代表團諸同志：茲派朱新陽同志為珠湯中心縣委及三、六軍會議代表負責前往解決一切問題並專代三軍有所要求及報告特此介紹此致

布禮！

趙尚志

十月廿日

中共珠湯縣委員会

康徳三年十月十三日

午前零時十分
三時三十分

二、襲擊場所
東興縣第二區新民鎮城内
三、匪首並匪數及裝備
趙尚志系、天照應、張團長、一株險、紀花先生、八河ノ合流歩匪約
約三〇〇輕機二挺、自動短銃一挺各自小銃ヲ所持ス
四、襲擊前ノ狀況
張團長、紀花先生八河ノ合流匪約三〇〇餘ハ新民鎮來襲前日迄木蘭
管内第五區楊木營一帶ニ蟠踞シアリシカ十二日夜自動車十六臺ニテ
木蘭ヨリ竹島部隊一〇〇餘東興ニ移駐シタルヲ以テ該匪團ハ日軍ノ
討伐ヲ察知シ秘カニ其ノ夜同縣管内六面井方面ニ移動同地ニ蟠踞中
ナル密偵報ヲ得大貴駐屯澁谷部隊並ニ東興城内駐屯竹島部隊及管下各
警備機關ニ通給シ警戒中ナリシナリ
五、襲擊並交戰狀況
負傷匪逮捕（逮捕後三十分取調中絶命ス）
取調ニ依レハ十二日午後六時頃蟠踞地帶タリシ木蘭管内六面井ニ於

テ（新民鎮東南方二五支里）新民鎮襲擊ヲ計畫シ午後七時頃同地出發
木蘭管内西馬架（新民鎮東南六支里）ヲ經由午後十一時半頃新民鎮東
南隅ニ來タリ主力ヲ附近ノ大豆畑ニ一部ヲ警戒陣並ニ侵入口ノ探索準
備ヲ爲サシメ午前零時ヲ期シ主力ヲ西南方城壁ヨリ一部ヲ西北方ヨリ
一部ハ東北方ヨリ渡板ヲ架ケ城壕ヲ渡リタルヲ南門並ニ西門立哨警戒
中ノ警務官發見直ニ急射警察隊ニ匪襲ヲ知ラシメ隊長以下配備ニツキ
同時ニ縣警務局ニ連絡シ終リタル頃匪團ハ警團防備主力タル新民鎮十
字街砲臺並ニ警察隊ニ主力ヲ指向シ一部ハ金品ノ掠奪ヲ爲シ自動火器
（輕機二、自動短銃一）ヲ以テ一齊ニ猛射ヲ浴セタルモ十字街砲臺ノ
警團（當時十一名）並ニ警察隊及治安隊ハ應戰克ク之ニ努メ匪團ノ行動
ヲ防止シ一方縣警務局ニ於テハ十三日午前零時十五分新民鎮ヨリノ急
報ニ接シ城内駐屯ノ竹島部隊長並日軍三〇國及江北治安隊ニ連絡零時
五〇分日軍五〇餘ハ自動車二臺ニ分乘シ更ニ日軍六〇、治安隊九〇ハ
騎馬ヲ以テ縣城ヨリ急遽新民鎮ニ向ケ出動午前一時二十分同地ニ到着
日軍竹島部隊長以下五〇ハ匪團主力ヲ目標ニ北門ヨリ西南隅並ニ十字

警士一、保長一、自衛團六、負傷（内九名ハ洋砲發砲ノ際暴發シ
火傷セルモノナリ）住民死者二（鮮人一名）負傷一、人質六名

（内鮮人四、二名（滿）ハ日軍追擊時ニ脫避）衣類（防寒用）九三點
八、所見
該匪團ハ常ニ木蘭、東興ノ縣境並ニ陽家粉房、劉家店、楊木ハ六面井
方面ニ蟠踞横行出沒シ新民鎮襲擊ヲ企圖シアリシモノノ如ク新民鎮駐
屯坂小隊ノ巴東縣城移駐後同地警備手薄ト防備施設完ナラサルト竹島
部隊東興移駐シタルモ相當距離アリテ急援間ニ合ハスト考ヘ越冬諸準
備ノ爲襲擊セルモノナルモ日滿軍ノ急援ニ依リ酷ク狼狽逃走シ目的達
成シ得サリシモノト思料ス

以上

通報先　熱委、山岡部隊參、濱水部隊參、安藤部隊參
哈特、哈憲、牡憲、四軍顧、領警、首警、哈
警、吉林、三江、間島、龍江、黒河省警、牡
辦、輔、木辦、監旗局參

伪满洲国滨江省警务厅关于赵尚志部队袭击东兴县第二区新民镇的报告

民国二十五年

一九三六年十月二十四日

报告中说（译文）：十月十三日，东北人民革命军第三军在赵尚志指挥下，联合天照应、张团长、一秣脸、纪花先生等抗日武装约三百人，携带两挺轻机枪，袭击了东兴县第二区新民镇，交战双方各有死伤。

收藏单位：黑龙江省档案馆

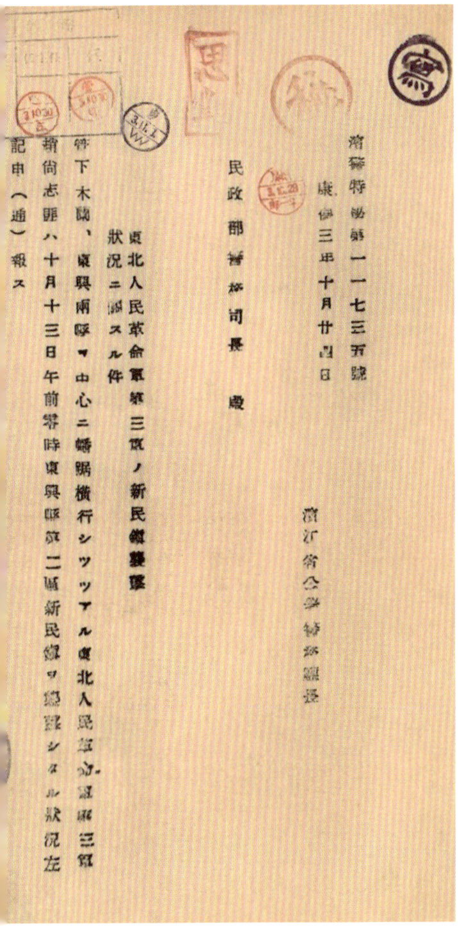

濱警特秘第一一七三五號
康德三年十月廿四日
濱江省公署警務廳長
民政部警務司長 殿
東北人民革命軍第三軍ノ新民鎮襲撃狀況ニ關スル件
管下木蘭、東興兩縣ヲ中心ニ蟠踞横行シツツアル東北人民革命軍第三軍趙尚志匪ハ十月十三日午前零時東興縣第二區新民鎮ヲ襲撃シタル狀況左記由（通）報ス

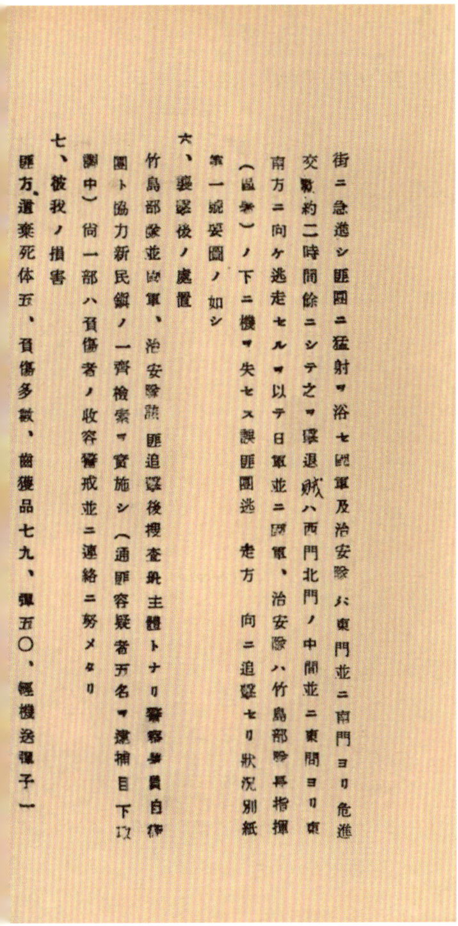

街ニ急進シ匪團ニ猛射ヲ浴セ匪軍及治安隊ハ東門並ニ南門ヨリ急進
交戰約二時間餘ニシテ之ヲ撃退賊ハ西門北門ノ中間並ニ東門ヨリ東南方ニ向ケ逃走セルヲ以テ日軍並ニ國軍、治安隊ハ竹島部隊長指揮（附表）ノ下ニ機ヲ失セス諸匪團逃　走方　向ニ追撃セリ狀況別紙第一號要圖ノ如シ
六、襲撃後ノ處置
竹島部隊並國軍、治安警察隊匪追撃後捜査班主體トナリ警察參員自衛團ト協力新民鎮ノ一齊検索ヲ實施シ（通匪容疑者五名ヲ逮捕目下取調中）尚一部ハ負傷者ノ收容警戒並ニ連絡ニ努メタリ
七、彼我ノ損害
匪方遺棄死体五、負傷多數、鹵獲品七九、彈五〇、輕機彈子一

〃 石黒鵬松
〃 渡辺民太郎
〃 菊地熊蔵
〃 真田致美
〃 吉田忠二郎
測量技師 管野某
〃 警備員 火畑某
〃 〃 竹内某

2.被掠奪品
小銃九、軽機一、重擲一 一四年式拳銃四、三〇年式剣一二、日本刀一、
弾薬数量不詳
3.匪団側損害不詳ナルモ相当死傷者アル見込

二、匪団ノ系統人員、携行銃器、服装並ニ引揚地
我方全滅ノタメ詳細不詳
右報告申進ス
本信写送付先
哈爾濱総領事 三分署 勤派 牡丹江署長

日本方面关于赵尚志部队袭击日军测量掩护队的报告

民国二十六年

一九三七年二月二十七日

报告中说（译文）：二月二十四日午后二时三十分许，测量掩护部队日军林口驻屯部队所属川原军曹以下十三名、管野测量技师火畑竹内、警备员计十六人，在进入汤原县第四区二保附近测量作业时，遭遇赵尚志部队袭击，十六人全部战死。

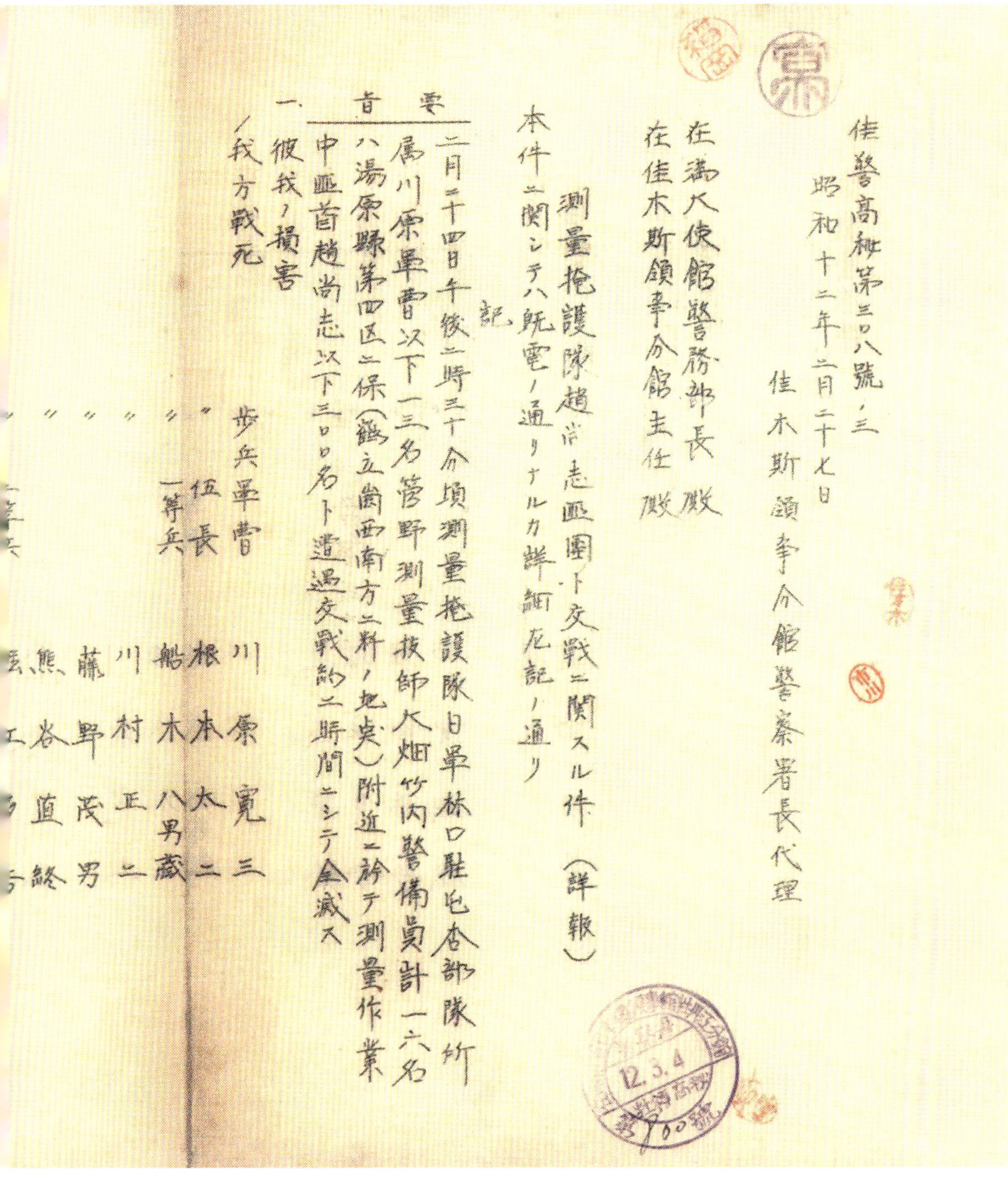

佳警高秘第三〇八號ノ三

昭和十二年二月二十七日

佳木斯領事分館警察署長代理

在満大使館警務部長殿

在佳木斯領事分館主任殿

測量掩護隊趙尚志匪團ト交戦ニ関スル件（詳報）

本件ニ関シテハ既電ノ通リナルカ詳細左記ノ通リ

記

一、要旨

二月二十四日午後二時三十分頃測量掩護隊日軍林口駐屯部隊所属川原軍曹以下一三名管野測量技師火畑竹内警備員計一六名ハ湯原縣第四区二保（鉄立崗西南方二粁ノ地点）附近ニ於テ測量作業中匪首趙尚志以下三〇〇名ト遭遇交戦約二時間ニシテ全滅ス

一、彼我ノ損害

ノ我方戦死

歩兵軍曹 川原寛三

〃 伍長 根本太二

〃 一等兵 船木八男蔵

〃 川村正二

〃 藤野茂男

〃 熊谷直經

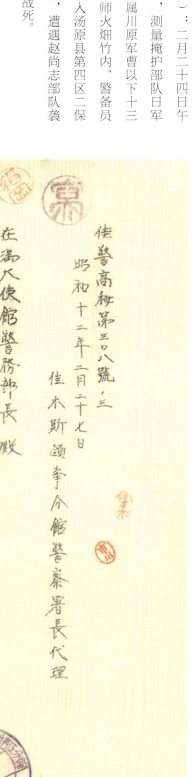

《盛京时报》关于赵尚志部队战斗情况的报道

民国二十六年

一九三七年三月十日

报道中说：『匪首赵尚志率领共匪五百余，因被友军痛击之下，乃侵入绥棱、通北两县境内。接到警报之竹田部队守田队，遂于七日晨，由滨北线通北县北方约十里之冰趟子地点，与赵匪相遇，激战亘一昼夜。至翌日午前四时，始将匪部全体击溃。』在这场战斗中，日军队长守田大尉被击毙。

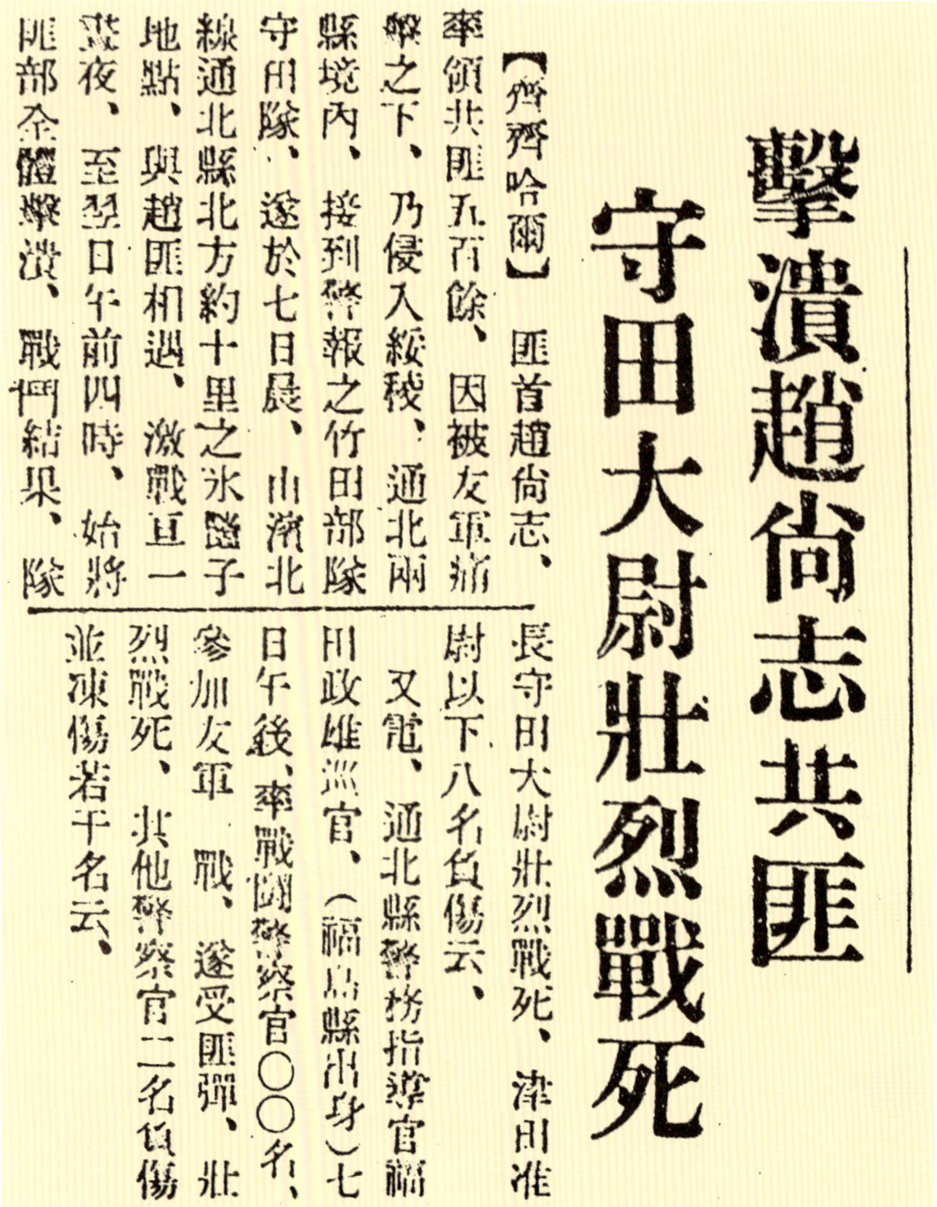

擊潰趙尚志共匪 守田大尉壯烈戰死

【齊齊哈爾】匪首趙尚志、率領共匪五百餘、因被友軍痛擊之下、乃侵入綏稜、通北兩縣境內、接到警報之竹田部隊守田隊、遂於七日晨、由濱北線通北縣北方約十里之冰趟子地點、與趙匪相遇、激戰亘一晝夜、至翌日午前四時、始將匪部全體擊潰、戰鬥結果、隊長守田大尉壯烈戰死、津田准尉以下八名負傷云、又龍、通北縣警務指導官福田政雄巡官、（福島縣出身）七日午後、率戰鬥警察官〇〇名、參加友軍戰、遂受匪彈、壯烈戰死、其他警察官二名負傷並凍傷若干名云、

冰天雪地中

我東北義勇軍英勇奮鬥屢挫日偽

抗日聯軍第三軍趙尚志部曾佔鶴立崗

日陸次梅津宣稱不知何年方可完成「討伐」

日本陸軍次相梅津於二月廿六日在下院回答民政黨議員關於日本在偽國「討伐」抗日義勇軍的問題時說：雖然近來「討伐」頗見功效；但他不敢說，到底還需要多少年份，才可完成對「滿洲國」內抗日義勇軍的「討伐」。從前日本軍部的「炸彈」荒木曾說，要「澈底肅清」東北義勇軍，「大約需要十年」；現在梅津却連大約的十年也不敢擔保；而說不知要多少年了。　日寇對於東北抗日義軍英勇鬥爭的消息，總是諱莫如深或故意造謠汚衊的；但即只就上面的消息看來，就可知道我東北義軍聲勢益大，實力愈厚了。

本來在夏秋間青紗帳起時，馬蹚人快，是我東北義勇軍最活動的時期；但即在冰天雪地中，我東北健兒亦不斷活躍於白山黑水間。東北抗日義勇軍作戰的消息，是很難得到的；但即就零星碎片的報告看來，舉一反三，就可想見一斑。　據最近電訊，我義軍英勇抗戰，就有下列各項消息：

各地義軍活動

給日偽以巨大打擊

在奉天方面：同盟社三月六日瀋陽訊，日軍與抗日義勇軍，於二月廿七日在寬甸附近接觸，結果日軍死一人傷二人。　東京朝日新聞載，偽國軍隊與抗日義勇軍二百餘人在距撫順十五公里地方激戰，偽軍大敗，死廿三名，中有日軍中尉一人，日軍隊長一人及其他日軍官數名；傷十一名。　東京日日新聞載，最近在「滿洲國」之義勇軍異常活動，日軍於二月廿六日在奉天省內為義勇軍襲擊，日軍死二人，偽三人。

在黑龍江及吉林方面：三月四日北平電訊，各報載，趙尚志部下抗日義勇軍千餘名於二月廿二日襲擊東北有名煤礦區鶴立崗（由日本南鐵公司經營），日軍出而抵抗，被義軍擊敗，日軍死十三名，義勇軍捕獲日本工程師一名及礦警一名，佔領該礦，至次日始從容退去。東京日日新聞齊齊哈爾通訊宣稱，在距通北十五公里地方，於二月廿七日偽國軍隊與義勇軍二百餘鏖戰，結果偽警死傷三十七人。又訊，趙尚志部下義勇軍三百餘名，與日偽「討伐」隊五百餘人，在湯原境內作戰，歷四小時，義勇軍為避免受包圍而退却，但日偽雖然人數較多，損失反較義勇軍為大云。

義軍戰術靈活

熟悉地勢出奇制勝

據中華日報二月廿六日載哈爾濱通訊，過去數月，在東北之義勇軍，倍見活動，義勇軍最善乘敵人之空虛而出奇制勝。義勇軍熟悉地勢，出沒無常，日偽部隊屢為此困而喪失大批軍械糧餉。只就延邊一帶之義勇軍而言，人數即在十萬以上。義勇軍化整為零，避免正面戰，而多從事襲擊，日偽部隊，屢為所挫。義勇軍現有輕重機關槍及射彈機等利器，其戰鬥力不弱於日軍云。由此看來，梅津所謂不知何年何月才能完成「討伐」義勇軍，實非虛語也。

巴黎《救国时报》关于赵尚志部队攻占鹤立岗的报道

民国二十六年

一九三七年三月十日

报道中说：『赵尚志部下抗日义勇军千余名于二月廿二日袭击东北有名煤矿区鹤立岗（由日本南铁公司经营），日军出而抵抗，被义军击败，日军死十三名；义勇军捕获日本工程师一名及矿警一名，占领该矿，至次日始从容退去。』

刘桂五烈士照片

1938年4月22日，刘桂五在绥远省固阳县（今属内蒙古自治区）红油杆子村与日军战斗中英勇牺牲。

刘桂五为热河省朝阳县（今属辽宁省）人，东北军将领；因参加『西安事变』对蒋介石的扣押行动有功，擢升国民革命军陆军骑兵第二军六师少将师长；七七事变后，率部加入马占山领导的『东北挺进先遣军』。

1961年，刘桂五被陕西省人民委员会追认为革命烈士。2014年，刘桂五入选中华人民共和国民政部公布的第一批300名著名抗日英烈和英雄群体名录。

赵尚志主编的《东北红星壁报》第二期

民国二十九年

一九四〇年六月二日

1940年1月，中共北满省委以赵尚志有『犯有三大严重错误』为由，决定将其『永远开除』党籍。同年3月，第一次伯力会议结束后，赵尚志被调任东北抗联第二路军副总指挥。在同年5月29日召开的第二路军总部直属部队党员大会上，已经被开除党籍的赵尚志被推选为《东北红星壁报》的主笔。4天后，《东北红星壁报》第二期出版。《东北红星壁报》为八开八版油印小报，辟有国际要闻、东京特讯、中国抗战消息、东北抗日快讯、民族英雄传记等十余个栏目。

第一次伯力会议由中共吉东、北满临时省委联席于1940年1月24日在苏联伯力（今哈巴罗夫斯克）召开，周保中、冯仲云、赵尚志等参加会议。这次联席会议形成了《关于东北抗日救国运动新提纲草案》，决定采取逐渐收缩、保存实力的方针，将抗日联军各路军缩编为支队分散活动。

收藏单位：中央档案馆

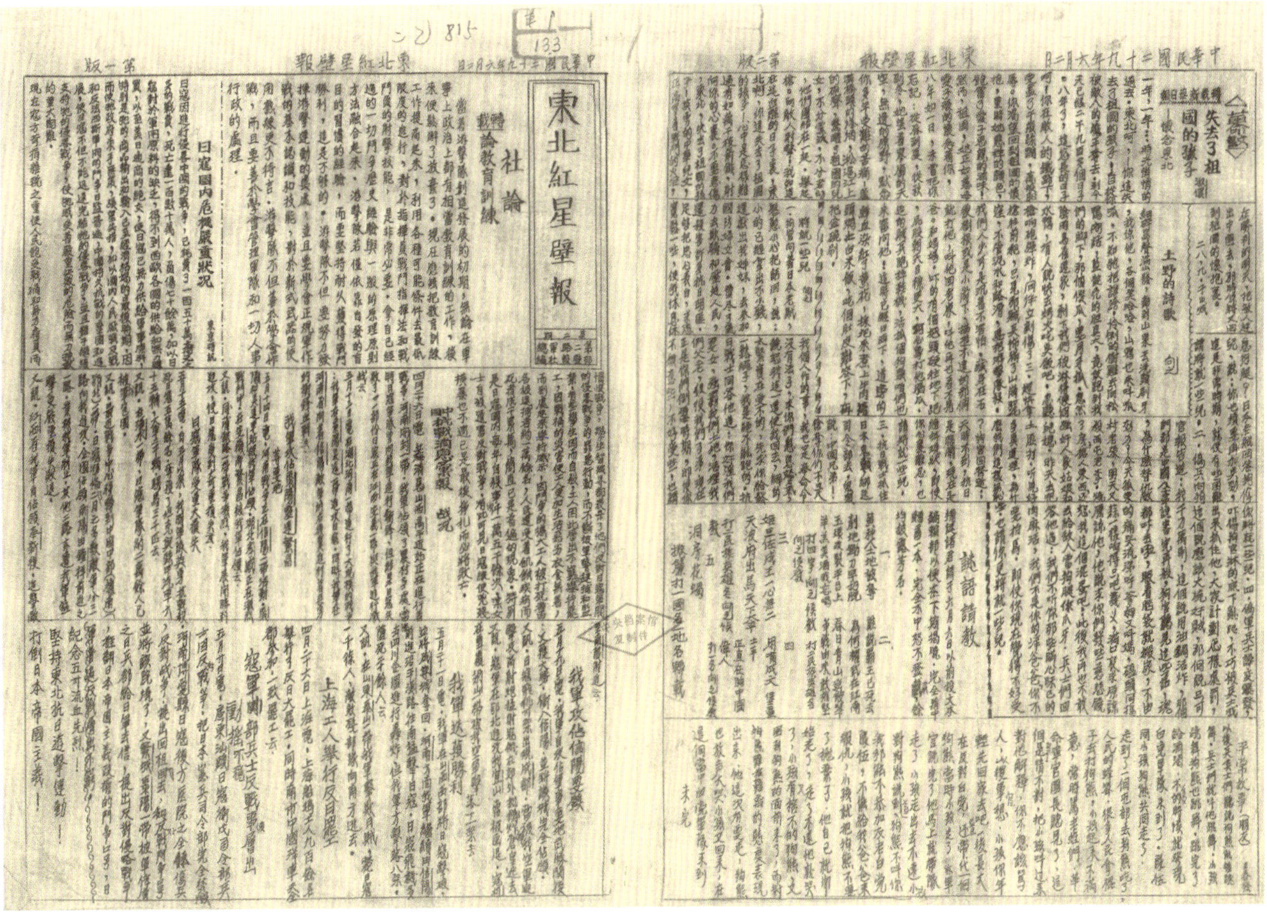
中華民國二十九年六月二日　東北紅星壁報　第一版

東北紅星壁報

社論

日寇國內危機嚴重狀況

上海工人舉行反日罷工

堅持東北抗日游擊運動！

打倒日本帝國主義！

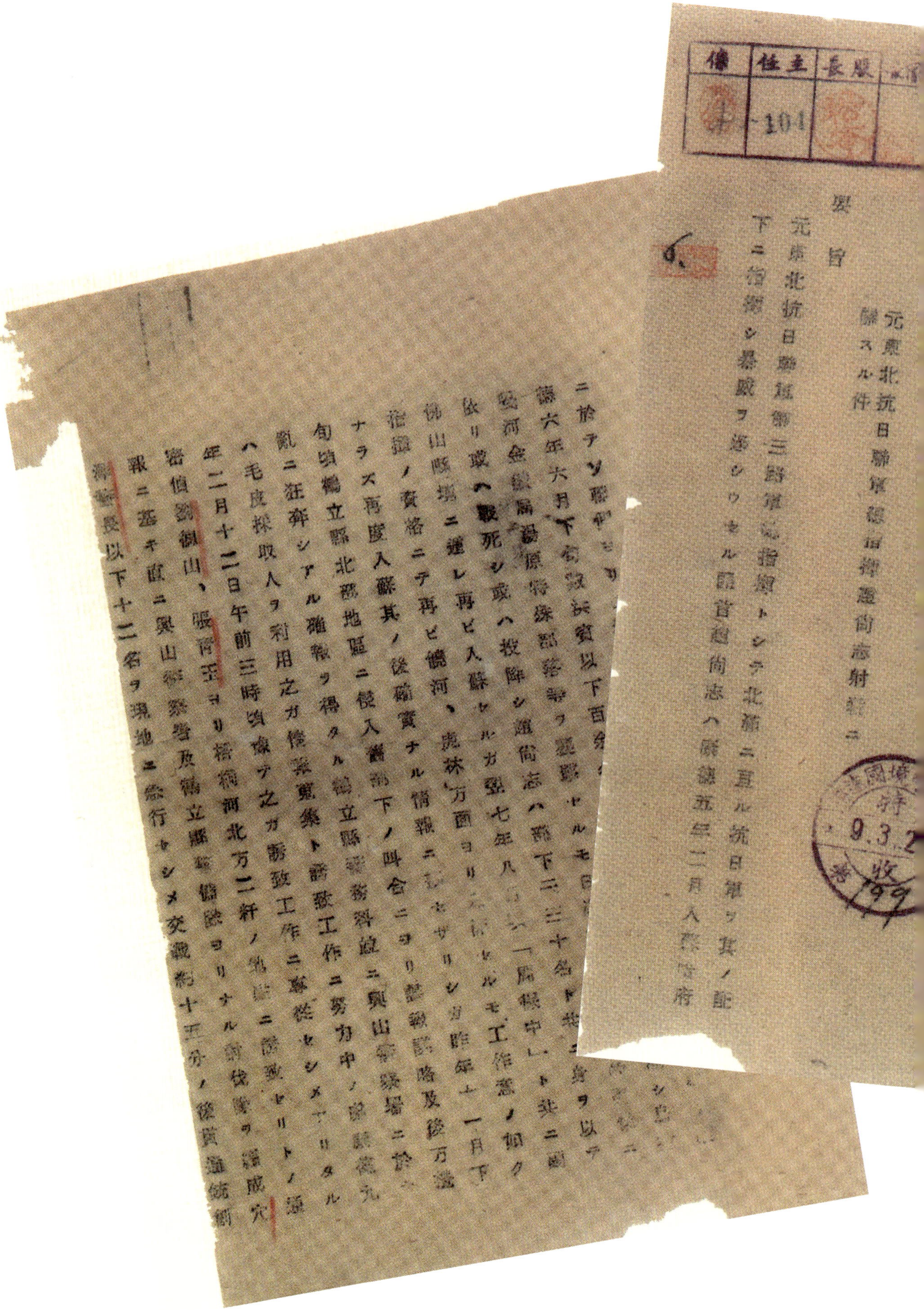

係	主任	股長	[illegible]
	104		

元東北抗日聯軍總指揮趙尚志射殺ニ
關スル件

要旨

元東北抗日聯軍第三路軍總指揮トシテ北滿ニ亘ル抗日軍ヲ其ノ配
下ニ指揮シ暴威ヲ逞シウセル匪首趙尚志ハ康德五年二月入蘇[illegible]府

9.3.2[illegible] 收 [illegible]

ニ於テソ聯邦[illegible]
康德六年六月下旬[illegible]以下百余名[illegible]トルモ日[illegible]
[illegible]河金鑛局湯原特殊部落等ヲ襲擊[illegible]部下二、三十名ト共ニ身ヲ以テ
依リ或ハ戰死シ或ハ投降シ趙尚志ハ部下二、三十名ト共ニ[illegible]
佛山縣境ニ逃レ再ビ入蘇セルガ康德七年八月[illegible]工作ヲ[illegible]ノ如ク
指揮ノ責務ニテ再ビ饒河、虎林方面ヨリ[illegible]昨年十一月下
ナラズ再度入蘇其ノ後確實ナル情報ニ接セザリシガ[illegible]及後万溝
旬頃鶴立縣北部地區ニ侵入警務下ノ呼合ニヨリ[illegible]ニ於ケル
亂ニ狂奔シアル確報ヲ得タル鶴立縣警務科ニ於テ興山[illegible]
ハ毛皮採取人ヲ利用之ガ懷柔寛集ト誘致工作ニ努力中ノ[illegible]
年二月十二日午前三時頃之ガ誘致工作ニ專從セシメアリタル
搭伯劉御山、張青玉ヨリ梧桐河北方二粁ノ[illegible]ニ誘致セリトノ通
報ニ基キ直ニ興山警察署及鶴立縣警務科ヨリナル討伐隊ヲ編成
縣警長以下十二名ヲ現地ニ急行セシメ交戰約十五分ノ後賓道銃斃

伪满洲国三江省警务厅长田中要次给治安部警务司长谷口明三的报告

民国三十一年

一九四二年二月十九日

1942年2月12日，东北抗日联军第三路军副总指挥赵尚志在率部袭击伪满洲国三江省（今属黑龙江）鹤立县梧桐河金矿伪警察分驻所战斗中重伤被俘，壮烈牺牲。同年2月19日，伪满洲国三江省警务厅长田中要次给治安部警务司长谷口明三撰写了情况报告，报告中说（译文）：『（1941年）12月下旬，赵尚志以下五名突然进入鹤立县梧桐河西北……12月23日，有穿日本军服的赵尚志及部下姜立新、张凤歧和另外三名在汤原县乌德库警防所北六十四公里处……（1942年）二月十二日午前三时，密侦刘德山、张青玉将赵尚志等人诱至梧桐河分驻所北两公里的地方……讨伐队因积雪尺余，行动不便，遂于距赵尚志部房舍四百米附近潜伏下来，监视赵部动静。在潜伏中，很快被赵部发觉，于是散开应战。为了切断赵部的去路，派分驻所所长以下五名迂回后方。交战经历约十五分钟，赵部枪声熄灭。』

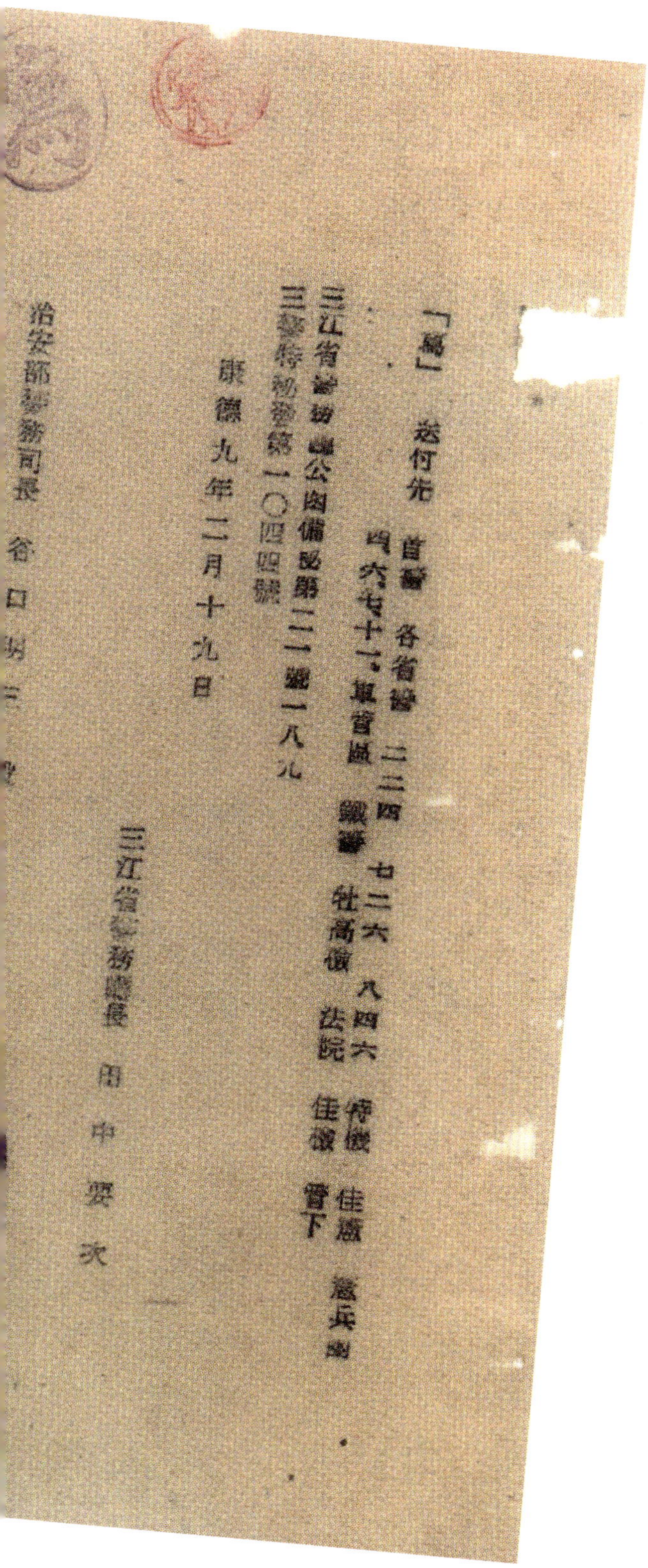

「寫」送付先 首警 各省警 二二四 七二六 八四六 侍從 佳憲 憲兵司

四六七十八 軍管區 鐵警 牡高檢 法院 佳檢 管下

三江省警務廳公開備祕第二二號一八九

三警特秘發第一〇四四號

康德九年二月十九日

三江省警務廳長 田中要次

治安部警務司長 谷口明三 殿

郭文连烈士照片

1942年5月18日，郭文连被日军杀害于热河省建昌县集市。

郭文连为热河省喀左旗草场人，1937年组织抗日『仁义军』，喊出『反满抗日，杀富济贫』的口号。『仁义军』是当时建昌及周边地区的主要抗日力量，多次给予日伪势力以沉重打击。

高桥烈士照片

1944年3月29日，高桥在热河省宁城（今属内蒙古自治区）老西沟战斗中牺牲。

高桥，原名高明海，吉林省密山（今属黑龙江）人，毕业于黄埔军校洛阳分校；1938年7月参加冀东大暴动，同年加入中国共产党；历任冀东抗日联军五总队副参谋长、五中队队长、八路军冀东军分区十三团一营营长、十三分区三区队区队长；1941年率部挺进热河，被任命为承平宁联合县三区区队长。

2015年，高桥入选中华人民共和国民政部公布的第二批600名著名抗日英烈和英雄群体名录。

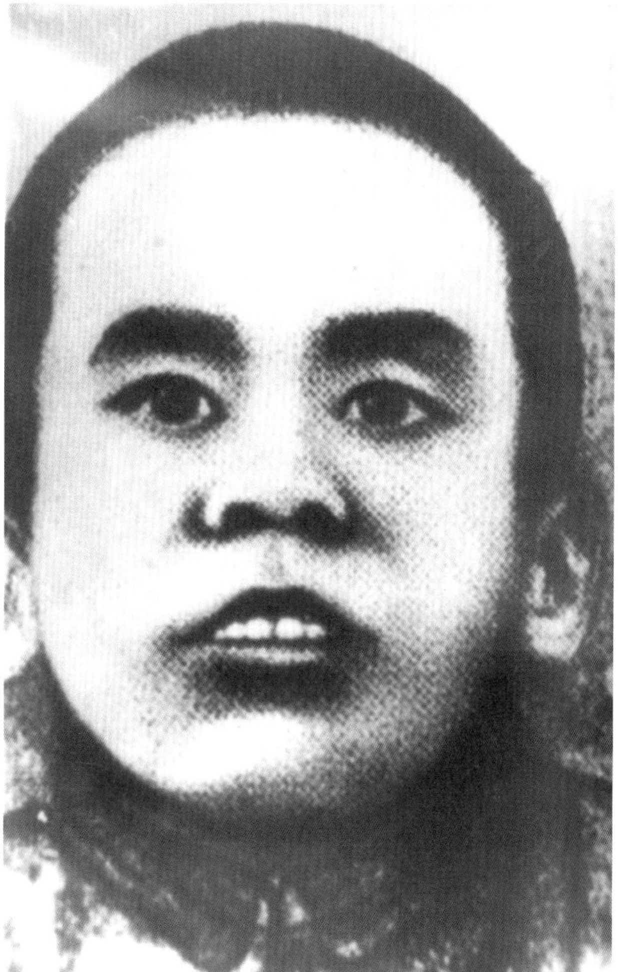

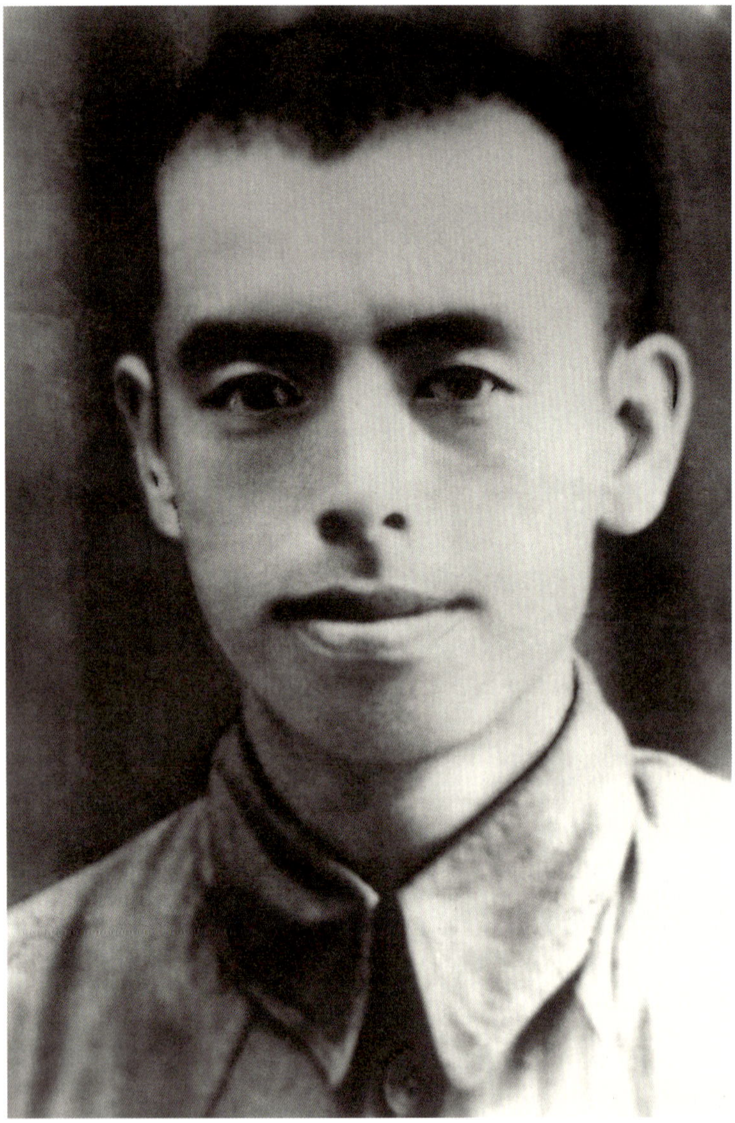

齐英烈士照片

1946年3月20日，齐英在热河省建昌县要路沟一带追剿土匪时牺牲。

齐英为辽宁省北镇人，早年投身东北军，官至上尉副官；1938年奔向延安，翌年加入中国共产党；历任冀东十二团作战参谋、岭上武工队长、凌源县工委书记兼办事处主任、临（榆）抚（宁）昌（黎）抗日联合县武装部副部长、建昌县独立团政委、中共热东地委民运部长兼宣传部副部长。

莫德烈士照片

1946年9月24日，莫德在热河省凌源县王杖子村遭遇敌人，不幸牺牲。

莫德为热河省喀左旗古迹营子（今属辽宁建昌）人，蒙古族，曾留学日本；1945年11月与父亲一起出席内蒙古人民自治运动第一次会议，并当选为联合会执行委员；随即加入东蒙工作团，返回家乡开展工作，任内蒙古自治运动联合会卓索图盟分会喀左旗支会副主任。

北票县黑城子农会成立照片

民国三十五年

一九四六年六月二十二日

1946年3月13日，北票黑城子王府被热辽军分区部队攻克，对小王子沁布多尔济的清算工作随之展开。同年6月22日，在黑城子召开了有附近14个村5300多村民参加的群众大会，宣布没收沁布多尔济的土地，同时选举产生了黑城子村农会和土地评议分配委员会。

热河省热东行政督察专员公署民字第一一〇号训令

民国三十五年

一九四六年七月二十五日

训令中说：『决定调朝阳县长赵子卿到专署，另有任用……』

赵子卿为河北省易县人，1939年6月加入中国共产党，1945年6月，进入日伪统治的朝阳县城从事地下工作；同年8月，任朝阳县人民政府县长。

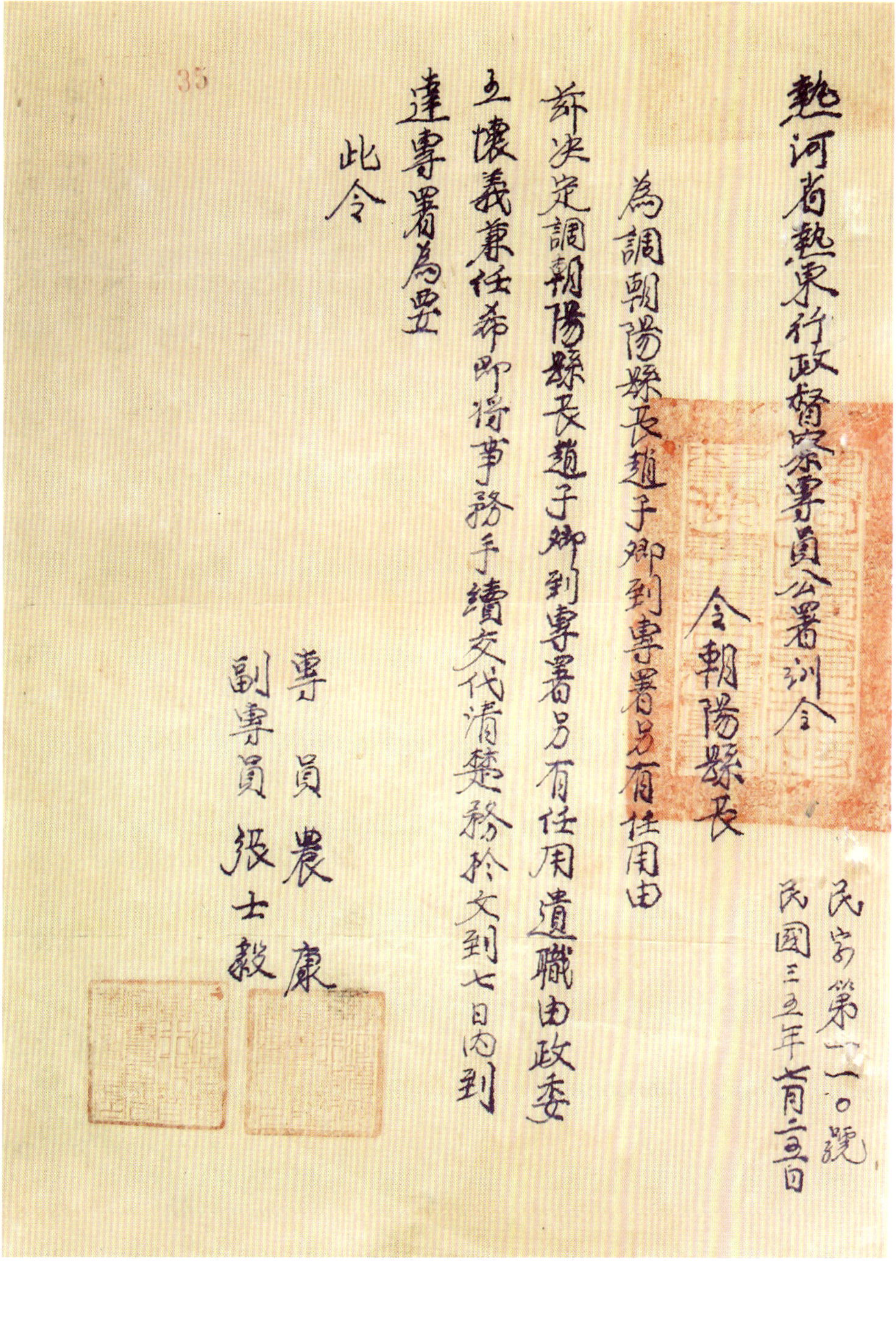

熱河省熱東行政督察專員公署訓令

民字第一一〇號

民國三五年七月廿五日

為調朝陽縣長趙子卿到專署另有任用由

令朝陽縣長

茲決定調朝陽縣長趙子卿到專署另有任用遺職由政委王懷義兼任希即將事務手續交代清楚務於文到七日內到達專署為要

此令

專員 農康

副專員 張士毅

白力锋烈士照片

1946年7月24日，白力锋在热河省凌源县山嘴子（今属辽宁喀左）阻击敌人、掩护部队撤退时，重伤不治，壮烈牺牲。

白力锋为陕西省绥德人，曾就读于绥德师范学校；1938年3月，参加学生战地服务团，4月加入中国共产党，同年赴延安，成为『抗大』学员；历任晋东南『抗大』区队指导员、濮阳县县大队副政委、热东军政干校组织教育科副科长、热东独立团政治处副主任。

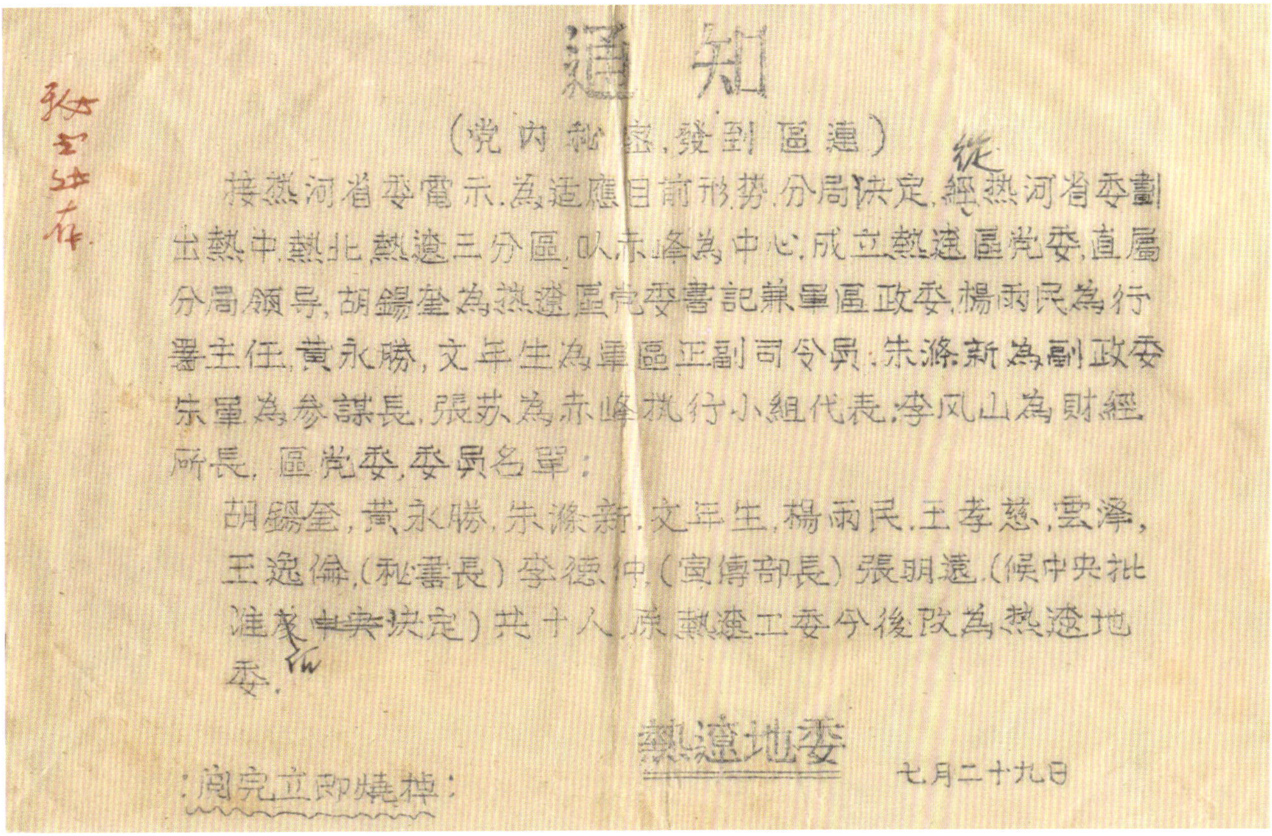
通知

（党內秘密，發到區委）

接熱河省委電示，為適應目前形勢，分局決定，經（從）熱河省委劃出熱中，熱北，熱遼三分區，以赤峰為中心，成立熱遼區党委，直屬分局領導，胡錫奎為熱遼區党委書記兼軍區政委，楊雨民為行署主任，黃永勝，文年生為軍區正副司令員，朱滌新為副政委，朱軍為参謀長，張苏為赤峰执行小組代表，李凤山為財經所長，區党委，委員名單：

胡錫奎，黃永勝，朱滌新，文年生，楊雨民，王孝慈，雲澤，王逸倫，（秘書長）李德仲（宣傳部長）張明遠，（候中央批准或中央決定）共十人，原熱遼工委今後改為熱遼地委。

熱遼地委　七月二十九日

：閱完立即燒掉：

热辽地委转发热河省委关于成立热辽区地委的通知

民国三十五年

一九四六年七月二十九日

通知中说：『接热河省委电示，为适应目前形势，分局决定，从热河省委划出热中、热北、热辽三分区，以赤峰为中心成立热辽区党委，直属分局领导。胡锡奎为热辽区党委书记兼军区政委，杨雨民为行署主任……原热辽工委今后改为热辽地委。』

收藏单位：河北省档案馆

领导各级党委的（廿六条）[illegible]

教育）

三、建立党在伪国民党大谈谈之政纲根据

地）教育，使在下部，建立中心区。在哪个分区，应是

该处任务，我之意见与想法或推想的根据

地）田地近，不要离开群众过远。

三、[illegible]

四、为党领导我之卓东工作委员会人，（应）选由在党

委决定，卓东工作委员会所想去这个署联合

，就是这许多事着边达卓东委的时候的具体领导！

我这样对党工作较好。

五、适当调剂已分草土地中的不合适的土地。

请参考。

其它碎小问题，机关，组织，我希望在

胡政委谈话时给以解释。此致

敬礼！

乌兰致胡锡奎、王逸伦的意见信

民国三十五年

一九四六年八月

乌兰在信中就（内）蒙古工作提出了五点意见：积极帮助蒙民人民（内蒙古人民）武装成立人民自卫军；各级党委有专人负责蒙民（内蒙古人民）工作，并在（内）蒙古区各种组织中建立党的领导；建立（内）蒙古反国民党大汉族主义政经根据地；党领导成立卓东工作委员会，人选由区党委决定；适当调剂改革土地中的不太合适的土地。

乌兰时任蒙民（内蒙古人民）工作委员会副主任、内蒙古人民自卫军卓索图盟纵队第十一支队政委。

收藏单位：河北省档案馆

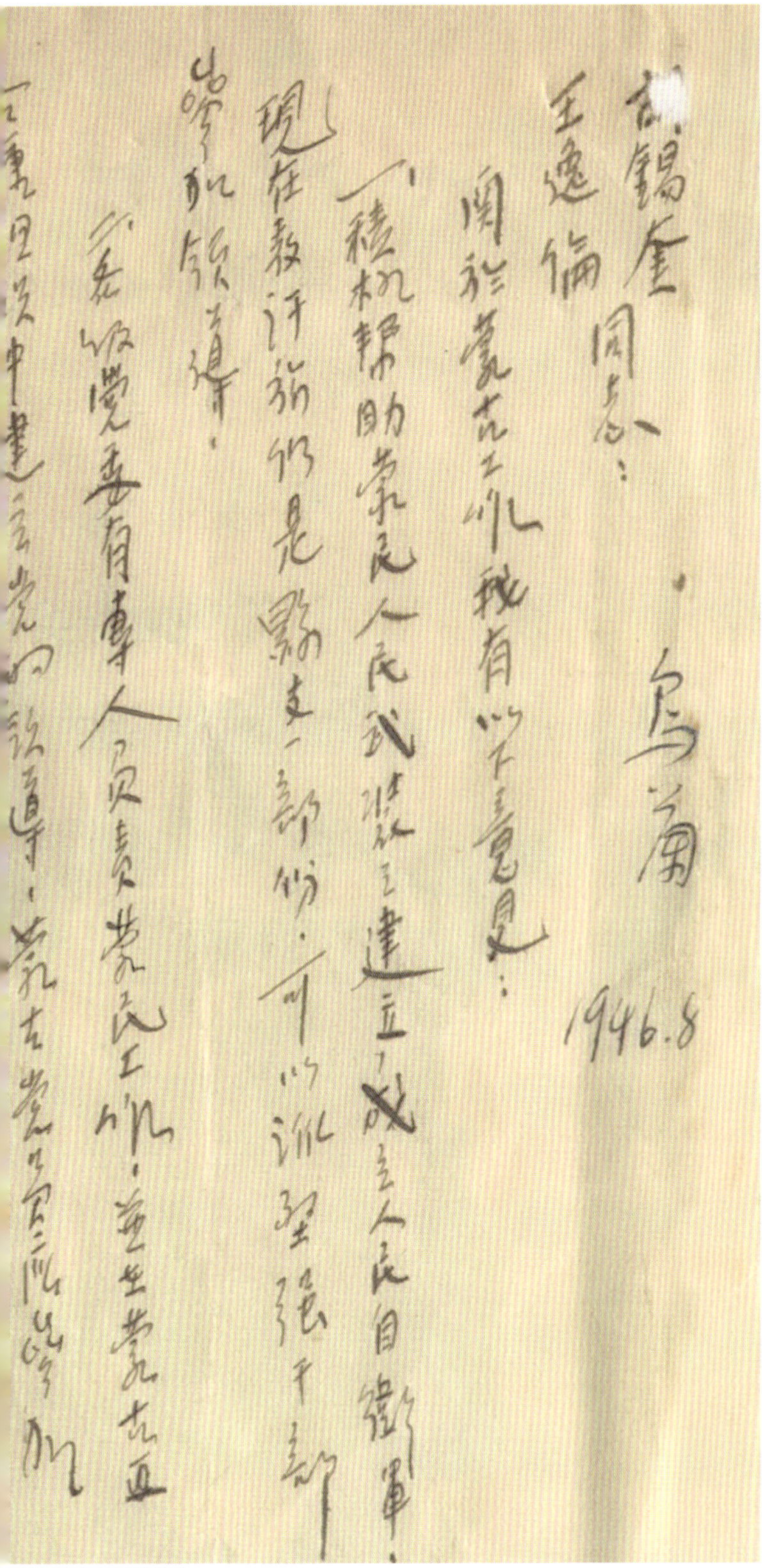
胡锡奎
王逸伦 同志：
关于蒙古工作我有以下意见： 乌兰 1946.8
一、积极帮助蒙民人民武装建立成立人民自卫军。
二、各级党委有专人负责蒙民工作，並在蒙古区

吉郑兴烈士和他两个女儿的合影照片

1946年9月，吉郑兴在热河省建平县（今属辽宁）乃林区沙坝台西头沟遭敌包围，突围时不幸牺牲。

吉郑兴为河北省滦县人，1937年加入中国共产党；历任滦县杨柳庄党支部书记、二区组织委员、八区中心区委书记、卢（龙）抚（宁）昌（黎）抗日联合县五区区委书记、迁（安）卢（龙）青（龙）抗日联合县委组织部副部长、中共建平县委副书记。

庄家震烈士照片

1946年10月中旬，庄家震在热河省建平县建平区波克梁南营子附近遭敌包围，为掩护战友突围，壮烈牺牲。

庄家震为辽宁省营口人，1932年夏，因生活所迫，由营口来建平投奔亲友；曾入伪警察学校学习，毕业后任建平县警察署内勤、喀右旗王爷府警务署司法警尉；1945年日本投降后，加入建平县支队，任参谋。

热辽地委《关于建立朱德骑兵团的决定》

民国三十六年

一九四七年一月十一日

决定中说：『朱德司令六十寿辰，分局和军区决定热河成立朱德骑兵旅，作为庆祝朱德司令六十大寿的礼物，这对全国及热河均有极重大的政治斗争意义。我热辽为响应分局和军区这一号召，决定成立朱德骑兵团……各县参加之人数，即在本期扩军数字之内。』

收藏单位：河北省档案馆

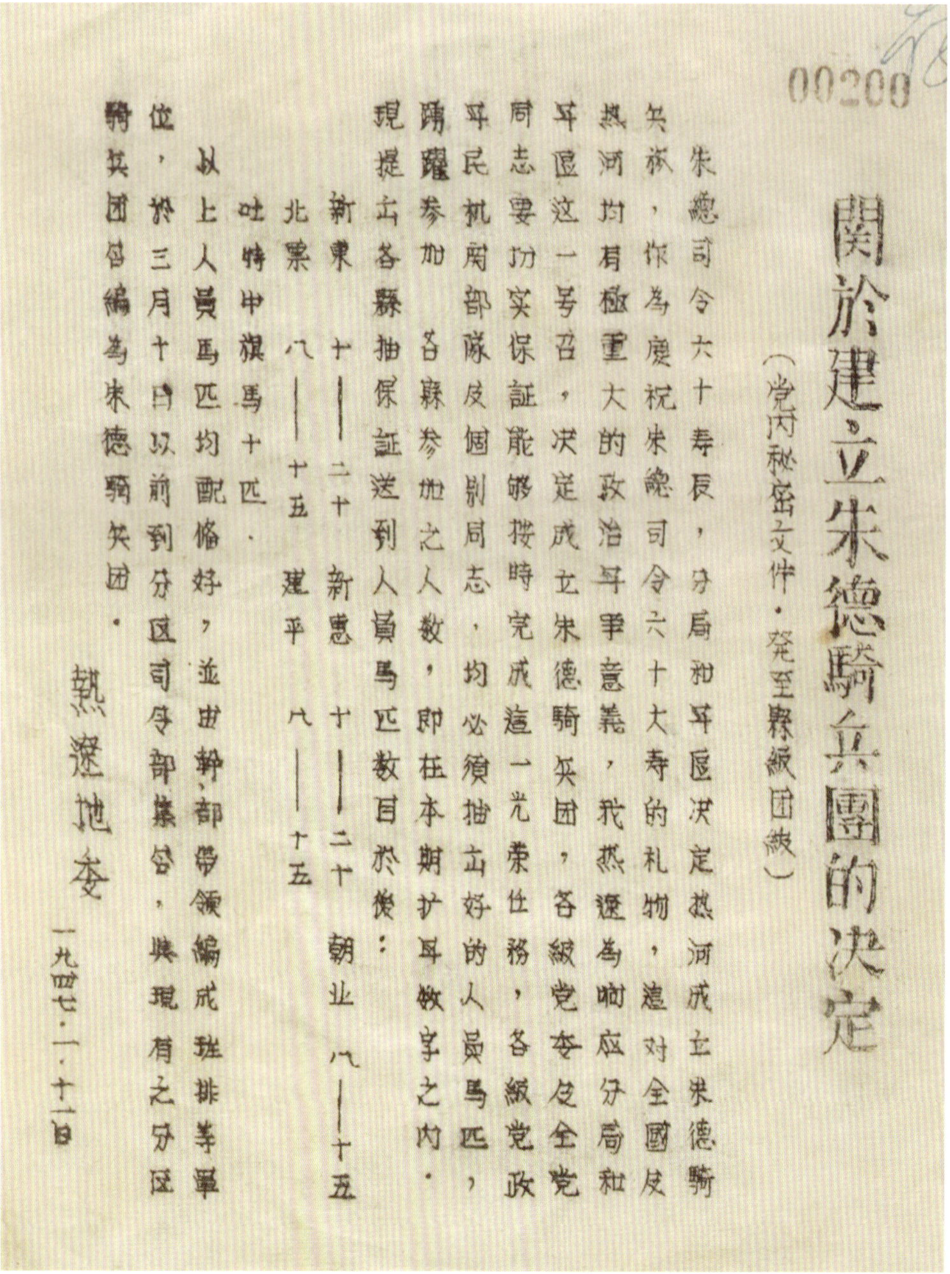

關於建立朱德騎兵團的決定

（党内秘密文件・発至縣級団級）

朱德司令六十寿辰，分局和军区决定热河成立朱德骑兵旅，作为庆祝朱德司令六十大寿的礼物，这对全國及热河均有极重大的政治军事意義，我热辽为响应分局和军区这一号召，决定成立朱德骑兵团，各级党委及全党同志要切实保証能够按時完成这一光荣任务，各級党政军民机关部队及個别同志，均必須抽出好的人員马匹，踊躍参加，各縣参加之人数，即在本期扩军数字之内。現提出各縣抽保証送到人員马匹数目於後：

新东 十——二十 新惠 十——二十 朝北 八——十五

北票 八——十五 建平 八——十五

以上人員马匹均配備好，並由幹部带领編成班排等单位，於三月十日以前到分区司令部集合，与現有之分区骑兵团合编为朱德骑兵团。

熱遼地委

一九四七・一・十一日

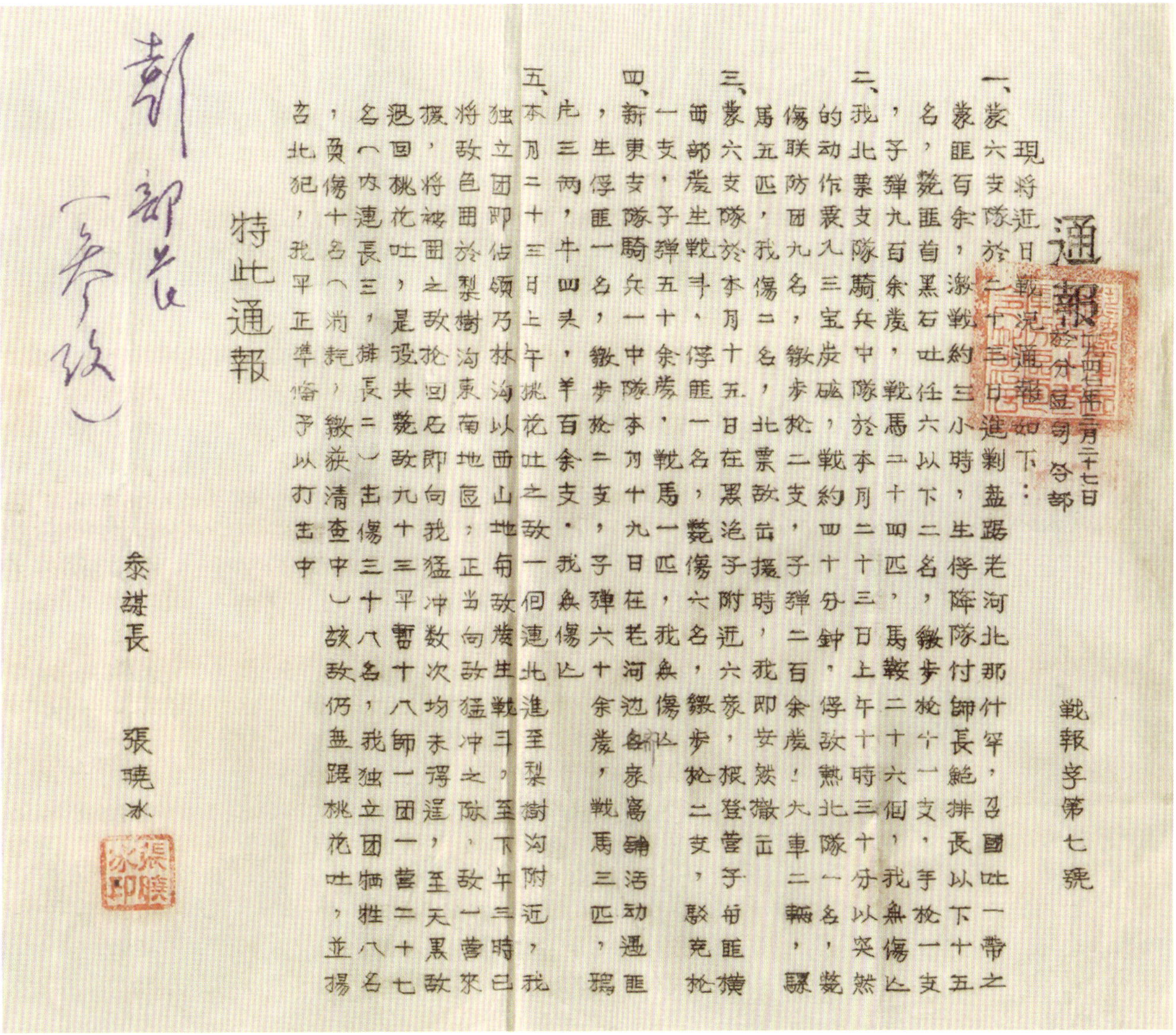

通報

一九四七年三月二十七日 於分區司令部

戰報字第七號

現將近日戰況通報如下：

一、蒙六支隊於二十三日進剿盘踞老河北那什罕，召國吐一帶之蒙匪百余，激戰約三小時，生俘降隊付，師長絶，排長以下十五名，毙匪首黑石吐，任六以下二名，繳步槍廿一支，手槍一支，子弹九百余發，戰馬二十四匹，馬鞍二十六個，我無傷亡。

二、我北票支隊騎兵中隊，於本月二十三日上午十時三十分以突然的动作襲入三宝炭礦，戰約四十分鐘，俘敵熱北隊一名，毙傷联防团九名，繳步槍二支，子弹二百余發，大車二輛，騾馬五匹，我傷二名，北票敵出援時，我即安然撤出。

三、蒙六支隊於本月十五日在黑治子附近六家，根登营子甸匪横西部發生戰斗、俘匪一名，毙傷六名，繳步槍二支，駁克槍一支，子弹五十余發，戰馬一匹，我無傷亡。

四、新東支隊騎兵一中隊本月十九日在老河边多家窩鋪活动遇匪，生俘匪一名，繳步槍二支，子弹六十余發，戰馬三匹，騾驢三兩，牛四头，羊百余支。我無傷亡。

五、本月二十三日上午桃花吐之敌一個連北進至梨樹沟附近，我独立团即佔領乃林沟以西山地，向敌發生戰斗，至下午三時已將敌包围於梨樹沟東南地區；正当向敌猛冲之際，敌一营來援，將被围之敌抢回后，即向我猛冲数次，均未得逞，至天黑敌退回桃花吐，是役共毙敌九十三平暂十八師一团一营二十七名（内連長三，排長二）击傷三十八名，我独立团牺牲八名，負傷十名（消耗，繳获清查中）該敌仍盘踞桃花吐，並揚言北犯，我平正準備予以打击中。

特此通報

參謀長　張曉冰

郭部長

热辽军区第二十一军分区战况通报

民国三十六年

一九四七年三月二十七日

通报中说：『本月二十三日上午，桃花吐之敌一个连北进至梨树沟附近，我独立团即占领乃林沟以西山地，与敌发生战斗。至下午三时，已将敌包围于梨树沟东南地区。正当向敌猛冲之际，敌一营来援，将被围之敌抢回后，即向我猛冲数次，均未得逞。至天黑，敌退回桃花吐。是役共毙敌九十三军暂十八师一团一营二十七名（内连长三，排长二），击伤三十八名。我独立团牺牲八名，负伤十名。』

收藏单位：河北省档案馆

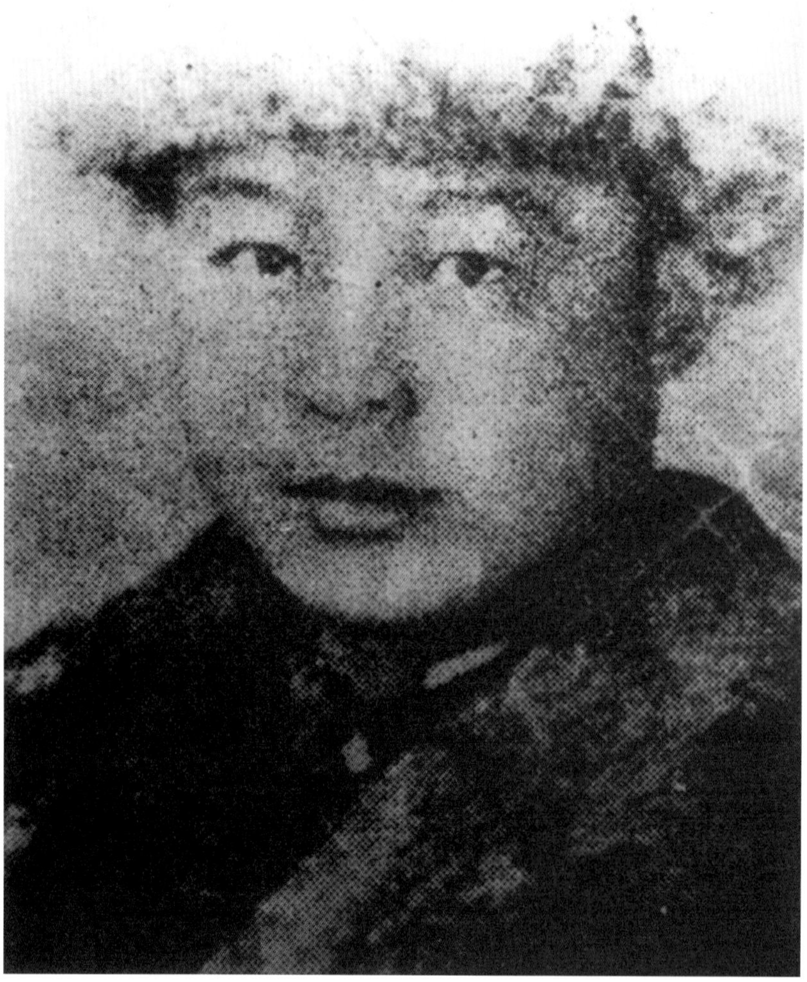

张士毅烈士照片

1947年4月21日，张士毅在热河省朝阳县松树嘴子开展工作时，遭国民党部队袭击，不幸牺牲。

张士毅为河北省蓟县（今属天津）人，曾参加冀东抗日大暴动，1938年10月加入中国共产党；历任房（山）涞（水）涿（鹿）抗日联合县武装部主任、联合县议会议长、华北联大学生总会主席、迁（安）卢（龙）抚（宁）昌（黎）抗日联合县县长、中共滦东地委敌工部部长、辽西专员公署专员兼锦州市市长。

朝北县委《关于动员与组织一切力量配合部队作战大力开辟地区的指示》

民国三十六年

一九四七年五月八日

指示中说：『由于我军主动出击，收复失地，我县地区必有新的开展，我党政民工作必须运用最大力量，恢复地区与开辟新区，始得巩固战役与战斗的胜利，拯救蒋管区、游击区千万人民于水火之中。』

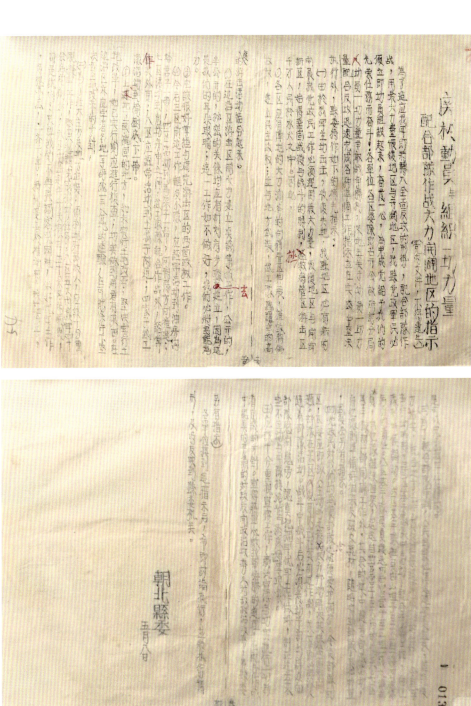

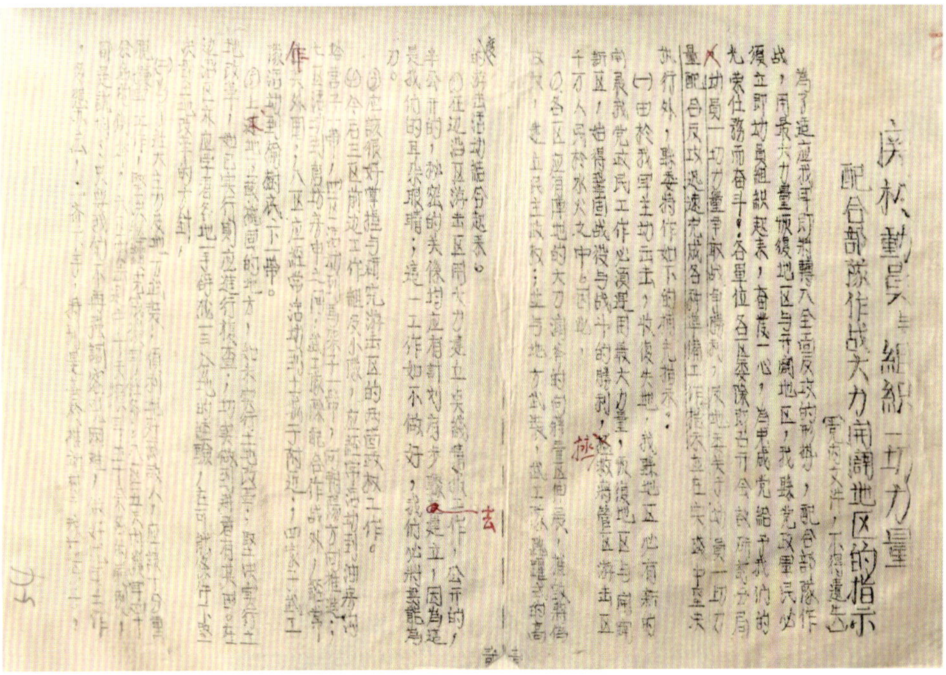

朝北縣委

五月八日

热辽地委关于奖励汪秋瑞、张旭光同志的决定

民国三十六年

一九四七年六月二日

决定中说：『五月中旬我军对朝阳北票间敌占点线进行破击时，朝北县武委会主任汪秋瑞同志、公安科长张旭光同志因平时工作积极努力，在二十四小时内，集合四个区民兵自卫队一千二百人，并亲自率领在前线配合作战，进行破路破线、抢送伤员、侦察敌情、搬运物资等行动，连续数昼夜，胜利完成任务，深为我部队指战员及群众所赞许。在这自卫战争转入反攻的时期，全党同志应紧急动员，坚决奋斗，一切为了前线，一切为了自卫战争的胜利。汪秋瑞、张旭光二同志忠诚勇敢，认真负责，密切联系群众，积极帮助军队的这种模范行为是值（得）全党同志学习的。地委特决定给汪、张二同志以书面奖励，并在党刊中公布。』

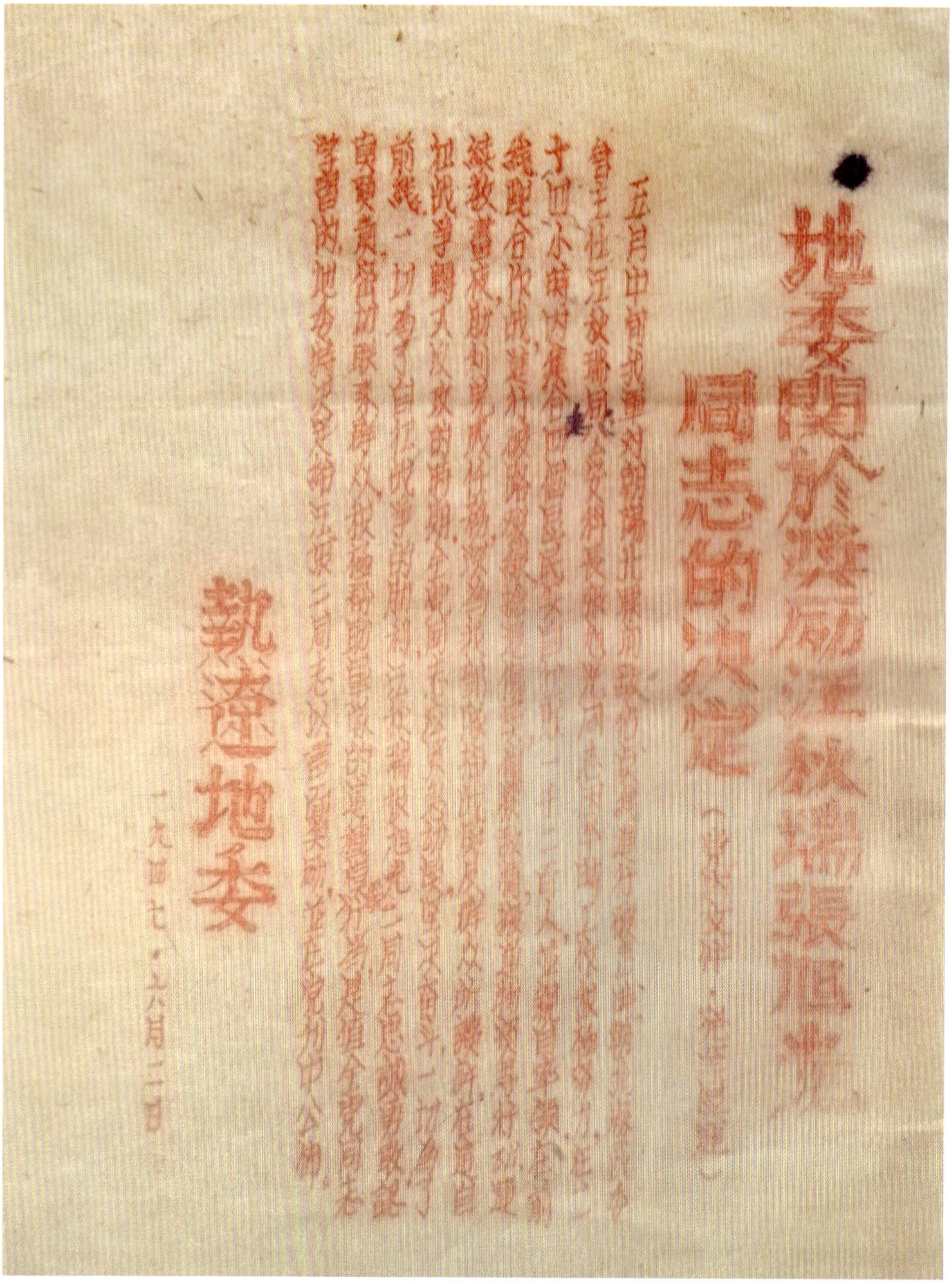
熱遼地委

一九四七·六月二日

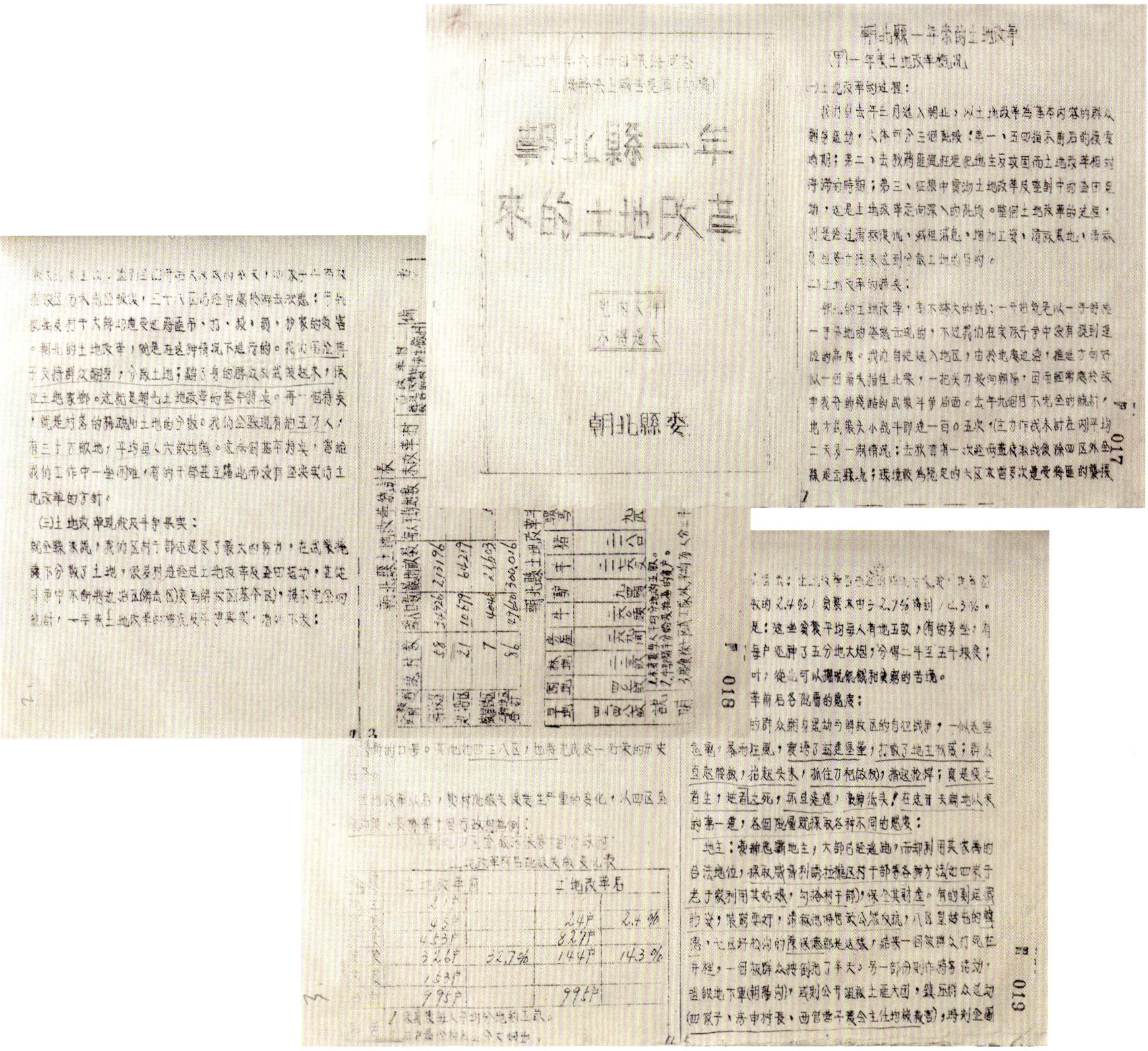

《朝北县一年来的土地改革》

民国三十六年

一九四七年六月十日

这份总结中说：『朝北的土地改革，毫不夸大的说：一开始就是以一手拿枪、一手分地的姿态出现的，不过我们在实际斗争中没有提到理论的高度。我们自从进入地区，由于地处边沿，推进方向好似一个箭头指往北票，一把尖刀杀向朝阳，因而经常处于敌争我夺的残酷的武装斗争局面。去年九个月不完全统计，地方武装大小战斗一百〇五次（主力作战未计在内），平均二天多一闹情况。』

《关于朝北、北票两县合并的通知》

民国三十六年

一九四七年六月十一日

通知中说：『为执行分局关于开辟新地区工作的决议，现经地委会决定，将朝北、北票两县合并。』新的北票县县委书记为王云，王云同时兼任蒙十一支队政委，原北票、朝北两支队政委及蒙民部长；李竞生为新的北票县县长。

收藏单位：河北省档案馆

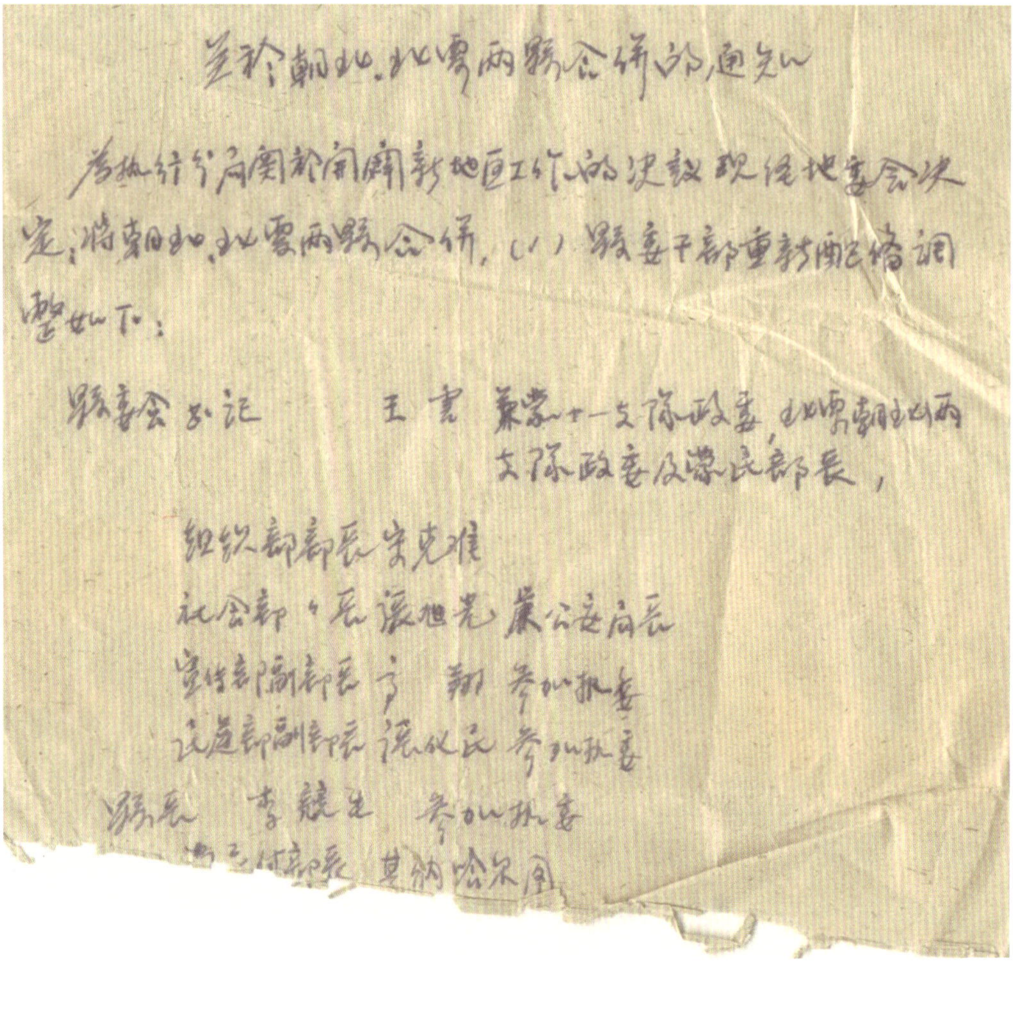

关於朝北、北票两县合併的通知

为执行分局关於开辟新地区工作的决议现经地委会决定：将朝北、北票两县合併，(1)县委干部重新配备调整如下：

县委会书记　王云　兼蒙十一支队政委，北票朝北两支队政委及蒙民部长，

组织部部长　宋克礼

社会部部长　张旭光　兼公安局长

宣传部副部长　方翔　参加执委

民运部副部长　张从民　参加执委

县长　李竞生　参加执委

蒙民付部长　其纳哈尔图

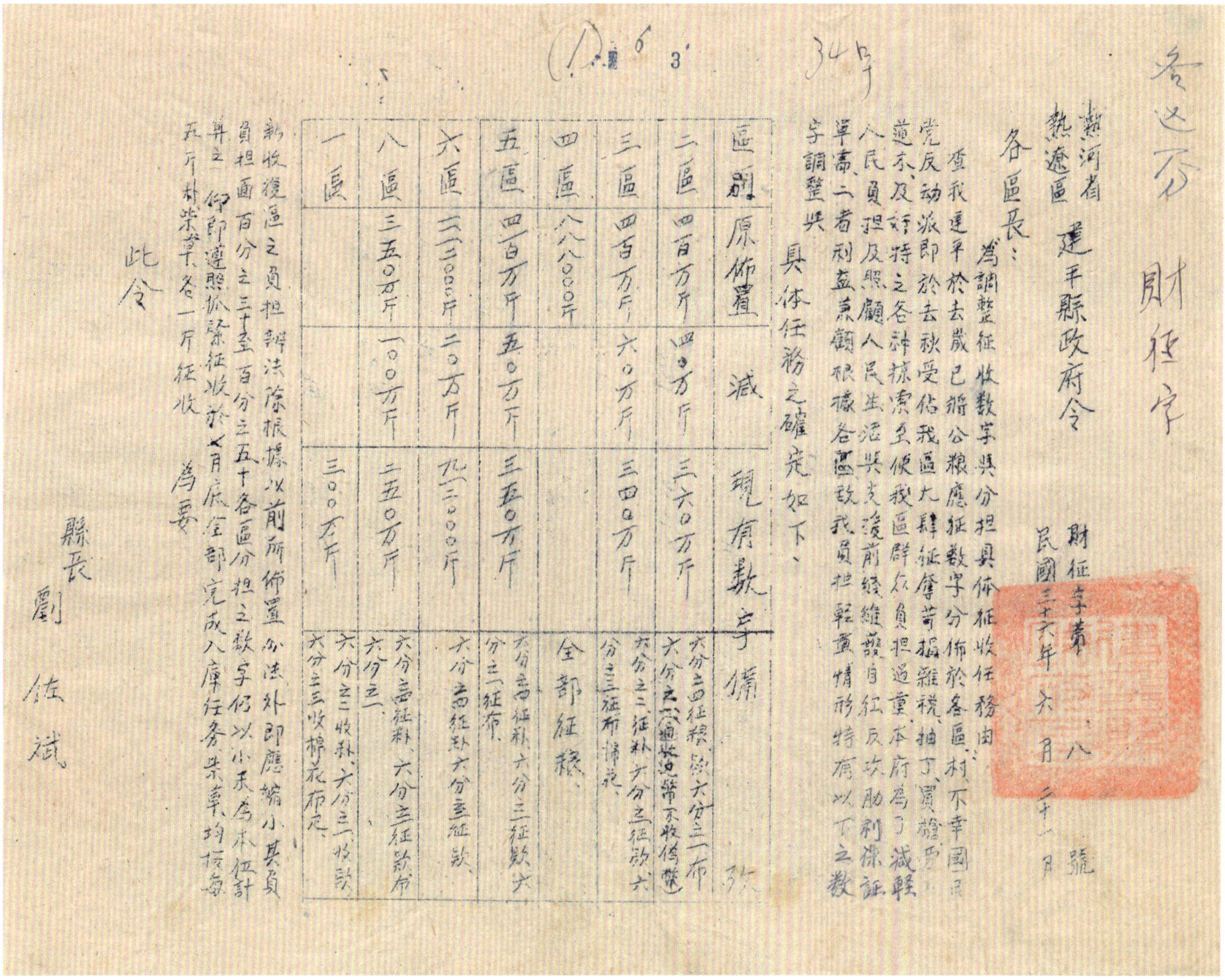

存卷 財征字

冀热遼區
熱河省
建平縣政府令

財征字第 八 號
民國三十六年六月二十一日

各區長：

為調整征收數字與分担具体征收任務由

查我建平於去歲已將公粮應征數字分佈於各區村，不幸國民党反动派即於去秋受佔我區，大肆征奪苛捐雜稅、抽丁、買槍……及奸特之各种掠索，至使我區群众負担過重。本府為了减輕人民負担及照顧人民生活與支援前綫，維護自衛反攻勝利，保証軍需，二者利益兼顧，根據各區敌我負担輕重情形，特有以下之數字調整與具体任務之確定如下：

區别	原佈置	减	現有數字	備考
二區	四百万斤	四〇万斤	三六〇万斤	六分之四征粮、[illegible]六分之一布、六分之一[illegible]
三區	四百万斤	六〇万斤	三四〇万斤	六分之三征[illegible]、六分之二征款、六分之一征布棉花
四區	八八八〇〇〇斤			全部征粮
五區	四百万斤	五〇万斤	三五〇万斤	六分之四征[illegible]、六分之一征款、六分之一征布
六區	一二〇〇〇〇〇斤	二〇万斤	九八〇〇〇〇斤	六分之四征[illegible]、六分之二征款
八區	三五〇万斤	一〇〇万斤	二五〇万斤	六分之四征[illegible]、六分之一征款布、六分之一
一區			三〇〇万斤	六分之三收[illegible]、六分之二收款、六分之一收棉花布匹

新收復區之負担辦法除根據以前所佈置分法外，即應縮小其負担面百分之三十至百分之五十，各區分担之數字仍以小米為本位計算之，仰即遵照执[illegible]征收，於七月底全部完成入庫任务。柴草均按每五斤[illegible]各一斤征收為要。

此令

縣長 劉佐斌

建平县关于征收公粮工作的政府令

民国三十六年

一九四七年六月二十一日

该政府令说：『查我建平于去岁已将公粮应征数字分布于各区、村。不幸国民党反动派即于去秋受（侵）占我区，大肆征夺苛捐杂税、抽丁、买枪……及奸特之各种掠索，至（致）使我区群众负担过重。本府为了减轻人民负担，及照顾人民生活与支援前线，维护自卫反攻胜利，保证军需，二者利益兼顾，根据各区敌我负担轻重情形，特有以下之数字调整。』

从政府令里面的调整数字可以知道，第八区的减征公粮数达到应征公粮数的28%。

叶柏寿县政府成立大会照片

民国三十六年

一九四七年七月七日

人民解放战争由战略防御转入战略进攻后，根据形势发展的需要，中共中央冀察热辽分局于1947年5月决定在东北通往华北和内蒙古的铁路交通枢纽叶柏寿建县，行政区划包括原朝阳县、凌源县各一部分和建平县的万寿区。

热辽军分区司令部关于编成冀察热辽军区独立第三师的命令

民国三十六年

一九四七年七月二十二日

命令中说：『为了便利领导，精减（简）机关，更多的建设及壮大主力，决定将二十二分区取消，与十九分区合并。原二十二分区的组织机构改编成为冀察热辽军区独立第三师，下辖之三个团原番号改称为七、八、九团。现将师的主要负责干部公布如下：任命周仁杰为冀察热辽军区独立第三师师长，着调陈文彪为冀察热辽军区独立第三师政治委员……』

收藏单位：河北省档案馆

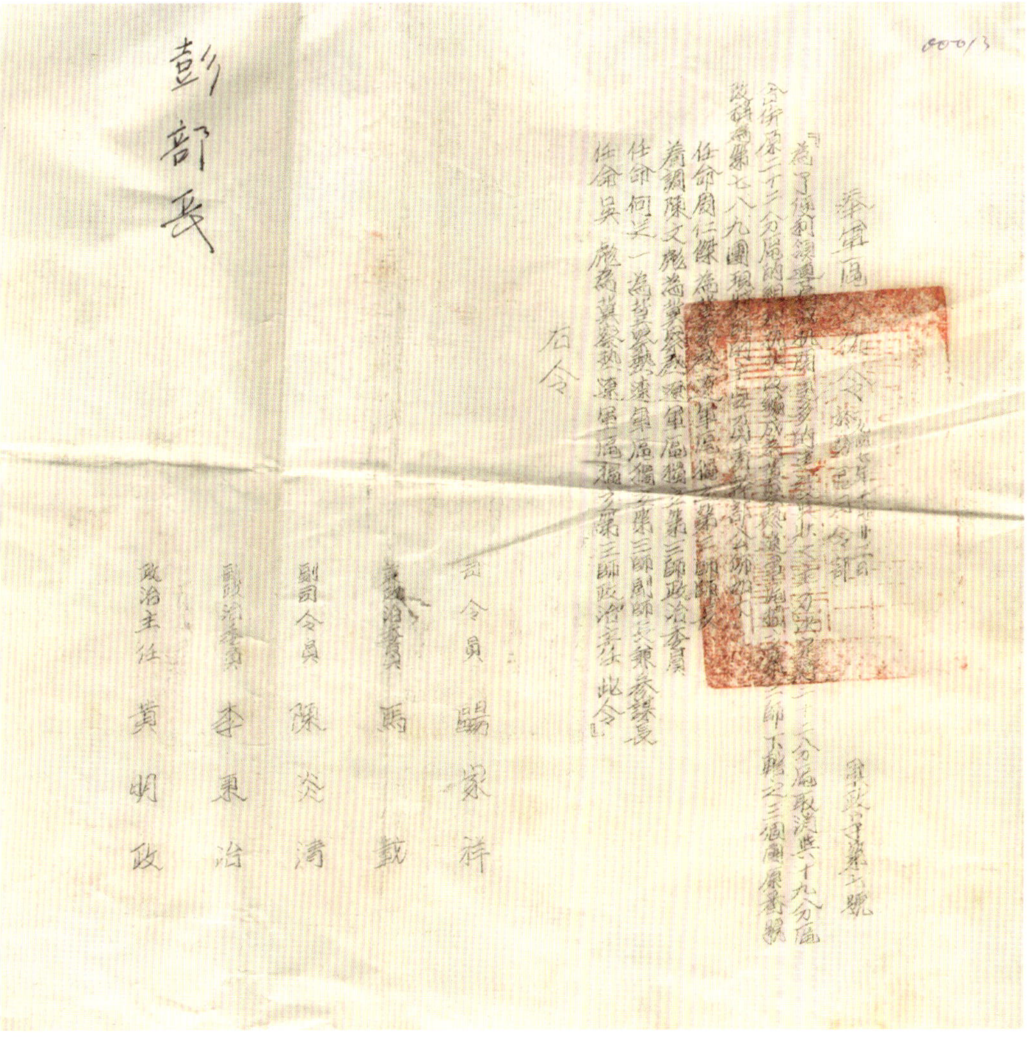

為證明事茲據本礦職工會主任秘書張壽銓聲稱所存學歷及任職證件計江蘇商專畢業證明書交通部滇緬公路局材料管理員委令經濟部中央工業試驗所會計員派令重慶公共汽車管理處股長派令軍政部十一兵工廠課長委令本公司助理管理師兼合作社會計組長派令本公司職工會主任秘書調令各一件均於三十六年七月一日共軍攻陷北票本礦廠時遺失請予證明等情經核屬實合給證明

此證

總經理

八、十三

中華民國三十六年八月三日

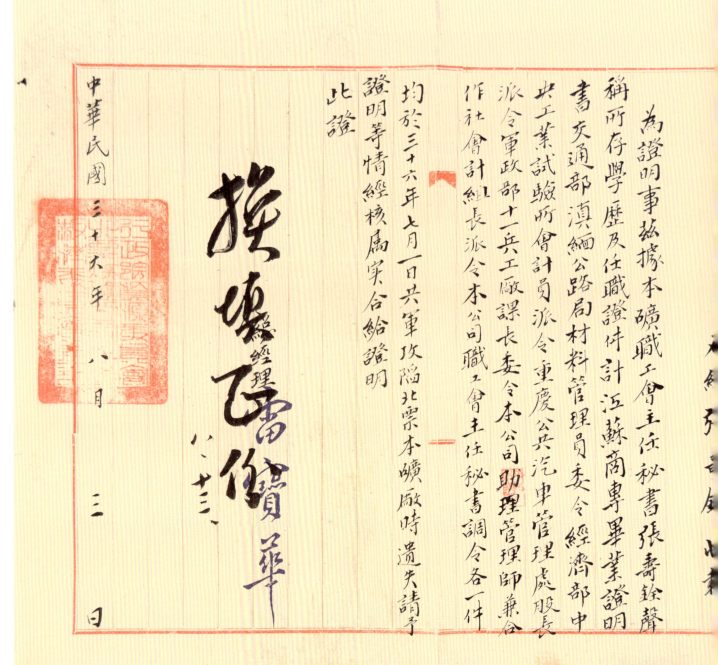

证件遗失证明及补发证件呈请

民国三十六年

一九四七年八月三日

一九四七年八月五日

两份文件所述证件遗失原因，均为1947年7月1日东北民主联军及地方武装第二次攻陷北票。1947年6月28日，热辽军分区十三旅、十七旅进攻北票；6月29日，攻克台吉煤矿；6月30日，北票发电厂一个连守敌投降；7月1日，北票守敌被全歼，北票第二次获得解放。

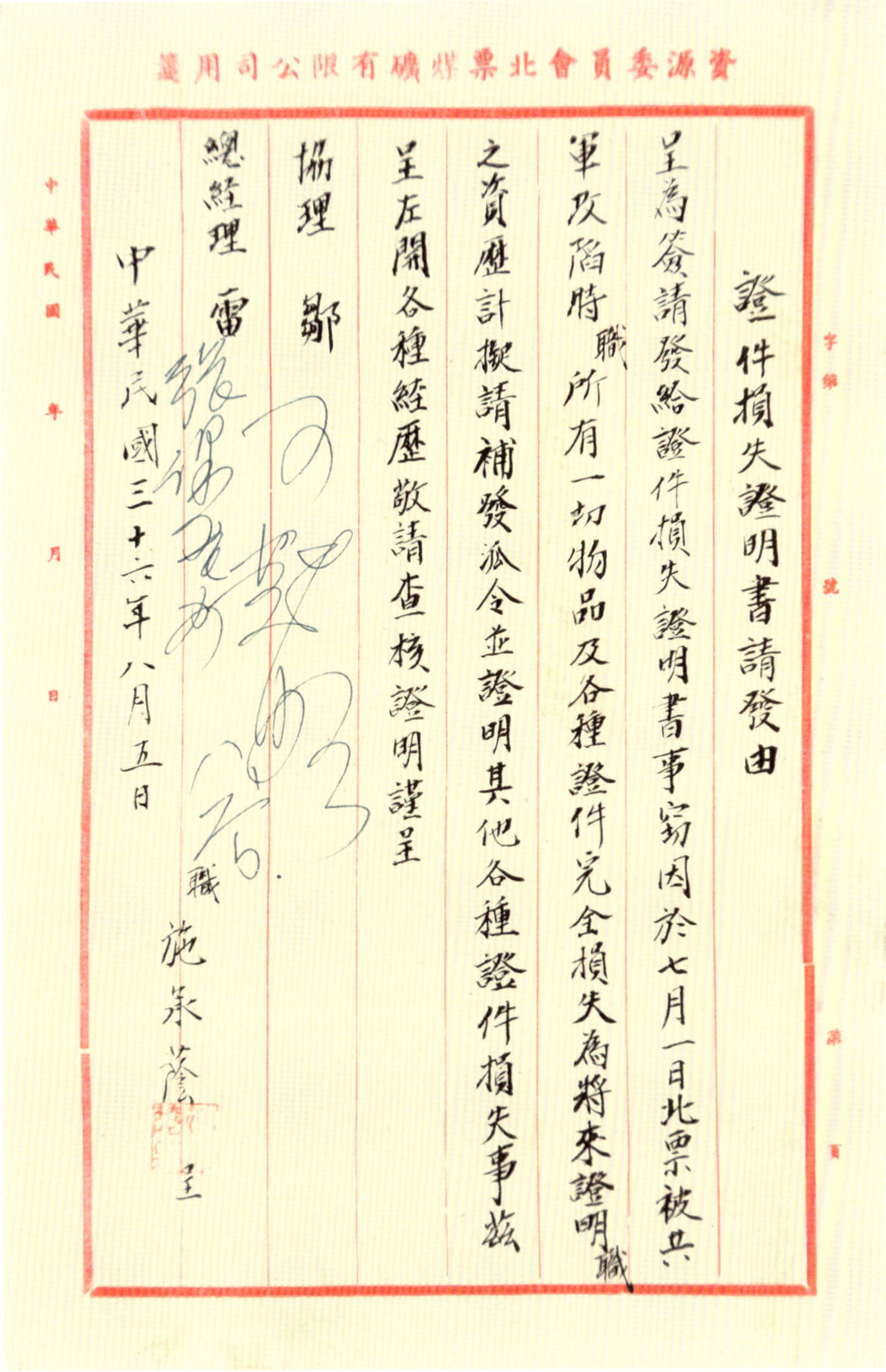

資源委員會北票煤礦有限公司用箋

字第 號 第 頁

證件損失證明書請發由

呈為簽請發給證件損失證明書事竊因於七月一日北票被共軍攻陷時職所有一切物品及各種證件完全損失為將來證明職之資歷計擬請補發派令並證明其他各種證件損失事茲呈左開各種經歷敬請查核證明謹呈

協理 鄒

總經理 雷

中華民國三十六年八月五日

職 施萊蔭 呈

中華民國 年 月 日

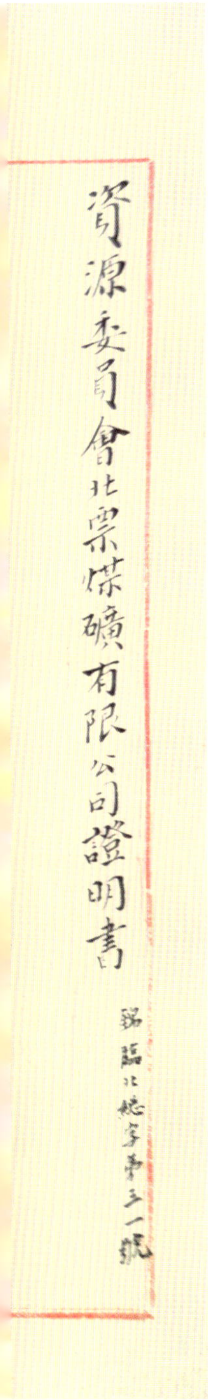

資源委員會北票煤礦有限公司證明書

錦臨北總字第三一號

北票煤矿有限公司日籍留用人员解雇证明书

民国三十六年

一九四七年九月一日

解放战争进入1947年后，国民党的战局形势更为不利。4月间，北票煤矿有限公司总经理雷宝华撤至锦州，遥控指挥。9月18日，魏华鹍接任北票煤矿有限公司总经理，开始第二次裁员，被留用的日籍人员陆续遭解雇，并将重要档案抢运关内。

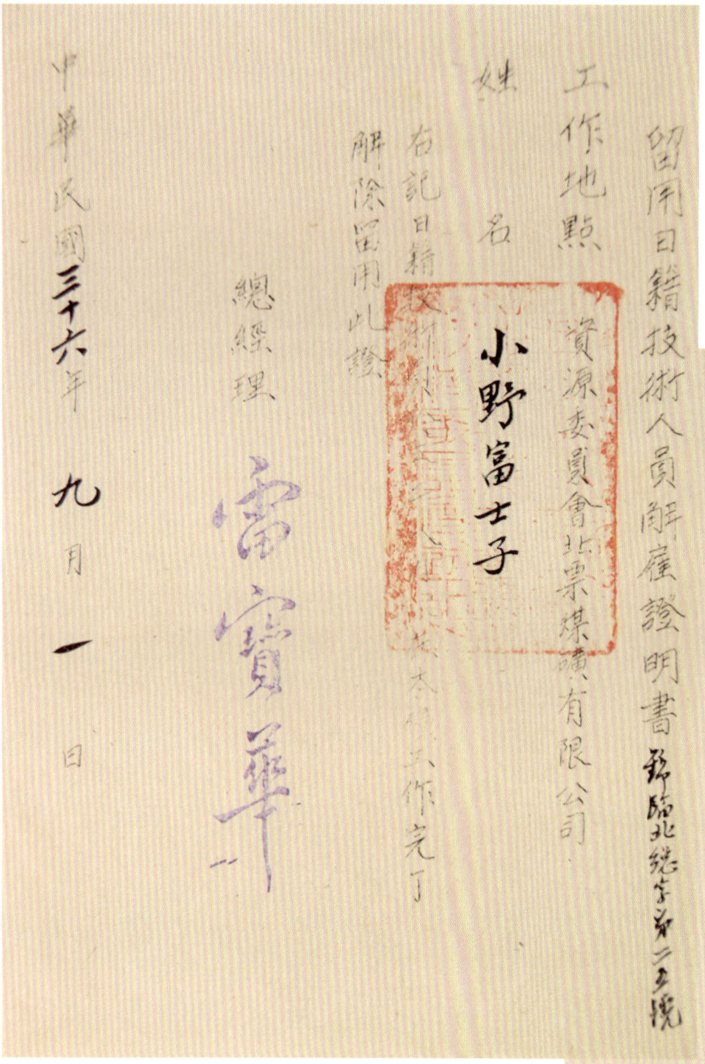

留用日籍技術人員解雇證明書 錦臨北總字第二五號

工作地點 資源委員會北票煤礦有限公司

姓名 小野富士子

右記日籍技術人員於本年八月□日在本礦工作完了

解除留用此證

總經理 雷寶華

中華民國三十六年九月一日

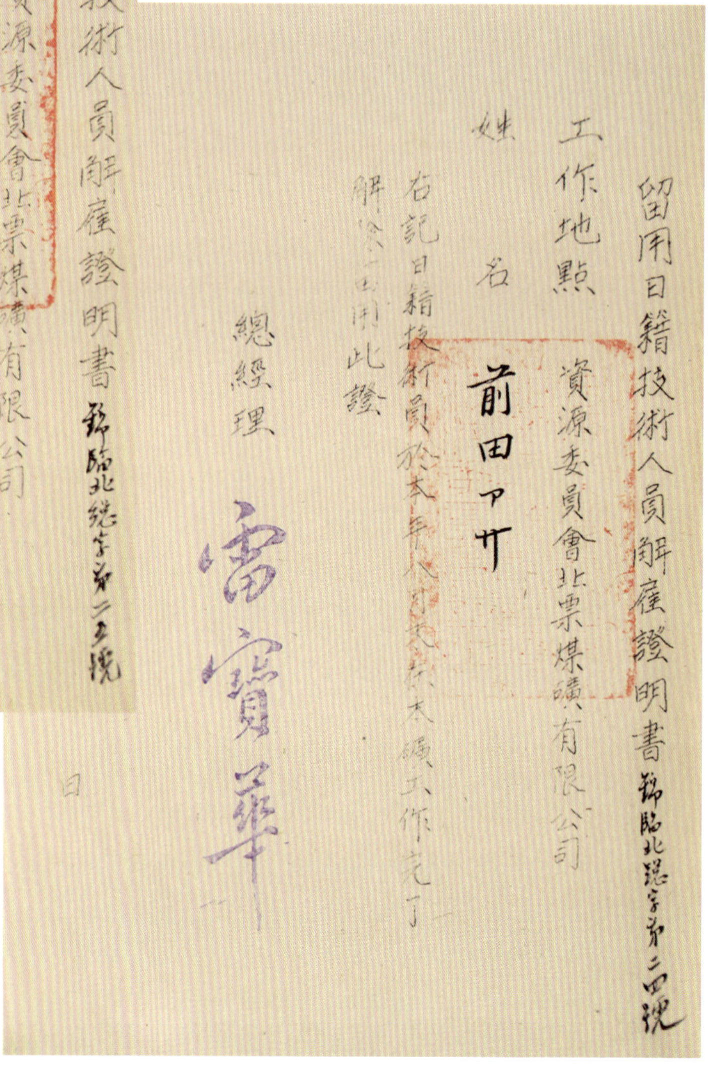

留用日籍技術人員解雇證明書 錦臨北總字第二四號

工作地點 資源委員會北票煤礦有限公司

姓名 前田アサ

右記日籍技術員於本年八月□日在本礦工作完了

解除留用此證

總經理 雷寶華

日

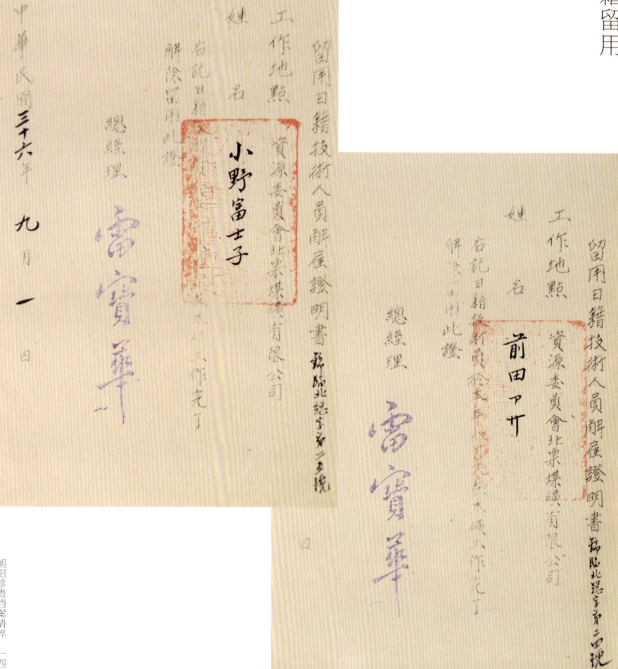

热辽地委关于取消中灶、小灶，一律吃大灶的通知

民国三十六年

一九四七年九月二日

通知中说：『分局决定由分局起，党政军民一切后方机关、部队自九月一日开始，取消中灶、小灶。一律改吃大灶伙食……地委如有个别同志因病应吃细粮者，须报分局批准。此为经济紧急措施之一，任何人必须执行，均无例外……』

收藏单位：河北省档案馆

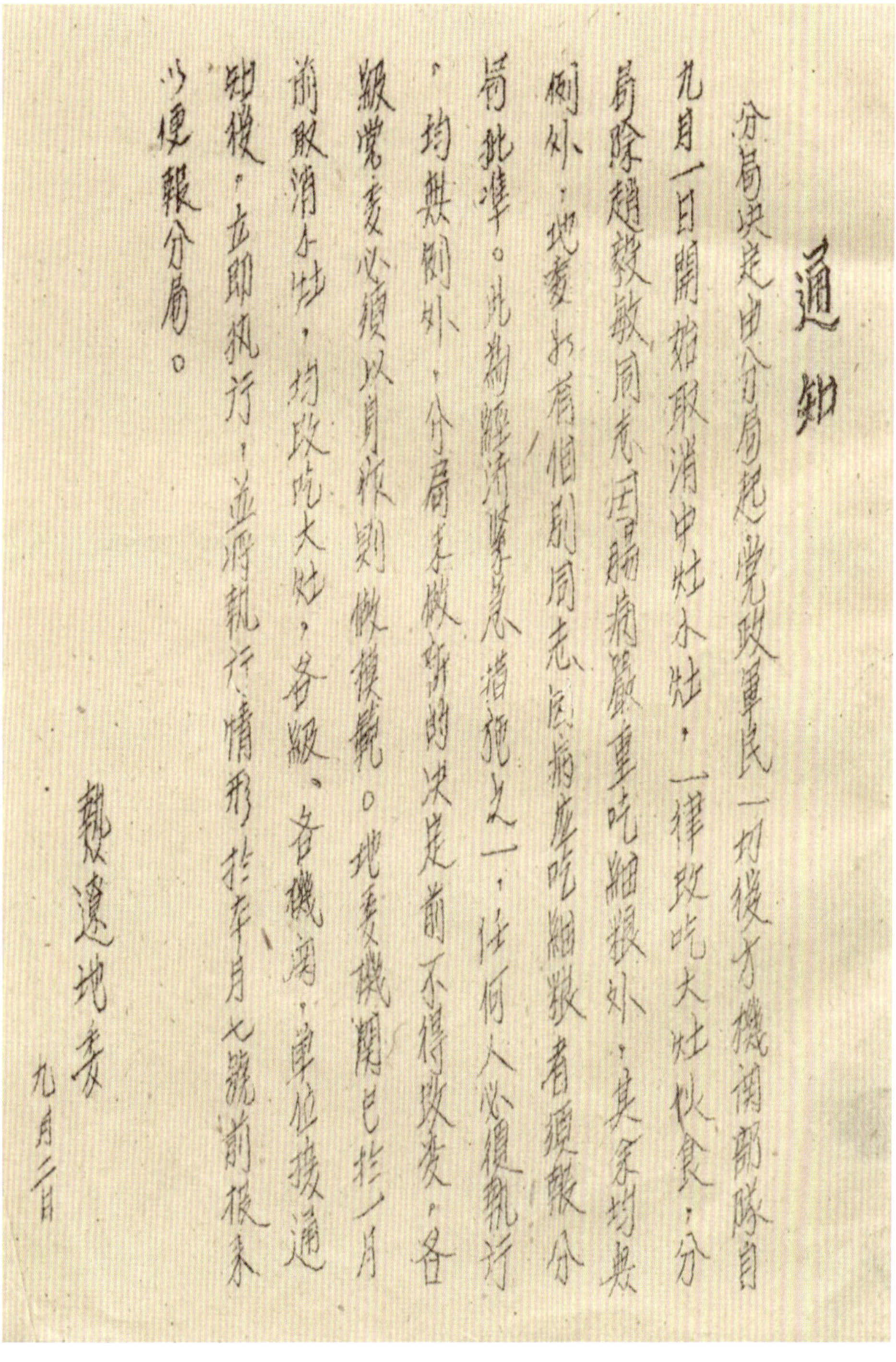
通知

分局決定由分局起，黨政軍民一切後方機關、部隊自九月一日開始取消中灶小灶，一律改吃大灶伙食，分局除趙毅敏同志因病嚴重吃細粮外，其余均無例外。地委如有個別同志因病應吃細粮者須報分局批准。此為經濟緊急措施之一，任何人必須執行，均無例外，分局未做新的決定前不得改变。各級黨委必須以身作則，做模範。地委機關已於一月前取消小灶，均改吃大灶。各級、各機關、單位接通知後，立即执行，並將執行情形於本月七號前报来以便報分局。

熱遼地委

九月二日

建平县政府关于运送战粮的通知

民国三十六年

一九四七年十月四日

通知中说：『前我县送往金厂沟梁的战粮，因有其他任务，已通知各区停止运送。……为了战争之需要，仍应迅速送齐其收粮。地点在北票县的下长皋、石桥子、铁匠营子、五官营子等村代收，并有三千俘兵于我县整训，亦需一批粮食。』

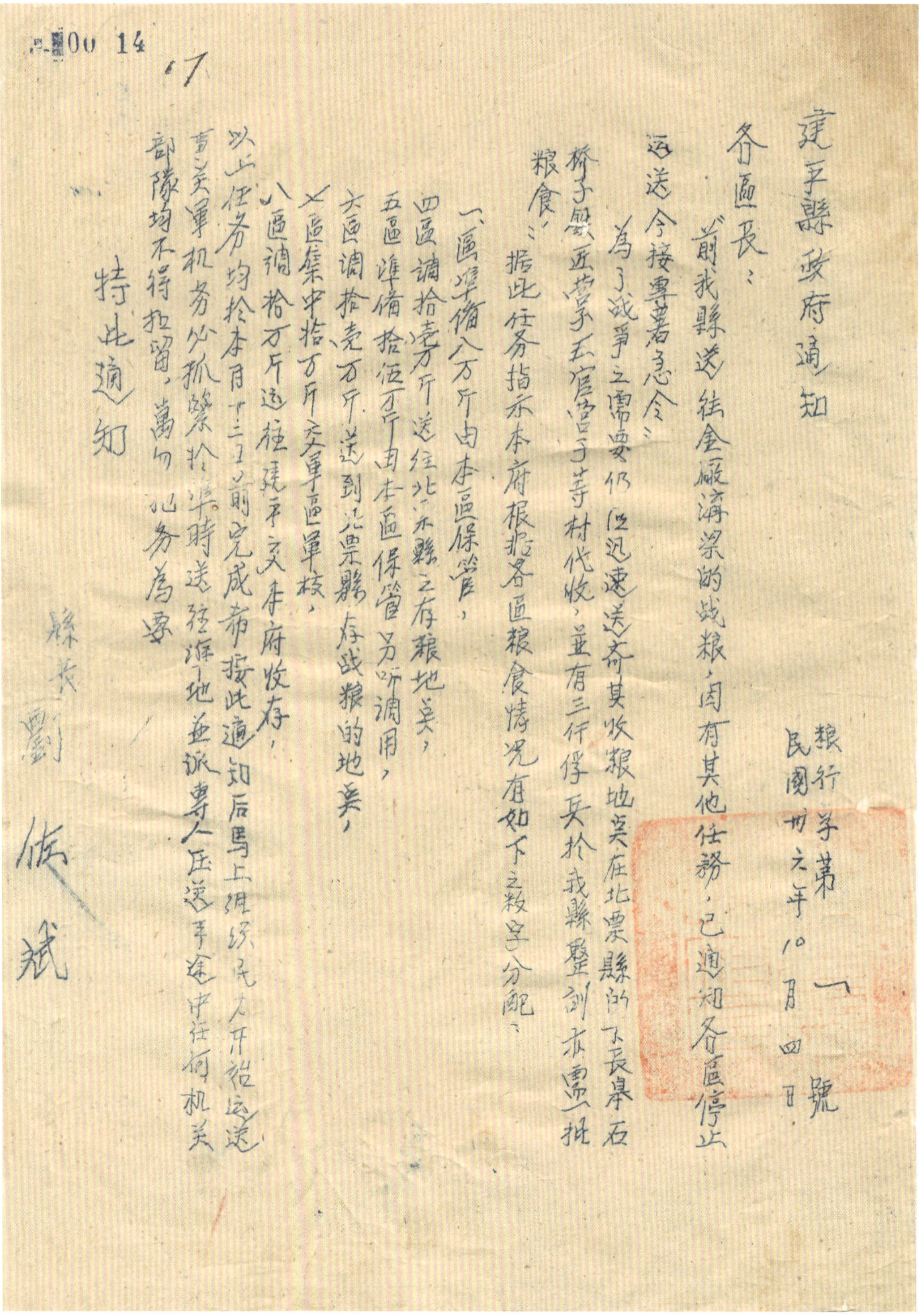

00 14

17

粮行字第 一 號

民國卅六年10月四日

建平縣政府通知

各區長：

前我縣送往金廠溝梁的战粮，因有其他任務，已通知各區停止運送。今接專署急令：

為了战爭之需要，仍應迅速送齊其收粮地點，在北票縣的下長皋、石橋子、鐵匠營子、五官營子等村代收，並有三仟俘兵于我縣整訓，亦需一批粮食！

據此任务指示本府根據各區粮食情況有如下之數字分配：

一、區準備八万斤由本區保管，

四區調拾壹万斤送往北票縣之存粮地點，

五區準備拾伍万斤由本區保管另听調用，

六區調拾壹万斤送到北票縣存战粮的地點，

七區集中拾万斤交軍區軍校，

八區調拾万斤送往建平交本府收存，

以上任务均於本月十三日前完成，希接此通知后馬上組织民力開始運送。事关軍机，务必抓紧於準時送往該地，並派專人壓送，半途中任何机关部隊均不得扣留，萬勿延誤為要。

特此通知

縣長 劉依斌

热辽地委关于组织战勤指挥部的决定

民国三十六年

一九四七年十月二十一日

决定中说：『我军歼灭蒋匪的大反攻，已在我区开始展开。为了更有效的大规模发动群众参战助战，地委特决定由党政军民武组织战勤指挥部，其任务：负责动员与分配使用担架、民兵、运输、战粮、慰劳等工作……决定由李杰庸同志任总指挥，马载同志任政委，封可涵同志、汪秋瑞同志任付（副）指挥，李东治同志、彭涛同志、黄明政同志任付（副）政委，龙光同志任参谋长。……各县应本此原则，立即组织战勤指挥分部……』

收藏单位：河北省档案馆

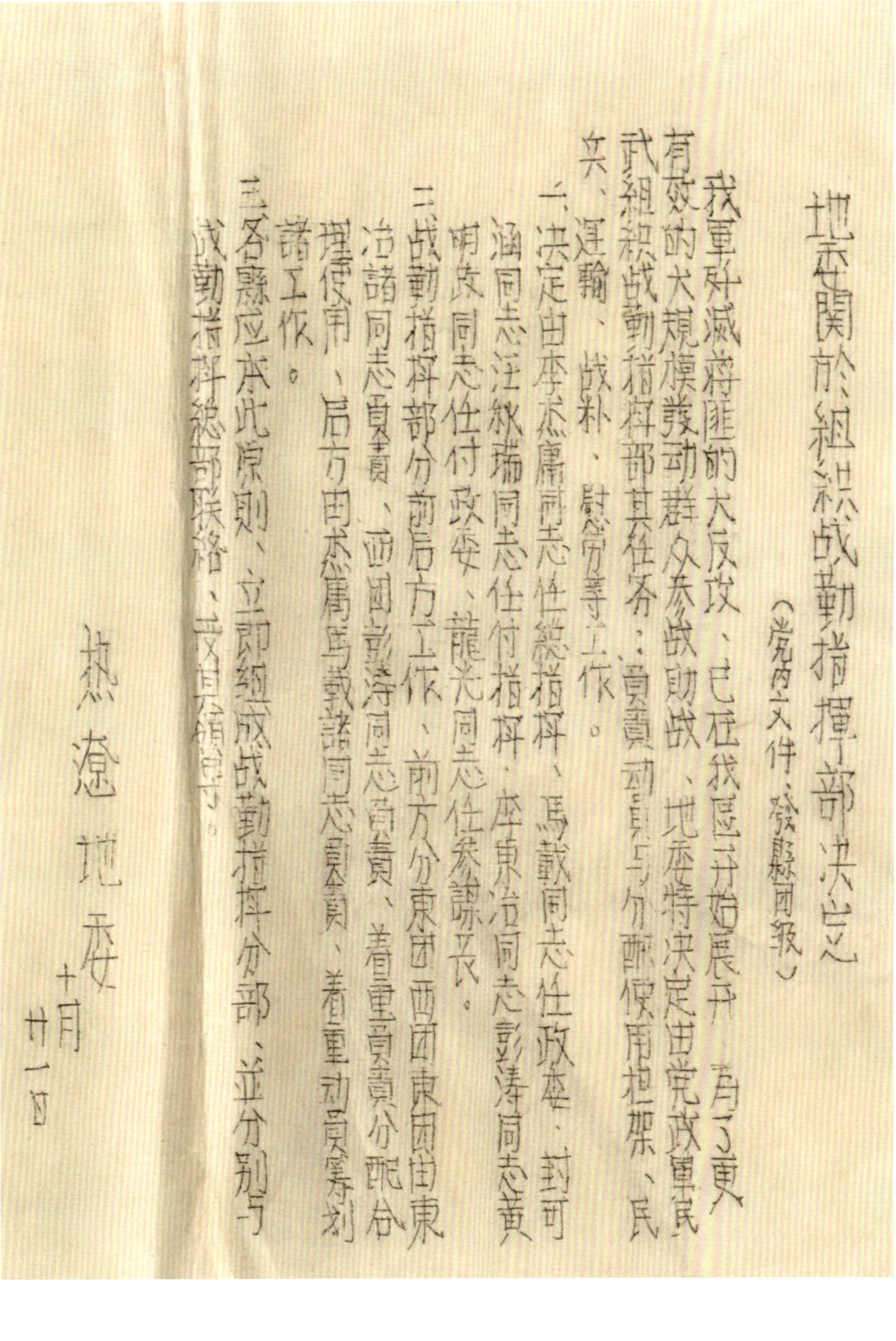

地委關於組織戰勤指揮部決定

（黨內文件，發縣團級）

我軍歼滅蔣匪的大反攻、已在我區开始展开、为了更有效的大規模發动群众參战助战、地委特決定由黨政軍民武組織戰勤指揮部其任务：負責动員与分配使用担架、民兵、運輸、战粮、慰劳等工作。

一、決定由李杰庸同志任總指揮、馬載同志任政委、封可涵同志汪秋瑞同志任付指揮、李東治同志彭涛同志黃明政同志任付政委、龍光同志任參謀長。

二、戰勤指揮部分前后方工作、前方分東团西团東团由東冶諸同志負責、西团彭涛同志負責、着重負責分配指揮使用、后方由杰庸馬載諸同志負責、着重动員筹划諸工作。

三、各縣应本此原則、立即組成戰勤指揮分部、並分别与戰勤指揮總部联絡、受其領導。

熱遼地委

十月廿一日

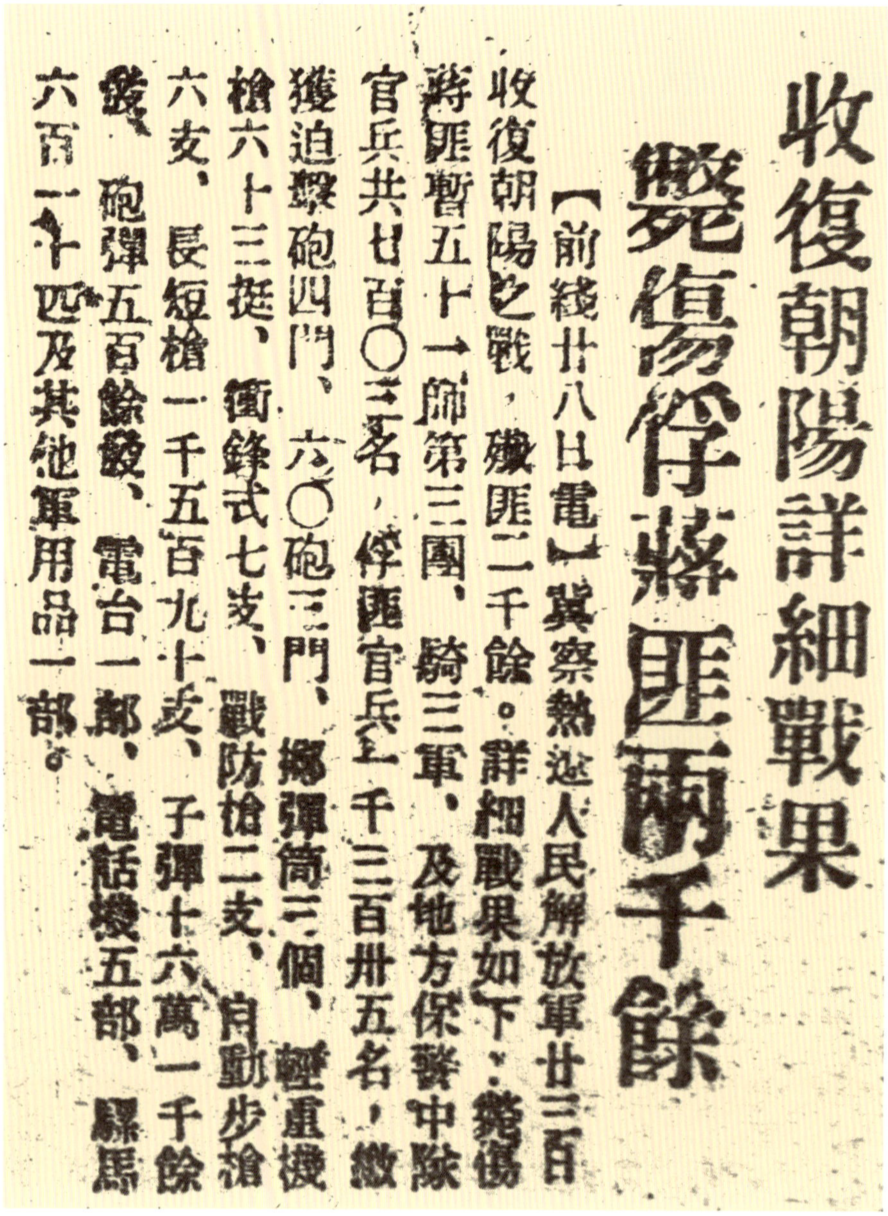

收復朝陽詳細戰果

斃傷俘蔣匪兩千餘

【前綫廿八日電】冀察熱遼人民解放軍廿三日收復朝陽之戰，殲匪二千餘。詳細戰果如下：斃傷蔣匪暫五十一師第三團、騎三軍、及地方保警中隊官兵共七百〇三名，俘匪官兵一千三百卅五名，繳獲迫擊砲四門、六〇砲三門、擲彈筒三個、輕重機槍六十三挺、衝鋒式七支、戰防槍二支、自動步槍六支、長短槍一千五百九十支、子彈十六萬一千餘發、砲彈五百餘發、電台一部、電話機五部、騾馬六百一十匹及其他軍用品一部。

《东北日报》关于解放朝阳详细战果的报道

民国三十六年

一九四七年十一月二日

报道中说：『冀察热辽人民解放军二十三日收复朝阳之战，歼匪二千余。详细战果如下：毙伤蒋匪暂五十一师第三团、骑三军及地方保警中队官兵共七百〇三名，俘匪官兵一千三百卅五名，缴获迫击炮四门、六〇炮三门、掷弹筒三个、轻重机枪六十三挺、冲锋式七支、战防枪二支、自动步枪六支、长短枪一千五百九十支、子弹十六万一千余发、炮弹五百余发、电台一部、电话机五部、骡马六百一十匹及其他军用品一部。』

《东北日报》关于『朝阳连』的报道

民国三十六年

一九四七年十一月四日

报道中说：『解放朝阳战斗中荣获「朝阳连」光荣称号之某团五连，其战绩如下：前后打下了敌人十一个地堡、两座炮楼，破坏铁丝网多道，破坏鹿砦二道，越过宽大外壕两道，攻占城外「康德（生）医院」兵营，突破「中正门」，攻占洋楼两座。由发起冲锋时起，只十五分钟，即由爆破口越入登城。共计毙敌廿八名，俘敌十七名，缴重机（枪）一挺，步枪十三支。』

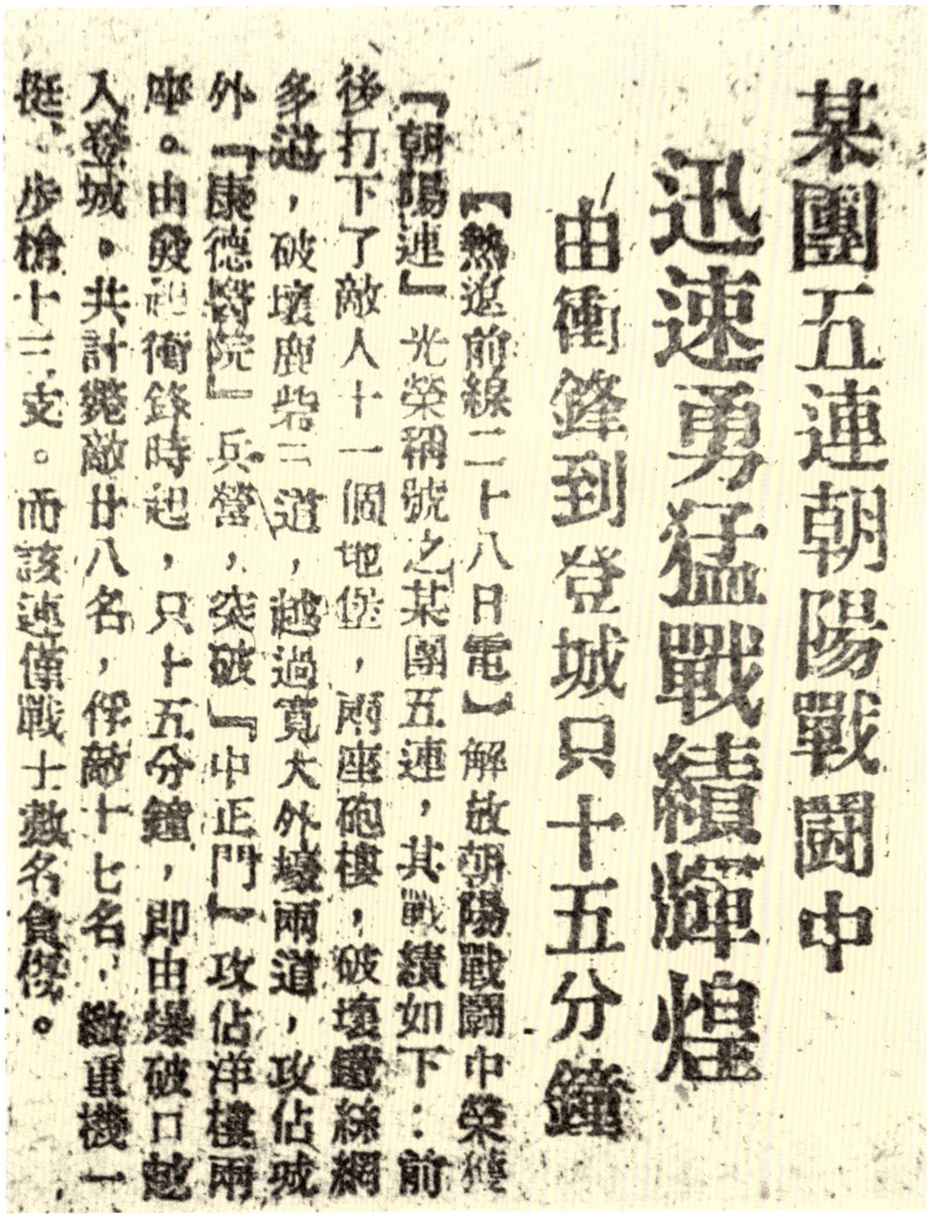

某團五連朝陽戰鬪中
迅速勇猛戰績輝煌
由衝鋒到登城只十五分鐘

【熱遼前線二十八日電】解放朝陽戰鬪中榮獲「朝陽連」光榮稱號之某團五連，其戰績如下：前後打下了敵人十一個地堡，兩座砲樓，破壞鐵絲網多道，破壞鹿砦二道，越過寬大外壕兩道，攻佔城外「康德醫院」兵營，突破「中正門」，攻佔洋樓兩座。由發起衝鋒時起，只十五分鐘，即由爆破口越入登城。共計斃敵廿八名，俘敵十七名，繳重機一挺，步槍十三支。而該連僅戰士數名負傷。

《东北日报》报道——《『金朝阳』的解放》

民国三十六年

一九四七年十一月六日

报道中说：『廿二日夜八时半总攻开始，我军的机枪炮火，完全压倒城防守敌的火网。工兵剪断铁丝网后，即炸开鹿砦，炸倒堡垒，铺上跳板，猛扑城垣。至十时十分，我某团五连首先登上西南城。「爆破大王」工兵班长宁振贵，同时爆破南门登城。仅一小时半，敌人即完全溃乱，失去有组织抵抗。三个钟头内，攻城各部队即由环城四个突破口注入城内，拂晓四时，朝阳全城已无枪声。残敌三百余人紊乱突围，为我友邻部队中途歼灭，无一漏网。「金朝阳」重入人民之手。』

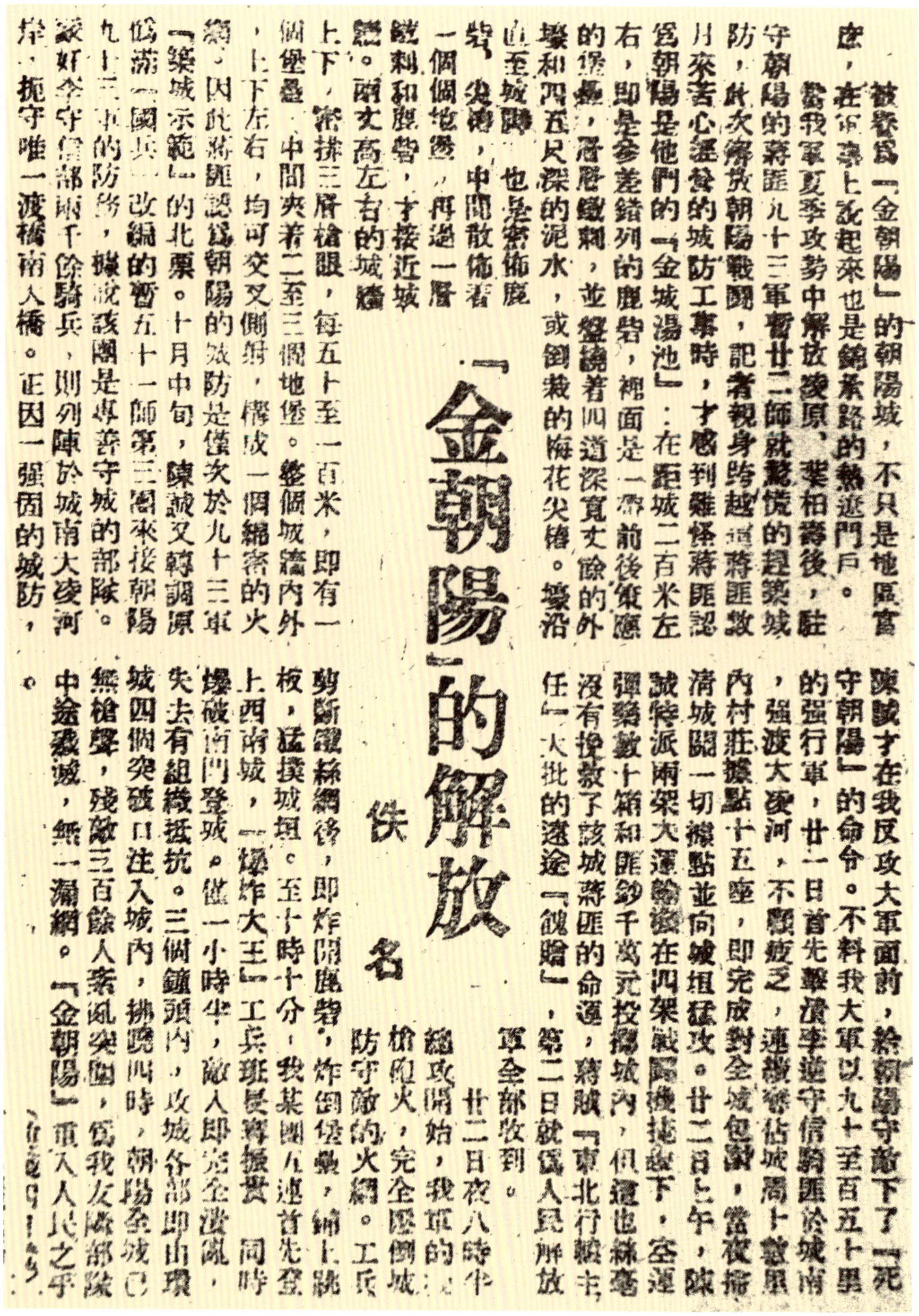

「金朝陽」的解放

佚名

被譽爲「金朝陽」的朝陽城，不只是地區富庶，在軍事上說起來也是錦承路的熱河門戶。

當我軍夏季攻勢中解放錦原，葉柏壽後，駐守朝陽的蔣匪九十三軍暫廿二師就驚慌的趕築城防，此次解放朝陽戰鬥，記者親身跨越過蔣匪數月來苦心經營的城防工事時，才感到難怪蔣匪認爲朝陽是他們的「金城湯池」：在距城二百米左右，即是參差錯列的鹿砦，裡面是一帶前後呼應的堡壘，蔣匪鐵刺，並盤繞着四道深寬丈餘的外壕和四五尺深的泥水，或倒栽的梅花尖樁。壕沿直至城腳，也是密佈鹿砦，尖樁，中間散佈着一個個地堡，再過一層鐵刺和鹿砦，才接近城牆。兩丈高左右的城牆上下，密排三層槍眼，每五十至一百米，即有一個堡壘，中間夾着二至三個地堡。整個城牆內外，上下左右，均可交叉側射，構成一個綿密的火網。因此蔣匪認爲朝陽的城防是僅次於九十三軍「築城示範」的北票。十月中旬，陳誠又轉調原偽滿「國兵」改編的暫五十一師第三團來接朝陽九十三軍的防務，據說該團是專善守城的部隊。該奸令守信部兩千餘騎兵，則列陣於城南大凌河岸，扼守唯一渡橋南入橋。正因一強固的城防，陳誠才在我反攻大軍面前，給朝陽守敵下了「死守朝陽」的命令。不料我大軍以九十至百五十里的強行軍，廿一日首先擊潰李逆守信騎匪於城南，強渡大凌河，不顧疲乏，連夜奪佔城周十餘里內村莊據點十五座，即完成對全城包圍，當夜掃清城關一切據點並向城垣猛攻。廿二日上午，陳誠特派兩架大運輸機在四架戰鬥機掩護下，空運彈藥數十箱和匪鈔千萬元投擲城內，但這也絲毫沒有挽救了該城蔣匪的命運，蔣賊「東北行轅主任」一大批的遠途「餽贈」，第二日就爲人民解放軍全部收到。

廿二日夜八時半總攻開始，我軍的機槍炮火，完全壓倒城防守敵的火網。工兵剪斷鐵絲網後，即炸開鹿砦，炸倒堡壘，鋪上跳板，猛撲城垣。至十時十分，我某團五連首先登上西南城，「爆炸大王」工兵班長寧振貴同時爆破南門登城。僅一小時半，敵人即完全潰亂，失去有組織抵抗。三個鐘頭內，攻城各部即由環城四個突破口注入城內，拂曉四時，朝陽全城已無槍聲，殘敵三百餘人紊亂突圍，爲我友鄰部隊中途殲滅，無一漏網。「金朝陽」重入人民之手。

《十八地委关于调整喀喇沁左旗各组织及区划的决定》

民国三十六年

一九四七年十二月一日

决定中说：『为了进一步加强蒙民工作，深入土地改革，彻底解放蒙古民族，加强蒙汉团结，便利统一领导，地委决定组织蒙汉联合性的政府。划公营子、二道营子、四官营子、老爷庙、大城子等五个蒙民较集中的伪满旧村全部，分设五个努图克（区），由左旗政府统一领导。过去旗政府所设于凌源、建昌之努图克（区），一律撤销，统一归所在之各县、区领导。努图克所属之爱里（村公所）均一律取消，其一切工作，均归各村农民代表会或农民委员会管理，其干部由蒙古（族）农民群众民主选举产生之。』

收藏单位：河北省档案馆

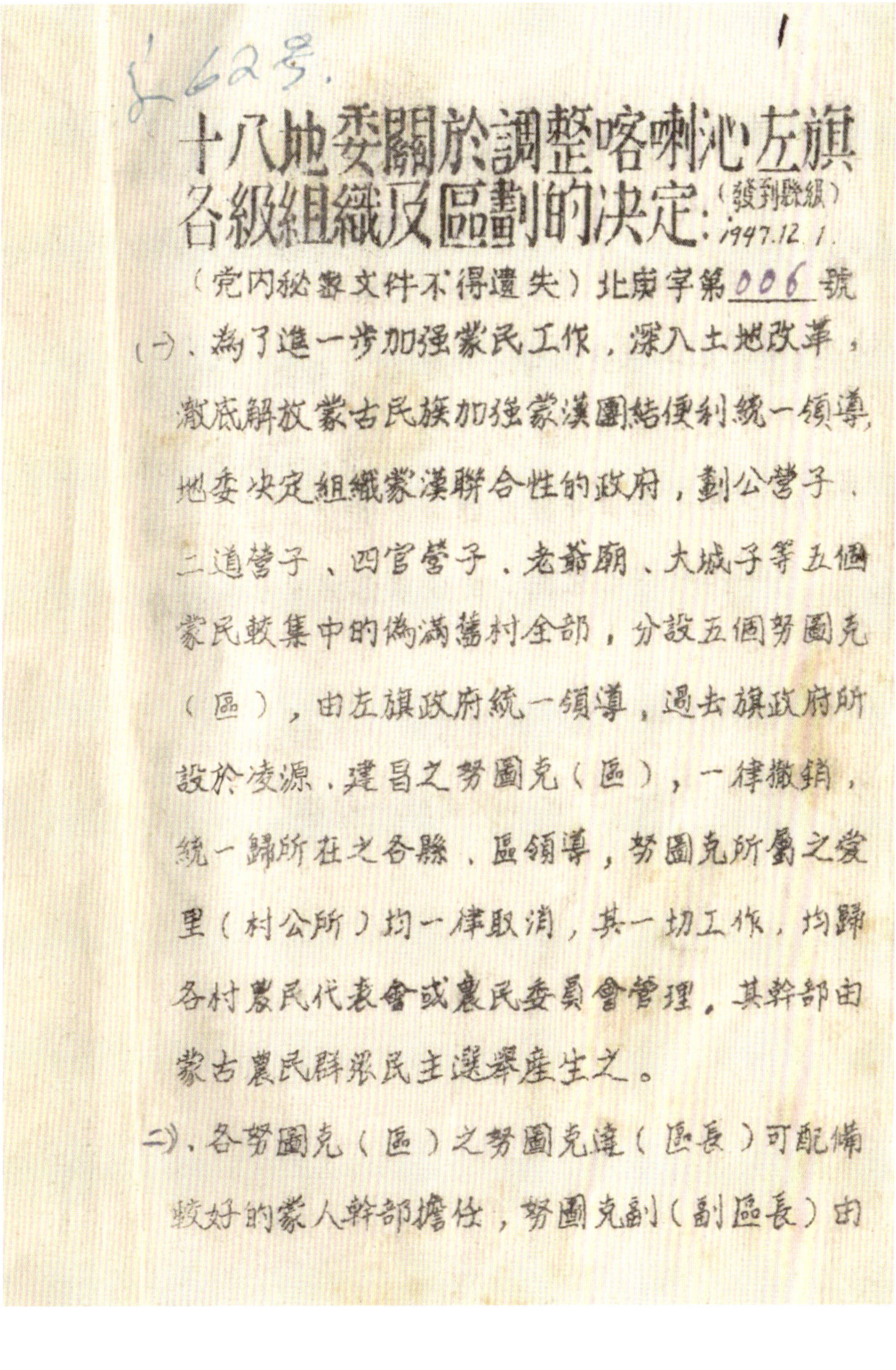

62号.　　1

十八地委關於調整喀喇沁左旗各級組織及區劃的決定：（發到聯級）1947.12.1.

（党內秘密文件不得遺失）北康字第006號

(一)、為了進一步加強蒙民工作，深入土地改革，徹底解放蒙古民族加強蒙漢團結便利統一領導，地委決定組織蒙漢聯合性的政府，劃公營子、二道營子、四官營子、老爺廟、大城子等五個蒙民較集中的偽滿舊村全部，分設五個努圖克（區），由左旗政府統一領導，過去旗政府所設於凌源、建昌之努圖克（區），一律撤銷，統一歸所在之各縣、區領導，努圖克所屬之愛里（村公所）均一律取消，其一切工作，均歸各村農民代表會或農民委員會管理，其幹部由蒙古農民群眾民主選舉產生之。

二)、各努圖克（區）之努圖克達（區長）可配備較好的蒙人幹部擔任，努圖克副（副區長）由

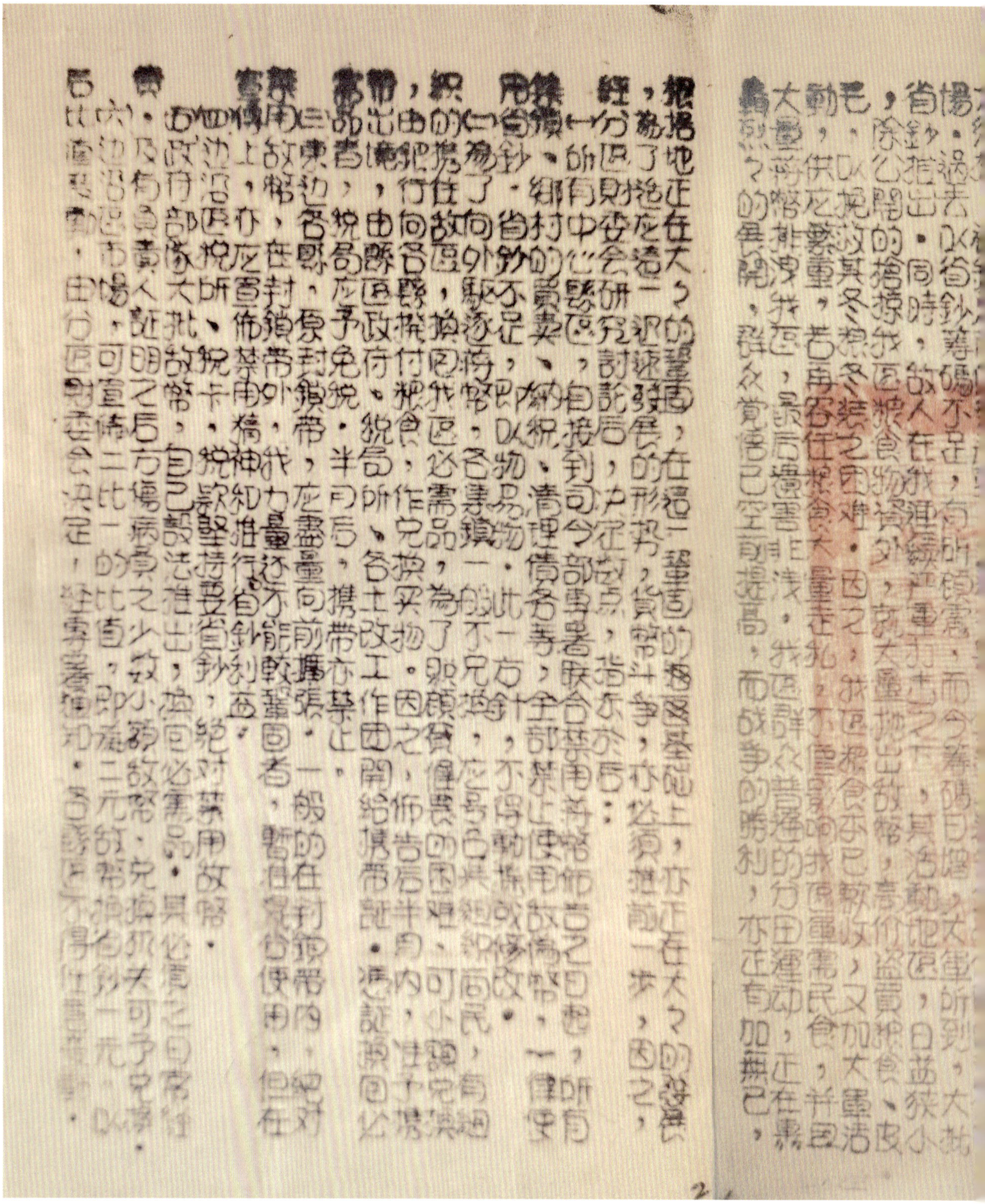

場。過去以省鈔籌碼不足，有所顧慮，而今籌碼日增，大量所到，大批省鈔搶出。同時，敵人在我連續軍打擊之下，其活動地區，日益狹小，除公開的搶掠我區糧食物資外，就大量拋出敵幣，高價盜買糧食、皮毛，以挽救其冬糧冬荒之困難。因之，我區糧食本已歉收，又加大量活動，供應繁重，若再容任糧食大量走私，不但影響我區軍需民食，并因大量蔣幣排洩我區，最后遭害非淺。我區群眾普遍的分田運動，正在轟轟烈々的展開，群眾覺悟已空前提高，而戰爭的勝利，亦正有加無已，

根據地正在大々的鞏固，在這一鞏固的基礎上，亦正在大々的發展，為了適應這一迅速發展的形勢，貨幣斗爭，亦必須推前一步，因之，經分區財委會研究討論后，決定數點，指示於后：

一、所有中心縣區，自接到司令部專署聯合禁用蔣幣佈告之日起，所有集鎮、鄉村的貿易、納稅、清理債務等，全部禁止使用敵偽幣，一律使用省鈔。省鈔不足，即以物易物。此一方針，不得動搖或修改。

（二）為了向外驅逐蔣幣、各集鎮一般不兌換，應與各縣組織商民，有組織的攜往敵區，換回我區必需品，為了照顧貧雇農的困難、可小額兌換，由銀行向各縣繳付糧食，作兌換買物。因之、佈告后半月內，准予攜帶出境，由縣區政府、稅局所、各土改工作團開給攜帶證。憑證須回必需品者，稅局應予免稅。半月后，攜帶亦禁止。

（三）東邊各縣，原封鎖帶，應盡量向前擴張。一般的在封鎖帶內，絕對禁用敵幣、在封鎖帶外，我力量還不能較鞏固者，暫准混合使用，但在宣傳上，亦應宣佈禁用。精神紀推行省鈔利益。

（四）邊沿區稅所、稅卡，稅款堅持要省鈔，絕對禁用敵幣。

（五）政府部隊大批敵幣，自己設法推出，換回必需品。其必需之日常經費，及有負責人證明之后方傷病員之少數小額敵幣、兌換外未可予兌換。

（六）邊沿區市場，可宣佈二比一的比值，即為二元敵幣換省鈔一元。以后比值變動，由分區財委會決定，經專署通知。各縣區不得任意變動。

2

第十八军分区司令部政治部行政督察专员公署关于推行省钞的联合指示

民国三十六年

一九四七年十二月六日

联合指示中说：『推行省钞，驱逐顽伪币，今年三月末开始后，至今已收到初步成绩。特别自九月我大军反攻以后，我省钞市场遍及边沿各县区，但究以整个领导上未加经常研究，未与土改、与战勤工作结合起来，故货币斗争的成绩，就远远的落在空前有利的形势开展之后了，故至今中心县区的广大乡村，顽钞、黑币仍然严重，东边各县、集镇上还完全是公开的混合市场。』针对上述情况，军分区、专署提出了限期禁止使用伪币、将伪币携往敌占区换回必需品、将省钞的使用范围逐步扩大、税款征收坚持用省钞等要求。

收藏单位：河北省档案馆

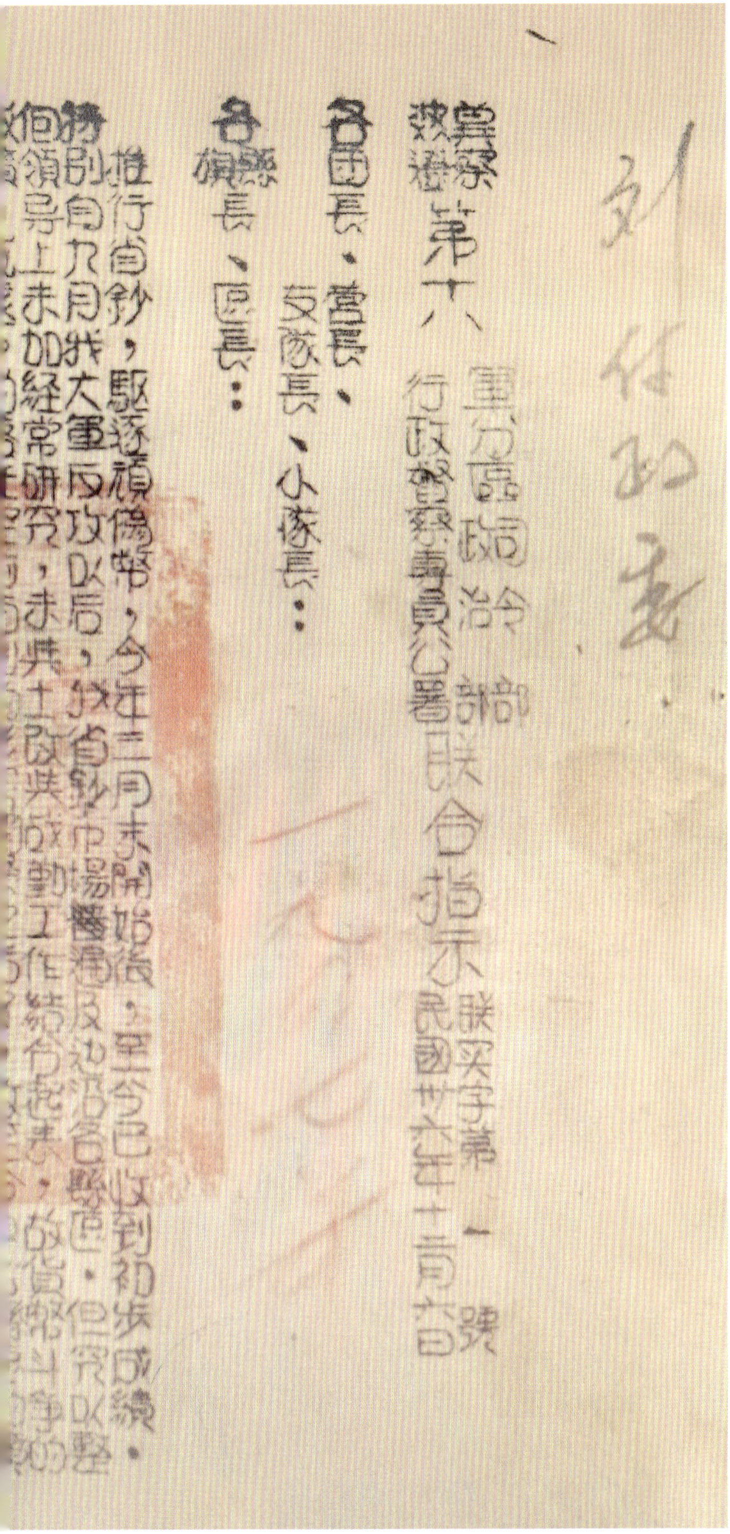
冀察第十八軍分區司令部政治部
行政督察專員公署聯合指示　聯買字第一號　民國卅六年十二月六日
各團長、營長、支隊長、小隊長：
各縣長、區長：
推行省鈔，驅逐頑偽幣，今年三月末開始後，至今已收到初步成績。

热东军分区行政督察专员公署关于军公粮征收的联合训令

民国三十六年

一九四七年十二月十一日

训令中说：『我区处于战略要地，现正大军反攻，因之保证战粮供给，成为严重任务。故军公粮征收，必须全体军民加倍努力。特别边沿各县、区，敌匪仍常乘（趁）隙扰乱，破坏我们的征收，抢掠粮食。故边沿区征收，必须与武装斗争密切结合，公粮征收始能完成……』

收藏单位：河北省档案馆

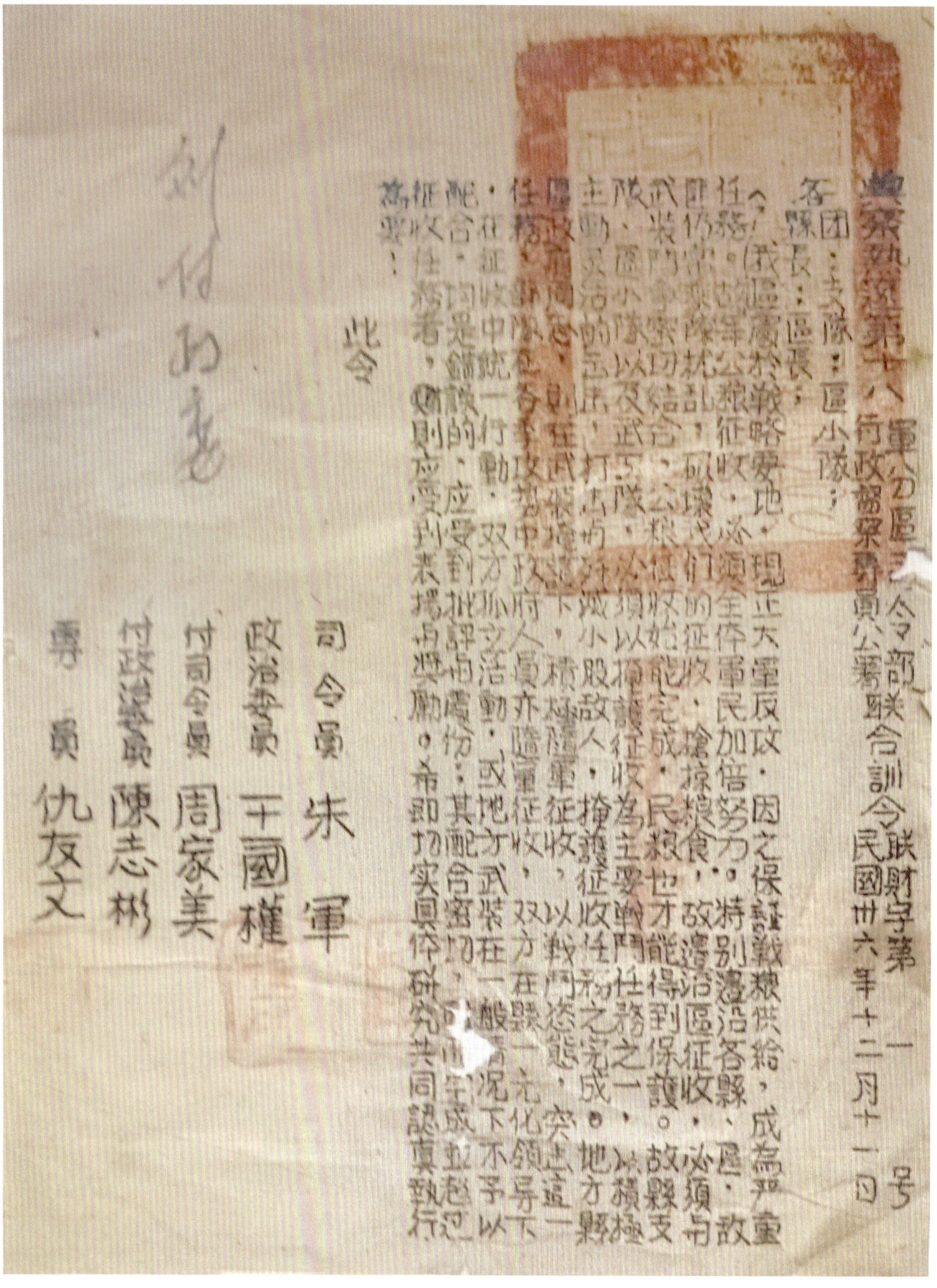

热察热辽第十八军分区司令部行政督察专员公署联合训令 联财字第一号 民国卅六年十二月十一日

各团、支队、区小队；

县长、区长；

此令

司令员 朱軍

政治委员 王國權

付司令员 周家美

付政治委员 陳志彬

專员 仇友文

解放战争时期
1947.12.31日 解放北票县城
截敌军用火車头歼两千余人

解放北票县城照片

民国三十六年

一九四七年十二月二十九日

1947年12月29日，冀热辽军区独立三师在北票与阜新交界的大乌兰地区伏击由北票弃城逃跑的国民党九十三军暂二十师三团，毙伤敌250余人，俘敌一千余人。当日，冀热辽军区独立三师进驻北票，北票彻底解放。

第二十一军分区司令部关于分区党政军领导机关移住台吉营子的通知

民国三十七年

一九四八年一月十二日

通知中说：『为了适应目前斗争形势及指挥工作便利起见，决定分区党政军所有领导机关、部队于本月十五日移住北票西台吉营子。』通知同时规定了出发时间及行军序列。其中，行军序列为警备连、司令部、电台、政治部、卫生处、供给处、特务连。

收藏单位：河北省档案馆

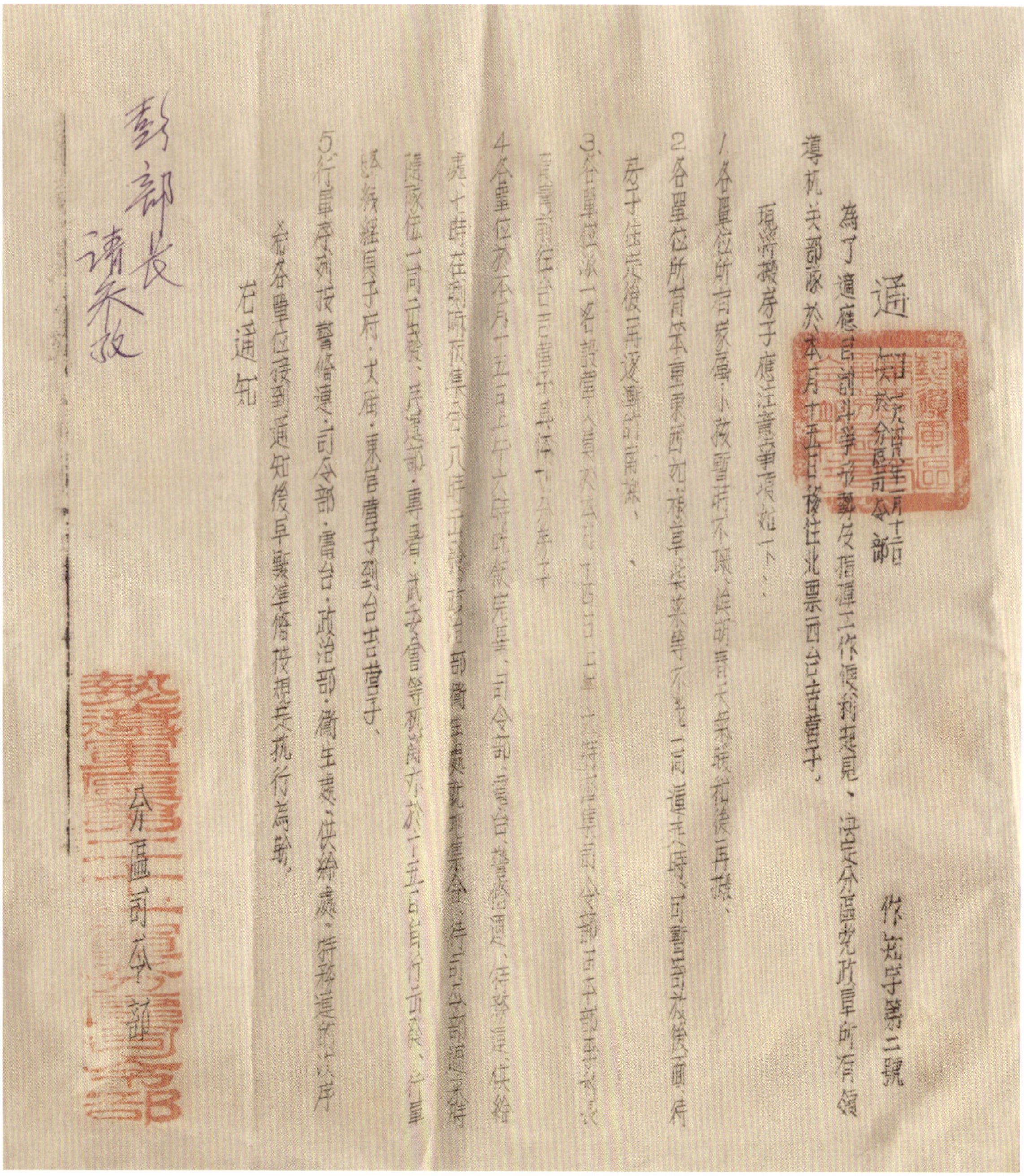
作宛字第二號

通知　卅七年一月十二日　[illegible]分區司令部

為了適應目前斗爭形勢及指揮工作便利起見，決定分區党政軍所有領導机关部隊於本月十五日移住北票西台吉營子，

現將移住台吉營子應注意事項如下：

1.各單位所有家屬、小孩暫時不搬，俟明春天氣暖和後再搬、

2.各單位所有笨重東西如糧草、柴菜等不能一同運走時，可暫寄存原住處，待房子住定後再逐漸的搬運、

3.各單位派一名設營人員於本月十四日上午十時齊集司令部，由司令部[illegible]負責前往台吉營子具體分配房子

4.各單位於本月十五日上午六時吃飯完畢，司令部、電台、警備連、特務連、供給處七時在[illegible]集合，八時出發，政治部衛生處就地集合，待司令部通過時隨隊伍一同出發，兵運部、專署、武委會等機關亦於十五日自行出發、行軍路線經良子府・大屯・東官營子到台吉營子、

5.行軍序列按警備連・司令部・電台・政治部・衛生處・供給處・特務連的次序

希各單位接到通知後早做準備按規定執行為盼。

右通知

分區司令部

彭部長
請參攷

叶柏寿县军民联合公审叛徒杀人凶犯照片

民国三十七年

一九四八年四月十五日

1948年2月9日，叶柏寿县支队一连副连长褚守廉伙同战士张殿树、蔡魁时等，设计杀害连指导员王海洲和排长王喜雨等3人，胁迫全连叛逃。11日，由县公安队和民兵组成的追击部队将叛逃部队击溃，褚守廉被击毙，其他首要分子被抓获。15日，召开万人公审大会。会后，将张殿树、蔡魁时处决。

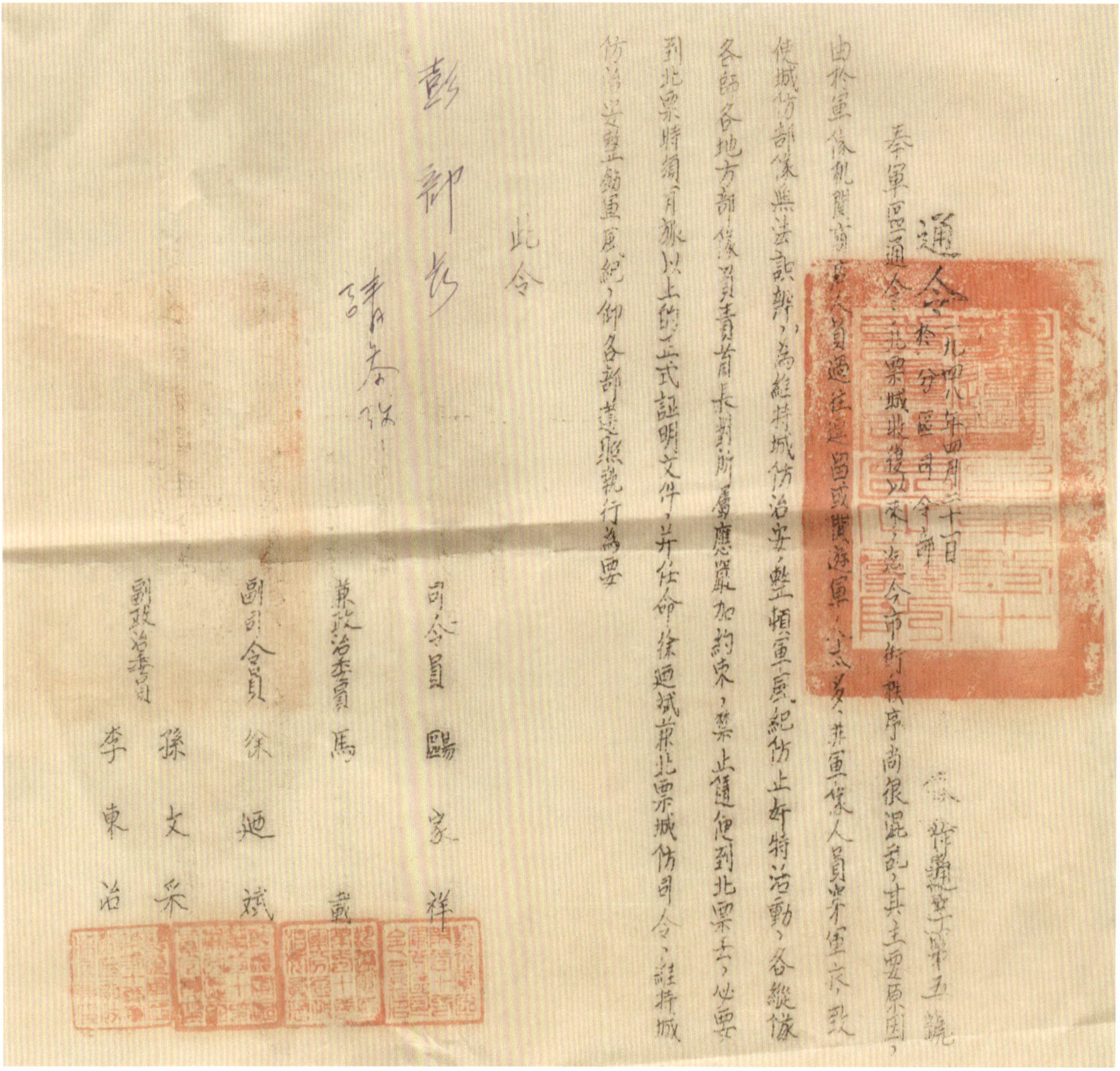
奉軍區通令 通令 一九四八年四月二十日 參分區司令部 作戰字第五號
由於北票城收復以來，迄今市街秩序尚很混亂，其主要原因，
由於軍隊機關商店人員過往逗留或閒遊軍人太多，非軍隊人員穿軍衣，致
使城防部隊無法識辨，為維持城防治安，整頓軍風紀，防止奸特活動，各縱隊
各師各地方部隊負責首長對所屬應嚴加約束，禁止隨便到北票去，必要
到北票時須有旅以上的正式證明文件，并任命徐廼斌兼北票城防司令，維持城
防治安整飭軍風紀，仰各部遵照執行為要
此令
司令員 [illegible]家祥
兼政治委員 馬載
副司令員 徐廼斌
副政治委員 孫文采
李東治
彭部長

热辽军分区关于在北票城加强军纪的通令

民国三十七年

一九四八年四月二十一日

通令中说：『北票城收复以来，迄今市街秩序尚很混乱。其主要原因，由于军队机关商店人员过往逗留或闲游军人太多，非军队人员穿军衣，致使城防部队无法识辨。为维持城防治安，整顿军风纪，防止奸特活动，各纵队、各师、各地方部队负责首长对所属应严加约束，禁止随便到北票去；必要到北票时须有旅以上的正式证明文件。』

收藏单位：河北省档案馆

热辽地委关于扩军的决定

民国三十六年

一九四七年五月四日

决定中确定的各县扩军人数为：（北）阜义七千五百人，朝阳五千人，建平三千（零）五人，北票二千五百人，新惠一千五百人。同时要求七月底完成总数的一半，到十月底全部完成。

收藏单位：河北省档案馆

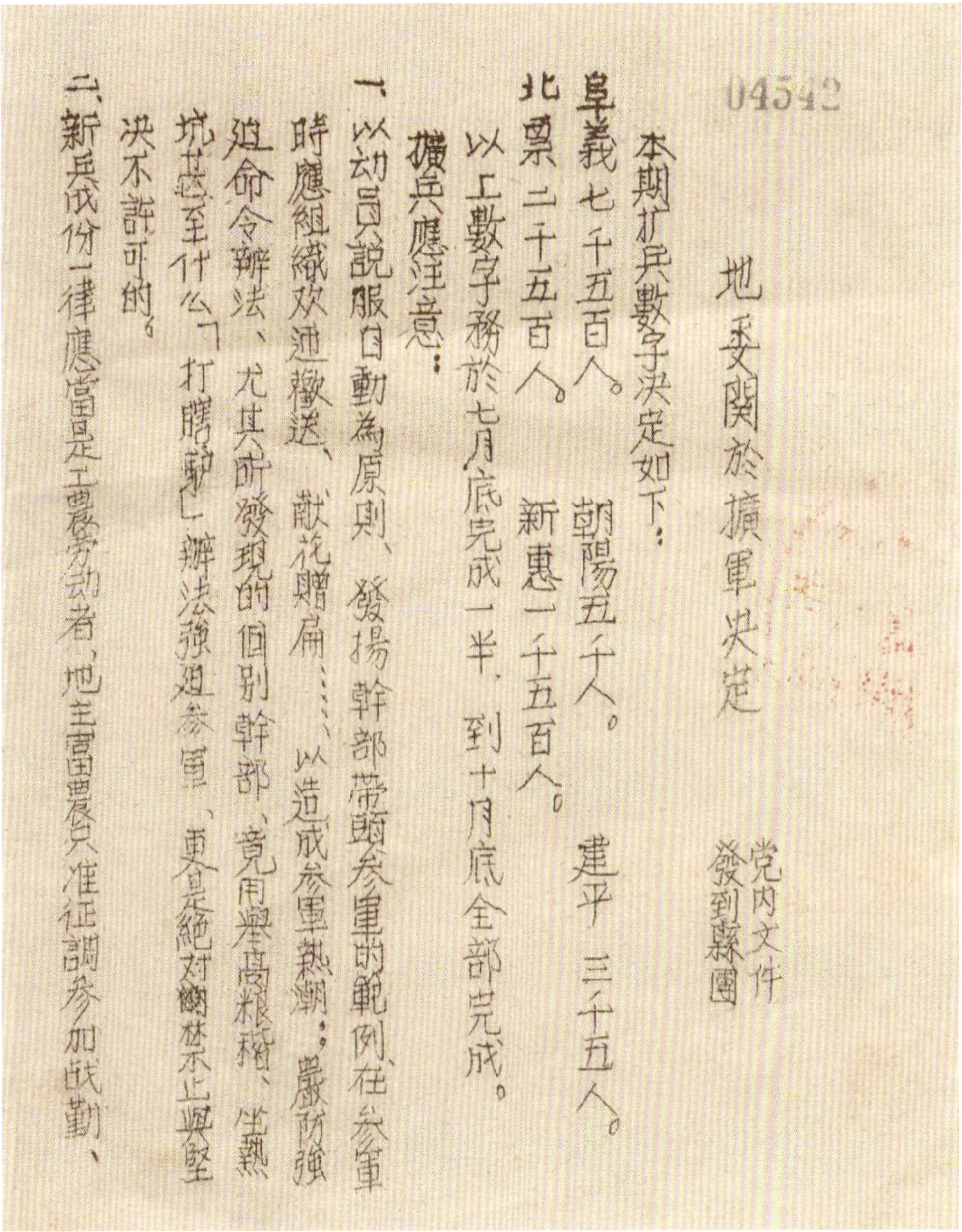

04542

党内文件
發到縣團

地委關於擴軍決定

本期扩兵數字决定如下：

阜義七千五百人。朝陽五千人。建平三千五人。

北票二千五百人。新惠一千五百人。

以上數字務於七月底完成一半，到十月底全部完成。

擴兵應注意：

一、以动员說服自動為原則，發揚幹部帶頭参軍的範例，在参軍時應組織欢迎歡送、獻花贈扁……以造成参軍熱潮；嚴防強迫命令辦法、尤其所發現的個別幹部、竟用提高粮稍、生熟坑甚至什么"打勝仗"辦法強迫参軍、更是絕对嚴禁止與堅决不許可的。

二、新兵成份一律應當是工農勞动者，地主富農只准征調参加戰勤、是敌人有計划有組织的来破坏解放區，我们应要加警惕。

匪特活动的特点，尤其在青纱帐后，可乘机大肆活动，並没異常，化整為零，化零為整，專门破坏我區村政权及人民武装，找我空隙及结合部边缘區的活动（大黑山，阜義之大青山，蓮花山，廣宁山等為匪特之老巢）利用地富坏蛋份子作為内应等。

二、為沏底肅清土匪勦滅奸特及一切反动地主等反革命武装，鞏固根据地保卫人民生產，維持地方治安，分區特作如下勦匪部署其任务：

三、具体勦匪任务與佈署

1.由独立第五六两团各一個連已組成之勦匪部隊，任务不变仍於朝陽、建平、新惠之三角地帶（霍家店為中心，南至竜王庙（不含）東至大庙（含）西至建叶公路，北至新地以南山地，肅清該區匪特，大力展開挖匪根运动，進行有計划的清勦，並应迅速組织划分區域内之各地區小隊，民兵武裝統歸肖付团長指揮，協同勦匪以求沏底消滅之。

2.建平主要以奎德素、王子坟北至大哈拉道口之线為重点，以縣独立团組成一個連及各區小隊為骨干集中組织民兵統一由独立六团指揮合同勦匪、

3.新惠以小河沿、官家地、梧桐好賴等地區為重点（沿老哈河以南、東西岸）組织各小隊與民兵為机动部隊由独立五团統一指揮清勦内地土匪、

热辽军分区关于清剿内地土匪巩固根据地治安问题的训令

民国三十七年

一九四八年五月十五日

训令中说：『冬季战役以来，我分区内地已无敌据点，全区完全解放，地区扩大，大部地区实行了土地改革……但……地方封建势力没有彻底打垮，匪特的根子没有挖掉。如最近各地发现匪特活动甚为猖獗，朝阳西之龙王庙线，贾家店以西北之山地，建平以南山地，哈尔瑙（脑）以西山地，新惠以北之老哈河两岸，北票以南之大凌河沿岸，阜义县内地等，均发现匪特袭扰我农会，捕捉我地方干部，破坏我地方土改及造谣生事，动摇我军心……』为彻底肃清土匪，军分区决定抽调两个连负责剿匪工作，剿匪区域为朝阳、建平、新惠三角地带。

收藏单位：河北省档案馆

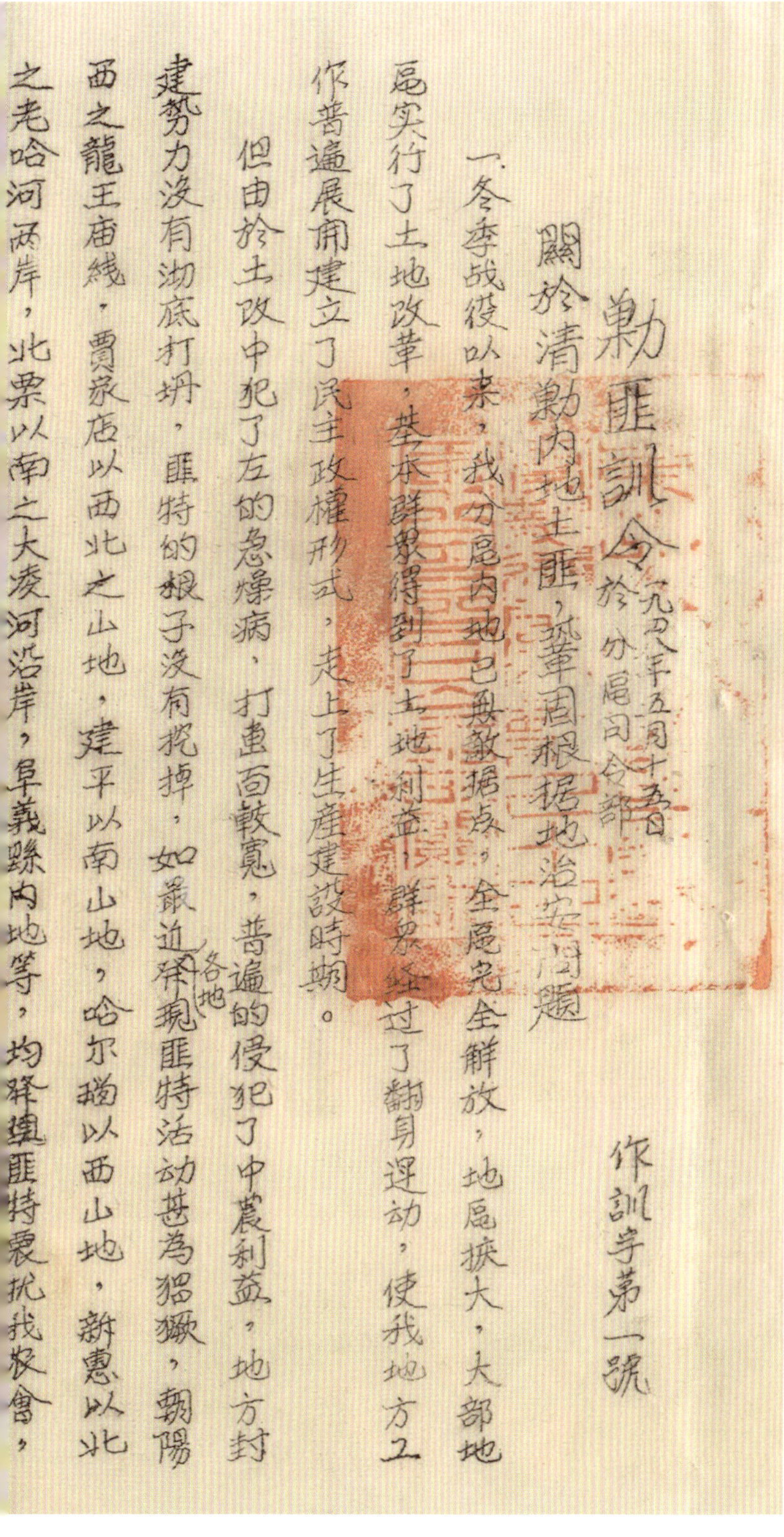

作訓字第一號

勦匪訓令 一九四八年五月十五日 於分區司令部

關於清勦內地土匪，鞏固根據地治安問題

一、冬季战役以来，我分區內地已無敵据点，全區完全解放，地區擴大，大部地區实行了土地改革，基本群衆得到了土地利益，群衆經过了翻身運动，使我地方工作普遍展開建立了民主政權形式，走上了生産建設時期。

但由於土改中犯了左的急燥病，打击面較寬，普遍的侵犯了中農利益，地方封建勢力沒有澈底打垮，匪特的根子沒有挖掉，如最近各地發現匪特活动甚為猖獗，朝陽西之龍王庙线，賈家店以西北之山地，建平以南山地，哈尔瑙以西山地，新惠以北之老哈河兩岸，北票以南之大凌河沿岸，阜義縣內地等，均發現匪特襲扰我农會，

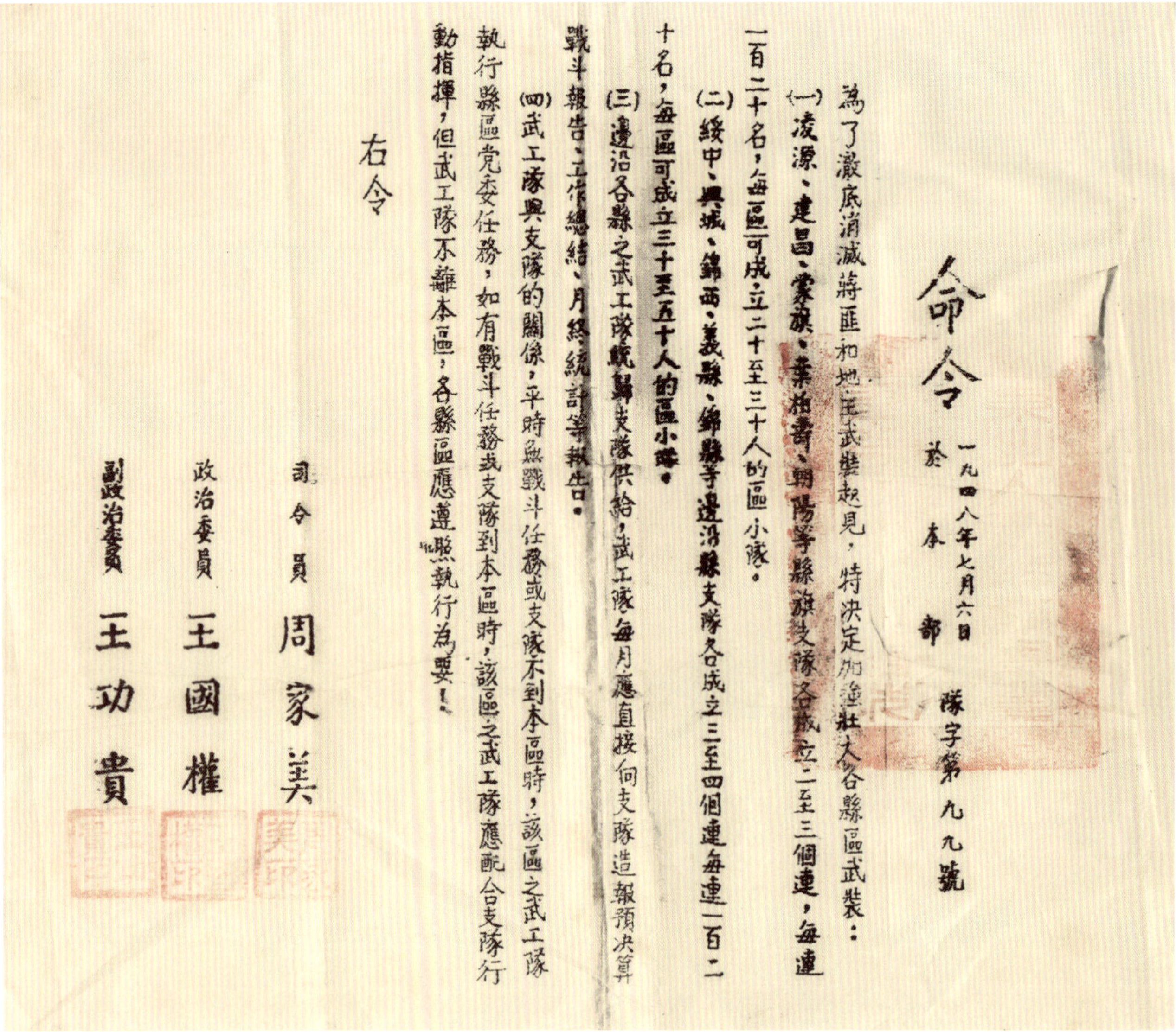
命令

一九四八年七月六日
於本部
隊字第九九號

為了澈底消滅蔣匪和地主武裝起見，特決定加強壯大各縣區武裝：

(一)淩源、建昌、蒙旗、葉柏壽、朝陽等縣旗支隊各成立二至三個連，每連一百二十名，每區可成立二十至三十人的區小隊。

(二)綏中、興城、錦西、義縣、錦縣等邊沿縣支隊各成立三至四個連，每連一百二十名，每區可成立三十至五十人的區小隊。

(三)邊沿各縣之武工隊統歸支隊供給，武工隊每月應直接向支隊造報預決算、戰斗報告、工作總結、月終統計等報告。

(四)武工隊與支隊的關係，平時無戰斗任務或支隊不到本區時，該區之武工隊執行縣區党委任務，如有戰斗任務或支隊到本區時，該區之武工隊應配合支隊行動指揮，但武工隊不離本區，各縣區應遵照執行為要！

右令

司令員 周家美
政治委員 王國權
副政治委員 王功貴

第十八军分区司令部关于加强壮大县区武装的命令

民国三十七年
一九四八年七月六日

命令中说：『为了彻底消灭蒋匪和地主武装起见，特决定加强壮大各县区武装。（一）凌源、建昌、蒙旗、叶柏寿、朝阳等县旗支队各成立二至三个连，每连一百二十名，每区可成立二十至三十人的区小队……』

收藏单位：河北省档案馆

《十八地委关于目前锄奸工作的紧急指示》

民国三十七年

一九四八年七月十一日

通知中指出，近来敌特活动相当嚣张（凌源已发生了七起投毒事件），必须引起全党警惕和注意。要求各县委召开专门会议研究敌情，拟定具体办法，动员群众广泛掀起防奸除匪运动。要求各县区普遍恢复岗哨盘查，严密户口管理，重点进行抽查户口和搜山工作。

十八地委關於目前鋤奸工作的緊急指示

（秘密文件，發至縣团級，東甲字第045號）

一我熱東分區，鋤奸工作在兩年來是有成績的，但近來我熱東各地敵特活動相當囂張表現最明顯者如趙中義縣幹部被匪暗殺數名，凌源城崗哨數次被襲重，本月三日夜專署門崗亦被刺傷，利用目前災荒，煽動災民假借「救濟」進行搶、劫我公糧倉庫，在我機关、醫院附近及內部散發毒藥，（凌源縣已發現七起）搜集情報，地主結合會門散佈謠言進行翻把暴動。在敵特此種破坏活動下，我已遭受相当損失，因此必須引起我全党嚴重警惕与注意。

（二）以上情形發生的原因，当然是由於敵人乘我目前勝利中的困難（災荒及大規模的動員人力物力支援戰爭等）及利用我们过去工作中某些錯誤（政策的偏差）大肆活動的結果，但主要的原因，还是由於我们对敵特破坏的嚴重性認識不足及麻木不仁所致，如一般党的領導幹部只在口頭上承認鋤奸工作的重要性，但在実際工作上則不經常細心討論研究，督促檢查，对幹部及群众不進行經常的防奸教育，總之沒有把鋤奸当成「全党動手」結合廣大群衆的經常工作，致使敵特在我內地（尤其在邊緣區）任意走來走去無人过问，形成無政府狀態，所以一旦稍受損失則草木皆兵，大驚小怪張惶失措，如凌源城因崗哨被打后在捕捉中自己發生誤会，結果死一傷一，及各地不斷發生亂捕亂捉，亂打的現象等，造成打草驚蛇不是有計划有部署的破案，而有些地方是發現嫌疑就捕，致使審訊工作發生困難。同時由於（鋤保部门）幹部經驗缺乏加之工作不夠深入，抓不住工作重心，一般化的工作方法以及沒有重視結合廣大群衆（包括各部门）去進行這一工作，在客觀上形成了「神秘化」。

我们必需認識：一方面要看由於蔣匪敗局已定，敵特為圖挽救其覆滅之命運，勢必更加加強其特務破坏活動，因此全党同志切勿因我之勝利对敵輕視麻痹，另一方面亦不應將敵特力量誇大，只要我们提高警惕加緊防範便可減少損失，達到沉着應敵之目的。

（三）根据以上情况我们應立即進行下列工作：

一、各縣委應迅速召集專门会議研究当地敵特活動情況擬定具体办法，結合生産救災擴軍等中心工作，召集幹部会議利用各种群衆会議進行教育動員掀起廣泛的群众防奸剿匪運動。

二、切実樹立起下層鋤奸組織，过去对這一工作注意不夠，應全党動手認真建立。

三、立即着手建立社会管理制度：①普遍恢復崗哨盤查制度，②普遍恢復路條通行証，③嚴密户口管理，④実行不定時的突然的有重点的抽查户口，或搜山。

四、建立村「防奸防匪」情報小組，經常督促檢查，使之搜集特情、匪情向區作報告，並尽可能的実行村與村之间的联防、搜山。

五、在部隊内亦應普遍的展開防奸教育，嚴密的組織，清查内部，保証内部的純潔，在自己駐軍所在地，與地方密切結合起來，認真進行户口調查，嚴防敵特之襲扰。

六、加強机关保衛工作：①建立机关保衛委員制，加強支部生活，②進行机关幹部及勤雜人員的鋤奸教育，提高警惕積極防案。③各机关部隊所在地的城鎮或鄉村有計劃有步驟有重点的，進行調查登記，不使坏人隱藏破坏。

七、鋤保部门應經常指导，檢查、督促，以上工作並應結合群众，積極搜集情況發現綫索切実佈置偵察。

各党委接此指示后，應立即討論佈置，並將執行情形於七月底詳報地委。

七月十一日

第二十二军分区司令部转冀察热辽工矿管理局通知

民国三十七年

一九四八年七月三十日

通知中说：『开源公司北票煤矿改为本矿区北票矿务局，印记关防即日启用，原开源公司名义同时取消。』

1948年1月10日，冀察热辽工矿管理局开源公司接收北票煤矿，成立北票矿山管理委员会。同年2月，北票矿山管理委员会改称开源公司北票煤矿。

收藏单位：河北省档案馆

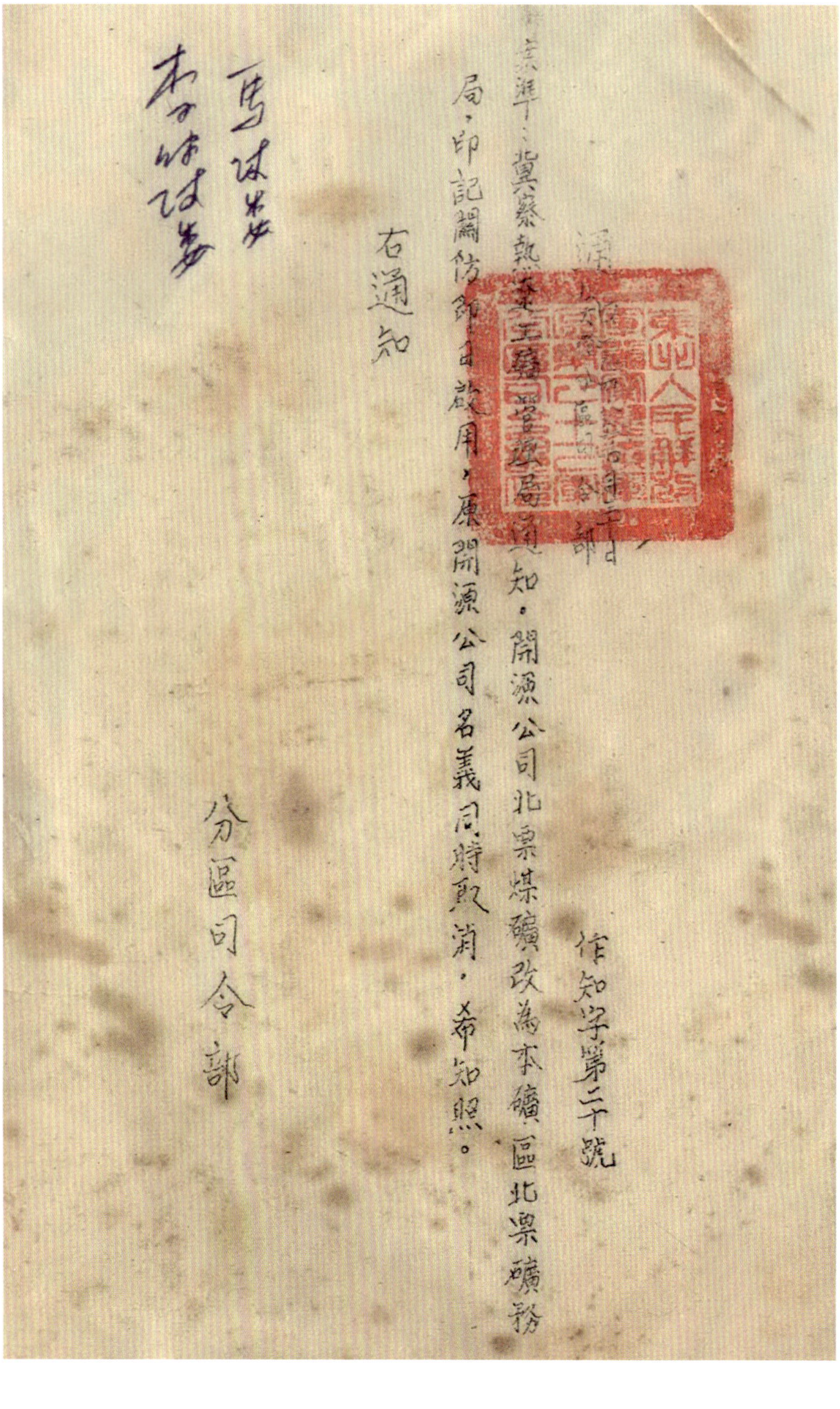

通知字第二十號

案準：冀察熱遼工礦管理局通知：開源公司北票煤礦改為本礦區北票礦務局，印記關防即日啟用，原開源公司名義同時取消，希知照。

右通知

分區司令部

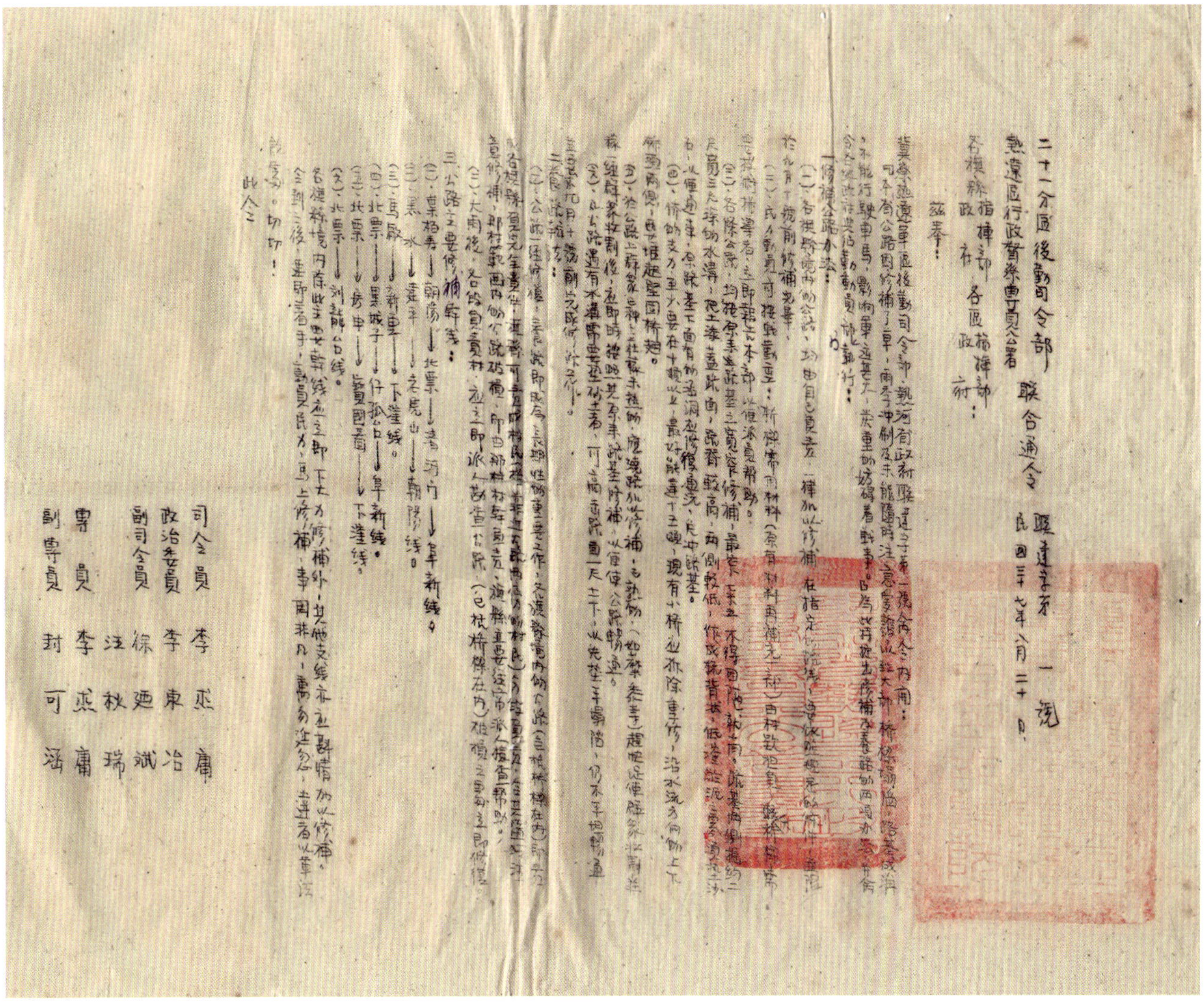
二十一分区后勤司令部
热辽区行政督察专员公署　联合通令　辽建字第一号
民国三十七年八月二十日
各旗县指挥部　各区指挥部
　　政府　　　政府：
兹奉：
……
三、公路主要修补干线：
（一）、叶柏寿——朝阳——北票——清河门——阜新线。
（二）、黑水——建平——老虎山——朝阳线。
（三）、马场——新惠——下洼线。
（四）、北票——黑城子——仔孤台——阜新线。
（五）、北票——房申——保国老——下洼线。
（六）、北票——刘龙台线。
……
此令

第二十一军分区后勤司令部热辽区行政督察专员公署关于修补及养路的联合通令

民国三十七年

一九四八年八月二十日

联合通令中说：『本省公路因修补了（潦）草，雨季冲刷及未能随时注意爱护，以致大部桥梁塌陷，路基成沟，不能行驶车马，影响军运甚大，严重的妨碍着战事。为此特拟出修补及养路的两项办法，并命令各级政府与后勤动员部执行。』通令中提及的公路主要修补干线包括叶柏寿—朝阳—北票—清河门—阜新线；黑水—建平—老虎山—朝阳线；马场—新惠—下洼线；北票—黑城子—仔孤台—阜新线；北票—房申—保国老—下洼线等。

收藏单位：河北省档案馆

余各屯小隊取消。

四、彰武縣、

三屯（碌碡村）四屯（王子墳）六屯（八家子）八屯（大哈拉道口）每屯設三十人，其余各屯小隊取消。

五、新惠縣、

小河沿屯、平頂廟屯、四家子屯、孫桐好稍屯、每屯設三十人，其余各屯小隊取消。

新惠縣除新地、創谷郎營子、牛古吐三個屯待罷疫解除後再整編外，可另令各縣統限於十月一號前整編完畢，取消之一百屯小隊一律充實縣大隊或支隊，每個縣大隊一律編足兩個連，並將執行整編情形於十月一日報告本部。

凡現在的屯小隊不准留，選三分之一，同時不准零召補兵。

仰切實遵照執行為要。

此令

司令員 陽景祥

兼政委 馬載

副政委 孫文采

李東治

副司令員兼參謀長 徐延斌

热辽军分区关于精简组织充实县大（支）队的命令

民国三十七年

一九四八年九月十五日

为精简组织，节省开支，集中力量充实县大（支）队，便于指挥作战，热东军分区决定对县区小队人数做出统一规定，如朝阳县一区、三区各设二十人，四区、五区、七区各设三十人，其他区小队全部集中县大队整训；北票县三区、九区、十区、十一区、十二区各设三十人，其他区小队取消；建平县三区、四区、六区、八区各设三十人，其他区小队取消。

收藏单位：河北省档案馆

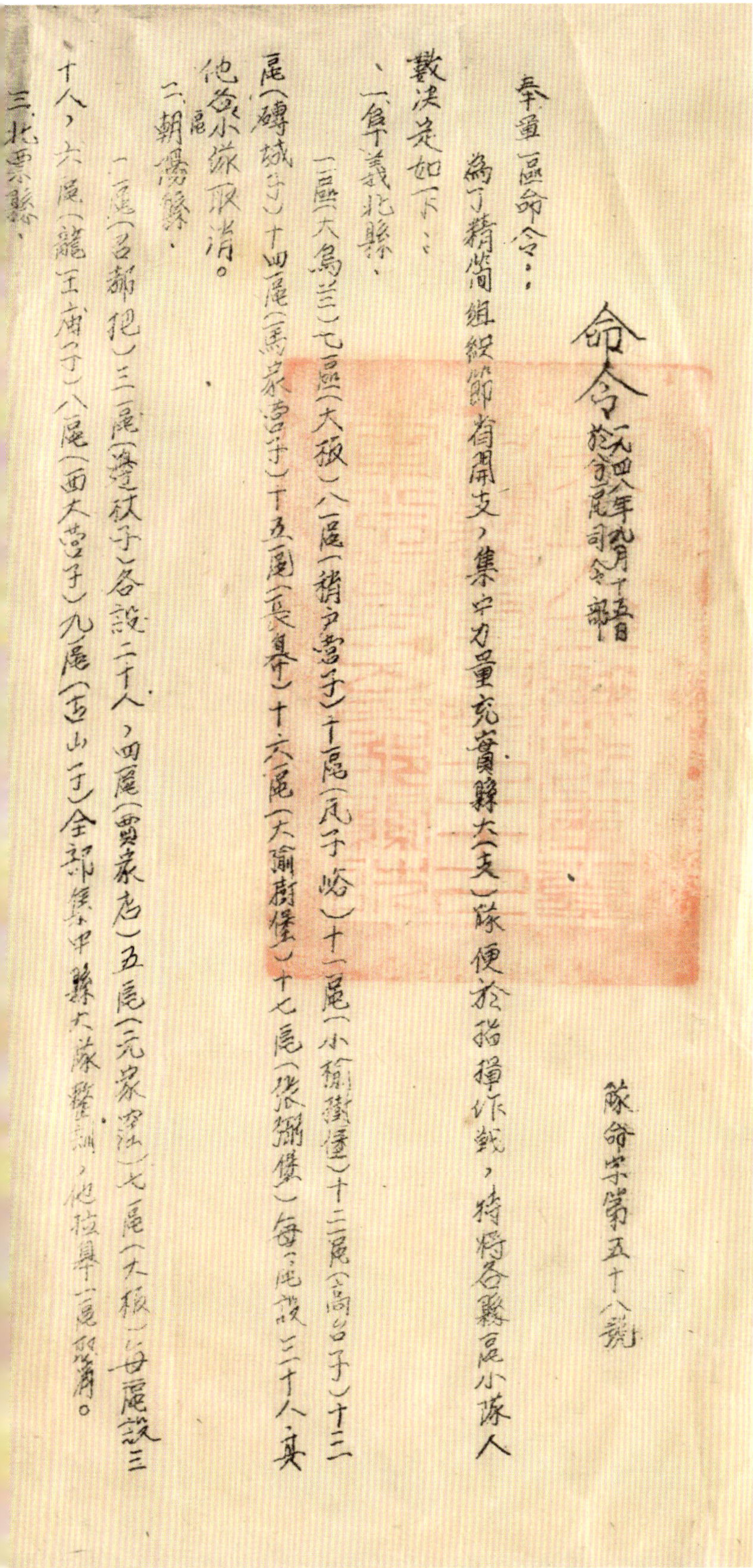
命令 於一九四八年九月十五日 於分區司令部

隊命字第五十八號

奉軍區命令：

為了精簡組織節省開支，集中力量充實縣大（支）隊便於指揮作戰，特將各縣區小隊人數決定如下：

一、阜義北縣、

一區（大烏蘭）七區（大板）八區（褚戶營子）十區（瓦子峪）十一區（小榆樹堡）十二區（高台子）十三區（磚城子）十四區（馬家營子）十五區（長皋）十六區（大榆樹堡）十七區（張榆樹堡）每區設二十人，其他各區小隊取消。

二、朝陽縣、

一區（呂郝杷）三區（邊杖子）各設二十人，四區（賈家店）五區（元寶窪）七區（大板）每區設三十人，六區（龍王廟子）八區（西大營子）九區（古山子）全部集中縣大隊整訓，他按原一區取消。

三、北票縣、

（1）無組織，無檢查，例如一區的大窩鋪車上都沒有代口袋，这怎能打勝仗呢？
七區卜合蘇車上，短了兩塊鉄瓦，有好車不給，二區新井村故意借的破口
袋，西台村車沒有后鞦，（有個細繩），七區一好些車沒有代着兩天的草
料，把牲口餓的站着不能走了。

今后的几点意見、

（一）為了大規模的支援戰爭与趕上戰爭的需要，我們干卩就得百倍努
力來組織这一工作。

1、凡正在十八歲到五十五歲的男子，一律按武裝部十月十二号的指示組起
來，（數天內）；

2、牲口車輛也按照早已的指示編制成班排連隊，以便待命出動；

3、每輛車要准備十二条口袋，十五輛車要准備一個鍘草刀，

4、代担架的干卩，村有十二個隊員以上一定有一個村干卩，（主席也可）、
區干卩根據先前方后後方的指示适当的配備。

5、每村再做五付到十付的担架。

这些工作就不必要多說了，参攷武裝部屢次的指示，与陳政委的那封信，
你們對於此通報有何意見，請及時反映上来以便修改。

你們知道了吧？長春的敌人全部起義，承德的敌人狼狽逃窜，錦州的敌
人消滅了十万，我們幹我們的工作来慶祝，人家流血，我們流汗最应這是合
乘的。

赶快組織起来担架車輛，提早完成公粮，以便支援大規模的戰爭。

主任委員　刘佐斌

政治委員　陳羌

副主任委員　蘭彼岳

《建平县战勤委员会通报》

民国三十七年

一九四八年十月二十一日

在这份战勤工作通报中，首先肯定了一个时期以来建平县在战勤工作方面取得的成绩，譬如出动大车四百余辆，牲畜一千六百余头，担架民兵五千余人，等等。同时，也一针见血地指出了战勤工作存在的问题，并总结出导致这些问题出现的三个方面原因：一、平时对战勤工作组织教育不够；二、交待任务不明确；三、准备工作不够。

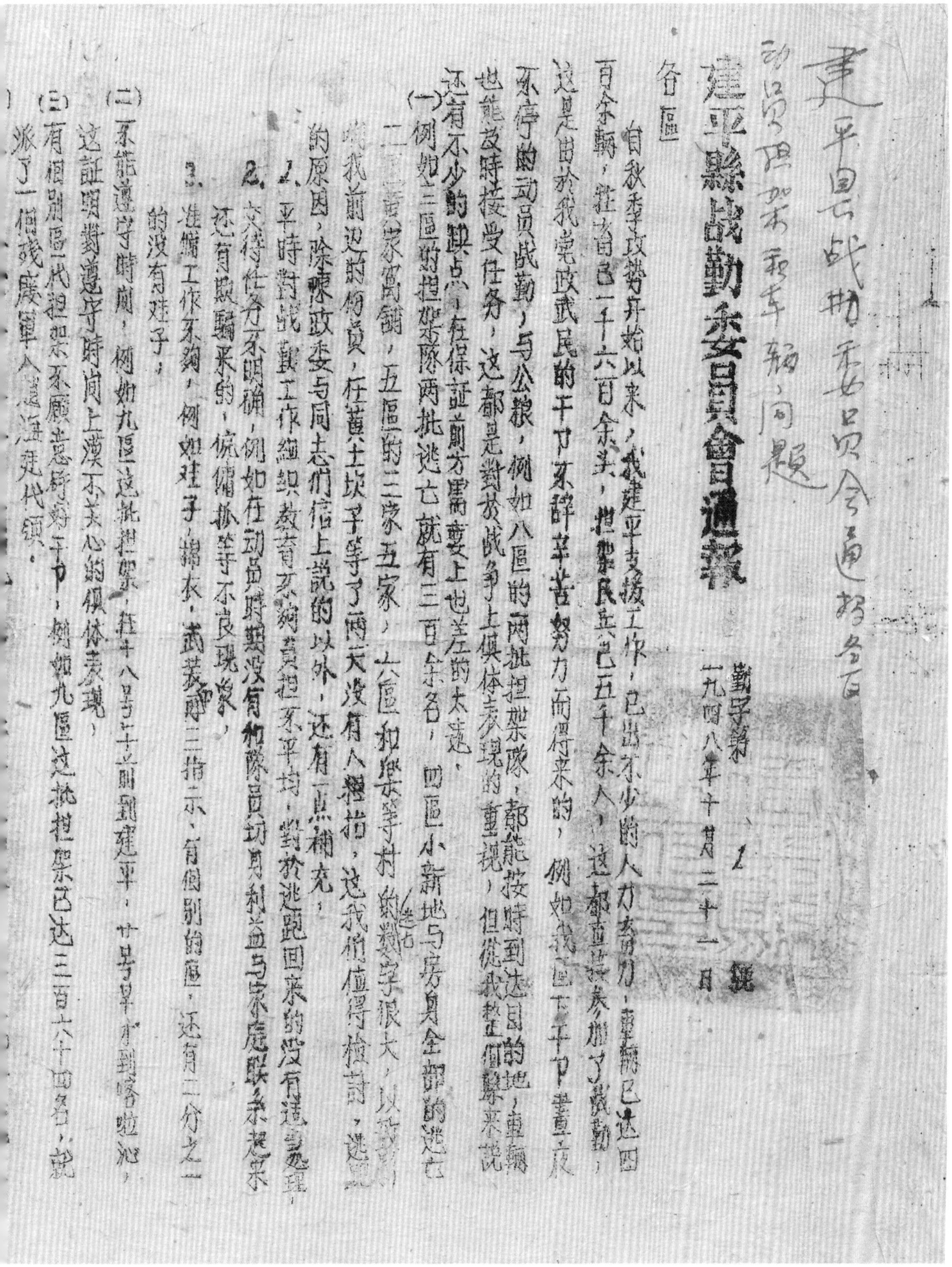

建平县战勤委员会通报给各区动员担架和车辆问题

建平縣战勤委員會通報

勤字第1號

一九四八年十月二十一日

各區

自秋季攻势开始以来，我建平支援工作，已出不少的人力畜力，車輛已达四百余輛，牲畜已一千六百余头，担架民兵已五千余人，这都直接参加了战勤，这是由於我党政武民的干部不辞辛苦努力而得来的，例如我區干部昼夜不停的动员战勤，与公粮，例如八區的两批担架隊，都能按時到达目的地，車輛也能及時接受任务，这都是對於战争上有具体表現的重視，但從我整個縣來說还有不少的缺点，在保証前方需要上也差的太遠，

(一)例如三區的担架隊两批逃亡就有三百余名，四區小新地与房身全部的逃亡，二區黄家窩舖，五區的三家五家，六區和樂等村的逃亡數字很大，以我們前边的例員，在黄土坎子等了两天沒有人經指，这我們值得檢討，逃跑的原因，除了政委与同志們信上說的以外，还有一点補充，

1. 平時對战勤工作組織教育不夠，負担不平均，對於逃跑回來的沒有適當處理，
2. 交待任务不明確，例如在动员時期沒有和隊員切身利益与家庭联系起来，还有欺騙来的，惊備抓等不良現象，
3. 准備工作不夠，例如鞋子，棉衣，武装和三指示，有個別的區，还有二分之一的沒有鞋子；

(二)不能遵守時間，例如九區这批担架，在十八号二十前到建平，廿号早才到喀喇沁，这証明對遵守時間上漠不关心的具体表现，

(三)有個別區一批担架不顧意時干部，例如九區这批担架已达三百六十四名，就派了一個残廢軍人這進代領。

建平县战勤委员会关于动员担架队的通知

民国三十七年

一九四八年十月二十二日

通知中说：『今接分区电令，命我县再动员350付（副）担架，去换头一批担架。因头一批担架、鞋、袜、棉衣准备的不太充足，冻的不能支持战斗，所以现下确定要换。这期担架比较是长期一些，队员一定要选择好的，身体强壮的，棉衣、鞋袜一定要代（带）齐全，否则拿不忠实战斗论。在区一定要编制好，派趁（称）职的区干部代（带）领。』

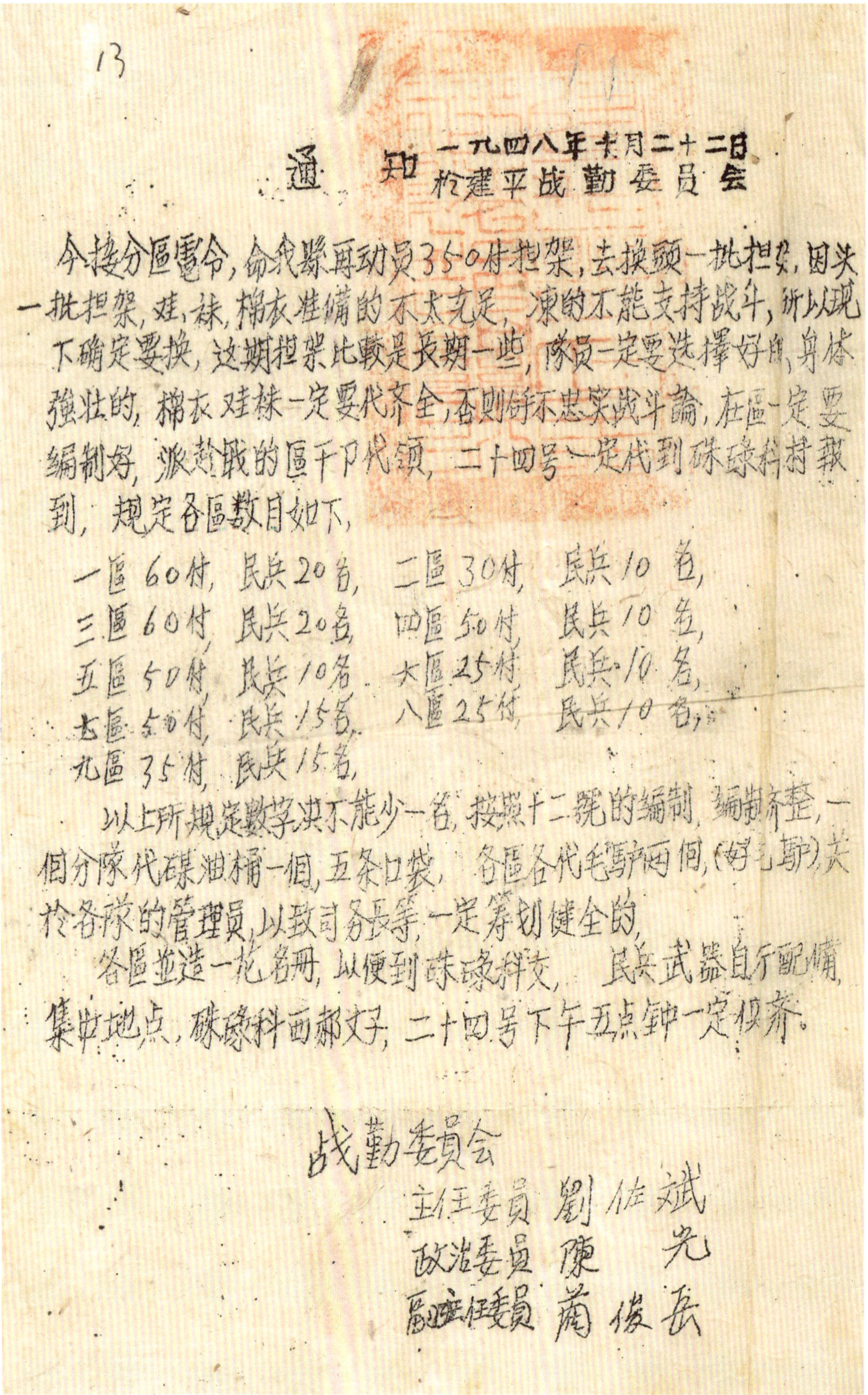

通　知　一九四八年十月二十二日
于建平战勤委员会

今接分區電令，命我縣再动员350付担架，去换頭一批担架，因头一批担架，鞋、袜、棉衣准備的不太充足，凍的不能支持战斗，所以现下确定要换，这期担架比較是長期一些，隊員一定要选擇好的，身体強壮的，棉衣鞋袜一定要代齐全，否则拿不忠实战斗論，在區一定要编制好，派趁職的區干部代领，二十四号一定代到硃碌科村報到，规定各區数目如下，

一區60付，民兵20名，二區30付，民兵10名，
三區60付，民兵20名，四區50付，民兵10名，
五區50付，民兵10名，六區25付，民兵10名，
七區50付，民兵15名，八區25付，民兵10名，
九區35付，民兵15名，

以上所规定數字決不能少一名，按照十二號的编制，编制齐整，一個分隊代碟油桶一個，五条口袋，各區各代毛驴两個，（好毛驴）关于各隊的管理员，以致司务長等，一定筹划健全的，

各區並造一花名册，以便到硃碌科交，民兵武器自行配備，集中地点，硃碌科西都文子，二十四号下午五点钟一定恨齐。

战勤委員会
主任委員　劉佐斌
政治委員　陳　光
副主任委員　蕭俊長

《十八地委关于集中中心县支队的决定》

民国三十七年

一九四八年十月三十日

这份决定的核心内容为训练俘虏，扩大地方武装。决定中说：『为了统一领导，有计划有组织的进行训练俘虏工作，决定这一任务由分区司令部统一负责……建昌、凌源、叶柏寿、羊山、左旗等五县县支队，除建昌为了继续剿匪留一个连外，其余各中心县支队，连同干部在内，全部集中分区。』

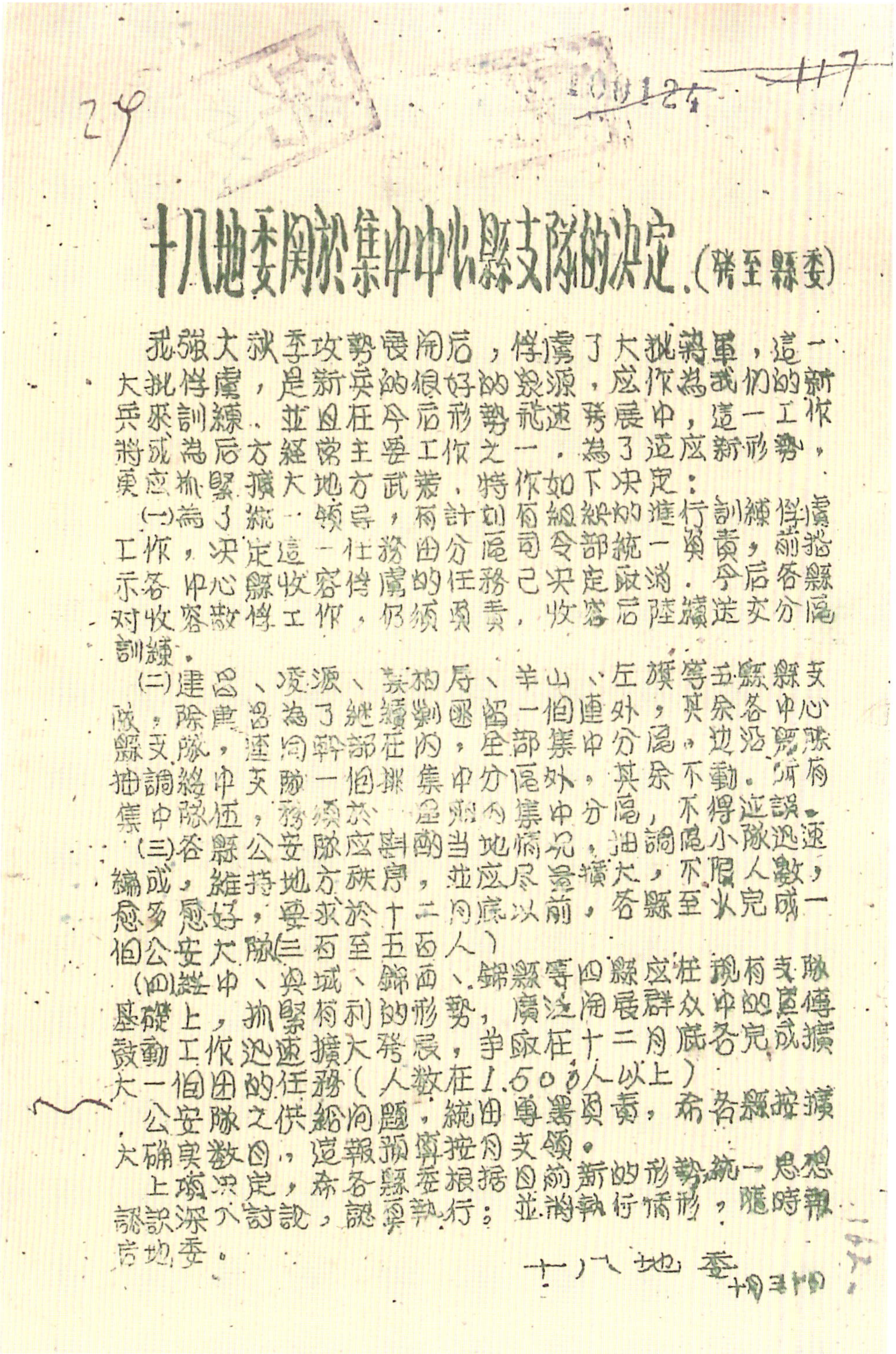

十八地委關於集中中心縣支隊的決定。(發至縣委)

我强大秋季攻勢展開后，俘虜了大批蔣軍，這一大批俘虜，是新兵的很好的來源，應作為我們的新兵來訓練。並且在今后形勢飛速發展中，這一工作將成為后方經常主要工作之一。為了適應新形勢，更應抓緊擴大地方武裝，特作如下決定：

(一)為了統一領導，有計划有組織的進行訓練俘虜工作，決定這一任務由分區司令部統一負責，前指示各中心縣收容俘虜的任務已決定取消。今后各縣对收容散俘工作，仍須負責，收容后陸續送交分區訓練。

(二)建昌、凌源、葉柏壽、羊山、左旗等五縣縣支隊，除建昌為了繼續剿匪留一個連外，其余各中心縣支隊，連同幹部在內，全部集中分區。边沿縣除抽調給中支隊一個排集中分區外，其余不動。所有集中隊伍，務須於 星期內集中分區，不得延誤。

(三)各縣公安隊應斟酌当地情況，抽調區小隊迅速編成，維持地方秩序，並應尽量擴大，不限人數，愈多愈好，要求於十二月底以前，各縣至少完成一個公安大隊(三百至五百人)

(四)錦中、興城、錦西、錦縣等四縣應在現有支隊基礎上，抓緊有利的形勢，廣泛開展群众中的宣傳鼓動工作迅速擴大發展，争取在十二月底各完成擴大一個团的任務(人數在1.500人以上)

公安隊之供給問題，統由專署負責，希各縣按擴大确実數目，造報預算按月支領。

上項決定，希各縣委根据目前新的形勢統一思想認識深入討論，認真執行；並將執行情形，隨時報告地委。

十八地委

十月卅日

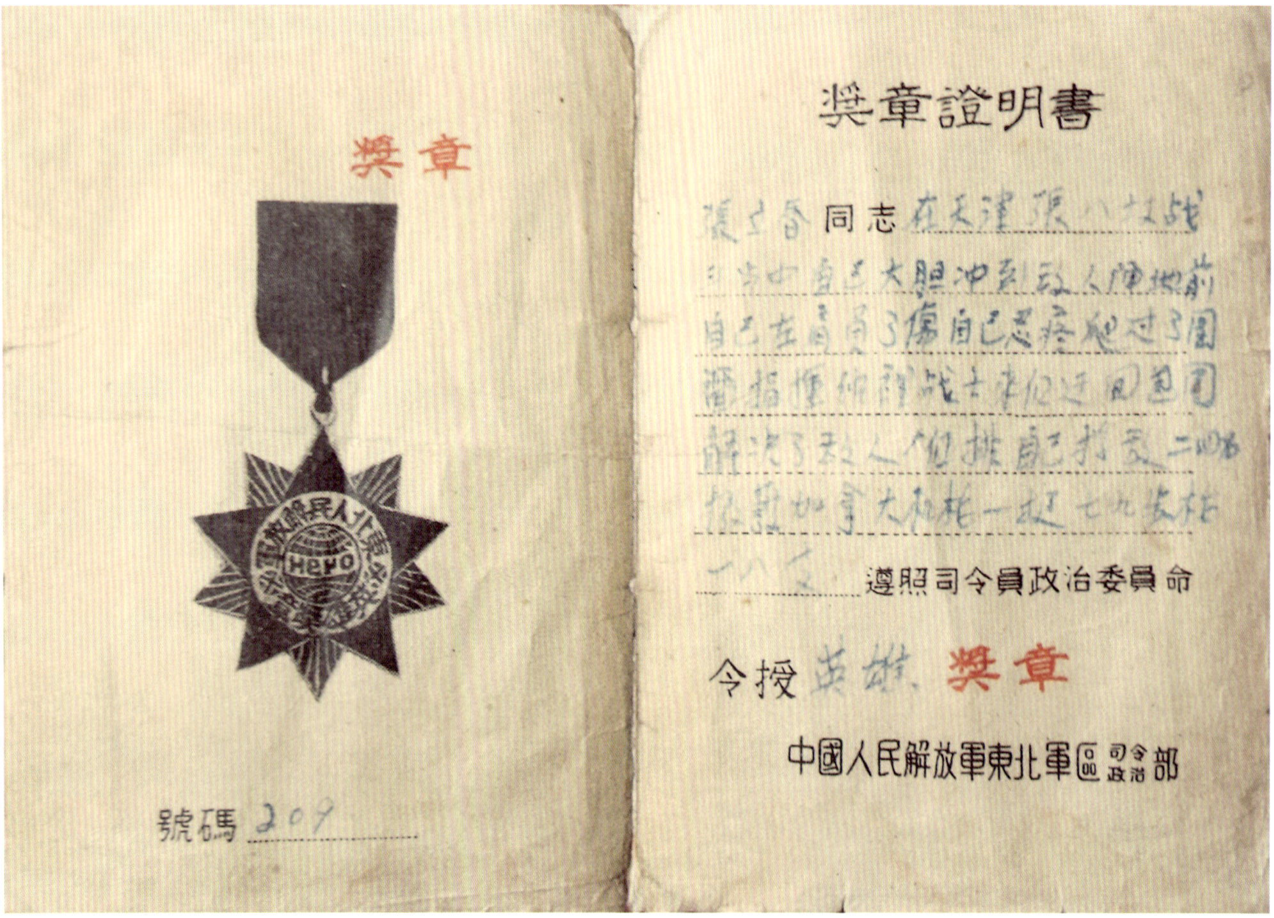

獎章

號碼 209

獎章證明書

覆立春 同志 在天津張八坟战斗
三营中負责大胆冲到敌人陣地前
自己左肩負了傷自己忍疼爬过3围
墙指挥他的战士本他连同团团
解決了敌人们批配找爱二四个
缴获加拿大机枪一挺七九长枪
一八支. 遵照司令員政治委員命

令授 英雄 獎章

中國人民解放軍東北軍區司令部政治部

张立春『英雄奖章』证明书

民国三十七年

一九四八年十一月

1948年11月，在平津战役天津外围张八坟战斗中，时任中国人民解放军东北军区三十八军一一三师三三九团四连二班班长的张立春，作战勇猛，冲锋在前，个人俘敌24名，缴获加拿大机枪1挺、七九式步枪18支，被中国人民解放军东北军区司令部、政治部授予『英雄奖章』。

耿友烈士遗族通知书

民国三十七年

一九四八年

通知书中载明：耿友为北票县一区黑城子人，1948年4月参军，任东北人民解放军第十一纵队第三十二师四二七团战士，同年9月牺牲，时年20岁。

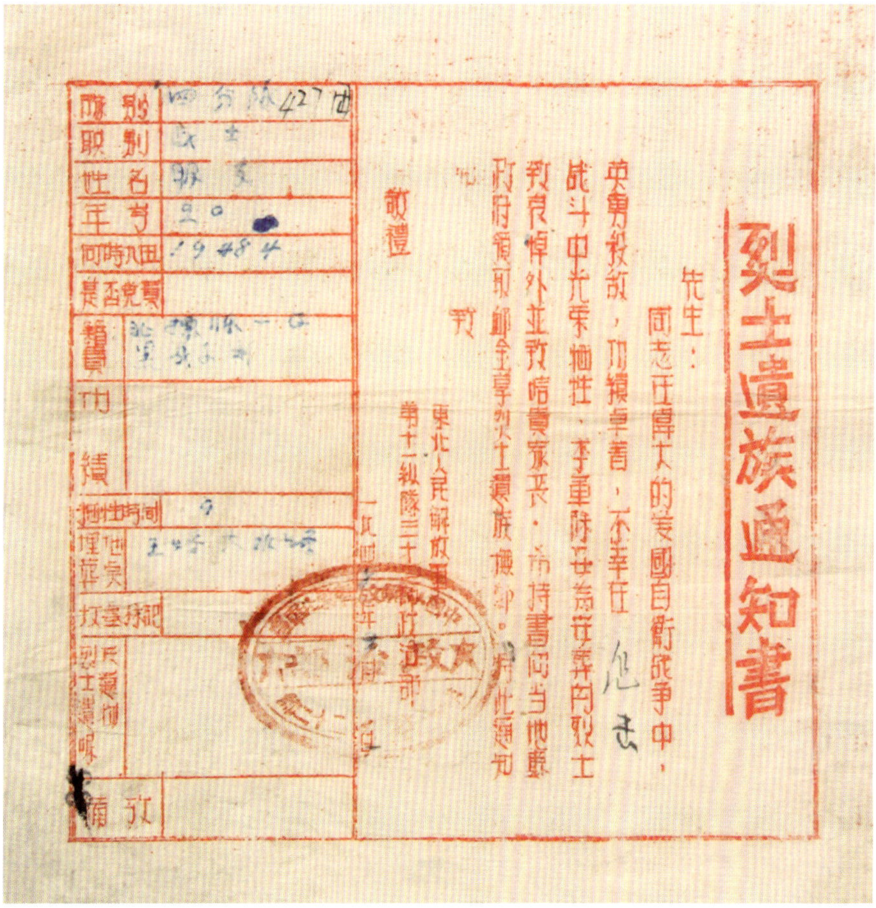
烈士遺族通知書

先生：

同志在偉大的愛國自衛戰爭中，英勇殺敵，功績卓著，不幸在 戰斗中光榮犧牲，本軍除在部隊內對烈士致哀悼外並致唁貴家屬，希持書向当地縣政府領取郵金享受烈士遺族優待。特此通知

此致

敬禮

東北人民解放軍第十一縱隊三十二師政治部

一九四八年 月 日

部别	四分隊427団
職别	戰士
姓名	耿友
年岁	20
何時入伍	1948.4
是否党員	
籍貫	北票
功績	
犧牲時間	9
埋葬地点	
撫卹費	
烈士遺囑	
備考	

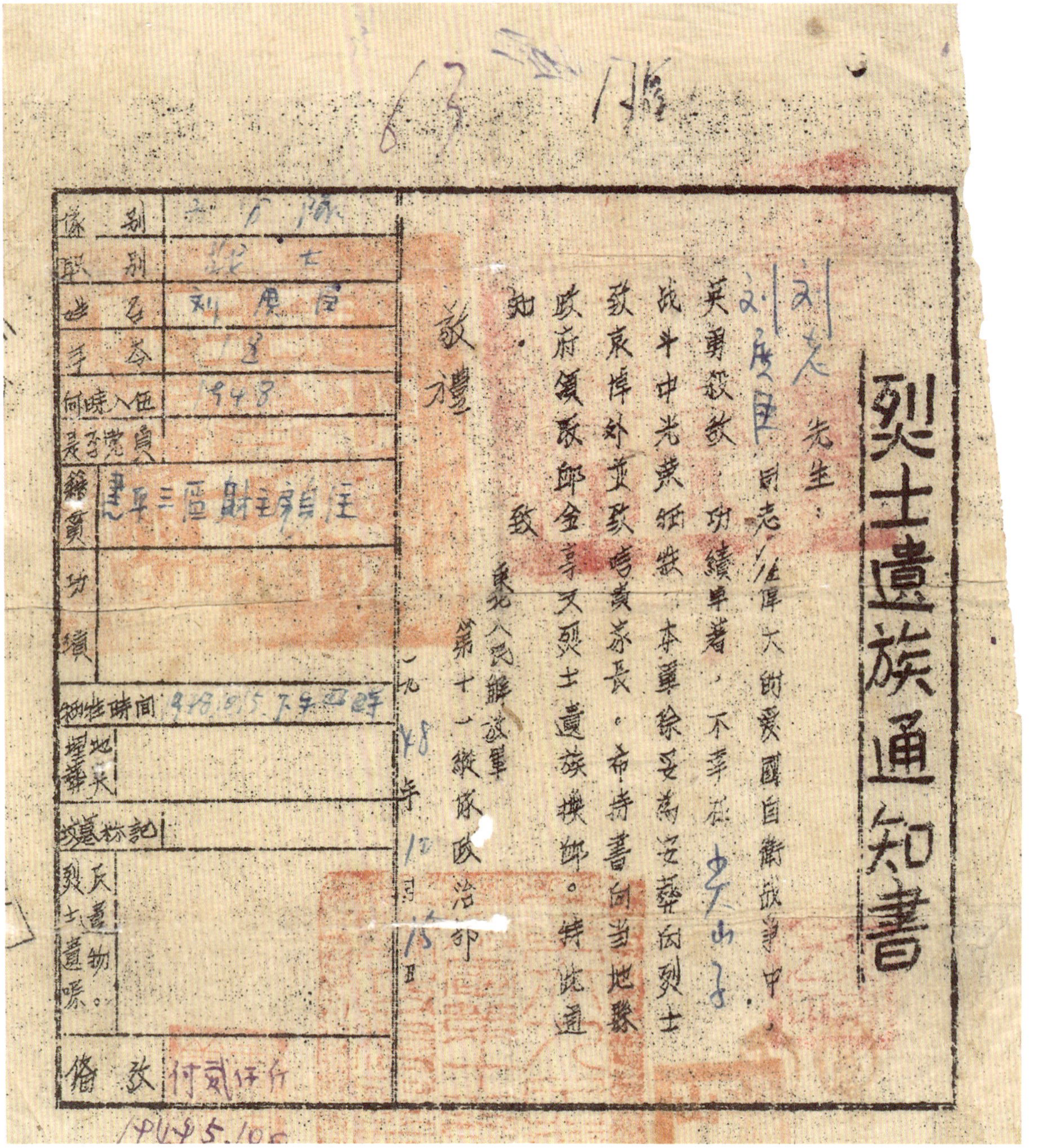

烈士遺族通知書

刘志 先生：

刘殿臣同志為偉大的爱國自衛战争中英勇殺敌，功績卓著，不幸在尖山子战斗中光荣牺牲，本軍除妥為安葬外，並致哀悼外，並致慰問烈士家長。希持書向当地聯政府領取郎金享受烈士遺族撫卹。特此通知。

致

敬禮

東北人民解放軍第十一縱隊政治部

一九48年12月15日

隊別	
職別	战士
姓名	刘殿臣
年齡	18
何時入伍	1948
是否党員	
籍貫	建平三區財主營子村
功績	
犧牲時間	948.10.15 下午四時
埋葬地点	
墳墓標記	
烈士遺族遺物	
備考	付兩仟斤

刘殿臣烈士遗族通知书

民国三十七年

一九四八年

通知书中载明：刘殿臣为建平县三区财主房身人，1948年参军，任东北人民解放军第十一纵队战士，同年10月15日在尖山子战斗中牺牲，时年18岁。通知书上还有建平县财主营子村人民政府给付烈士家属两千斤粮食抚恤的记录。

凌源县第一区军属烈属登记表

民国三十七年

一九四八年

登记表中除载明军人本身的自然情况、所在部队外，还详细登记了家庭状况、经济详情、分得地数等情况。

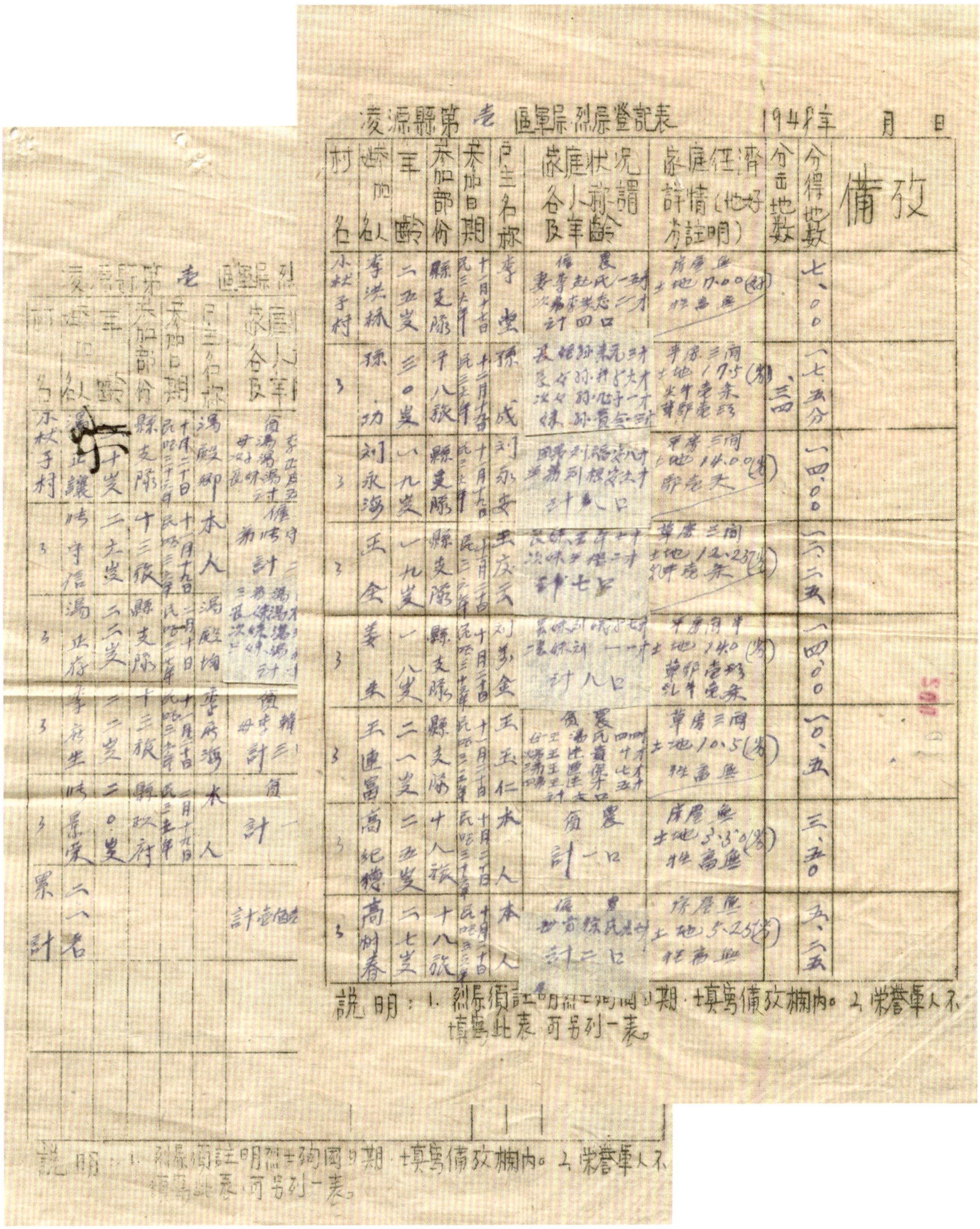

凌源县第壹区军属烈属登记表　　1948年　月　日

村名	参加人名	年龄	参加部份	参加日期	户主名称	家庭状况各人称谓及年龄	家庭经济详情（地好坏注明）	分出地数	分得地数	备考
小杖子村	李洪林	二五岁	县支队	民三十七年十一月十七日	李堂	佃农 妻李赵氏 [illegible] 计四口	房屋无 土地17.00（亩） 牲畜无		七、〇〇	
〃	孙功	三〇岁	十八旅	民三十七年十二月十六日	孙成	[illegible]	草房三间 土地17.5（亩） [illegible]	三亩	一七、五分	
〃	刘永海	一九岁	县支队	民三十七年十一月十六日	刘永安	[illegible] 计八口	草房三间 土地14.00（亩） [illegible]		一四、〇〇	
〃	王全	一九岁	县支队	民三十六年十二月二十日	王庆文	[illegible] 计七口	草房三间 土地12.237（亩） [illegible]		一二、二五	
〃	姜朱	一八岁	县支队	民国三十七年十一月二十日	刘[illegible]金	[illegible] 计八口	草房[illegible] 土地14.0（亩） [illegible]		一四、〇〇	
〃	王连富	二一岁	县支队	民国三十七年十一月二十日	王玉仁	佃农 [illegible]	草房三间 土地10.5（亩） 牲畜无		一〇、五	
〃	高纪德	二五岁	十八旅	民国三十七年十一月二十日	本人	佃农 计一口	房屋无 土地3.50（亩） 牲畜无		三、五〇	
〃	高树春	二七岁	十八旅	民国三十七年十一月二十日	本人	佃农 [illegible] 计二口	房屋无 土地5.25（亩） 牲畜无		五、二五	

说明：1. 烈属须注明牺牲时间日期，填写备考栏内。2. 荣誉军人不填写此表，可另列一表。

38

熱東分區一九四八年
秋季戰役戰勤工作總結

第1號

熱東地委

一九四九年一月

(一)

熱東分區一九四八年
秋季战役战勤工作總結。

一、今年秋季战役战勤規模与特點。

(一)規模較大，是有現代化大規模的秋季战
於九月十二日開始，历時一個半月，战線存
海関北至義縣約長五百余里，参战担架前后
計二万二千七百零四付，民工十三万六千二
十四人（幹部、民兵在外）。（附表一）修路三
里，全分區一万万零四佰四十万斤的公粮任務
九月底完成一半，集中於大路沿線，並向第
与第一線調運二千三百三十四万斤（附表二
另外后方医院兵站星羅棋布，人民熱烈的服
招爾伤员洗血衣和慰劳，整個熱東人民与幹
量的投入战争。如与城差高雇七万人，担架
两項任務，大約民工三十二万零六佰六十五
每人平均四個半工。

(二)战勤与秋收秋征秋翻地結合：战争開始
收季節，有利方面，收下粮食好打仗；困难
，人力困难。我们在大規模支前任務的情况
由於比較普遍深入的發動了廣大婦女兒童下
秋，因之今年秋收，大体上在二十天至一個
成，一般說比往年要快一個月，秋翻地工作
月廿日據建昌、羊山、左旗、葉柏寿、凌源
不完全統計，翻地一百四十五万零一百五十
，終於完成了任務。

(三)是在土改以后群眾覺悟提高：一般民工
頑強，不怕吃苦，紀律較好，能够認真完成
。有的与部隊並肩修築工事，英勇的進行火
救。

(四)幹部有了去年秋季战役的經驗：一年來

山战時，在連長王
指揮下，班長王守
長張慶英一連將下
志们：不要害怕，
功的時候啦！」「單
時敵人炮彈飛落，
伤员，自己身体為
生父母不过如此！」
為模範連，三人立
據不完全統計，
四丁郎有：
模範团二（羊山
模範班九。經部隊
功一百十七名，模
：立功三百六十三
獎旗十四面，獎状
嘉奖令两份（因部
受）。
黑山轉區一次轉
建波关架好十七座
伤员没有停滞現象
(2)粮食供应基

《热东分区一九四八年秋季战役战勤工作总结》

民国三十八年

一九四九年一月

在这份战役战勤工作总结中，举出了许多生动事例，如：『羊山一团四营一连于月亮山战时，在连长王振山（村农会主任、共产党员）指挥下，班长王守田首先抢上火线背下伤员，班长张庆贺一连背下五个伤员，并鼓动大家说：「同志们：不要害怕，有我就有你们。翻身的人到立功的时候啦！」「军队为的是谁？咱们不干？」抢救时敌人炮弹飞落，张庆贺同志爬（趴）在伤员身上掩护伤员，自己身体为土盖满，感动的伤员说：「我亲生父母不过如此！」全连抢救伤员十八名，部队奖励为模范连，三人立特功。』

議后，又進行檢閱
幹部帶領担架的帶
丟伤員，保証了部
偉大的光榮任務。

工作的估計：

予我们的任務。

的后方，很少執誤
午多英勇爭躍，伤
团四營一連於月亮
（村農会主任共產党員）
先抢上火線背下伤員，班
伤員，並鼓動大家說：「同
就有你们.」「翻身的人到立
的是誰？咱们不幹!」抢救
賀同志爬在伤員身上掩護
滿，感動的伤員說：「我親
連抢救伤員十八名部隊獎
。
區隨軍担架立功者（附表

）模範連九，模範排八，
者：立功五百十九名，大
十七名。經評委会立功者
功九名，模範九名。共得
六張，立功証五十大份，
爾，來不及發獎者尚有許

斗四佰余伤員，有条不紊
，寬邦站一天曾運五百余

未使部隊遭到困难，並在

（二）

轉運粮食上，收到不少成績，除后方向第一、二線調運二十三百三十四万斤，分區工作因配合部隊並由新區就地取給二千三百余万斤，部隊食用共約三千余万斤。不但保証了供給而且还有余粮。在轉運粮食上成功的辦法是「包運制」，事先進行深入動員，提出具体口号，如羊山提出「粮食比炮彈还重要!」「餓肚子不能打勝仗.」「送上公粮打下錦州.」規定具体任務，限定時间，收發粮食由幹部掌握防止發生錯誤，今年多採隨征隨運，因之群衆积極調運迅速。

(3)招顧伤員：「村村設医院，户户作伤房，人人當看護」，在全分區除作战地區外，中心地區的大部村莊都設了医院或后勤机關。但廣大群衆还是很熱情的在招待伤員。建昌喇嘛洞站一個病房預備五床被子，伤員到后按号住下，婦女自動慰问，喂水喂飯接屎接尿，感動得伤員要求多住一宿再走。幹部在劳任怨熱愛伤員，二道湾子張村長長區婦会主刘明同志，挨了伤員打罵，換上便衣仍去招待伤員指揮担架。像這樣例子还不少。

(4)修路架橋：战爭開始前，分區與各縣后勤部派許多幹部動員群衆修好各主要公路，架好橋樑，汽車可以暢通無阻，全分區境内共修好主要幹路八条計三仟余里，支路还不在内，沿途橋樑完全修好。

(5)秋收秋翻地是與战勤及預征公粮結合進行的，動員廣大婦女兒童下地收秋翻地，據建昌廿個村調查，婦女參加秋收比往年多三分之二，佔婦女總数的百分之八十，割地佔全部莊稼的一半，全分區大体上於二十天内完成秋收，較往年快一個月的時间。翻地工作，深入動員打破群衆怕再分地的顧慮后，結合了战勤，留下扶杢子的人換工翻地，大部地區並作好軍属及担架員家属的代收代翻地工作。

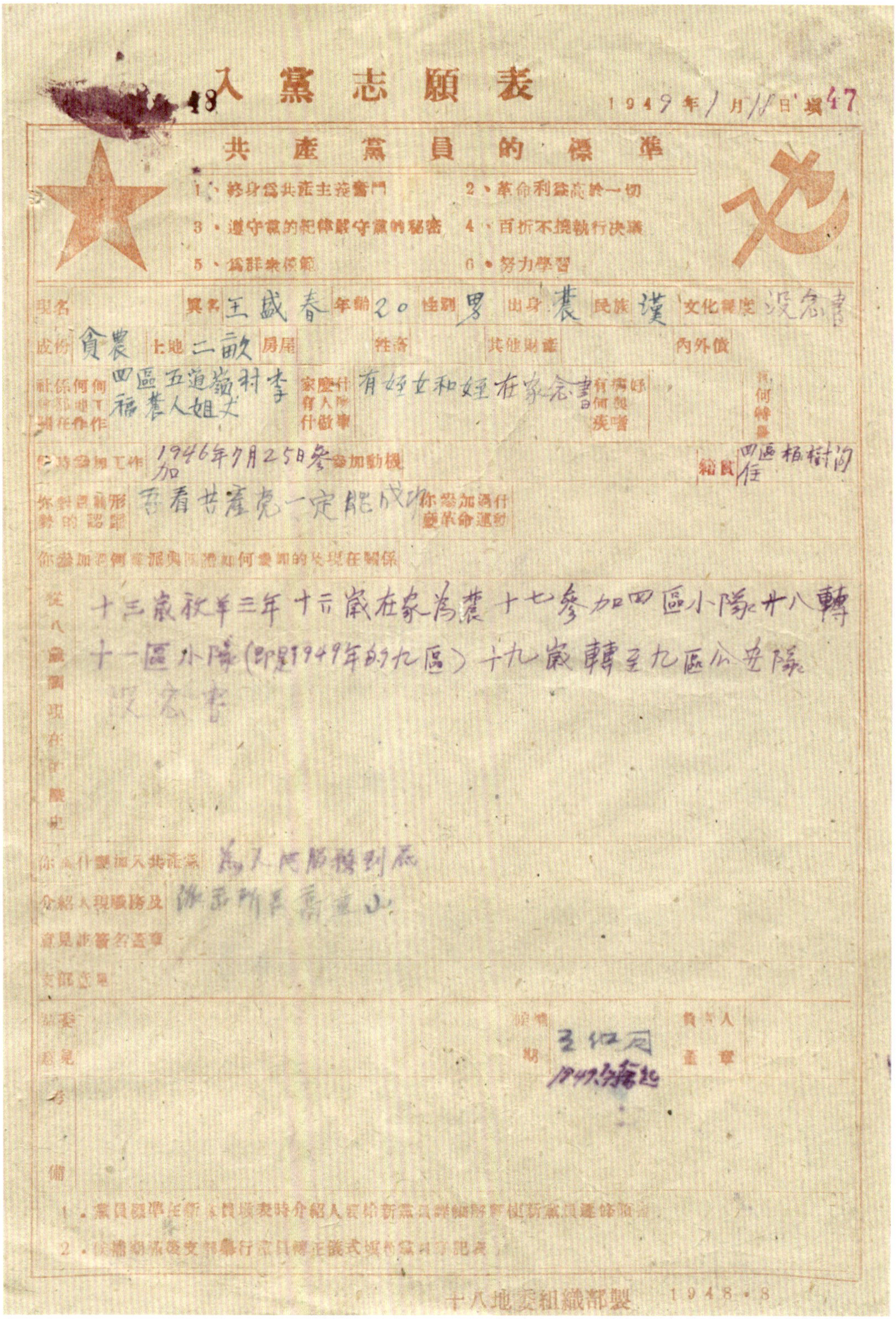
入黨志願表 18 1949年1月11日填 47

共產黨員的標準

1、終身為共產主義奮鬥 2、革命利益高於一切

3、遵守黨的紀律嚴守黨的秘密 4、百折不撓執行決議

5、為群衆模範 6、努力學習

現名 真名 王盛春 年齡 20 性別 男 出身 農 民族 漢 文化程度 没念書

成份 貧農 土地 二畝 房屋 牲畜 其他財產 內外債

社係何何……四區五道嶺村李福春人姐丈 家庭什有人做什做事 有妹女和妹在家念書 有何病嗜好 有何特長

何時參加工作 1946年7月25日參加 參加動機 籍貫 四區柏樹溝住

你對目前形勢的認識 吾看共産党一定能成功 你參加過什麼革命運動

你參加過何黨派與團體如何參加的與現在關係

從八歲到現在的歷史 十三歲秋半三年 十六歲在家為農 十七參加四區小隊 十八轉十一區小隊（即是1949年的九區）十九歲轉至九區公安隊 没念書

你為什麼要加入共產黨 為人民服務到底

介紹人現職務及意見並簽名蓋章 派出所長高國山

支部意見

上委意見 日期 王紅同 1949.1.9 負責人蓋章

備考

1、黨員候補期滿時介紹人應給新黨員……

2、候補期滿後支部舉行黨員轉正儀式……

十八地委組織部製 1948·8

王盛春入党志愿书

民国三十八年

一九四九年一月

在这份入党志愿书的『你对日后形势的认识』和『你为什么加入共产党』两栏里，王盛春分别填写的是『吾看共产党一定能成功』和『为人民服务到底』。

喀东旗、建平县关于严格禁止种植大烟的联合政府通令

民国三十八年

一九四九年三月五日

通令中说：『农民种植大烟，是农叶（业）生产之中一大障碍，本府曾一再严禁在案。奈因农民积习巨深，现又连年遭受国民党蒋匪战犯的侵扰，致使迄未根除植烟的恶习。去春之际，个别地区或偏僻地方，仍有违法种植现象，致复用力产（铲）除，有碍农时。目下春耕之前，须广泛宣传，深入解释禁烟之重要意义，并随时检查，严格禁绝。倘仍发现有不法种植的行为，除令即时铲除，并予种烟者以处份（分）外，该区村之行政负责人亦应负检查不严之责任。』

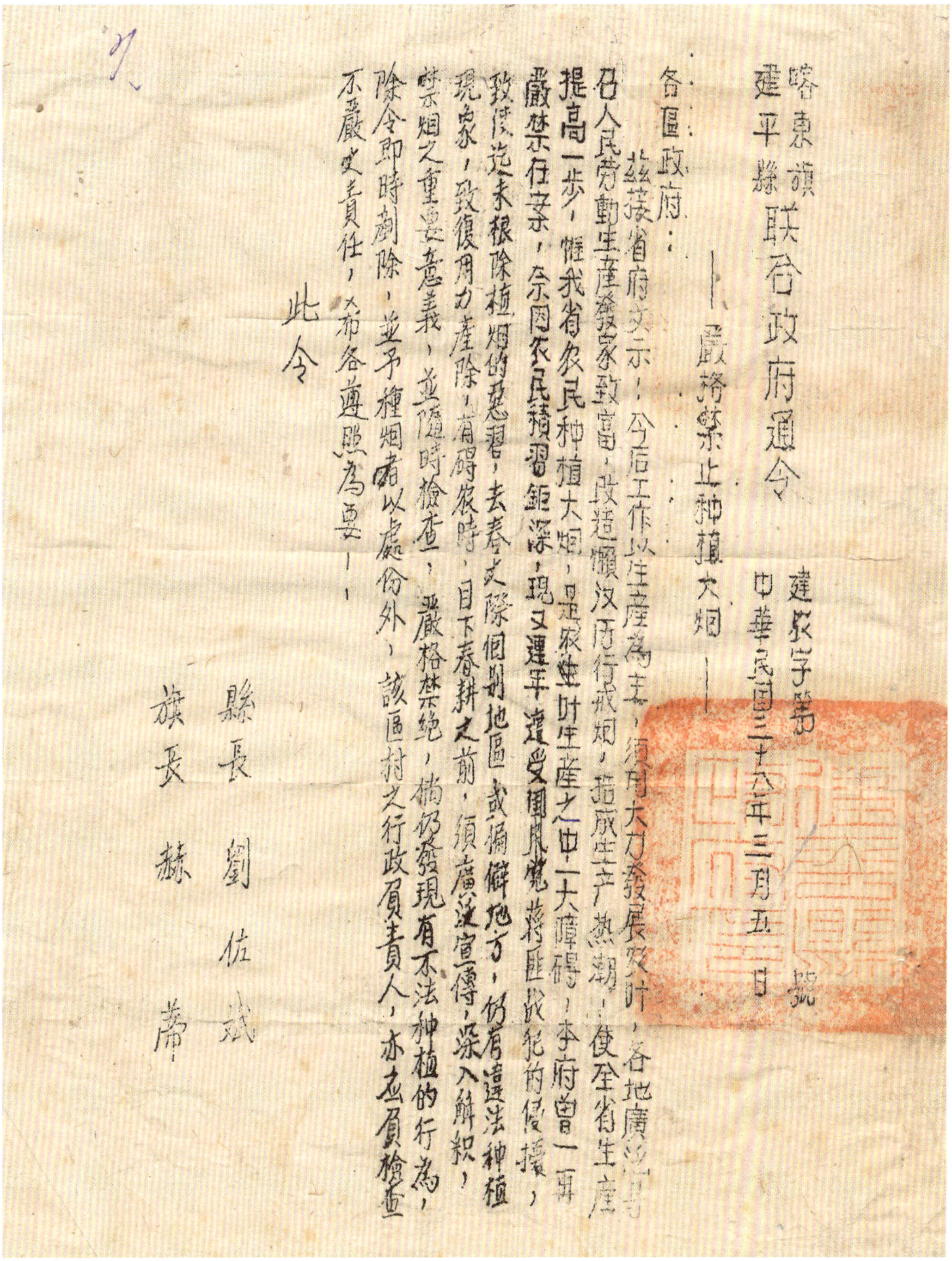

辽西省政府就抚恤张士毅烈士家属事给冀东行署的公函

民国三十八年

一九四九年五月七日

公函中说：『兹有张士毅同志（原名白砥中）是冀东蓟县下仓镇人，原在冀东十二分区任迁卢抚昌联合县县长。于日本投降后，调东北工作，历任辽西专署专员、热东专署副专员。不幸于一九四七年四月在松树咀子战役（中）重伤后被敌俘虏，壮烈牺牲了。请转知该县区，按烈士抚恤条例发给其抚恤金。另外其家中遗族，据云，生活很困难，请尽可能予以照顾。』

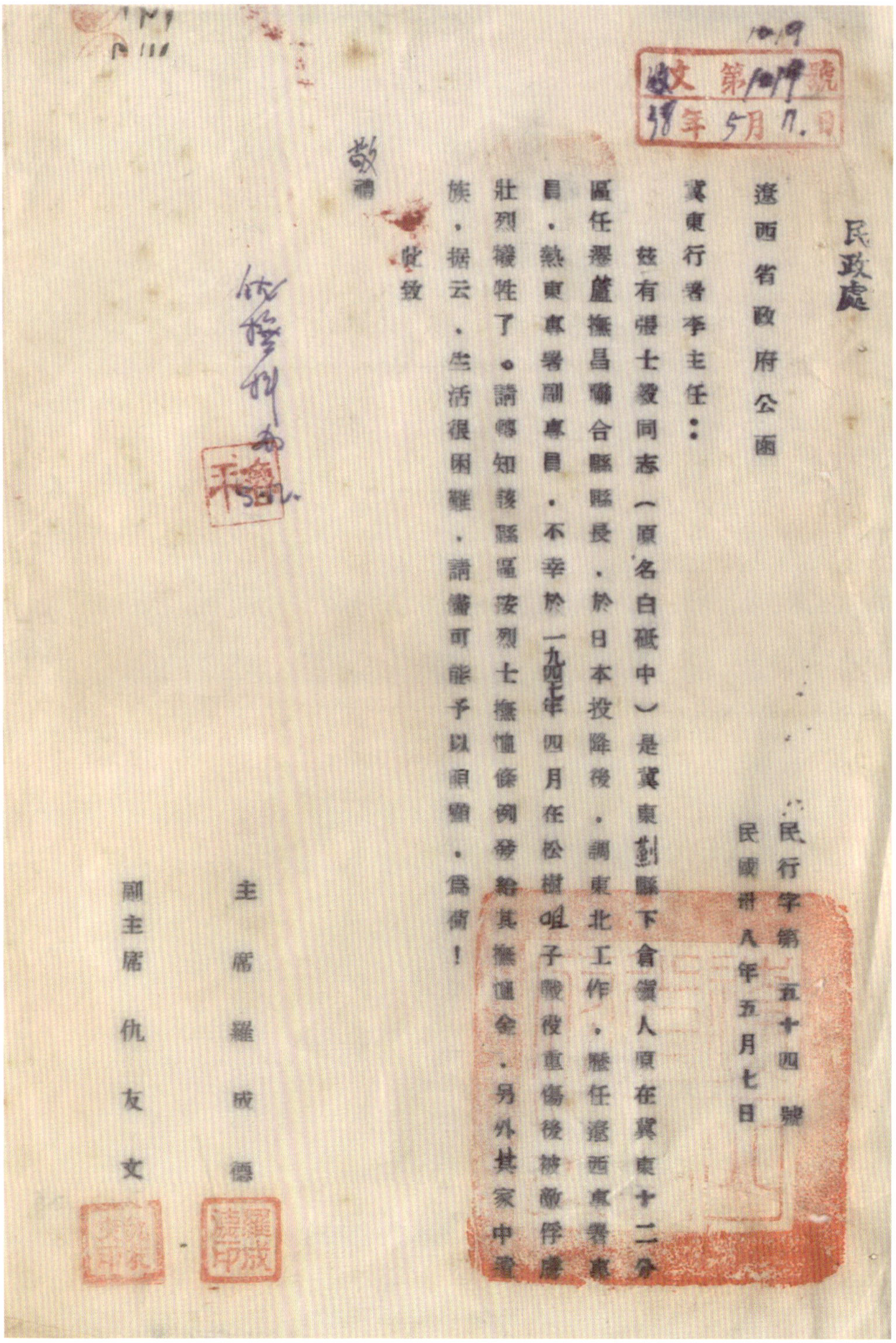
收文 第1019號 38年5月11日

民政處

遼西省政府公函

民行字第五十四號

民國卅八年五月七日

冀東行署李主任：

兹有張士毅同志（原名白砥中）是冀東蓟縣下倉鎮人原在冀東十二分區任遷盧撫昌聯合縣縣長，於日本投降後，調東北工作，歷任遼西專署專員，熱東專署副專員。不幸於一九四七年四月在松樹咀子戰役重傷後被敵俘虜，壯烈犧牲了。請轉知該縣區按烈士撫恤條例發給其撫恤金。另外其家中遺族，據云，生活很困難，請儘可能予以照顧。為荷！

此致

敬禮

主席 羅成德

副主席 仇友文

热河军区司令部关于喀喇沁旗、建平县剿匪战果的通报

民国三十八年

一九四九年九月二日

通报中说：『兹将人民武装最近剿匪情形通报如下：一、喀喇沁旗三区人民武装十二人，在区村干部率领下，于八月十三日将被军区部队击溃逃散之万恶匪首尹相臣捕获，共俘匪三人（内投降一人），缴步枪二支，子弹二十三发。二、建平砝碌科区人民武装于旧历七月八日在盘查行人当中，将活动在建平榆树林子一带之主要匪首□振扬捕获。』

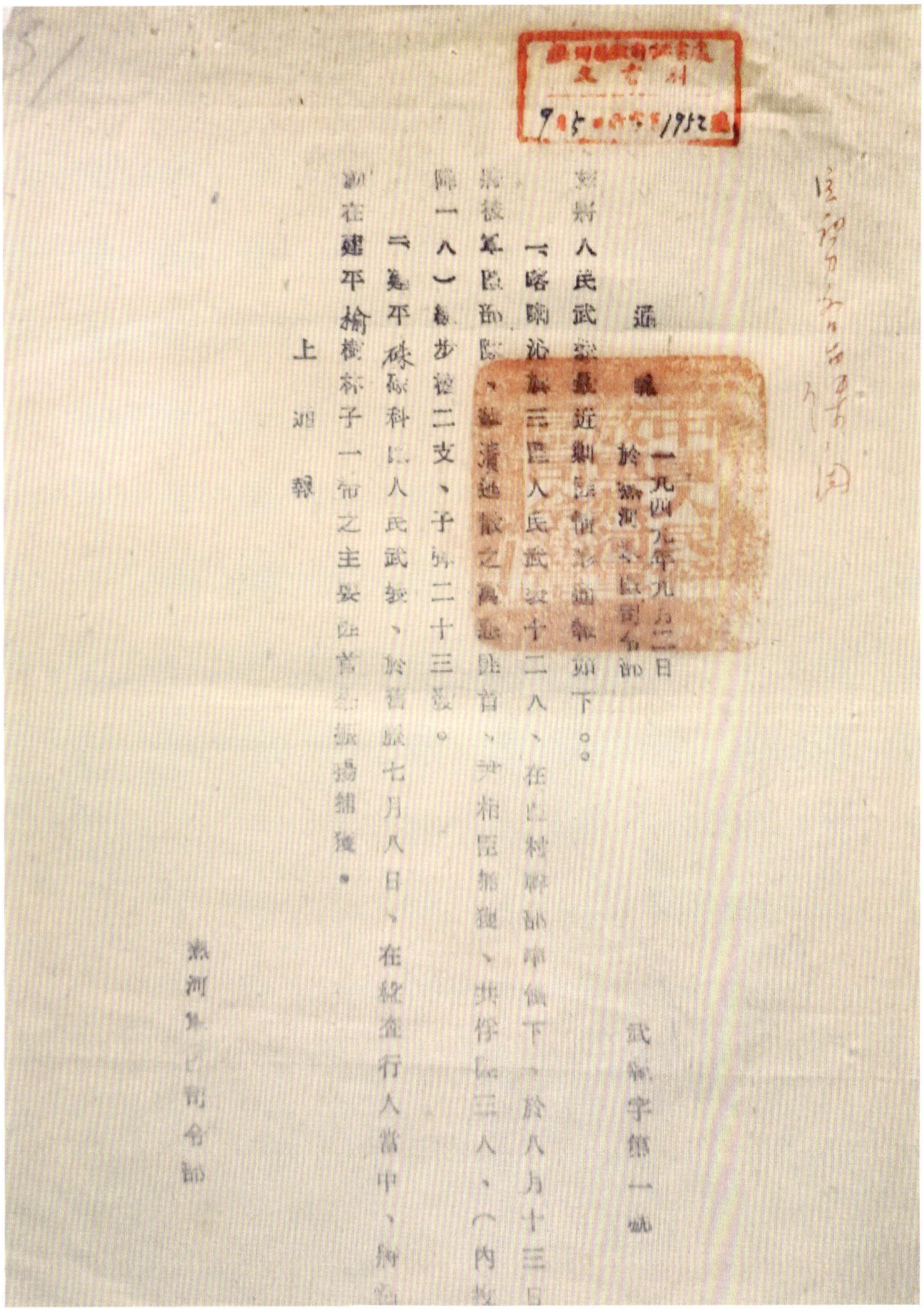

通報　一九四九年九月二日　於熱河軍區司令部　武字第一號

茲將人民武裝最近剿匪情形通報如下。

一、喀喇沁旗三區人民武裝十二人、在區村幹部率領下、於八月十三日將被軍區部隊擊潰逃散之萬惡匪首、尹相臣捕獲、共俘匪三人、（內投降一人）繳步槍二支、子彈二十三發。

二、建平砝碌科區人民武裝、於舊歷七月八日、在盤查行人當中、將活動在建平榆樹林子一帶之主要匪首□振揚捕獲。

上　通　報

熱河軍區司令部

庆祝义北段铁路通车大会后游行照片

民国三十八年

一九四九年九月四日

义北段铁路为锦承线的一部分，由义县与北票交界处的柳河桥进入北票境内，经上园、大板、凉水河、南八家、桃花吐，进入朝阳县，当时设有上园、南岭、金岭寺、能家4个车站和窟窿山、红村两个乘降所。

热河军区司令部关于剿匪战果的通报

民国三十八年

一九四九年九月五日

通报中说：『凌源县公安队于八月廿一日捕获□林匪等二人。喀喇沁旗乃林派出所捕获土匪三名。另该旗于八月廿六日于高粱杆子甸俘获匪首魏如田以下十三人（全股）。』

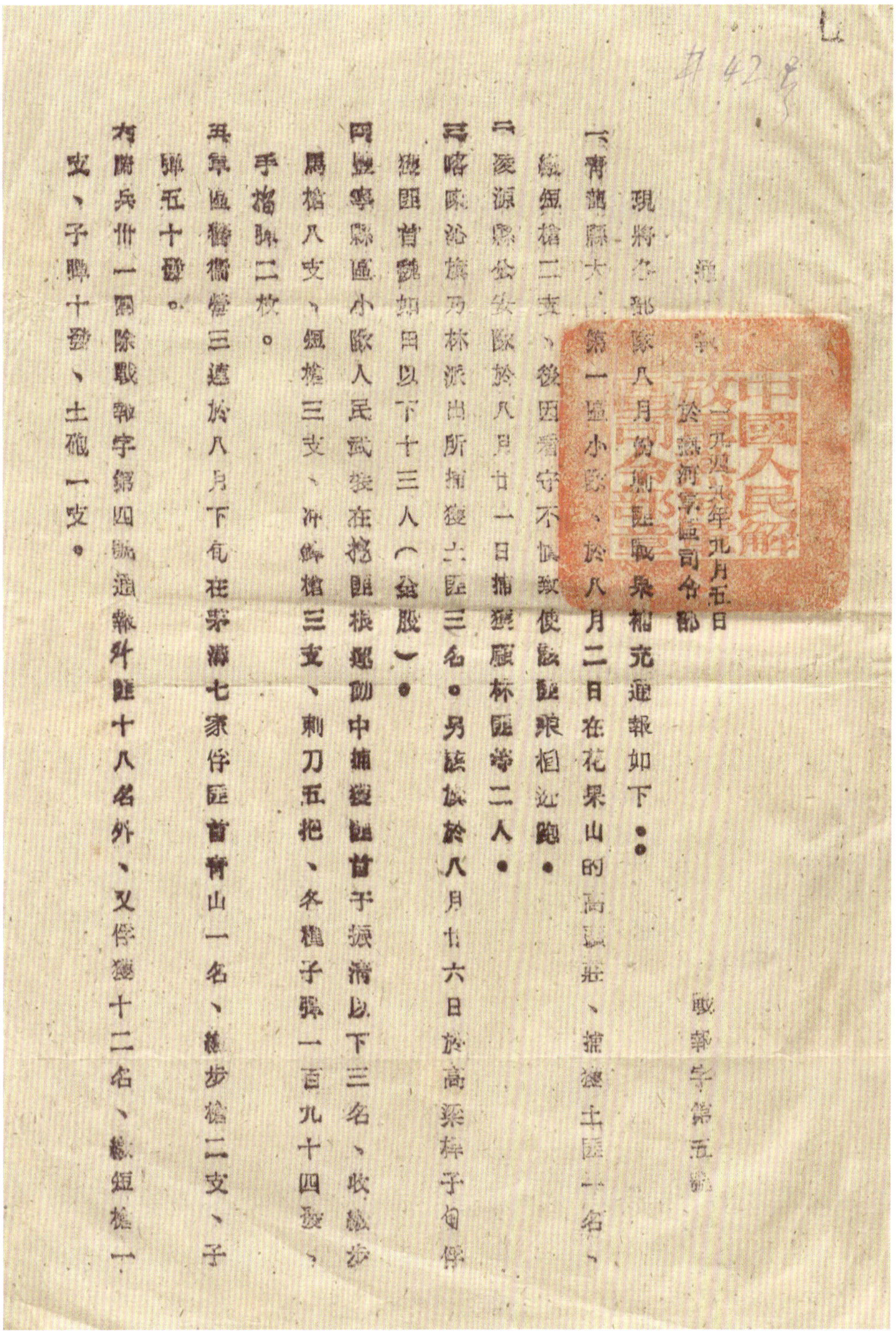

一九四九年九月五日

於熱河軍區司令部

戰報字第五號

通報

現將各部隊八月份剿匪戰果補充通報如下：：

一、青龍縣大隊第一區小隊、於八月二日在花果山的高麗莊、捕獲土匪一名、繳短槍二支、後因看守不慎致使該匪乘相逃跑。

二、凌源縣公安隊於八月廿一日捕獲顧林匪等二人。

三、喀喇沁旗乃林派出所捕獲土匪三名。另該旗於八月廿六日於高粱杆子甸俘獲匪首魏如田以下十三人（全股）。

四、豐寧縣區小隊人民武裝在挖匪根運動中捕獲匪首于振濤以下三名、收繳步馬槍八支、短槍三支、冲鋒槍三支、刺刀五把、各種子彈一百九十四發、手榴彈二枚。

五、隆化區獨立營三連於八月下旬在茅溝七家俘匪首青山一名、繳步槍二支、子彈五十發。

六、騎兵卅一團除戰報字第四號通報殲匪十八名外、又俘獲十二名、繳短槍一支、子彈十發、土砲一支。

第三部分　新中国档案

一九四九至一九八四

新中国成立之初，朝阳地区的朝阳、北票、凌源、建昌、建平五县和喀喇沁左旗为热河省所辖。1949年10月8日，热河省人民政府决定建立北票矿区。1955年7月30日，第一届全国人民代表大会第二次会议通过决议，撤销热河省建制，朝阳地区五县一旗划归辽宁省锦州专区管辖。1957年10月10日，国务院第五十八次会议通过决议，撤销喀喇沁左旗建制，成立喀喇沁左翼蒙古族自治县。

1958年10月20日，国务院第三十八次会议决定成立朝阳市。1959年1月5日，国务院批准将原锦州专区管辖的朝阳、北票、凌源、建昌、建平、喀左等六县划归朝阳市领导；同年1月23日，中共辽宁省委决定，中共朝阳市委员会组成。1964年3月7日，根据《国务院关于撤销辽宁省朝阳市的决定》和设立沈阳、朝阳两个专员公署的批复，朝阳市撤销，成立朝阳专员公署，原朝阳市所辖六县划归朝阳专员公署领导；同年4月20日，中共辽宁省委批准，中共朝阳地区委员会成立。

从1967年2月到1978年8月，朝阳地区的党政机构统一形成为党政合一的革命委员会体制，名称多次发生改变，但行政区划基本没有变化。

1978年8月28日，辽宁省革命委员会决定，朝阳地区革命委员会改为朝阳地区行政公署，实行党政分开。1979年10月11日，朝阳市（县级）筹委会成立。1984年7月24日，国务院批准恢复省辖朝阳市，设双塔、龙城两区，原朝阳地区行政公署所辖朝阳、北票、凌源、建昌、建平、喀左六县划归朝阳市领导；同年8月24日，中共朝阳市委员会、朝阳市人大常委会、朝阳市人民政府、政协朝阳市委员会组成。

1985年1月17日，国务院批准，北票县改为北票市（县级）。1992年2月14日，国务院批准，凌源县改为凌源市（县级）。1989年6月12日，建昌县划归新成立的锦西市。

本部分收录的档案主要包括各级党、政、军机关制发的公文及各种活动照片。

北票庆祝中华人民共和国成立及拥护国际和平斗争日大会照片

一九四九年十月二日

新中国开国大典次日，北票县召开万人大会，隆重庆祝中华人民共和国诞生。因10月2日还是1949年4月第一届世界和平大会确定的『国际和平和民主自由斗争日』，故本次集会还有拥护国际和平的内容。

（二）党委代表五名。
（三）县人民政府代表十二名（内含公安队一名）
（四）团体代表十八名（青年代表三名、妇女代表五名、工会代表四名、教联五名、中苏友协一名）
（五）机关代表四名（银行、贸易、合作、邮电各一人）
（六）医务界代表二名、
（七）荣军代表二名

三、县各界人民代表会议之代表的产生：

1、遵照中央人民政府颁布之县各界人民代表会议组织通则第四条之农民的代表由村农民代表大会产生之 2、但为照顾少数民族并烈属、荣军等按上表指定区选举之

2、党委县府团体和机关之代表：由党委、县府、团体机关自行选派之

3、医务界代表由县府邀请之。

4、荣军代表由民政科指定区选举之。

四、会议内容：中心为总结四九年农业和副业生产经验，研究和布置五〇年农副业生产计划，解决生产当的政策，确定合作社和包耕工作以及干部作风等，并选举县常务委员及参加省代表会议的代表。

五、为了开好这次会议，各区在来前应广泛的搜集群众意见作出提案，来参加会议代表以便整理。

特此通知！

县长 李魏生
副县长 蔡音

（印：北票县人民政府县长印）（印：北票县人民政府副县长印）

北票县人民政府关于召开第一次各界人民代表会议的通知

一九五〇年二月二十七日

通知中说：『遵照中央县各界人民代表会议组织通则，东北（局）指示及省府通知并经省府批准，决定于三月十一日（十日集合）召开全县各界人民代表会议……凡反对帝国主义、封建主义、官僚资本主义，赞称（成）共同纲领，年满十八岁之人民，除患精神病及褫夺公权者外，不分民族、阶级、性别、信仰，均得当选为代表。』

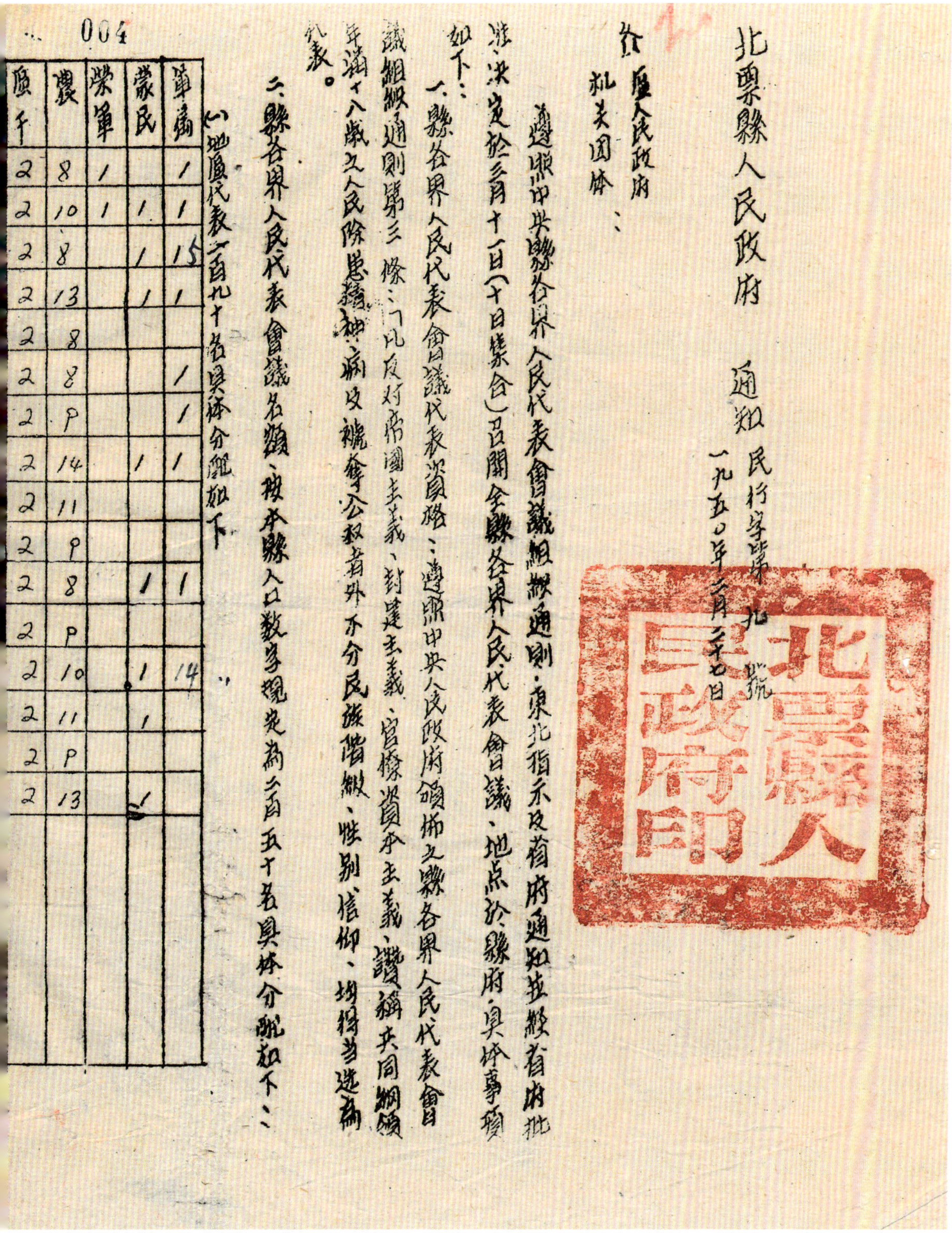

北票縣人民政府 通知 民行字第九號

一九五〇年二月二十七日

令 各區人民政府 機關團體：

遵照中央縣各界人民代表會議組織通則，東北指示及省府通知並經省府批准，決定於三月十一日（十日集合）召開全縣各界人民代表會議，地點於縣府，其修事項如下：

一、縣各界人民代表會議代表資格：遵照中央人民政府頒佈之縣各界人民代表會議組織通則第三條：「凡反對帝國主義、封建主義、官僚資本主義，贊稱共同綱領，年滿十八歲之人民，除患精神病及褫奪公權者外，不分民族、階級、性別、信仰，均得當選為代表。

二、縣各界人民代表會議名額，按本縣人口數字規定為二百五十名，其具体分配如下：

(1)地區代表二百九十名具体分配如下

區干	農	榮軍	蒙民	革屬
2	8	1		1
2	10	1	1	1
2	8		1	1
2	13		1	1
2	8			
2	8			1
2	9			1
2	14		1	1
2	11			
2	9			
2	8		1	1
2	9			
2	10		1	
2	11		1	
2	9			
2	13		1	

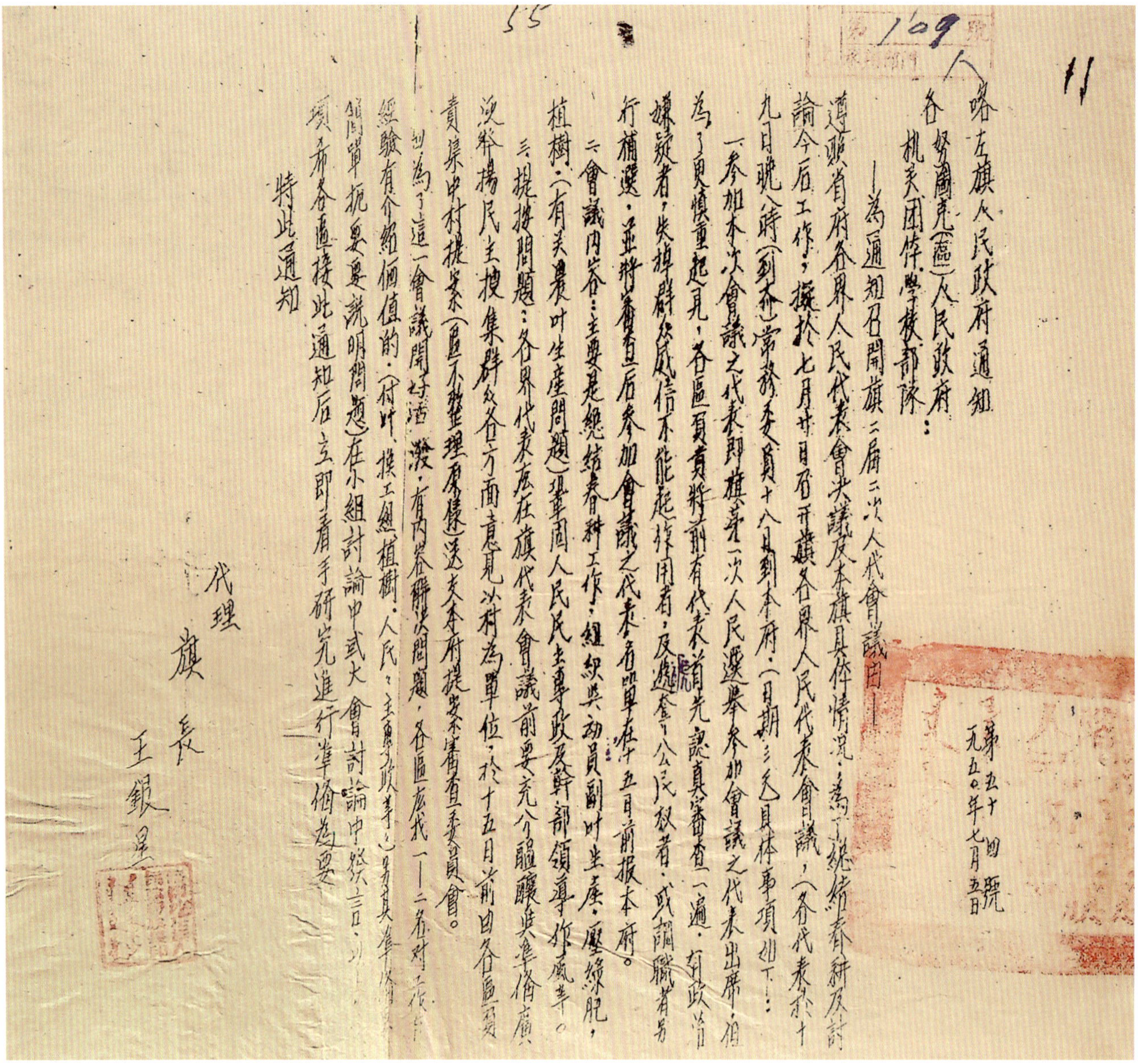
喀左旗人民政府通知
各努圖克(區)人民政府：
机关团体学校部队
一為通知召開旗二屆二次人代會議由一
遵照省府各界人民代表會決議及本旗具体情况，為了總結春耕及討論今后工作，擬於七月廿日召開旗各界人民代表會議，(各代表於十九日晚八時(到齊)常務委員十八日到本府。(日期三天)具体事項如下：
一、參加本次會議之代表即旗第一次人民選舉參加會議之代表出席，但為了更慎重起見，各區負責將前有代表首先認真審查一遍，有政治嫌疑者，失掉群众威信不能起作用者，及褫奪公民权者，或調職者另行補選，並將審查后參加會議之代表名單在十五日前報本府。
二、會議內容：主要是總結春耕工作，組织與动員副业生產，壓綠肥，植樹，(有关農业生產問題)鞏固人民民主專政及幹部領導作風等。
三、提按問題：各界代表在旗代表會議前要充分醞釀與準備廣泛发揚民主搜集群众各方面意見以村為單位，於十五日前由各區[illegible]責集中村提案(區不整理原樣)送交本府提案審查委員會。
四、為了這一會議開好活潑，有內容解决問題，各區應找一二名对于[illegible]經驗有介紹价值的，[illegible]簡單扼要要說明問題)在小組討論中或大會討論中發言[illegible]
頒布各區接此通知后立即着手研究進行準備為要
特此通知
代理 旗長 王銀星
第五十四號
一九五〇年七月五日

喀左旗人民政府关于召开旗二届二次人代会的通知

一九五〇年七月五日

通知中说：『拟于七月廿日召开旗各界人民代表会议……参加本次会议之代表即旗第一次人民选举参加会议之代表出席。但为了更慎重起见，各区负责将前有代表首先认真审查一遍，有政治嫌疑者，失掉群众威信不能起作用者，及褫夺公民权者，或调职者另行补选，并将审查后参加会议之代表名单在十五日前报本府。』

凌源县四区委会组织工作报告

一九五〇年七月八日

在这份只有三页纸的报告里，列举了党员带头耪地、开垦荒地、帮助乡亲灭虫、送粮食给受灾群众等事例来说明党员的模范先锋作用，生动、真实、可信。

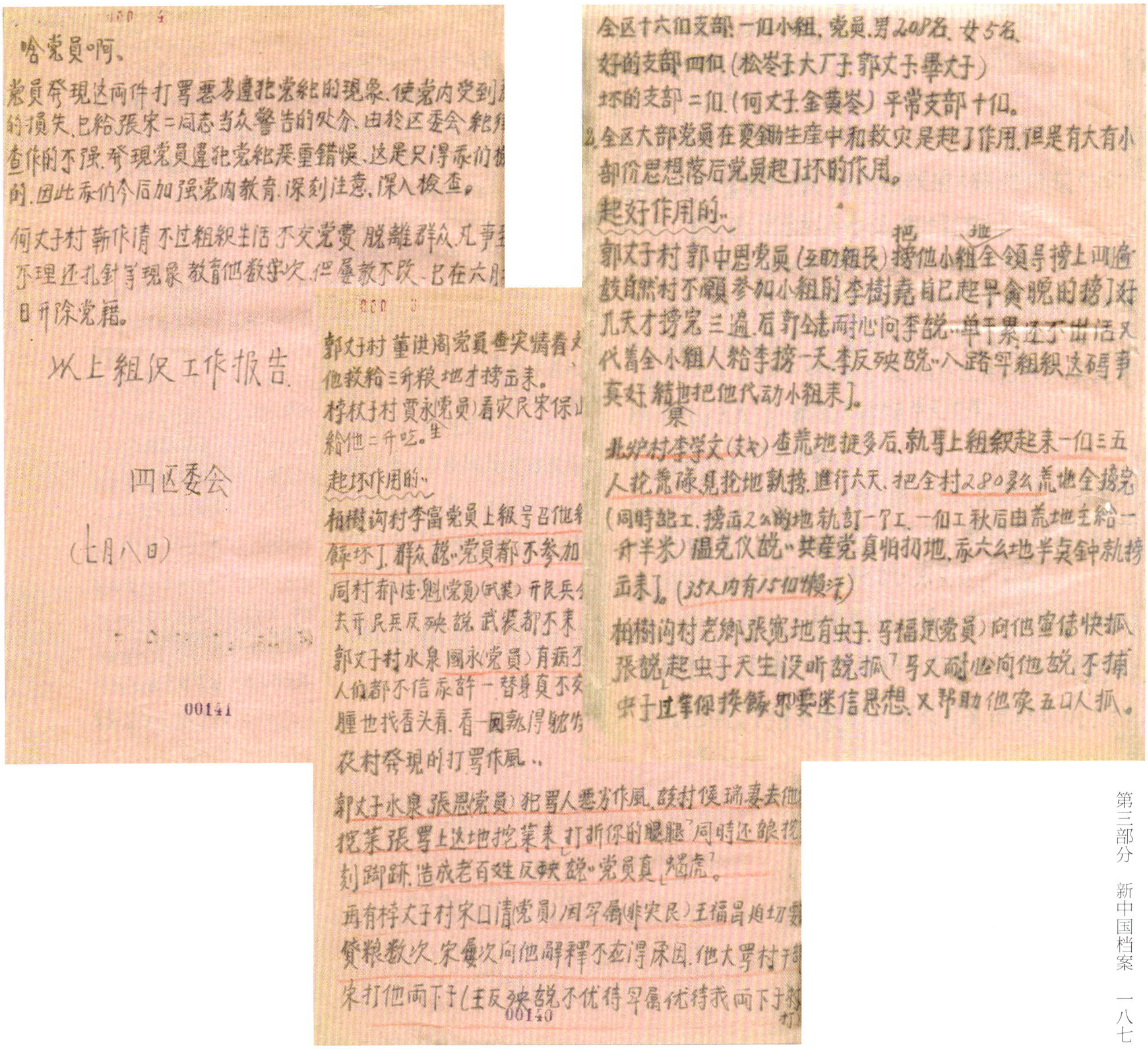

哈党员啊。

党员発现这两件打骂悪劣違犯党紀的現象，使党内受到
的損失，已給張宋二同志当众警告的处分，由於区委会組
查作的不強，発現党員違犯党紀是重錯誤，这是只得我们
的，因此我们今后加强党内教育，深刻注意，深入検査。

何丈子村靳作清不过組紀生活不交党费脱離群众，凡事
不理还扎针等現象，教育他数次，但屢教不改，已在六月
日开除党籍。

以上組织工作报告

四区委会

（七月八日）

00141

全区十六个支部一个小組，党员，男208名，女5名。

好的支部四个（松岺子 大厂子 郭丈子 舉丈子）

坏的支部二个（何丈子 金黄岺）平常支部十个。

2.全区大部党员在夏鋤生産中和救灾是起了作用，但是有大有小，部份思想落后党员起了坏的作用。

起好作用的：

郭丈子村郭中恩党员（互助組長）把他小組全領导搒上両遍，该自然村不願参加小組的李樹堯自己起早貪晚的搒了好几天才搒完三遍，后郭全志耐心向李说：单干果还不出活，又代着全小組人給李搒一天，李反映说：八路軍組织这碼事真好，結果把他代动小組来了。

北炉村李学文（支书）查荒地提多后，執馬上組織起来一个三五人挖荒队見挖地就搒，進行六天，把全村280多亩荒地全搒完（同時說工，搒両々亩地執訂一个工，一个工秋后由荒地主給一升半米）温克仪说：共產党真怕扔地，我六么地半头钟就搒両来了。（35人内有15个模汗）

柏樹沟村老鄉張寬地有虫子，李福臣（党员）向他宣传快抓，張說：起虫子天生没听说抓了，李又耐心向他说，不捕虫子过年你挨餓，你要迷信思想，又帮助他家五口人抓。

郭丈子村董世阁党员查实情看大
他救給三升粮地才搒両来。

杼杖子村贾永生（党员）看灾民宋保山
給他二升吃。

起坏作用的：

柏樹沟村李富党员上級号召他
解坏了，群众說：党員都不参加

同村郝佳魁（党员）（武装）开民兵会
去开民兵反映说：武装都不来

郭丈子村水泉國永（党員）有病了
人们都不信我許一替身真不灵
腫也找香头看，看一回就得好

农村発現的打骂作風：

郭丈子水泉張恩（党員）犯罵人恶劣作風，该村侯瑞妻去他
挖菜，張骂上这地挖菜来打折你的腿腿，同時还躲搒
刻脚跡，造成老百姓反映說：党員真“蝎虎”。

再有梓丈子村宋山清（党员）因军属（非灾民）王福昌迫切要
貸粮数次，宋屢次向他解釋不能得原因，他大骂村干
宋打他两下子，（王反映说：不优待军属，优待我两下子

00140

喀喇沁左旗人民政府关于彻底纠正强迫命令打骂不良作风的通报

一九五〇年八月二十六日

通报中说：『近查我旗个别区村干部对二届二次人代会决议《彻底纠正强迫命令打骂不良作风》仍未引起高度重视，不断发生强迫命令、侵犯人权、打押群众，以及变象（相）使用各种肉刑等站在人民头上、统治人民的残余思想仍很严重的存在。』对上述行为『如不严加制止，将必造成脱离群众的恶果』。

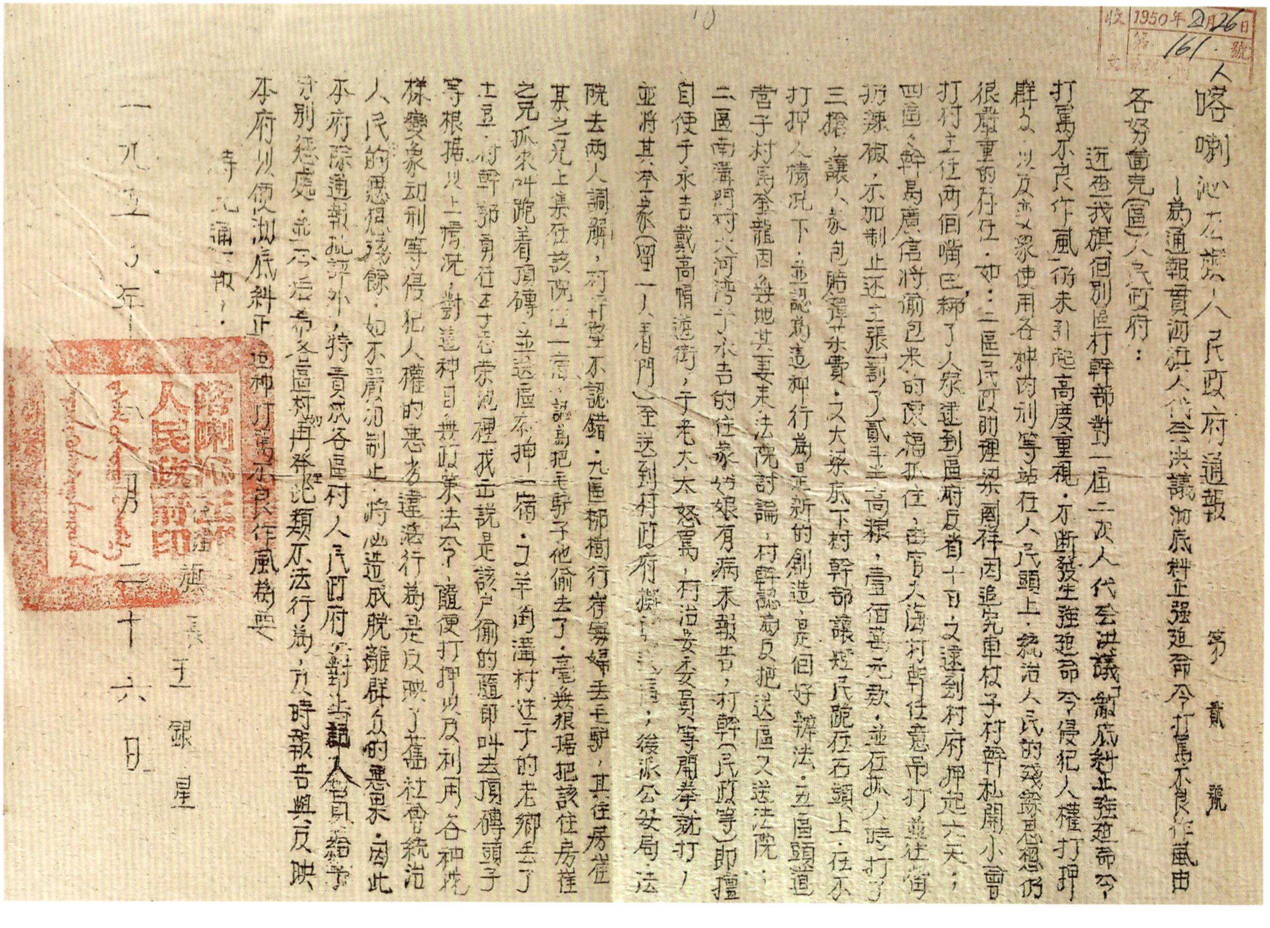
收文 1950年8月26日 第161號

喀喇沁左旗人民政府通報　第　貳　號

—為通報貫澈人代会決議徹底糾正強迫命令打罵不良作風由

各努蘇克(區)人民政府：

近查我旗個別區村幹部對二屆二次人代会決議「徹底糾正強迫命令打罵不良作風」仍未引起高度重視，不斷發生強迫命令侵犯人權打押群众，以及变象使用各种肉刑等站在人民頭上，統治人民的殘餘思想仍很嚴重的存在。如：二區民政助理梁國祥因追究車杖子村幹私開小會打村主任兩個嘴巴，綁了人家，送到區府反省十日，又送到村府押起六天；四區幹部唐信將偷包米的抓住，召集大會村幹任意吊打並往嘴抹灰，不加制止還主張罰了貳斗五升高粱，壹佰萬元款，並在小人時打了三槍，讓人家自賠子彈費。又大梁底下村幹部讓犯民跪在石頭上，在不打押人情況下，並認為這種行為是新的創造，是個好辦法。五區頭道營子村馬奎龍因與他其妻未去法院討論，村幹認為反把送區又送法院；二區南溝灣村大河灣子于永吉的住家姑娘有病未報告，村幹(民政等)即擅自使于永吉戴高帽遊街，于老太太怒罵，村治安委員等用拳就打，並將其本家(留一人看門)全送到村政府擬訊，後派公安局法院去兩人調解，村幹不認錯。九區柳樹行村寡婦丟毛驢，其住房窪某之兄上集在該院住一宿，就認為把毛驢子他偷去了，毫無根据把該住房窪之兄孤求叶跪着頂磚，並送區示押一宿，又羊角溝村迭子的老鄉丟了土豆，村幹部勇往去寸忠荣家裡找，並說是該户偷的，隨即叫去頂磚頭子等根據以上情况，對這種目無政策法令，隨便打押以及利用各種花樣變象肉刑等侵犯人權的惡劣違法行為是反映了舊社會統治人民的思想殘餘，如不嚴加制止，將必造成脫離群众的惡果。因此本府除通報批評外，特責成各區村人民政府對此等幹部人員給予分別懲處，並希望各區村再發現此類不法行為，及時報告與反映本府，以便徹底糾正這種打罵不良作風為要

特此通報！

旗長　王　銀　星

一九五〇年八月二十六日

喀喇沁左旗人民政府印

战斗英雄郭俊卿照片

一九五〇年九月

在1950年9月25日至30日召开的全国战斗英雄、劳动模范代表会议上，郭俊卿被授予『全国女战斗英雄』和『现代花木兰』荣誉称号。

郭俊卿，1931年出生于热河省凌源县三十家子；1945年隐瞒性别和年龄，以假名郭富加入八路军，因作战勇猛顽强，多次荣立战功；1947年6月加入中国共产党；是电影《战火中的青春》主人公高山的生活原型；新中国成立后，历任山东青岛第一服装厂厂长、曹县民政局副局长；1983年9月病逝于南京；2009年，入选『100位为新中国成立作出突出贡献的英雄模范人物』。

北票縣弦區抗美援·朝保家衛國

北票县、矿区欢送志愿军新兵照片

一九五〇年十一月二十九日

1950年10月抗美援朝战争开始后，北票县党政机关积极动员青壮年参加志愿军，保家卫国。到年底，有507名青年报名参加志愿军，同时有1242名战勤民工和70名司机赴朝参战。

说服首先要干部思想，然后整个队伍，解决群众中支持问题。

随同集中送来的还有许多各种联络，不会事件，若打球虎的，若这些人不可不用。

普通担架队每个月一块钱半，华编政治待遇，来说给有剩余帮助研究，根本问题也有问题，因体用及需要者有之门司。即使也没有组织有计划，不然的话要流比事防止和偏，因之积极和各级领导的工作。

关于担架团的编制问题

① 每省组织两个团，一年认满，来军了地的，干部由军队中抽编一部，不为首干，地方上在党政中转之军人中抽一些，要在部队的一些。

② 时间：三月间开始组编，四组二月份间开始集中训练——政治、军事教育均需进行，五月份抽出动。

③ 供给：按基干队标准。

以上问题当即解决。

△ 基本上按上述基干担架队供

解决。

△ 条件：失业工人，劳动贫民，20—

△ 汽车司机二个团动员，现在仍

按原单动员。

辽东 (400) (学生) 1200，辽西 (300) 900，吉

热河 (350) 950，黑江 (200) 650 14

本溪 (100) 200 鞍山 (150) 350 抚

× 学生条件 18—25岁，相当于初

中，眼睛要好。

× 会汽车手一般政治条件即可。

△ 另外一九五一年训练司机任务。

辽东1000 辽西1400 吉林140

黑1000 热 500 沈阳 600

旅大1400。

× 命令中应把指数一次下达。

热河省民政厅厅长张正德关于组织入朝担架队和训练司机的工作笔记

一九五一年一月

张正德的这些工作笔记，清晰地记录了他到东北局参加相关会议，领受工作任务，回到热河安排部署工作的详细情况。其中，东北局要求每个省组织两到三个担架团，用一年时间配满；担架队员的年龄为20岁到40岁，来源为失业工人和农民；热河省1951年训练司机的任务为500名。分解给朝阳地区各县（旗）组织担架队的任务，朝阳、北票、建平、凌源各1个连（226人），喀左半个连（113人）。

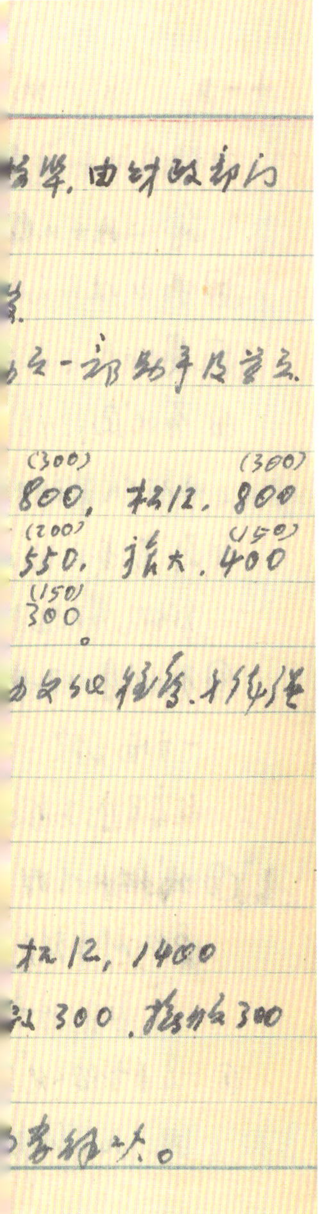

…担架，由财政部门

…

…一部分助手及学员

(300) 800，松江，(300) 800

(200) 550，旅大，(150) 400

(150) 300

…

…组织任务，训练…

…

松江，1400

…300，旅大300

…来组织。

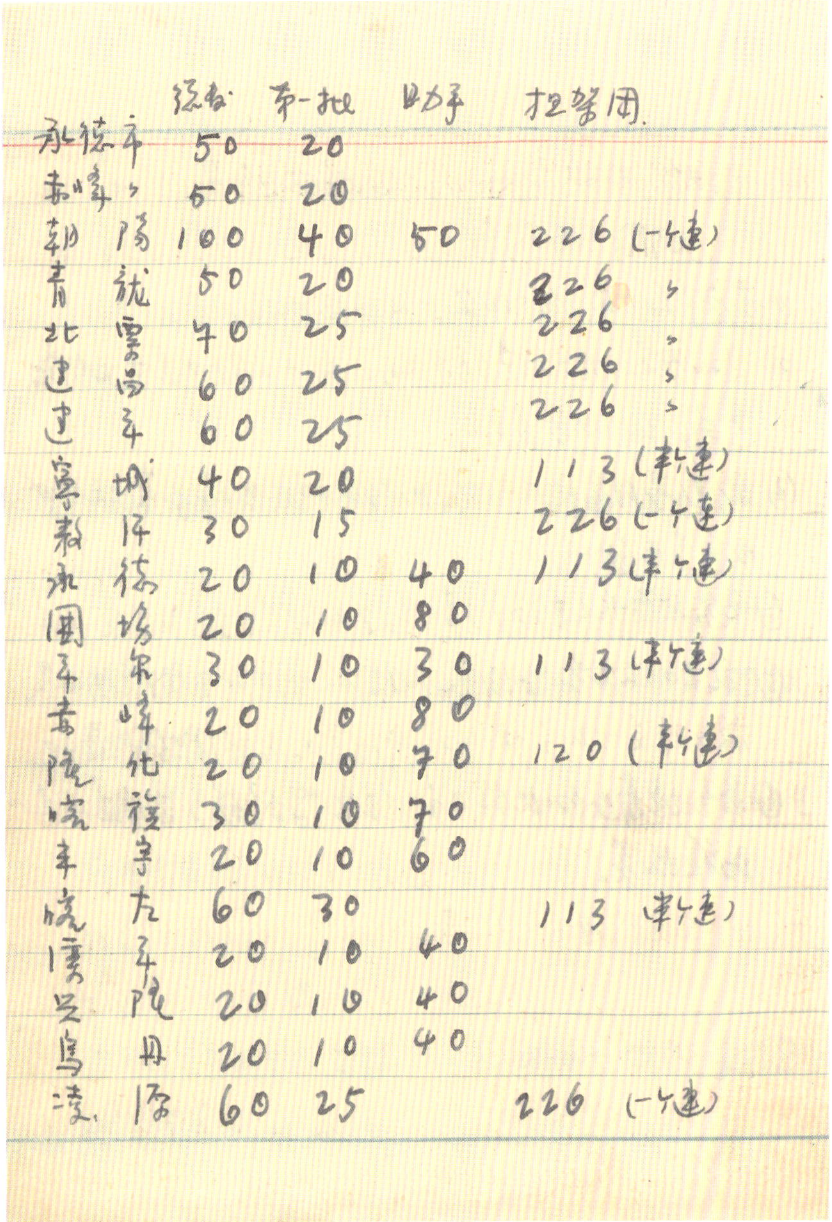

	总数	第一批	助手	担架团
承德市	50	20		
赤峰〃	50	20		
朝阳	100	40	50	226（一个连）
青龙	50	20		226 〃
北票	70	25		226 〃
建昌	60	25		226 〃
建平	60	25		226 〃
宁城	40	20		113（半个连）
敖汉	30	15		226（一个连）
承德	20	10	40	113（半个连）
围场	20	10	80	
平泉	30	10	30	113（半个连）
赤峰	20	10	80	120（半个连）
隆化	20	10	70	
喀旗	30	10	70	
丰宁	20	10	60	
喀左	60	30		113（半个连）
滦平	20	10	40	
兴隆	20	10	40	
乌丹	20	10	40	
凌源	60	25		226（一个连）

002

、增加枪九、捐赠武器，

各地捐献现款，由各区专责交银行代收代汇。

四、切实作好优抚工作，我们伟大的人民志愿军、公安部队和支前民工们，为保卫祖国保卫家乡，离自家庭到各个战争岗位上去为人民服务。我们必须对他们的家庭及残废军人完全负责，在乡村要及时做好包代耕工作，并要帮助他们的子女入学和生产，及时帮助其家庭解决困难，为了保证经常作好这件工作，我们希望各人民团体和一切爱国积极份子们协助各级政府，经常巡回和督促检查优抚工作。除屿应在各区各级的人民代表会议注意这项工作外，并于最近将军属的生活情况、及包代耕

的具想醞釀和民

、检查，结果有

的日常生活工作

003

学習中要與国的總任务、抗美援朝、镇压反革命、爱国增产、密切结合起来，成为经常教育人民思想

务的准备，也只有结合各阶层人民共同活动重要的形式，也是巩固和开展爱国运动成果一個很好方法

，所以要在各界人民中间普遍推行爱国公约运动，首先要在有组织的单位中进行订立，以至於向

各自單位以及街道，以求真正做到人人受到抗美援朝教育，人人都参加與订定爱国公约。

在已订立的农村、机关、学校，在最近期间内，作一次普遍检查，并在原有基础上加深，增加生

产竹入捐献飞机大炮、优待烈属军属等新内容，农村并可根据不同季节增加夏锄保苗及積肥等

内容。已经订立公约而範围较大的单位，应深入級组以，农村中可以生产互助组、行政小组、以至

各個家庭，机关中可以部门或個人为单位，学校中可以班组及宿舍有组织的民主部学班，以余到：

……等都应按照自身的情况，围绕抗美援朝的總任务，订立具体可行的爱国公约来。

三、开展捐献飞机大炮运动，这是全省支援前線的一項极为重要的工作，这一次捐献是在[illegible]之的捐献

情况，做一次检查，并发动群众订立

为了做好这些工作，使抗美援朝

爱国公约捐献飞机大炮和优待烈军属的

都拿出最大力量支援前线，人人都来

，並及時呈報與分会。

建平县抗美援朝分会

六月十七日

中國人民保衛世界和平反對美國侵略委員會建平縣支會

《建平抗美援朝分会关于响应总会及省分会『推行爱国公约捐献飞机大炮和优待烈军属号召』的决议》

一九五一年六月二十七日

该决议主要包括四项内容：一、大力展开爱国主义思想教育；二、普遍检查订立爱国公约；三、开展捐献飞机大炮运动；四、切实做好优抚工作。

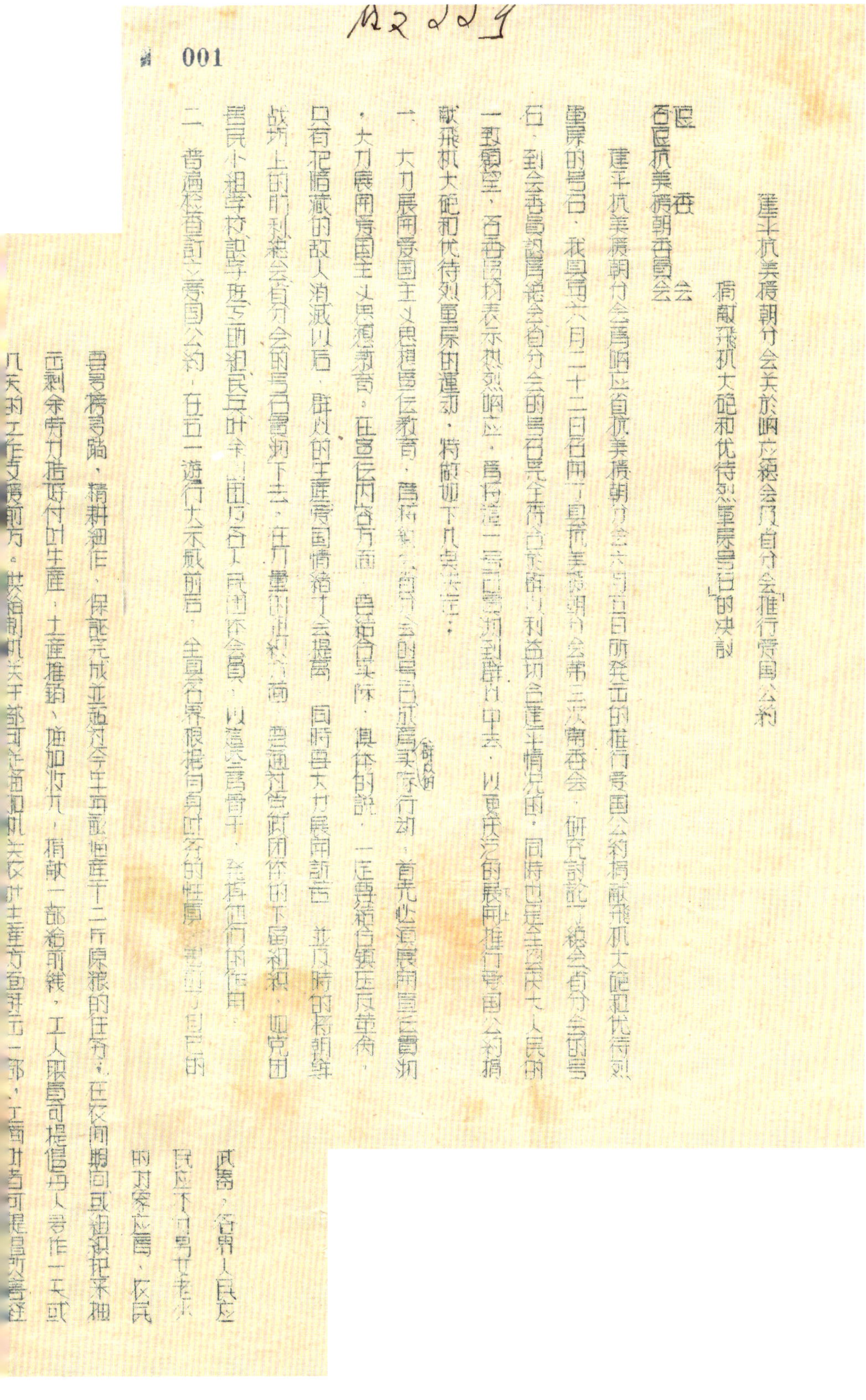

001

建平抗美援朝分会关於响应总会及省分会推行爱国公约捐献飞机大炮和优待烈军属号召的决议

各区委会
各区抗美援朝委员会

建平抗美援朝分会为响应省抗美援朝分会六月五日所发出的推行爱国公约捐献飞机大炮和优待烈军属的号召，我会于六月二十二日召开了县抗美援朝分会第三次常委会，研究讨论了总会、省分会的号召，到会委员认为总会省分会的号召完全符合於我们利益切合建平情况的，同时也是全国七人民的一致愿望，各委员均表示热烈响应，为将这一号召贯彻到群众中去，以更广泛的展开推行爱国公约捐献飞机大炮和优待烈军属的运动，特做如下几点决定：

一、大力展开爱国主义思想宣传教育，为将总、省分会的号召成为实际行动，首先必须展开宣传贯彻，大力展开爱国主义思想教育，在宣传内容方面，密切结合实际，具体的说：一定要结合镇压反革命，只有把暗藏的敌人消灭以后，群众的生产爱国情绪才会提高，同时要大力展开新的……并及时的将朝鲜战场上的胜利、总会省分会的号召贯彻下去，在力量的组织方面，要通过各群团体的下层组织，如党团员、民小组、学校、识字班、互助组、民兵、妇女、全体团体会员，以这些为骨干，发挥他们的作用。

二、普遍检查订立爱国公约，在五一游行大示威前后，全县各界根据自身时务的性质，要订了自己的……武器，各界人民应……民应下的男女老小……的村家庭、农民……精耕细作，保证完成并超过今年每亩地产十二斤原粮的任务，在农闲期间或组织起来……剩余劳力搞好副业生产，土产推销，增加收入，捐献一部分钱，工人职员可提倡每人多作一天或几天的工作支援前方。其他的机关干部可在增加机关农业生产方面节省一部，工商业者可提高所……

革命軍人犧牲證明書

烈字第[illegible]號

邢長仁同志於一九四八年一月參加革命工作在工兵廿一團三營六連任战士不幸於一九五二年六月八日在朝鮮執行任務中光榮犧牲除由我軍奠祭英靈外特懷哀悼之情敬報貴家屬並望引榮節哀持此證明書向建平縣人民政府領取撫卹金及革命犧牲軍人家屬光榮紀念證其家屬得享受烈屬優待為荷

此致

邢銀民先生

中國人民志願軍 司令部 政治部

一九五貳年六月十一日

邢长仁革命军人牺牲证明书

一九五二年六月十一日

邢长仁烈士为热河省建平县人，1948年1月6日入伍，1951年底加入中国人民志愿军，任工兵二十一团三营六连战士，1952年6月8日牺牲。

建平县服装生产合作社代表人关于成立服装生产合作社的呈请

一九五三年八月一日

呈请中说：『兹有建平县缝纫业工人，自愿联合组成集体生产，业已经过六七个月的筹备，在上级社的援助下，已迈进生产合作化的道路。为逐步向集体生产方向发展，故呈请成立服装生产合作社。』

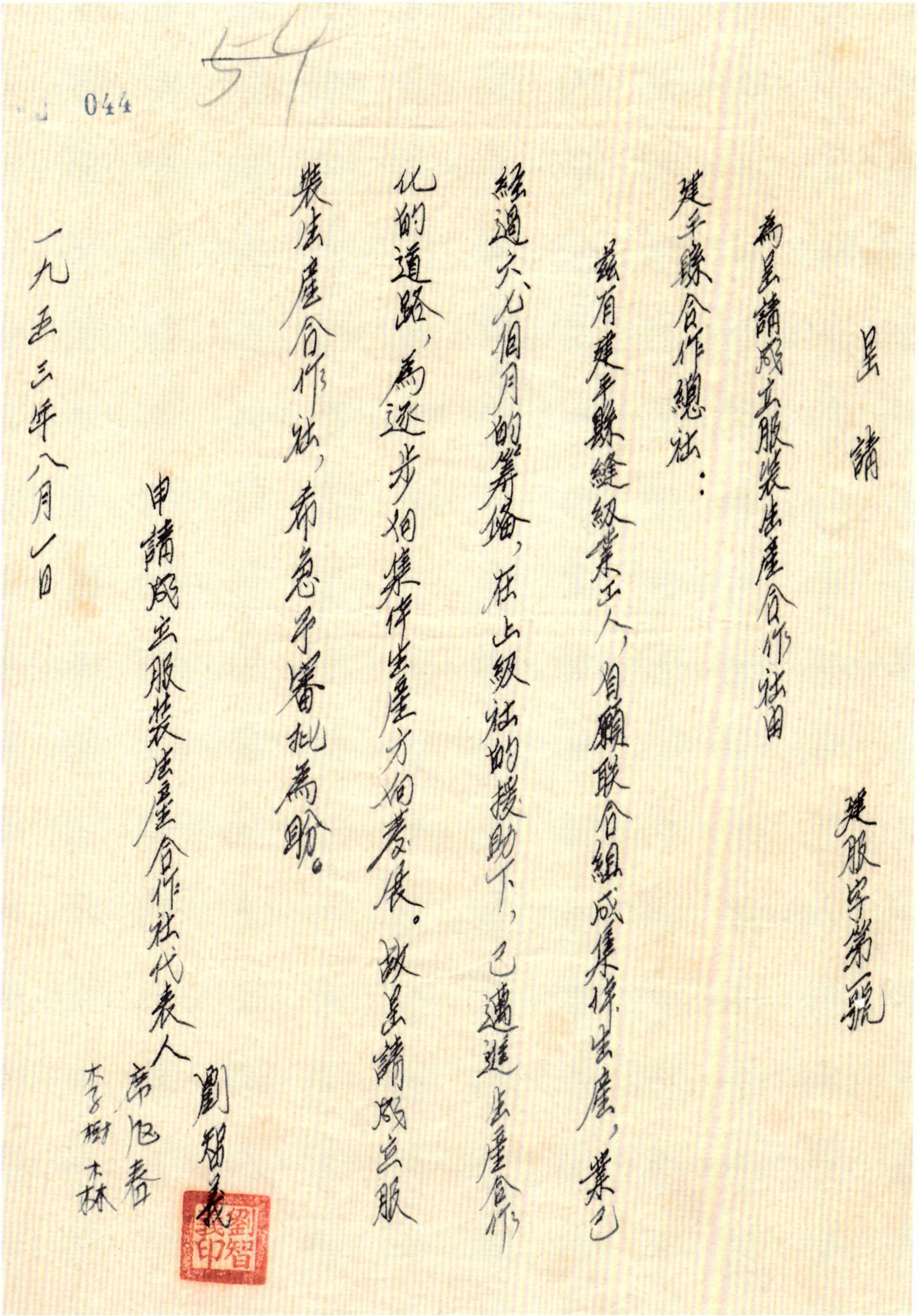

54

044

呈請

建服字第一號

為呈請成立服裝生產合作社由

建平縣合作總社：

茲有建平縣縫紉業工人，自願聯合組成集体生產，業已經過六七個月的籌備，在上級社的援助下，已邁進生產合作化的道路，為逐步向集体生產方向發展，故呈請成立服裝生產合作社，希急予審批為盼。

申請成立服裝生產合作社代表人

劉智義 劉智義印

常旭春

李樹林

一九五三年八月一日

建平县合作总社关于同意成立服装生产合作社的批复

一九五三年十月二十三日

批复中除转述热河省合作总社的批准意见外，还向服装生产合作社提出了三点意见：应组织社员学习社章，使全体社员认识到合作社利益与个人利益一致性；提高产品质量，改进技术，减省原料，以降低成本为原则；防止放弃外部零活，影响群众关系，要与国营供销社合作建立密切关系，使生产社生产活耀（跃）起来。

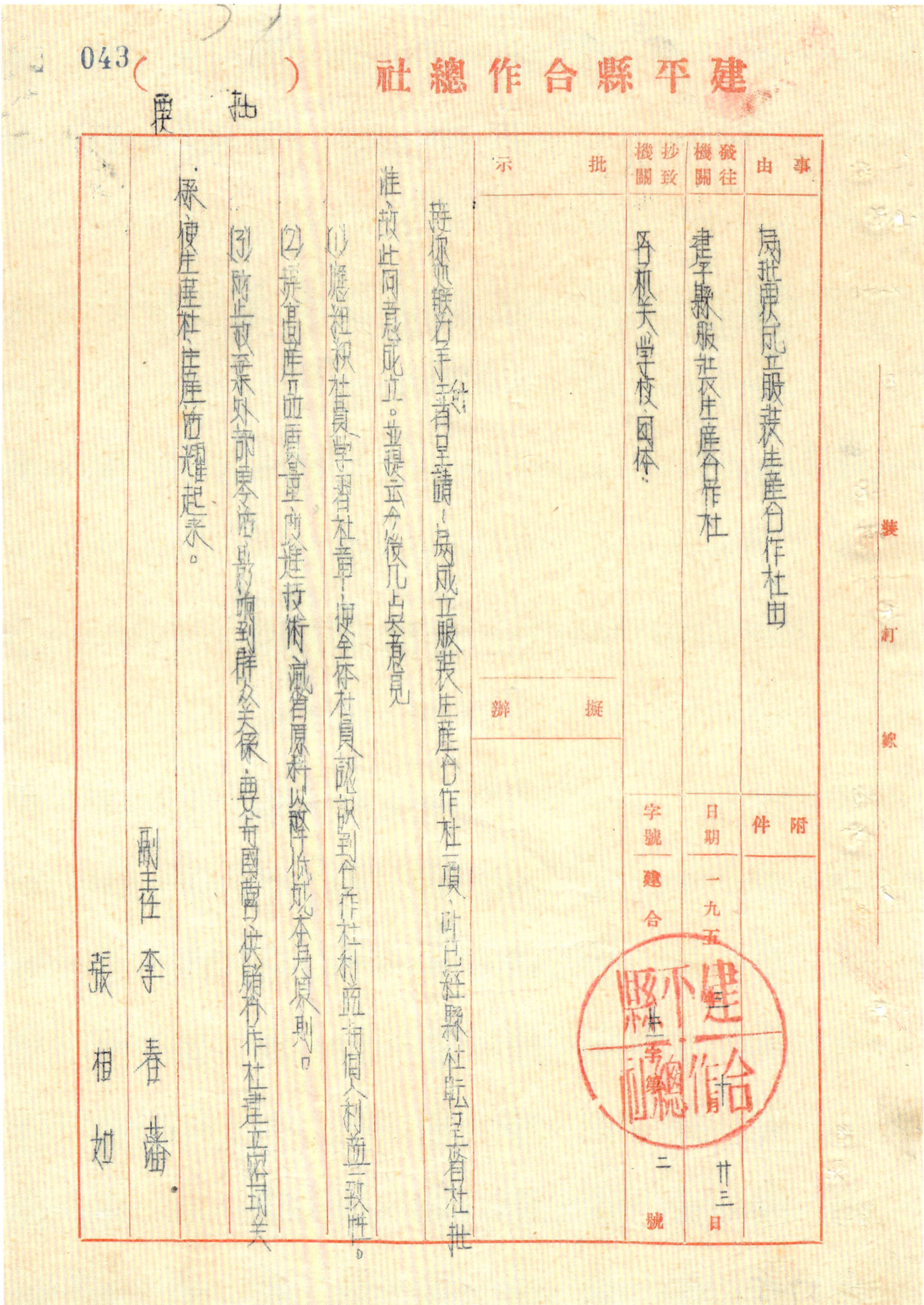

043（ 批 ）

建平縣合作總社

事由	爲批准成立服裝生產合作社由
發往機關	建平縣服裝生產合作社
抄致機關	各机关、学校、团体
日期	一九五三年十月廿三日
字號	建合字第二號

据你社於十月二十日呈請：爲成立服裝生產合作社一項，前已經縣社臨呈省社批准，故此同意成立。並提出今後几点意見：

(1) 應組织社員学習社章，使全体社員認识到合作社利益與個人利益一致性。

(2) 提高產品質量，改進技術，減省原料以降低成本爲原則。

(3) 防止放棄外部零活，影响到群众关係，要與國營供銷合作社建立密切关係，使生產社生產活躍起來。

副主任 李春壽

張相如

中国人民解放军五〇九六部队给建平县人民政府民政科的函

一九五四年五月二十六日

公函中说：『关于我部十九营烈士董凤（凤）山，系贵县九水泉大营子村人。请你们询（寻）找，将东西付其家中为盼。』公函中提到的『东西』指董凤山烈士留下的遗物。

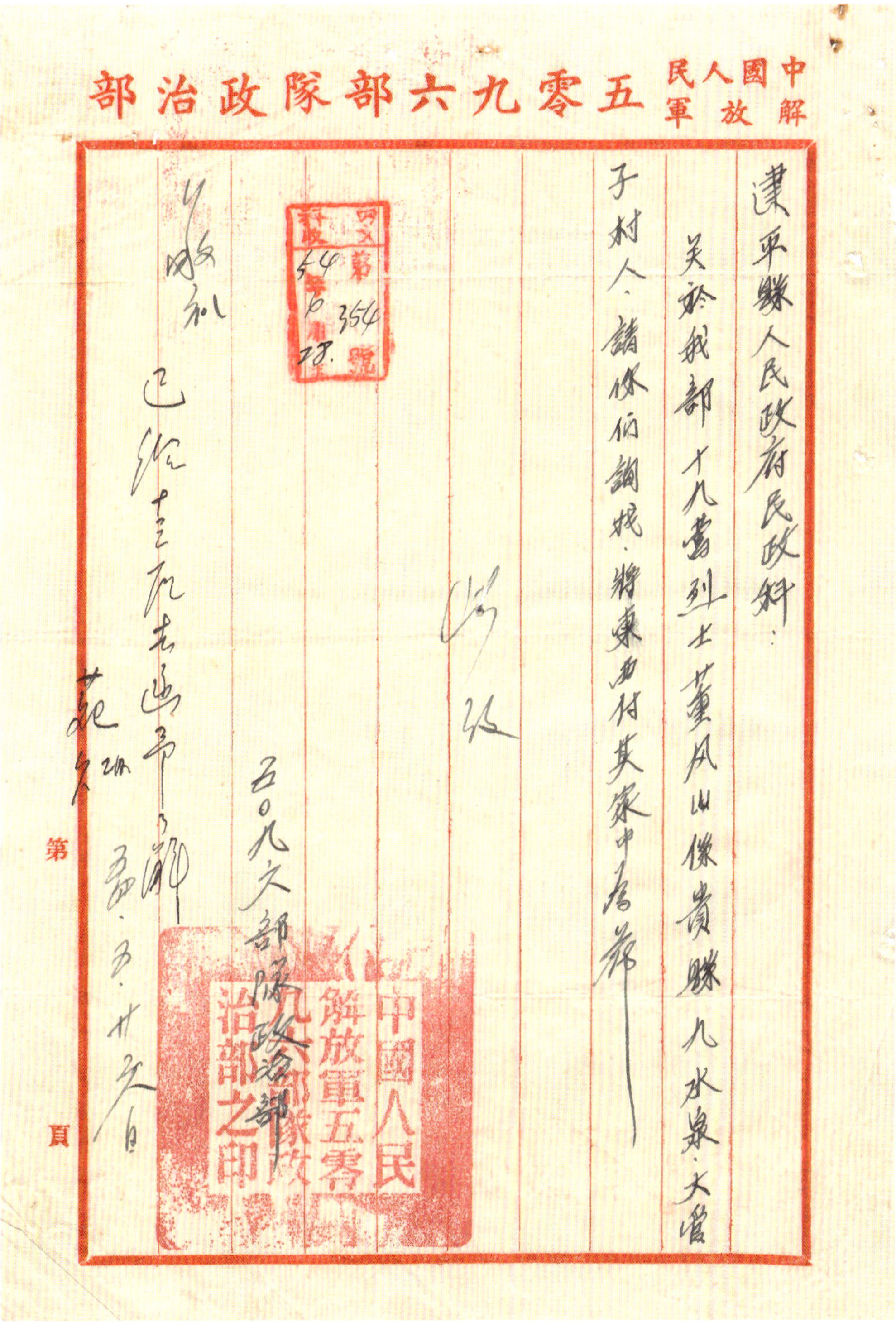

中國人民解放軍五零九六部隊政治部

建平縣人民政府民政科：

關於我部十九營烈士董凤山係貴縣九水泉大營子村人，請你們詢找，將東西付其家中為荷

此致

敬礼

五〇九六部隊政治部

中國人民解放軍五零九六部隊政治部之印

民政科 收文第354號 54年6月28日

第　頁

建平县民政科给华北军区政治部的回函

一九五四年六月十日

回函中说：『我县在五四年三月二十三日给贵部去的信，谅早已收到。就关于原炮兵二十一师高炮营二连，现据说已调贵军区。该连班长董凤山同志在一九五二年十一月二十日在抗美援朝战斗中已光荣牺牲了，当时把烈士证明书寄至我县。经我们多次查寻，终未找到其家……希急速函复我们为盼。』

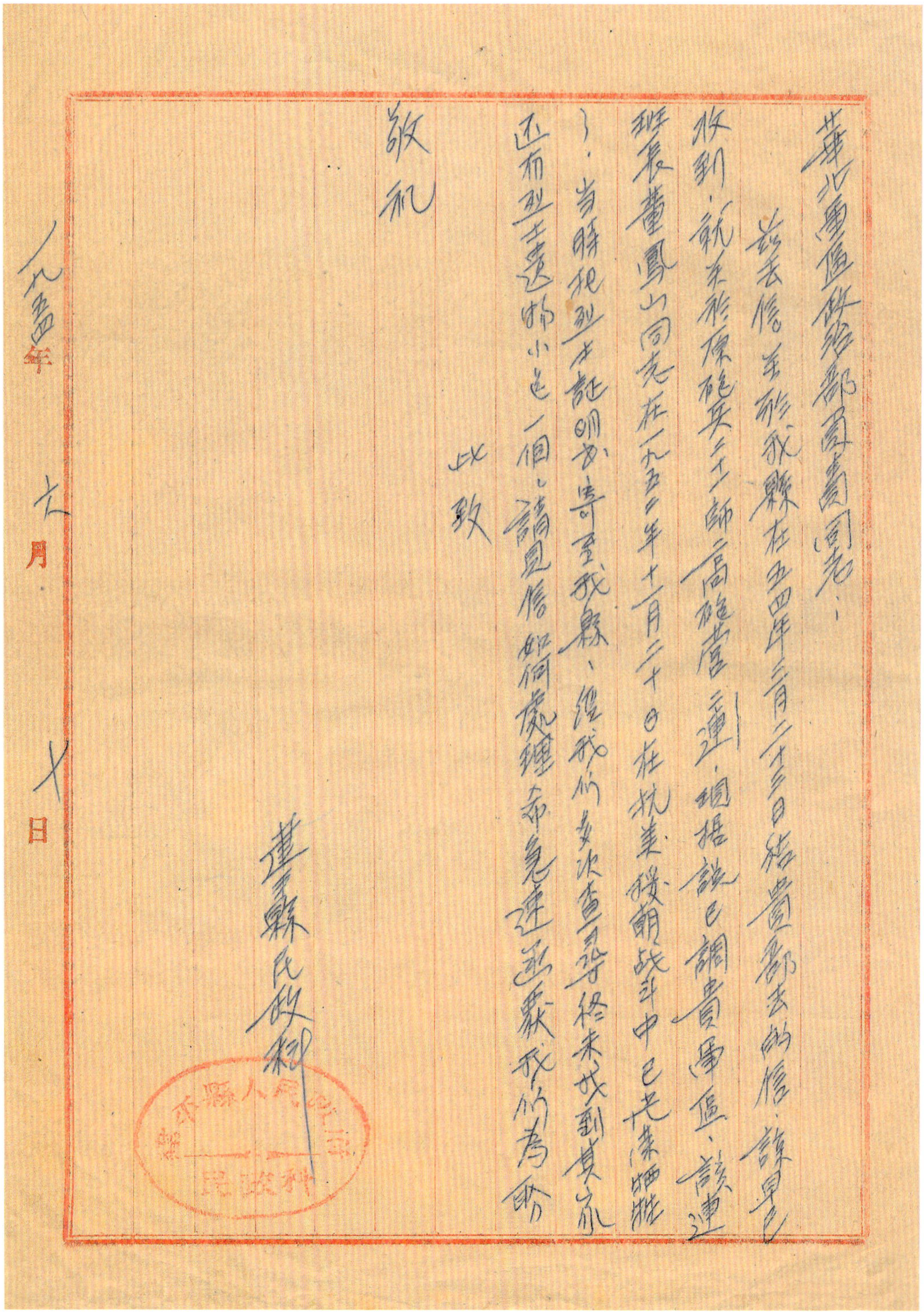
華北軍區政治部負責同志：

茲去信至於我縣在五四年三月二十三日給貴部去的信，諒早已收到，就關於原炮兵二十一師高炮營二連，現據說已調貴軍區，該連班長董鳳山同志在一九五二年十一月二十日在抗美援朝战斗中已光荣牺牲了，當時把烈士證明書寄至我縣、經我們多次查尋終未找到其家屬，還有烈士遗物小包一個，請見信如何處理，希急速函復我們為盼

此致

敬礼

建平縣民政科

一九五四年六月十日

建平县政府第十次行政会议讨论通过政府搬迁计划的会议记录

一九五四年六月二十五日

本次行政会议议定：㈠总结（新政府）修建情况；㈡宣传搬家目的是为了工作便利；㈢教育干部提高警惕，防止坏人造谣。

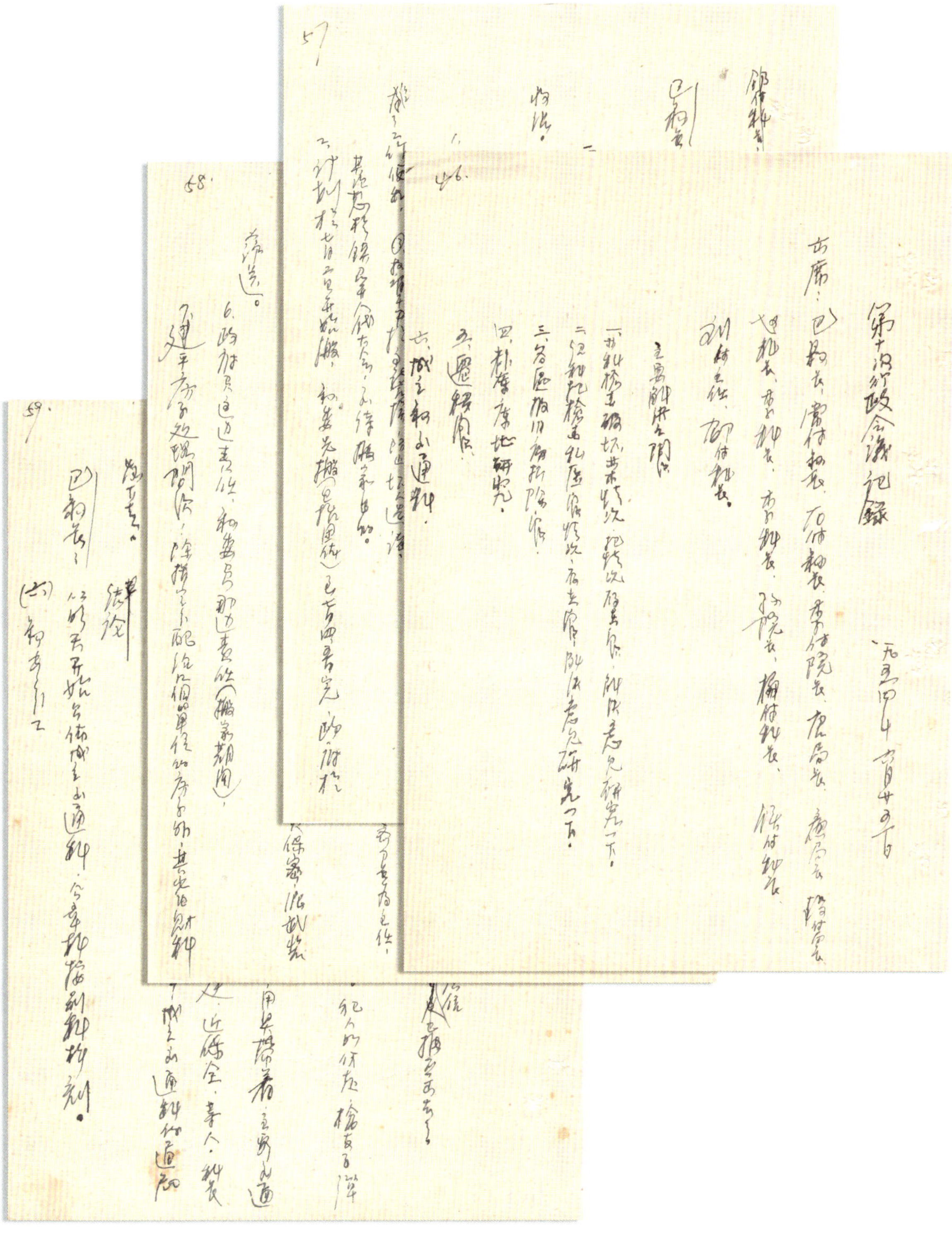

北票县第一个高级社——桃花吐高级社成立照片

一九五五年五月一日

1952年4月20日，北票县桃花吐村热河省劳动模范张廷友互助组成立农业生产合作社。这是北票县的第一个初级社。1955年5月1日，张廷友初级社制订出社章，宣告北票县第一个高级农业社成立。

申请授予王忠礼『解放奖章』报告表

一九五五年六月十日

王忠礼为北票县十二区杂乱营子（扎兰营子）人，1948年3月入伍，1953年10月加入中国共产党；历任东北民主联军第八纵队二十四师警卫营战士、中国人民解放军第四十五军一三五师四〇五团二营战士、电话员、五十四军一三五师四〇五团二营电话员。

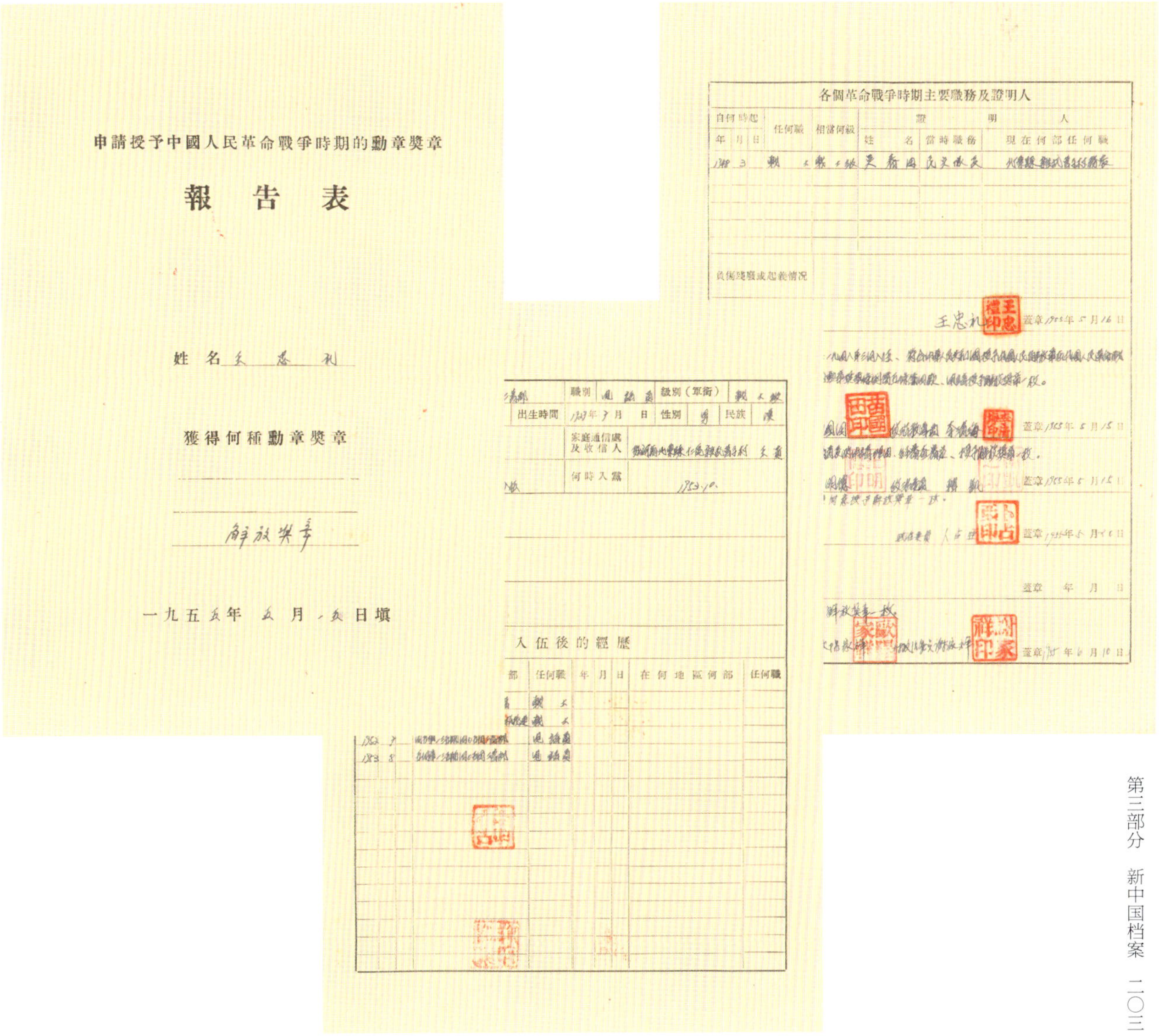
申請授予中國人民革命戰爭時期的勳章獎章

報告表

姓名 王忠礼

獲得何種勳章獎章

解放奖章

一九五五年五月一五日填

各個革命戰爭時期主要職務及證明人

入伍後的經歷

《中共辽宁省委关于立即建立对北票等六县旗领导关系的通知》

一九五六年一月四日

通知中说：『经中央批准：热河省建制撤销，于一九五六年一月一日起停止办公，将北票、建平、建昌、凌源、朝阳县，喀喇沁左旗等六县旗划归我省锦州地委领导。省委各部委、省人民委员会各厅局，省各群众团体，锦州地委，应即与上述六县旗建立领导与业务指导关系。上述六县旗亦应即对省委、地委、省人民委员会和专署省各群众团体及其有关部门建立请示报告制度。』

收藏单位：锦州市档案馆

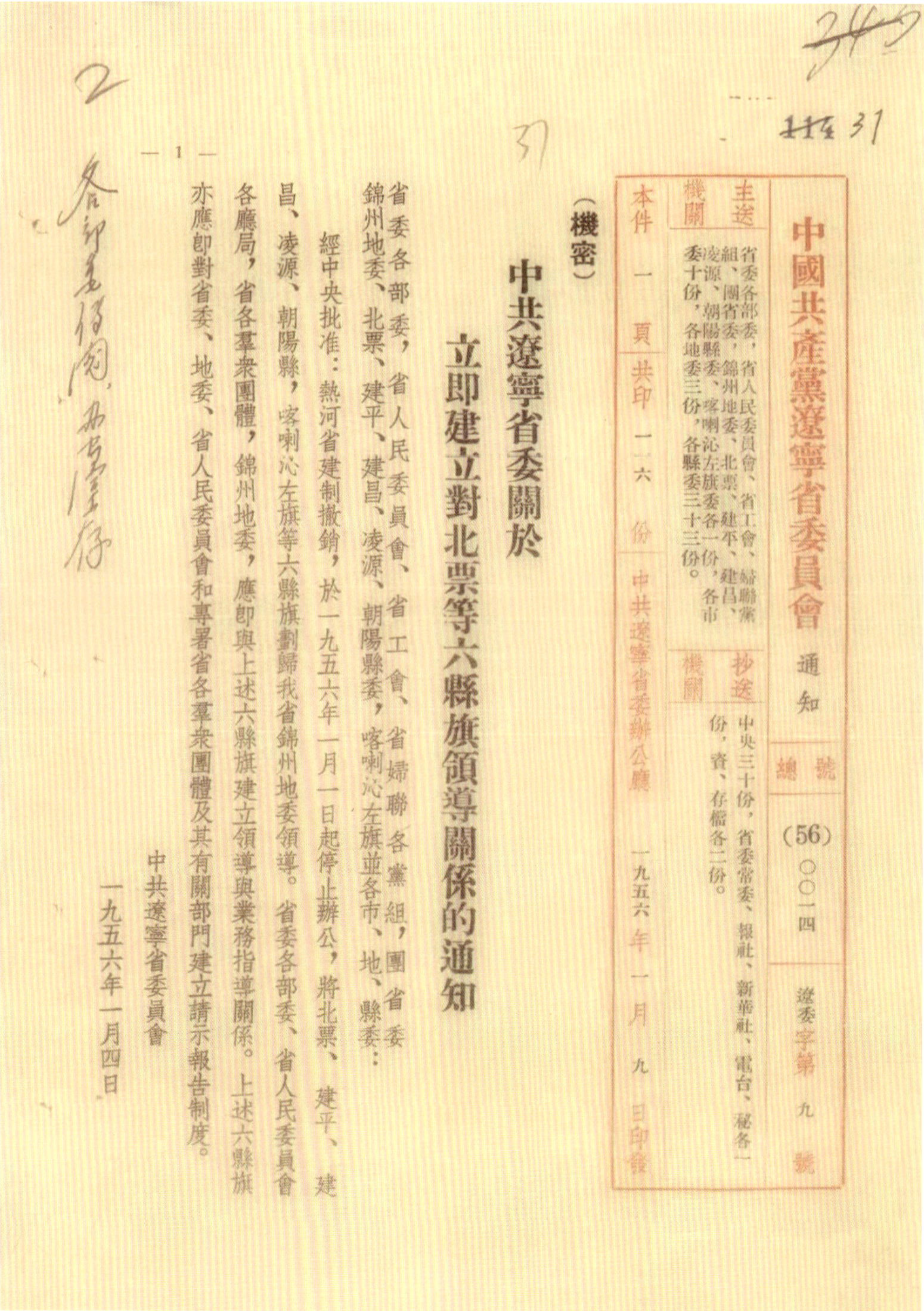
中國共產黨遼寧省委員會 通知

總號 (56)〇〇一四 遼委字第九號

主送機關：省委各部委，省人民委員會、省工會、婦聯黨組，團省委，錦州地委、北票、建平、建昌、凌源、朝陽縣委、喀喇沁左旗委各一份，各市委十份，各地委三份，各縣委三十三份。

抄送機關：中央三十份，省委常委、報社、新華社、電台、秘各一份，資、存檔各二份。

本件一頁 共印一一六份 中共遼寧省委辦公廳 一九五六年一月九日印發

（機密）

中共遼寧省委關於立即建立對北票等六縣旗領導關係的通知

省委各部委，省人民委員會、省工會、省婦聯各黨組，團省委錦州地委、北票、建平、建昌、凌源、朝陽縣委，喀喇沁左旗並各市、地、縣委：

經中央批准：熱河省建制撤銷，於一九五六年一月一日起停止辦公，將北票、建平、建昌、凌源、朝陽縣，喀喇沁左旗等六縣旗劃歸我省錦州地委領導。省委各部委、省人民委員會各廳局，省各羣衆團體，錦州地委，應即與上述六縣旗建立領導與業務指導關係。上述六縣旗亦應即對省委、地委、省人民委員會和專署省各羣衆團體及其有關部門建立請示報告制度。

中共遼寧省委員會

一九五六年一月四日

— 1 —

《中共辽宁省委关于北票矿委等单位领导关系的通知》

一九五六年三月十日

通知中说：『热河省建制撤销，中共热河省委将原受该省领导的北票矿委、地质部东北地质局一〇一队总支、东北煤田第一地质勘探局一〇四队总支、重工业部地质局沈阳地质勘探公司一〇三队总支和建平文化学校党委等五个单位的领导关系移交我省。经省委研究确定：北票矿务局党委由省委直接领导；东北煤田第一地质勘探局一〇四队总支交由北票矿委领导；东北地质局一〇一队总支（现住朝阳）、重工业部地质局沈阳地质勘探公司一〇三队总支（现住建昌）交由锦州地委领导；建平文化学校党委交由建平县委领导。』

收藏单位：锦州市档案馆

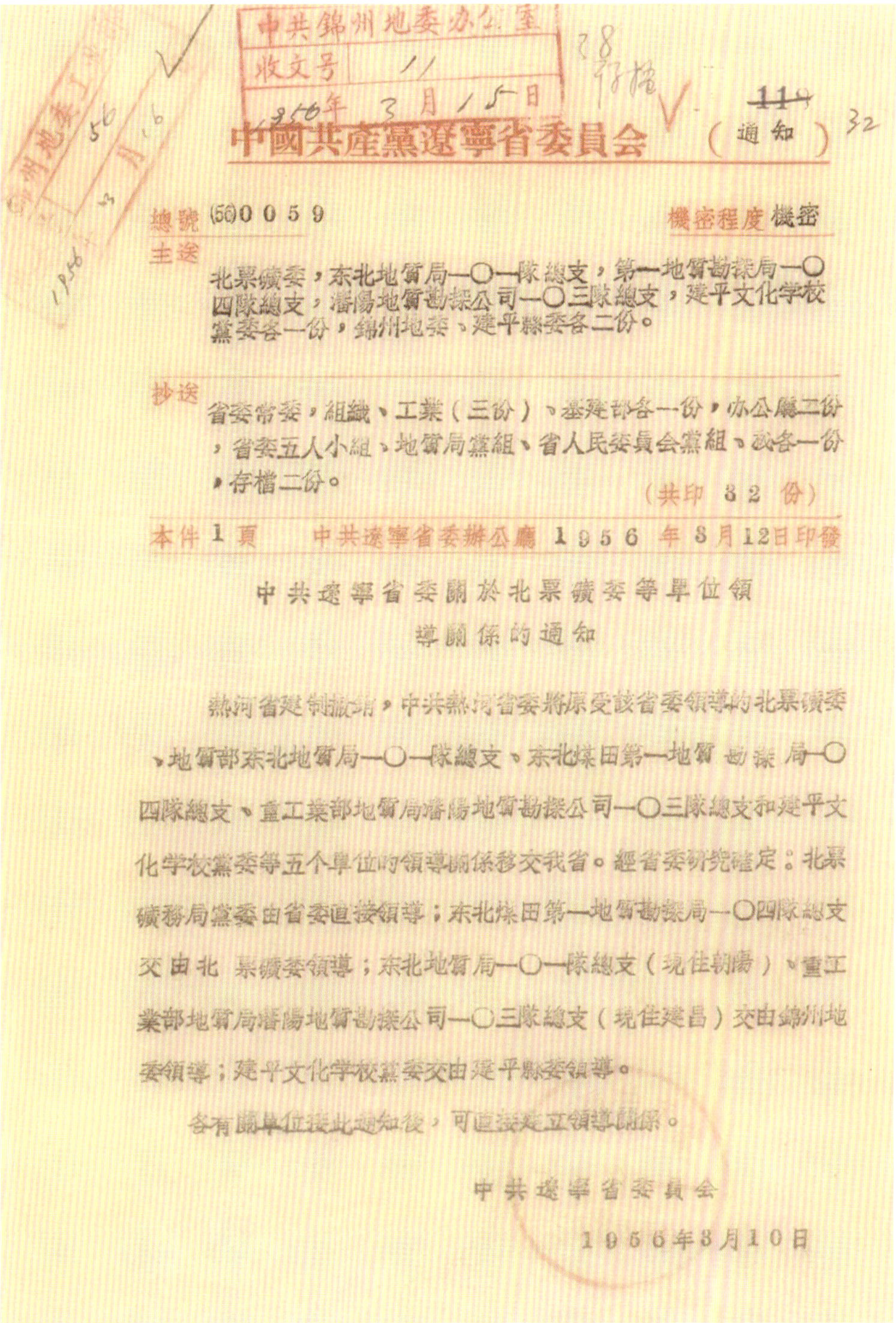

中共錦州地委办公室
收文号 11
1956年3月15日

中國共產黨遼寧省委員会 （通知）

總號 (56)0059　　機密程度 機密

主送 北票礦委，東北地質局一〇一隊總支，第一地質勘探局一〇四隊總支，瀋陽地質勘探公司一〇三隊總支，建平文化学校黨委各一份，錦州地委、建平縣委各二份。

抄送 省委常委，組織、工業（三份）、基建部各一份，办公廳二份，省委五人小組、地質局黨組、省人民委員会黨組、政各一份，存檔二份。（共印 32 份）

本件 1 頁　中共遼寧省委辦公廳 1956 年 3月12日印發

中共遼寧省委關於北票礦委等單位領導關係的通知

熱河省建制撤銷，中共熱河省委將原受該省委領導的北票礦委、地質部東北地質局一〇一隊總支、東北煤田第一地質勘探局一〇四隊總支、重工業部地質局瀋陽地質勘探公司一〇三隊總支和建平文化学校黨委等五个單位的領導關係移交我省。經省委研究確定：北票礦務局黨委由省委直接領導；東北煤田第一地質勘探局一〇四隊總支交由北票礦委領導；東北地質局一〇一隊總支（現住朝陽）、重工業部地質局瀋陽地質勘探公司一〇三隊總支（現住建昌）交由錦州地委領導；建平文化学校黨委交由建平縣委領導。

各有關單位接此通知後，可直接建立領導關係。

中共遼寧省委員会

1956年3月10日

尹起回乡转业建设军人登记表

一九五六年三月二十五日

尹起为北票县十二区炒米甸子人，1947年入伍，1951年在朝鲜期间加入中国共产主义青年团；历任东北民主联军第二纵队新兵补充团战士、中国人民解放军四十六军炮兵四十五团战士、中国人民志愿军炮兵八师四十五团战士、中国人民解放军三十九军炮兵四十五团战士。

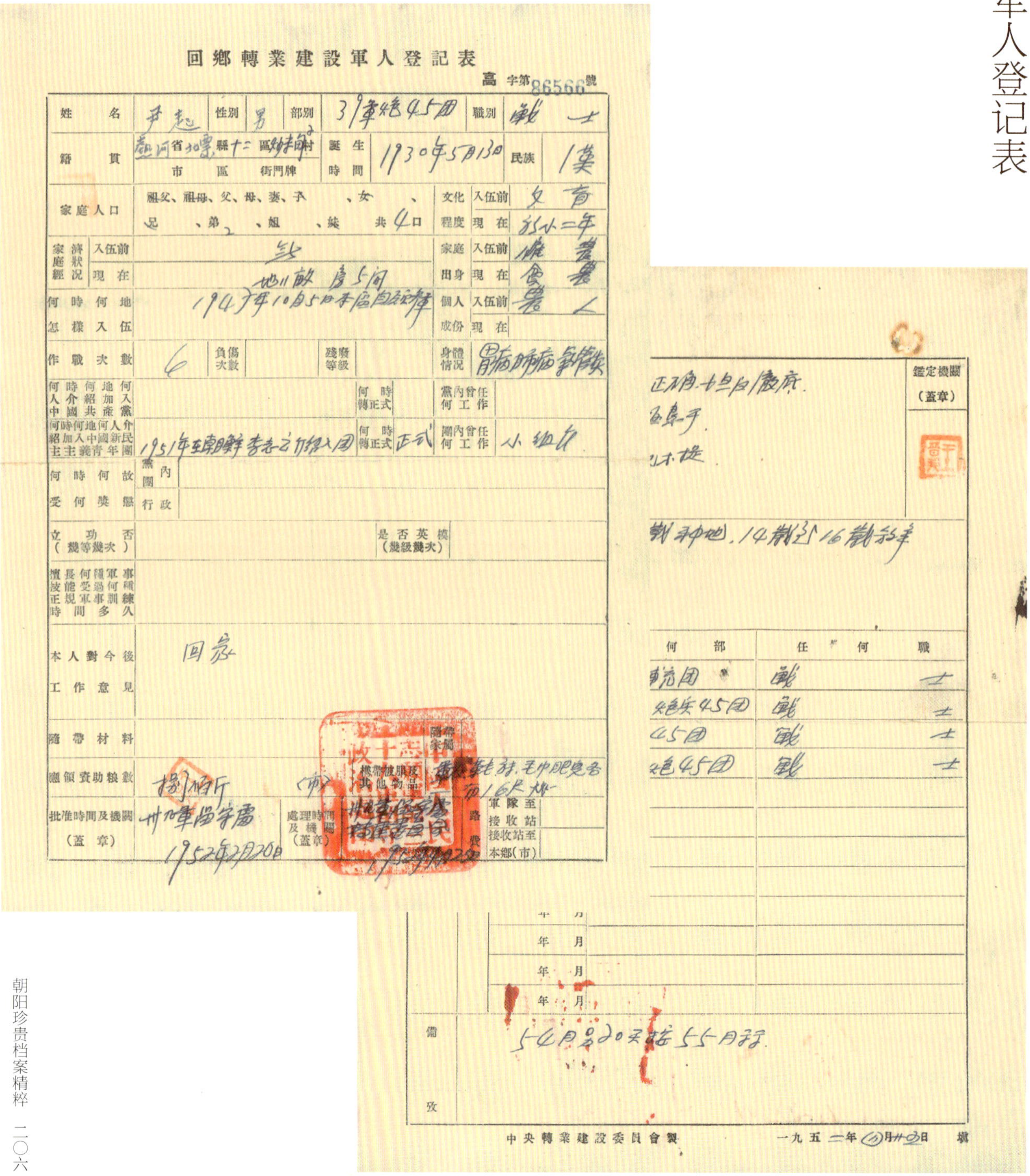

回鄉轉業建設軍人登記表

高字第86566號

姓名	尹起	性別	男	部別	39軍炮45团	職別	戰士
籍貫	熱河省北票縣十二區炒米甸子村			誕生時間	1930年5月13日	民族	漢
家庭人口	祖父、祖母、父、母、妻、子、女、兄、弟2、姐、妹 共4口			文化程度	入伍前	文盲	
					現在	初小二年	
家庭經濟狀況	入伍前	[illegible]		家庭出身	入伍前	[illegible]	
	現在	地11畝 房5間			現在	[illegible]	
何時何地怎樣入伍	1947年10月5日本區自願參軍			個人成份	入伍前	[illegible]	
					現在		
作戰次數	6	負傷次數		殘廢等級		身體情況	胃病 肺病 [illegible]
何時何地何人介紹加入中國共產黨		何時轉正式		黨內曾任何工作			
何時何地何人介紹加入中國新民主主義青年團	1951年在朝鮮 [illegible] 入团	何時轉正式	正式	團內曾任何工作	小组长		
何時何故受何獎懲	黨團內						
	行政						
立功否（幾等幾次）		是否英模（幾級幾次）					
擅長何種軍事技能受過何種正規軍事訓練時間多久							
本人對今後工作意見	回家						
隨帶材料		隨帶家屬					
應領資助糧數	捌佰斤（市）	攜帶被服及其他物品	[illegible] 毛巾 [illegible] 布16尺 [illegible]				
批准時間及機關（蓋章）	卅九軍政治部 1952年2月20日	處理時間及機關（蓋章）	[illegible] 1952年 [illegible]	路費	軍隊至接收站		
					接收站至本鄉（市）		

鑑定機關（蓋章）

何部	任何職
[illegible]团	戰士
炮兵45团	戰士
45团	戰士
炮45团	戰士

年 月

年 月

年 月

備考

中央轉業建設委員會製　一九五二年 月 日 填

中共喀喇沁左旗委员会书记司钦（杨瀛洲）在喀喇沁左翼蒙古族自治县成立大会上讲话照片

一九五八年四月一日

1957年10月，国务院第五十八次会议决定，撤销喀喇沁左旗建制，成立喀喇沁左翼蒙古族自治县。1958年4月1日，喀喇沁左翼蒙古族自治县成立大会召开。同日，喀喇沁左翼蒙古族自治县第一届人民代表大会开幕。

北票县龙潭体育大学照片

一九五八年八月

1958年3月，辽宁省体委在北票县榆树底乡召开全省农村体育工作现场会。同年8月11日至16日，全国农村体育工作经验交流会在北票召开。会议期间，与会人员参观了榆树底、哈尔脑和冠山二井的群众体育活动。会上，北票县被授予『全国农村体育红旗县』荣誉称号。会后，北票县龙潭体育大学成立。

《辽宁省人民委员会关于改变辽宁省行政区划的通知》

一九五九年一月五日

通知中说：『根据我省工业城市较多，工业比重较大和交通方便的特点，为更好地贯彻执行工农业同时并举的方针，便于城乡结合，工农业互相支援，通力合作，促进城乡经济大发展，加速缩小城乡差别，经省委、省人民委员会研究并经国务院批准撤销锦州、辽阳、铁岭、安东四个专区的建制，将各县分别划给各市领导，及撤销辽阳县和设立朝阳市的建制。……鉴于原热东地区辽阔、矿藏丰富、城市较少、工业基础薄弱，为加速这一地区的工业化，建立朝阳市，朝阳县建制暂仍保留，并将原锦州专区的北票、凌源、建昌、建平、喀左等五个县划归朝阳市领导。』

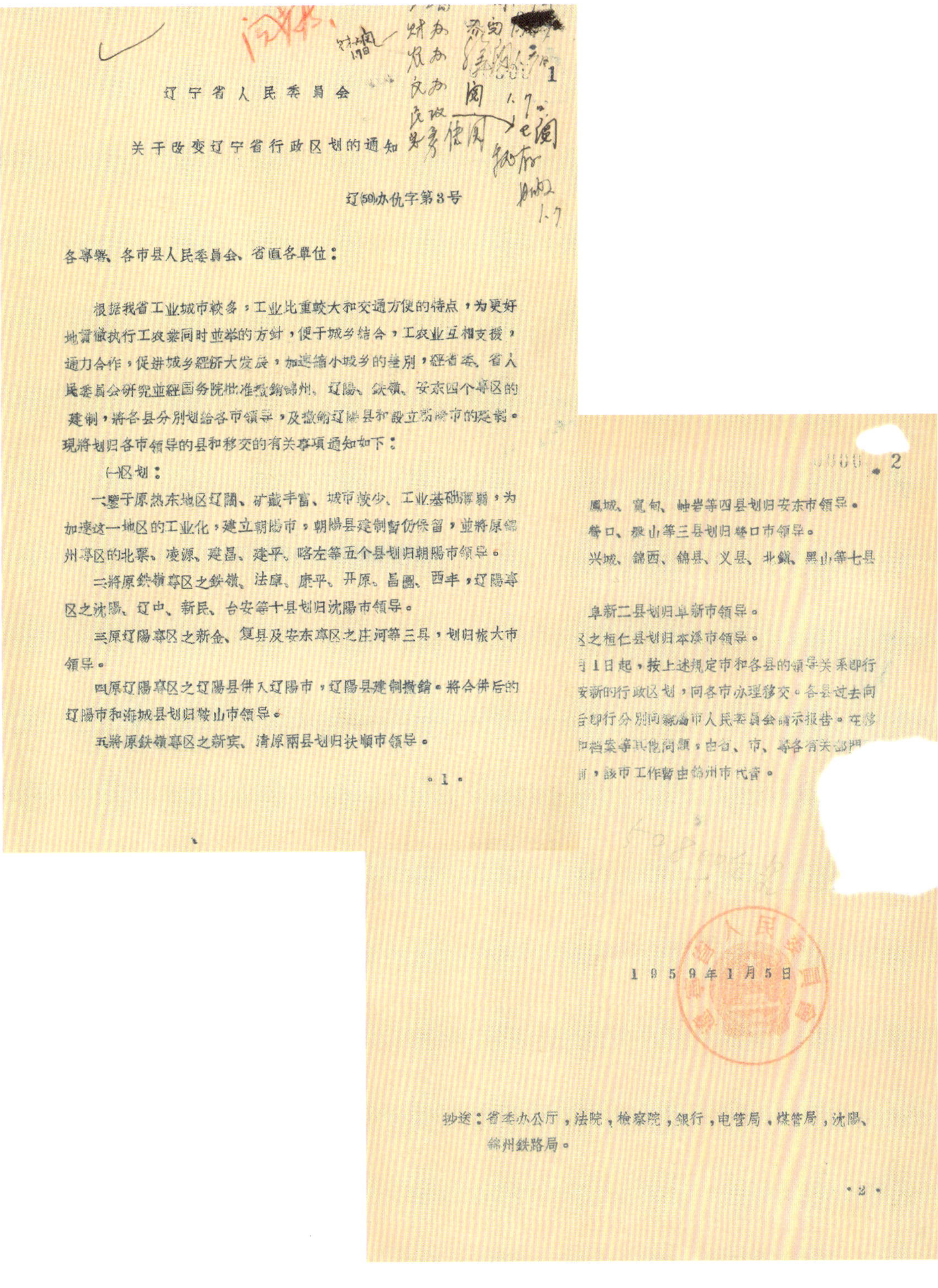

1

辽宁省人民委員会

关于改变辽宁省行政区划的通知

辽(59)办仇字第3号

各專署、各市县人民委員会、省直各單位：

根据我省工业城市較多，工业比重較大和交通方便的特点，为更好地貫徹执行工农業同时並举的方針，便于城乡結合，工农业互相支援，通力合作，促进城乡經济大发展，加速縮小城乡的差別，經省委、省人民委員会研究並經国务院批准撤銷錦州、辽陽、鉄嶺、安东四个專区的建制，將各县分別划給各市領导，及撤銷辽陽县和設立朝陽市的建制。現將划归各市領导的县和移交的有关事項通知如下：

(一)区划：

一、鑒于原热东地区辽闊、矿藏丰富、城市較少、工业基础薄弱，为加速这一地区的工业化，建立朝陽市，朝陽县建制暂仍保留，並將原錦州專区的北票、凌源、建昌、建平、喀左等五个县划归朝陽市領导。

二、將原鉄嶺專区之鉄嶺、法庫、康平、开原、昌圖、西丰，辽陽專区之沈陽、辽中、新民、台安等十县划归沈陽市領导。

三、原辽陽專区之新金、复县及安东專区之庄河等三县，划归旅大市領导。

四、原辽陽專区之辽陽县併入辽陽市，辽陽县建制撤銷。將合併后的辽陽市和海城县划归鞍山市領导。

五、將原鉄嶺專区之新宾、清原兩县划归扶順市領导。

·1·

2

鳳城、寬甸、岫岩等四县划归安东市領导。

營口、盤山等三县划归營口市領导。

兴城、錦西、錦县、义县、北鎮、黑山等七县

阜新二县划归阜新市領导。

区之桓仁县划归本溪市領导。

月1日起，按上述規定市和各县的領导关系即行

按新的行政区划，向各市办理移交。各县过去向

后即行分别向該市人民委員会請示报告。在移

和档案等其他问题，由省、市、專各有关部門

前，該市工作暂由錦州市代管。

1959年1月5日

抄送：省委办公厅，法院，檢察院，銀行，电管局，煤管局，沈陽、錦州鉄路局。

·2·

党收文28号

00000 4

辽委字〔59〕0048
辽〔59〕編仇字第37号

中共辽宁省委文件

中共辽宁省委 辽宁省人民委員会关于朝阳市机構編制的通知

根据当前实际工作需要和精簡精神，將你市党政群机構編制确定如附表。希按照执行。

表列机構，市如認为有必要調整或增設某些机構时，經市委、市人委研究决定后，分別报省委、省人委批准变动。

除兵役局、邮电局、人民銀行、工会、工商联的編制，待确定后另行撥給編制外，确定你市党政群行政編制总額为六〇三名。各部門編制設置由你市自行确定，表列編制数仅供參考。

中共辽宁省委員会
辽宁省人民委員会
一九五九年一月二十九日

市委

第一書記一名
書記四名

机关党委	二名
监委	七名
統战部	四名
文教部	八名
农村工作部	二十名
財貿部	十名
基建部	二十五名
工业部	十五名
宣傳部	十名
組織部	十二名
办公室	二〇名（包括勤杂）

《中共辽宁省委、辽宁省人民委员会关于朝阳市机构编制的通知》

一九五九年一月二十九日

通知中明确，市委工作部门12个，编制144名；市人民委员会工作部门21个，编制384名；法院、检察院、团委、妇联等编制75名。朝阳市党政群行政编制总额为603名。

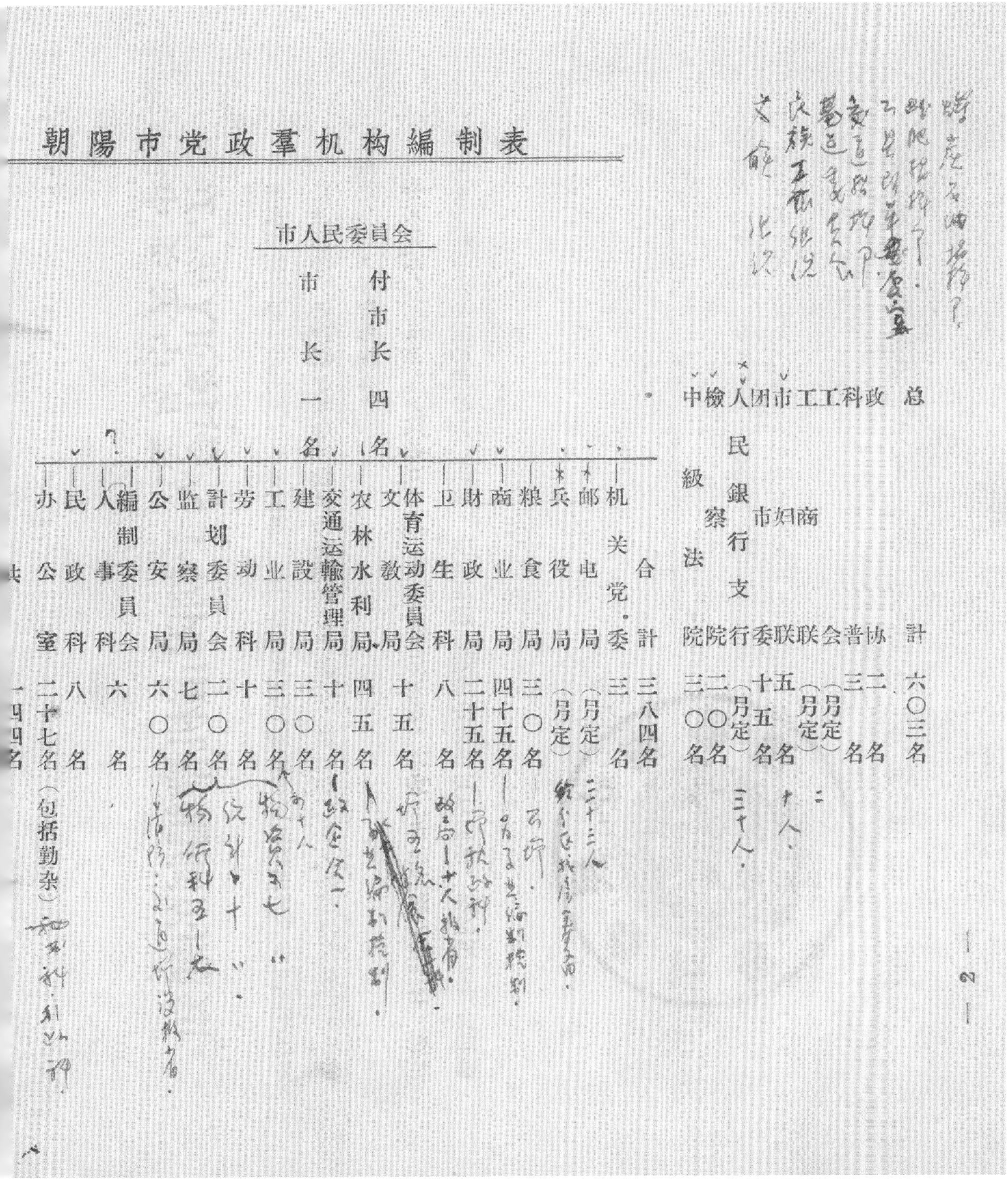

朝陽市党政羣机构編制表

共 一四四名

市人民委員会

市長 一名

付市長 四名

机构	編制
合計	三八四名
机关党委	三名
郵电局	（另定）
兵役局	（另定）
粮食局	三〇名
商业局	四十五名
財政局	二十五名
卫生科	八名
体育运动委員会	十五名
文教局	
农林水利局	四五名
交通运輸管理局	十名
建設局	三〇名
工业局	三〇名
劳动科	十名
計划委員会	二〇名
监察局	七名
公安局	六〇名
編制委員会	
人事科	六名
民政科	八名
办公室	二十七名（包括勤杂）

机构	編制
总計	六〇三名
政协	二名
科普	三名
工会	（另定）
工商联	（另定）
市妇联	五名
团市委	十五名
人民銀行支行	（另定）
檢察院	二〇名
中級法院	三〇名

《辽宁省人民委员会关于设置双塔、铁西两个区的批复》

一九五九年五月九日

批复中说：『朝（59）筹办字第8号报告悉，同意你市设置双塔、铁西两个区。』

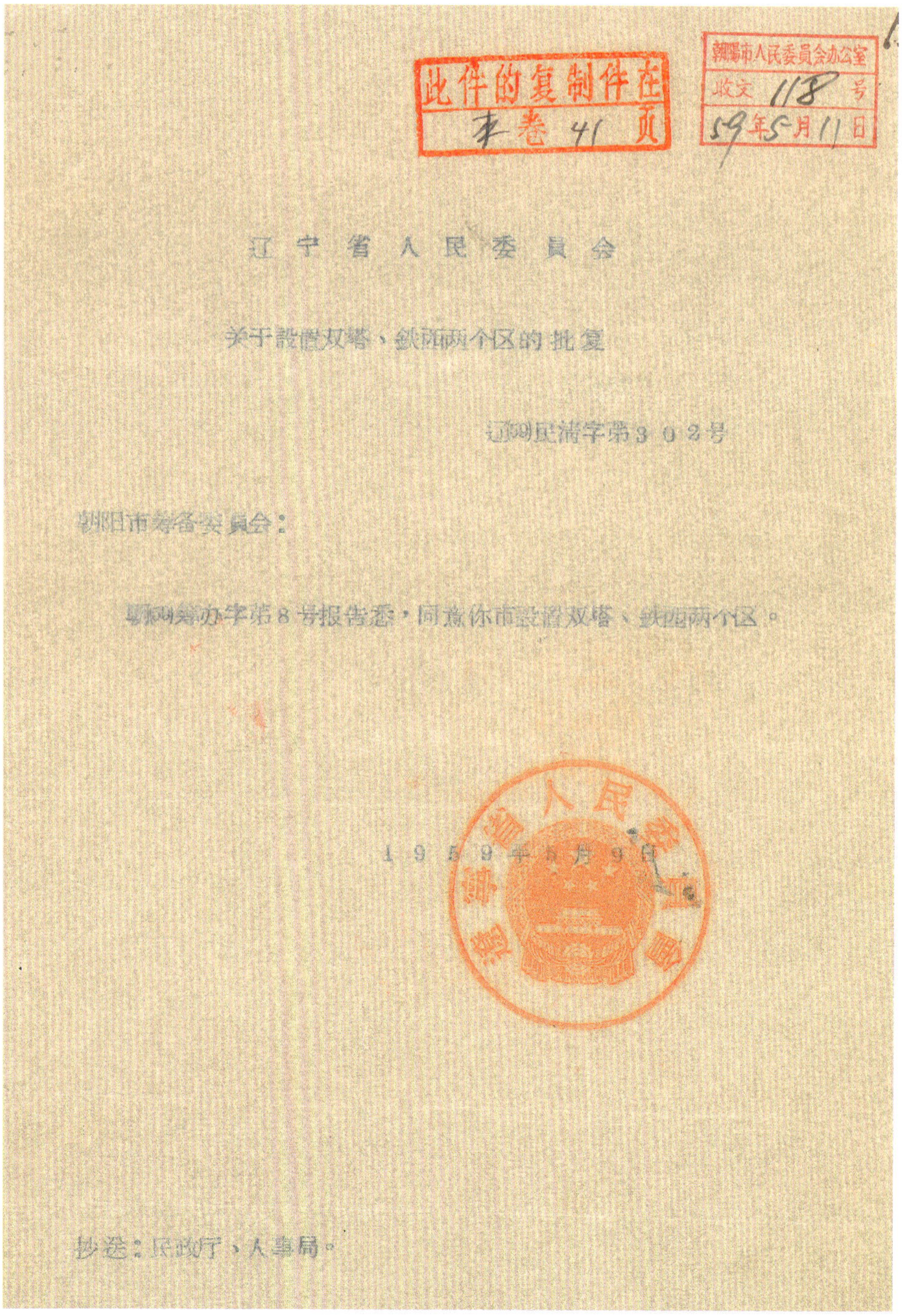

此件的复制件在本卷41页

朝阳市人民委员会办公室 收文118号 59年5月11日

辽宁省人民委員会

关于設置双塔、铁西两个区的批复

辽(59)民清字第302号

朝阳市筹备委員会：

朝(59)筹办字第8号报告悉，同意你市設置双塔、铁西两个区。

1959年5月9日

抄送：民政厅、人事局。

《中共朝阳市委关于召开党的第一届代表大会的通知》

一九五九年六月二十三日

中共朝阳市第一届代表会议于1959年7月1日至5日召开，参加大会代表397人。大会听取了市委第一书记侯国英代表市委所作的题为《鼓足干劲，力争上游，为加速朝阳地区经济建设而奋斗》的报告。大会选举侯国英等35人为市委委员。

在1959年7月6日召开的中共朝阳市第一届委员会第一次全体会议上，侯国英、郝达、王鹏程、陈士鳌、张延杰、胡斌、吴子英、吕明、郝吉庆、江静、彭萍等11人当选为市委常委；侯国英当选为市委第一书记，郝达、王鹏程、陈士鳌、张延杰当选为市委书记。

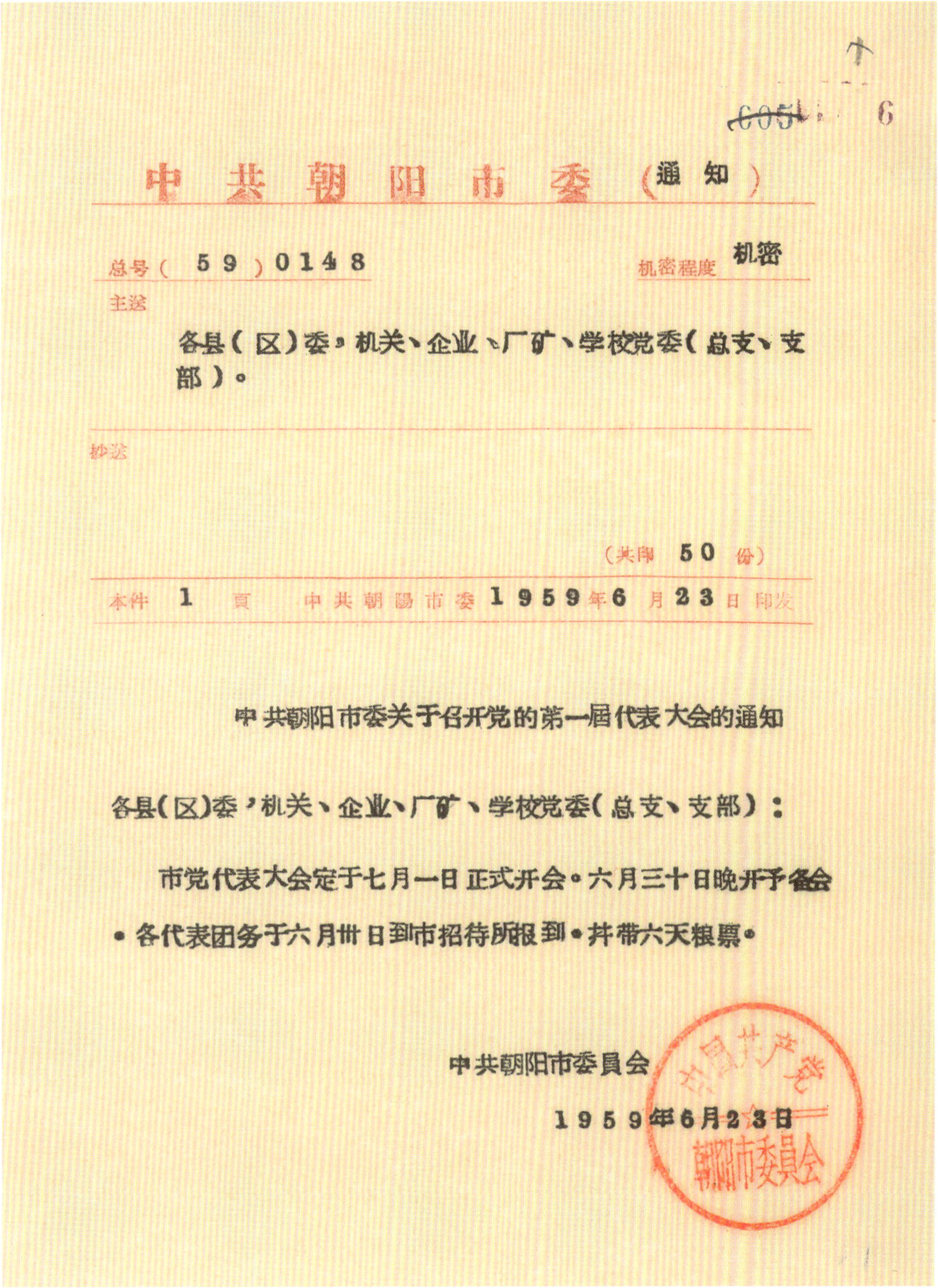

605 6

中共朝阳市委（通知）

总号（59）0148　　机密程度 机密

主送

各县（区）委，机关、企业、厂矿、学校党委（总支、支部）。

抄送

（共印 50 份）

本件 1 页　中共朝阳市委 1959年6月23日 印发

中共朝阳市委关于召开党的第一届代表大会的通知

各县（区）委，机关、企业、厂矿、学校党委（总支、支部）：

市党代表大会定于七月一日正式开会。六月三十日晚开予备会。各代表团务于六月卅日到市招待所报到。并带六天粮票。

中共朝阳市委員会

1959年6月23日

《辽宁省朝阳市筹备委员会关于第一届人民代表大会筹备工作的通知》

一九五九年九月二十九日

通知中说：『市委决定我市第一届人民代表大会于10月18日召开。』

朝阳市第一届人民代表大会于1959年10月18日开幕，出席大会代表359人。22日，大会选举王鹏程等33人为市第一届人民委员会常务委员会委员，选举王鹏程为市人民委员会市长，胡斌、江静为副市长。

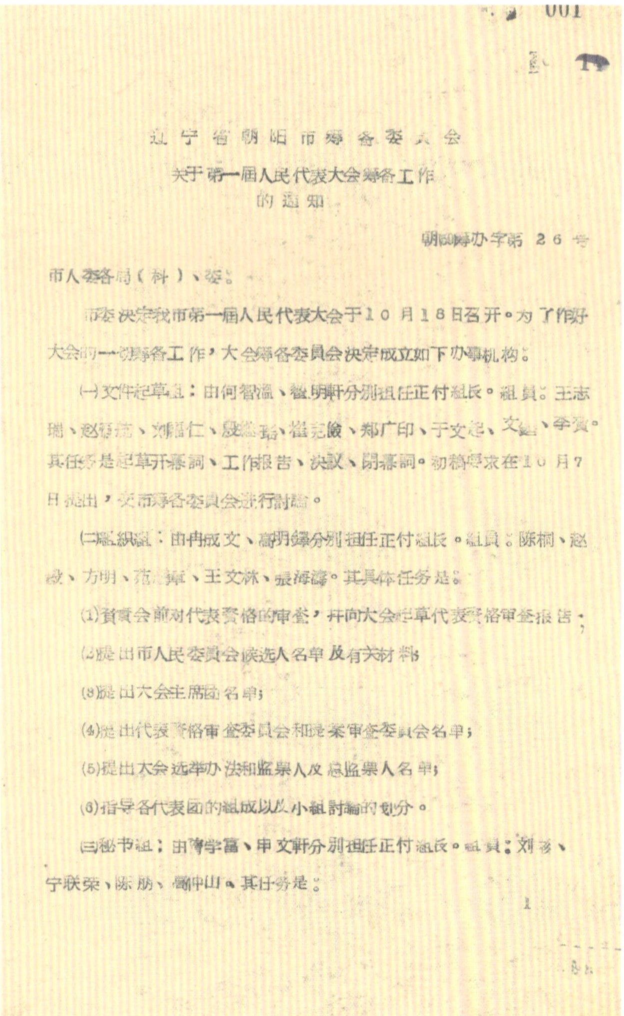

001

辽宁省朝阳市筹备委员会

关于第一届人民代表大会筹备工作

的通知

朝阳筹办字第 26 号

市人委各局（科）、委：

市委决定我市第一届人民代表大会于10月18日召开。为了作好大会的一切筹备工作，大会筹备委員会决定成立如下办事机构：

（一）文件起草组：由何智[illegible]、[illegible]明軒分别担任正付組長。組員：王志瑞、赵[illegible]、刘[illegible]仁、[illegible]、崔[illegible]、郑广印、于文[illegible]、文[illegible]、李[illegible]。其任务是起草开幕詞、工作报告、决議、閉幕詞。初稿要求在10月7日提出，交市筹备委員会进行討論。

（二）組織組：由冉成文、高明鐸分别担任正付組長。組員：陈桐、赵[illegible]、方明、[illegible]、王文林、[illegible]海濤。其具体任务是：

⑴負責会前对代表資格的审查，并向大会起草代表資格审查报告；

⑵提出市人民委員会候选人名单及有关材料；

⑶提出大会主席团名单；

⑷提出代表資格审查委員会和提案审查委員会名单；

⑸提出大会选举办法和监票人及总监票人名单；

⑹指导各代表团的組成以及小組討論的划分。

（三）秘书組：由[illegible]学富、申文軒分别担任正付組長。組員：刘[illegible]、宁联荣、陈[illegible]、[illegible]中山。其任务是：

1

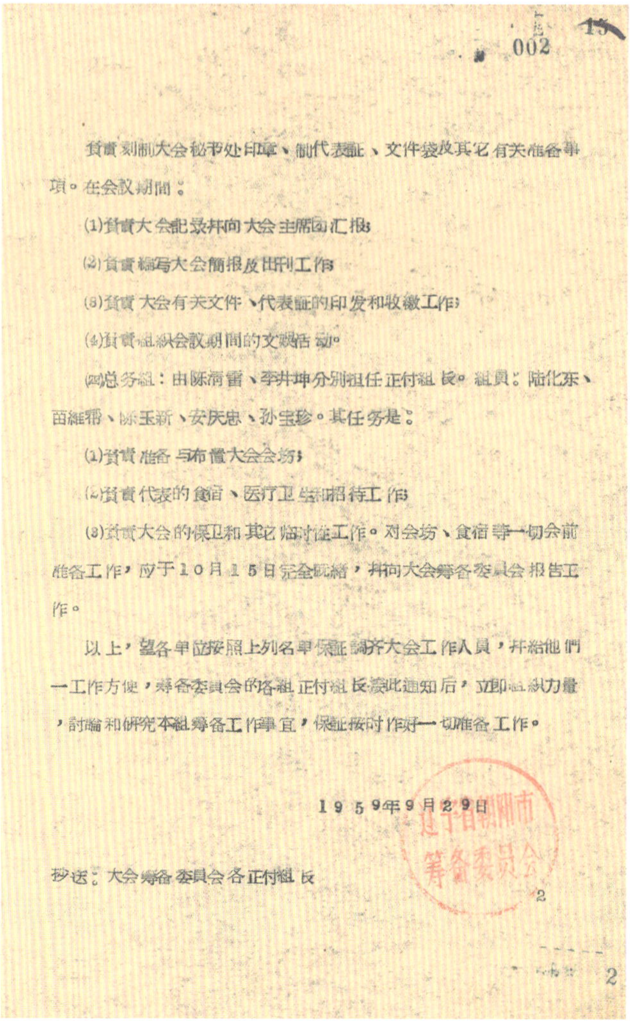

002

負責刻制大会秘书处印章、制代表証、文件袋及其它有关准备事項。在会議期間：

⑴負責大会記录并向大会主席团汇报；

⑵負責編写大会簡报及出刊工作；

⑶負責大会有关文件、代表証的印发和收繳工作；

⑷負責組織会議期間的文娛活动。

（四）总务組：由陈清雷、李井坤分别担任正付組長。組員：陆化东、苗維[illegible]、[illegible]玉新、安庆忠、孙宝珍。其任务是：

⑴負責准备与布置大会会场；

⑵負責代表的食宿、医疗卫生和招待工作；

⑶負責大会的保卫和其它临时性工作。对会场、食宿等一切会前准备工作，应于10月15日完全就緒，并向大会筹备委員会报告工作。

以上，望各单位按照上列名单保証調齐大会工作人員，并給他們一工作方便，筹备委員会的各組正付組長接此通知后，立即組織力量，討論和研究本組筹备工作事宜，保証按时作好一切准备工作。

1959年9月29日

辽宁省朝阳市筹备委员会

抄送：大会筹备委員会各正付組長

2

祖国遍地跃进声

祝賀‘朝阳日报’創刊

祝賀‘朝阳日报’創刊

朝陽日報

CHAO YANG RI BAO

創刊号 1960年5月1日

庆祝五一国际劳动节

全地区工业生产提前十天完成计划

一批工厂、公社工业领先跨入一九六一年

創造新成績 向“五一”献禮

奋戰月余 早快全好

我地区夺得春播大捷

創刊词

大闹紅五月 把技术革新、技术革命推向新阶段

《朝阳日报》创刊号

一九六〇年五月一日

1960年4月1日，中共朝阳市委机关报《朝阳日报》试刊一期，同年5月1日正式创刊。创刊时的《朝阳日报》为四开四版。

《辽宁省人民委员会关于撤销朝阳市建制，设立沈阳、朝阳两个专员公署的通知》

一九六四年三月七日

通知中说：『根据「国务院关于撤销朝阳市」的决定和设立沈阳、朝阳两个专员公署的批复……设立朝阳专员公署，驻朝阳镇。原朝阳市领导的朝阳、北票、建昌、建平、凌源五个县和喀喇沁左翼蒙古族自治县及北票矿区划归朝阳专员公署领导。』

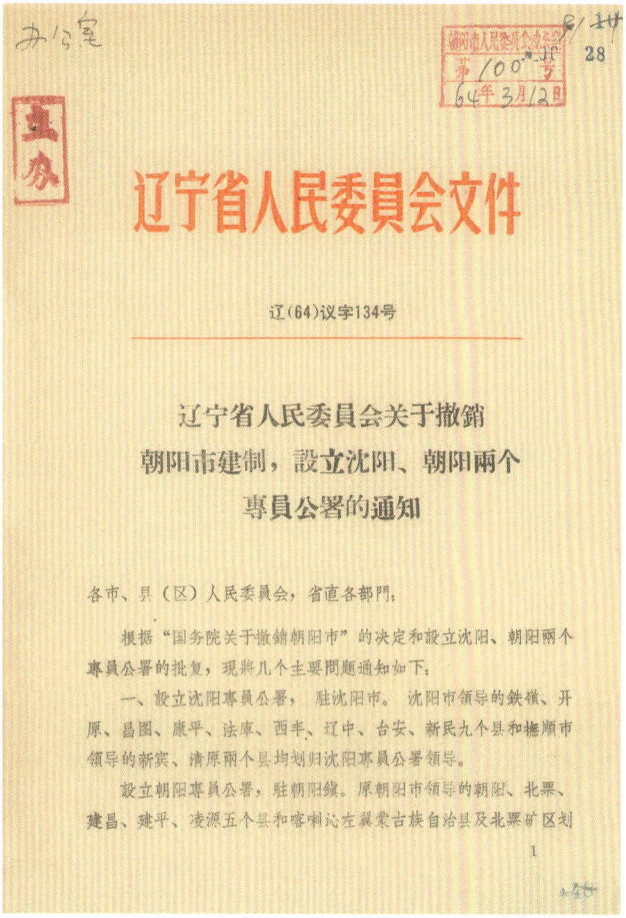
办公室

朝阳市人民委员会办公室
第100号
64年3月12日

直办

28

辽宁省人民委員会文件

辽（64）议字134号

辽宁省人民委員会关于撤銷朝阳市建制，設立沈阳、朝阳兩个專員公署的通知

各市、县（区）人民委員会，省直各部門：

根据"国务院关于撤銷朝阳市"的决定和設立沈阳、朝阳兩个專員公署的批复，現將几个主要問題通知如下：

一、設立沈阳專員公署，駐沈阳市。沈阳市領导的鉄嶺、开原、昌图、康平、法庫、西丰、辽中、台安、新民九个县和撫順市領导的新宾、清原兩个县均划归沈阳專員公署領导。

設立朝阳專員公署，駐朝阳鎮。原朝阳市領导的朝阳、北票、建昌、建平、凌源五个县和喀喇沁左翼蒙古族自治县及北票矿区划

1

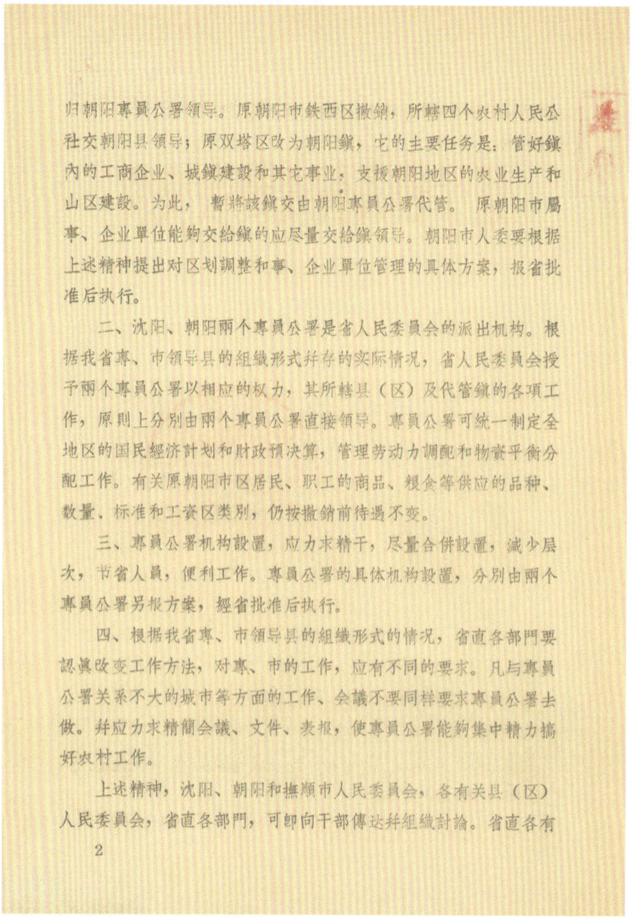
归朝阳專員公署領导。原朝阳市鉄西区撤銷，所轄四个农村人民公社交朝阳县領导；原双塔区改为朝阳鎮，它的主要任务是：管好鎮內的工商企业、城鎮建設和其它事业，支援朝阳地区的农业生产和山区建設。为此，暫將該鎮交由朝阳專員公署代管。原朝阳市屬事、企业單位能夠交給鎮的应尽量交給鎮領导。朝阳市人委要根据上述精神提出对区划調整和事、企业單位管理的具体方案，报省批准后执行。

二、沈阳、朝阳兩个專員公署是省人民委員会的派出机构。根据我省專、市領导县的組織形式并存的实际情况，省人民委員会授予兩个專員公署以相应的权力，其所轄县（区）及代管鎮的各項工作，原則上分別由兩个專員公署直接領导。專員公署可統一制定全地区的国民經济計划和財政預决算，管理劳动力調配和物资平衡分配工作。有关原朝阳市区居民、职工的商品、粮食等供应的品种、数量、标准和工资区类別，仍按撤銷前待遇不变。

三、專員公署机构設置，应力求精干，尽量合併設置，減少层次，节省人員，便利工作。專員公署的具体机构設置，分別由兩个專員公署另报方案，經省批准后执行。

四、根据我省專、市領导县的組織形式的情况，省直各部門要認眞改变工作方法，对專、市的工作，应有不同的要求。凡与專員公署关系不大的城市等方面的工作、会議不要同样要求專員公署去做。并应力求精簡会議、文件、表报，使專員公署能夠集中精力搞好农村工作。

上述精神，沈阳、朝阳和撫順市人民委員会，各有关县（区）人民委員会，省直各部門，可即向干部傳达并組織討論。省直各有

2

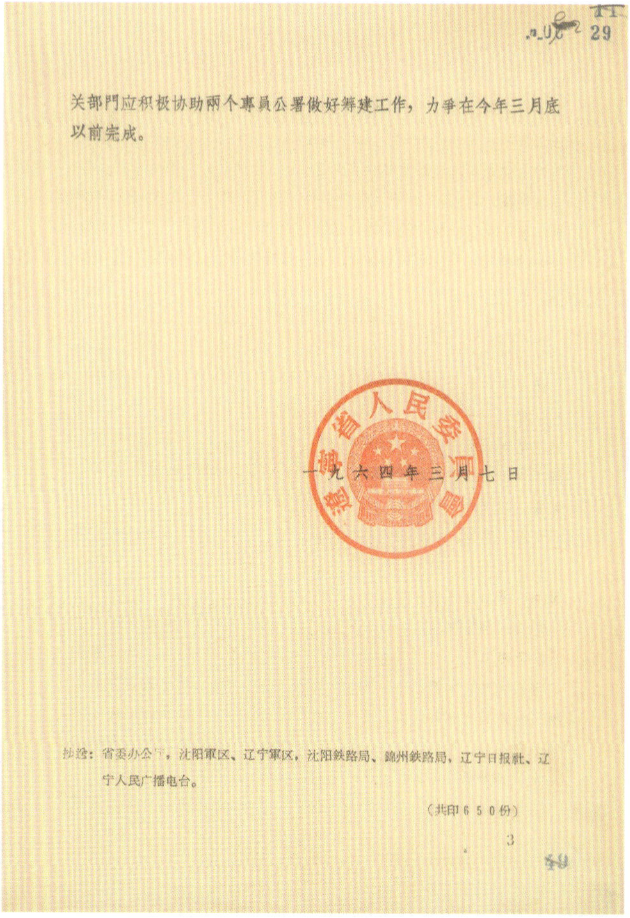
29

关部門应积极协助兩个專員公署做好籌建工作，力爭在今年三月底以前完成。

辽宁省人民委員会

一九六四年三月七日

抄送：省委办公厅，沈阳軍区、辽宁軍区，沈阳鉄路局、錦州鉄路局，辽宁日报社、辽宁人民广播电台。

（共印650份）

3

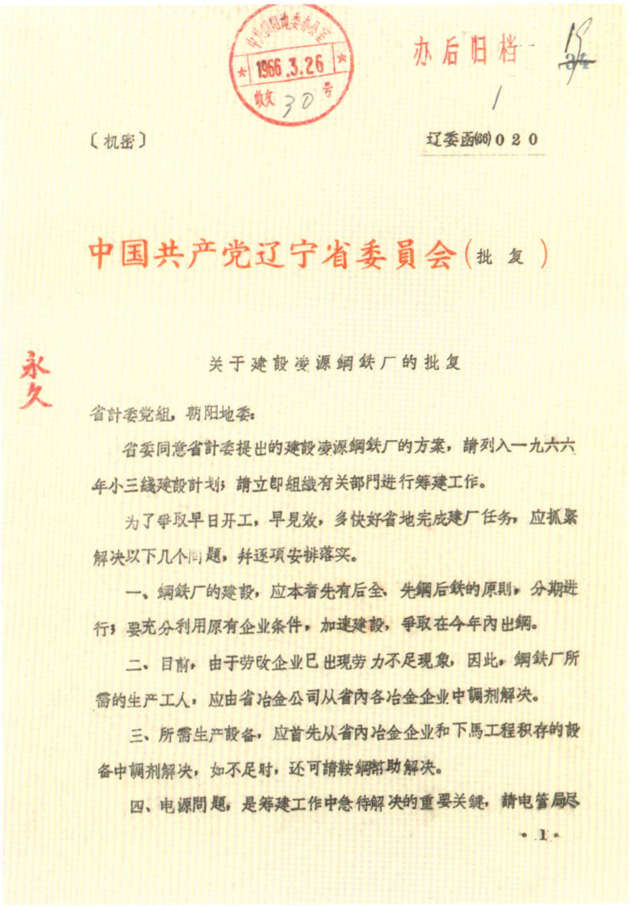

〔机密〕　　1966.3.26　收文30号　　办后归档　　辽委函(66)020

中国共产党辽宁省委員会（批复）

永久

关于建設凌源鋼鉄厂的批复

省計委党組，朝阳地委：

省委同意省計委提出的建設凌源鋼鉄厂的方案，請列入一九六六年小三綫建設計划；請立即組織有关部門进行筹建工作。

为了爭取早日开工，早見效，多快好省地完成建厂任务，应抓紧解决以下几个問題，并逐項安排落实。

一、鋼鉄厂的建設，应本着先有后全、先鋼后鉄的原則，分期进行；要充分利用原有企业条件，加速建設，爭取在今年內出鋼。

二、目前，由于劳改企业已出现劳力不足現象，因此，鋼鉄厂所需的生产工人，应由省冶金公司从省內各冶金企业中調剂解决。

三、所需生产設备，应首先从省內冶金企业和下馬工程积存的設备中調剂解决，如不足时，还可請鞍鋼帮助解决。

四、电源問題，是筹建工作中急待解决的重要关鍵，請电管局尽

·1·

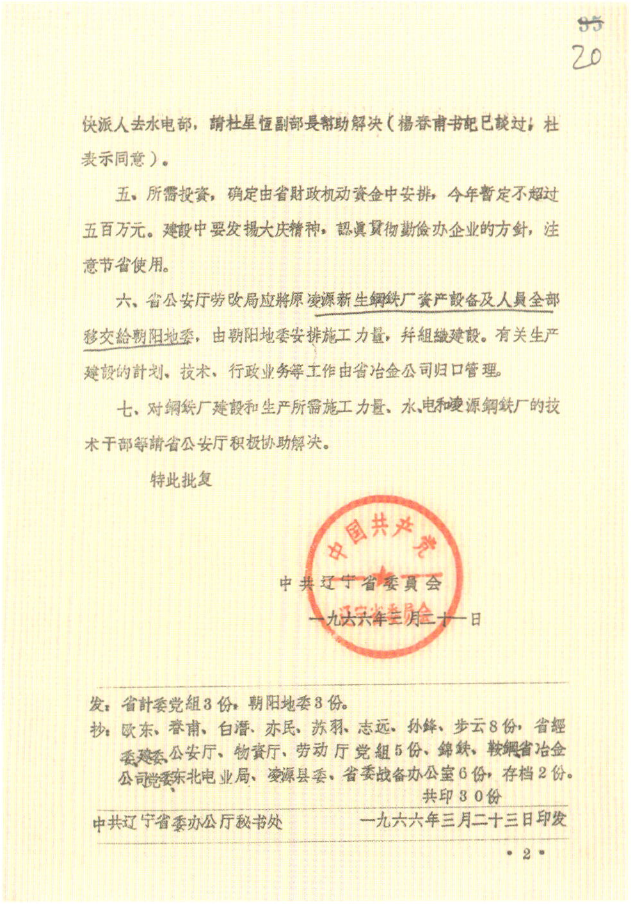

20

快派人去水电部，請杜星恒副部長帮助解决（楊春甫书記已談过，杜表示同意）。

五、所需投資，确定由省財政机动資金中安排，今年暫定不超过五百万元。建設中要发揚大庆精神，認眞貫彻勤儉办企业的方針，注意节省使用。

六、省公安厅劳改局应將原凌源新生鋼鉄厂資产設备及人員全部移交給朝阳地委，由朝阳地委安排施工力量，并組織建設。有关生产建設的計划、技术、行政业务等工作由省冶金公司归口管理。

七、对鋼鉄厂建設和生产所需施工力量、水、电和凌源鋼鉄厂的技术干部等請省公安厅积极协助解决。

特此批复

中共辽宁省委員会

一九六六年三月二十一日

发：省計委党組3份，朝阳地委3份。

抄：欧东、春甫、白潛、亦民、苏羽、志远、孙鋒、步云8份，省經委、建委、公安厅、物資厅、劳动厅党組5份、錦鉄、鞍鋼、省冶金公司党委、东北电业局、凌源县委、省委战备办公室6份，存档2份。

共印30份

中共辽宁省委办公厅秘书处　　一九六六年三月二十三日印发

·2·

中共辽宁省委《关于建设凌源钢铁厂的批复》

一九六六年三月二十一日

批复中说：『省委同意省计委提出的建设凌源钢铁厂的方案，请列入一九六六年小三线建设计划；请立即组织有关部门进行筹建工作。……钢铁厂的建设，应本着先有后全、先钢后铁的原则，分期进行；要充分利用原有企业条件，加速建设，力争在今年内出钢。……省公安厅劳改局应将原凌源新生钢铁厂资产设备及人员全部移交朝阳地委，由朝阳地委安排施工力量，并组织建设。』

楚长喜、孔繁鑫烈士照片

一九六六年六月十六日

1966年6月16日，朝阳驻军辽宁省独立一师三团炮兵连连长、共产党员楚长喜为抢救战士张文海和国家财产，与洪水搏斗，壮烈牺牲；同连战士孔繁鑫也因抢救国家财产光荣牺牲。经上级党委批准，决定给楚长喜追记一等功，给孔繁鑫追记二等功。

楚长喜

孔繁鑫

阿尔巴尼亚农业考察团考察朝阳县羊山公社棉花生产照片

一九七〇年九月十七日

1966年3月，在全国棉花生产会议上，朝阳地区被赞誉为全国棉花生产的一面先进旗帜。在之后的一段时间里，来自国内外的农业考察团组先后到访朝阳，重点学习朝阳的棉花生产及相关技术。1970年9月17日，阿尔巴尼亚农业考察团访问了羊山公社羊山大队和四台营子大队，考察了棉田、种子田和棉花收购、加工等生产项目。

建平县海棠川大会战万人誓师大会照片

一九七五年十一月二十日

建平县海棠川大会战是一次农田基本建设的大会战。大会战前后共集中劳动力1万多人，历时1年半，对以海棠川为主的4个流域进行治理，平整土地9万余亩，在河滩造地5万余亩。

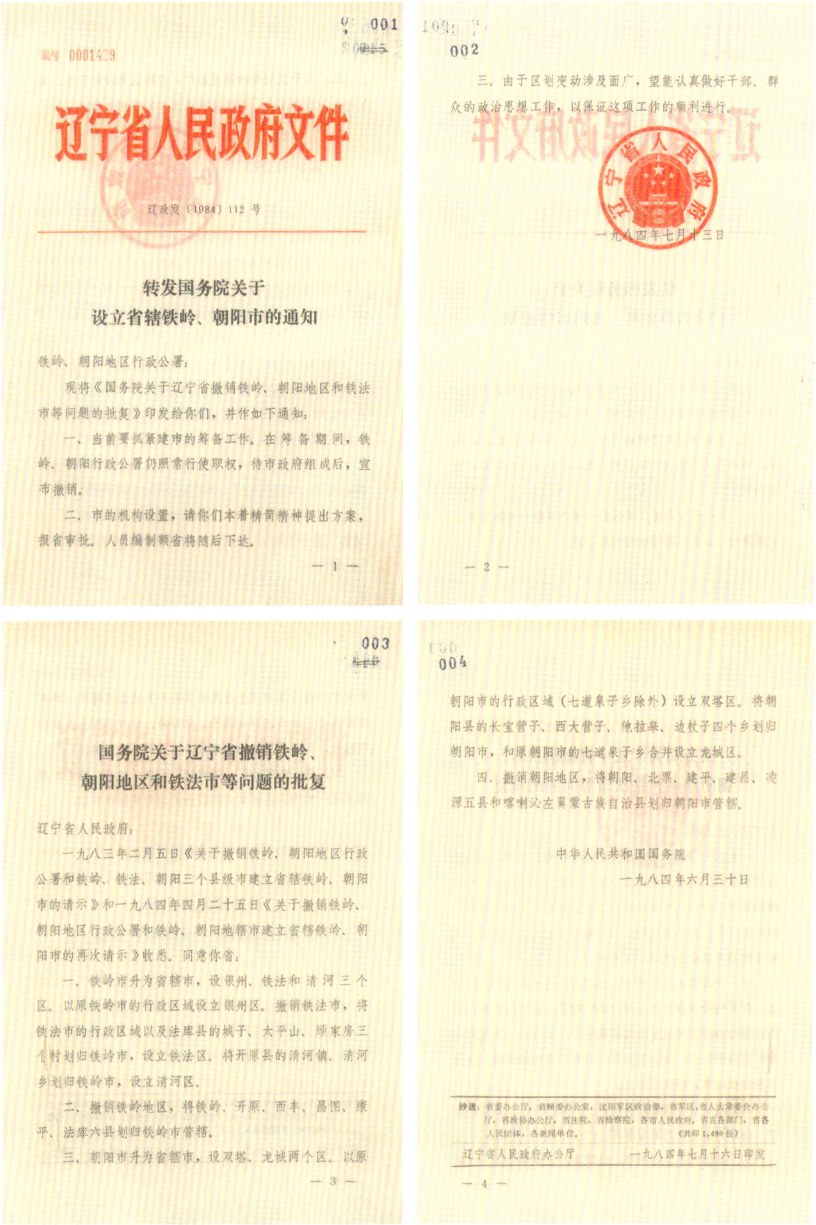

001

编号 0001429

辽宁省人民政府文件

辽政发〔1984〕112号

转发国务院关于
设立省辖铁岭、朝阳市的通知

铁岭、朝阳地区行政公署：

现将《国务院关于辽宁省撤销铁岭、朝阳地区和铁法市等问题的批复》印发给你们，并作如下通知：

一、当前要抓紧建市的筹备工作。在筹备期间，铁岭、朝阳行政公署仍照常行使职权，待市政府组成后，宣布撤销。

二、市的机构设置，请你们本着精简精神提出方案，报省审批。人员编制额省将随后下达。

— 1 —

002

三、由于区划变动涉及面广，望能认真做好干部、群众的政治思想工作，以保证这项工作的顺利进行。

一九八四年七月十三日

— 2 —

003

国务院关于辽宁省撤销铁岭、
朝阳地区和铁法市等问题的批复

辽宁省人民政府：

一九八三年二月五日《关于撤销铁岭、朝阳地区行政公署和铁岭、铁法、朝阳三个县级市建立省辖铁岭、朝阳市的请示》和一九八四年四月二十五日《关于撤销铁岭、朝阳地区行政公署和铁岭、朝阳地辖市建立省辖铁岭、朝阳市的再次请示》收悉。同意你省：

一、铁岭市升为省辖市，设银州、铁法和清河三个区。以原铁岭市的行政区域设立银州区。撤销铁法市，将铁法市的行政区域以及法库县的城子、太平山、顾家房三个村划归铁岭市，设立铁法区。将开原县的清河镇、清河乡划归铁岭市，设立清河区。

二、撤销铁岭地区，将铁岭、开原、西丰、昌图、康平、法库六县划归铁岭市管辖。

三、朝阳市升为省辖市，设双塔、龙城两个区。以原

— 3 —

004

朝阳市的行政区域（七道泉子乡除外）设立双塔区。将朝阳县的长宝营子、西大营子、他拉皋、边杖子四个乡划归朝阳市，和原朝阳市的七道泉子乡合并设立龙城区。

四、撤销朝阳地区，将朝阳、北票、建平、建昌、凌源五县和喀喇沁左翼蒙古族自治县划归朝阳市管辖。

中华人民共和国国务院

一九八四年六月三十日

抄送：省委办公厅，省顾委办公室，沈阳军区政治部，省军区，省人大常委会办公厅，省政协办公厅，省法院，省检察院，各市人民政府，省直各部门，省各人民团体，各新闻单位。（共印1,480份）

辽宁省人民政府办公厅　　一九八四年七月十六日印发

— 4 —

辽宁省人民政府《转发国务院关于设立省辖铁岭、朝阳市的通知》

一九八四年七月十三日

国务院在批复中说：『朝阳升为省辖市，设双塔、龙城两个区。以原朝阳市的行政区域（七道泉子乡除外）设立双塔区。将朝阳县的长宝营子、西大营子、他拉皋、边杖子四个乡划归朝阳市，和原朝阳市的七道泉子乡合并设立龙城区。……撤销朝阳地区，将朝阳、北票、建平、建昌、凌源五县和喀喇沁左翼蒙古族自治县划归朝阳市管辖。』

参考书目

[1] 赵尔巽等. 清史稿[M]. 北京：中华书局，1977.

[2] [清]哈达清格. 塔子沟纪略[M]//金毓绂. 辽海丛书. 沈阳：辽海书社，1933—1936.

[3] 黄凤歧. 朝阳史话[M]. 沈阳：辽宁人民出版社，1986.

[4] 孙奇. 孙奇日记——朝阳地委工作八年纪事[M]. 北京：中央文献出版社，2010.

[5] 赵俊清. 赵尚志传[M]. 哈尔滨：黑龙江人民出版社，2015.

[6] 孙文田. 抗日民族英雄赵尚志[M]. 沈阳：白山出版社，2015.

[7] 白雪峰，李秀红，邢立庚. 朝阳历史文化[M]. 北京：国家行政学院出版社，2014.

[8] 建平县志[M]. 民国版.

[9] 朝阳县志[M]. 民国版.

[10] 凌源县志编纂委员会. 凌源县志[M]. 沈阳：辽宁古籍出版社，1995.

[11] 辽宁省北票市市志编纂委员会. 北票市志[M]. 北京：国际商务出版社，2003.

[12] 朝阳县地方志编纂委员会. 朝阳县志[M]. 沈阳：辽宁民族出版社，2003.

[13] 辽宁省建平县县志编纂委员会. 建平县志[M]. 沈阳：辽海出版社，1999.

[14] 喀喇沁左翼蒙古族自治县志编纂委员会. 喀喇沁左翼蒙古自治县志[M]. 沈阳：辽宁人民出版社，1998.

[15] 建平县档案局. 建平百年回顾[Z]. 内部资料. 2004.

[16] 朝阳市公安志编纂委员会. 朝阳市公安志[Z]. 内部资料. 2014.

[17] 北票矿务局志（1875—1985）[Z]. 内部资料. 1994.

[18] 朝阳市史志办公室、郎景成. 朝阳大事记 [M]. 长春：吉林文史出版社，2018.

[19] 黑龙江省档案局、黑龙江省档案馆. 赵尚志百年[Z]. 内部资料. 2008.

[20] 黑龙江省档案馆. 风展红旗——图说龙江红色档案[M]. 哈尔滨：黑龙江人民出版社，2021.

[21] 朝阳市史志办公室. 热辽风云——解放战争时期的中共热辽地委[M]. 沈阳：辽宁民族出版社，2001.

[22] 荣孟源. 中国近代史历表[M]. 北京：生活·读书·新知三联书店，1953.

编后记

将反映朝阳历史文化的珍贵档案汇编成书，让历史告诉当下和未来，是几代朝阳档案工作者的梦想，更是责任。虽然该书的正式编纂工作只有一年半的时间，但相关的准备工作其实在十几年前就已经开始了。

《朝阳珍贵档案精粹》最终能够编纂成书，实现出版，首先应该感谢国家档案局的重点档案抢救计划。正是因为有了国家档案局重点档案抢救计划下的资金支持，《朝阳珍贵档案精粹》才得以顺利出版。

朝阳地区的行政区划和隶属关系多次发生改变，加之新中国成立以前战乱频仍，市、县两级综合档案馆保存的历史档案均不完整，许多和朝阳有关的历史档案都因各种原因散存在国内，甚至国外的档案馆和其他研究机构中。《朝阳珍贵档案精粹》在搜集阶段的一个重要任务，就是让这些档案以不同形式“回家”。

在获取这些散存在外的档案信息方面，我们要感谢市、县两级史志部门之前所做的大量征集、研究工作，是他们的诸多征集、研究成果让我们节省了很多时间，少走了许多弯路。赵尚志纪念馆的领导和同志们更是把他们多年的工作成果和盘托出，让我们在赵尚志将军相关档案资料的搜集工作上走了捷径。

中央档案馆、中国第一历史档案馆、中国第二历史档案馆、黑龙江省档案馆、河北省档案馆和辽宁省档案馆、锦州市档案馆都保存有大量与朝阳有关的档案资料，是我们编纂《朝阳珍贵档案精粹》资料搜集的主要方向。在过去的一年中，我们采取现场查阅、电话索取等多种方式，与上述档案馆建立联系，并得到了他们有力的支持。可以说，没有这些档案馆的支持，《朝阳珍贵档案精粹》就不可能有现在这样丰富的内容。感谢各级档案馆的鼎力相助！

在《朝阳珍贵档案精粹》的编纂过程中，我们还得到了中国第一历史档案馆原副馆长李国荣的精心指导，感谢他在编纂立意、素材选取、体裁形式和项目拓展方面给出的宝贵意见和建议，他的意见和建议让我们的编纂工作受益良多。

本书初稿完成之际，朝阳市党史研究室主任郎景成、市委宣传部副部长周树怀对书稿进行了审读，提出了许多中肯意见，并指正了一些错漏，在此谨表谢忱。

《朝阳珍贵档案精粹》中的日文档案翻译由孟凡炜友情助译，在此表示感谢。

《朝阳珍贵档案精粹》的编纂虽经精意覃思，但由于编纂者的诠才末学，错漏之处在所难免，恳请读者随时指正，以使我们在可能的修订版中及时修正。

编者

2024年7月